Amstelodami Apud Ianssonio Waesbergios. 1679

ATHANASII KIRCHERI
E Soc. Jesu
TURRIS BABEL,
SIVE
ARCHONTOLOGIA
QUA
PRIMO
Priscorum post diluvium hominum vita, mores rerumque gestarum magnitudo,

SECUNDO
Turris fabrica civitatumque exstructio, confusio linguarum, & inde gentium transmigrationis, cum principalium inde enatorum idiomatum historia, multiplici eruditione describuntur & explicantur.

Auspiciis Augustissimi & Sapientissimi Cæsaris
LEOPOLDI PRIMI
Mecœnatis.

Εσαεί τι νεαρὸν σοφίερὸ Ἀφεικη.

AMSTELODAMI.
Ex Officina JANSSONIO-WAESBERGIANA. Anno cIɔ Iɔc LXXIX.
Cum Privilegiis.

DEDICATIO.

contestata est; ita quoque evidenti lapsus sui gravissimi exemplo omnem post se retro secuturam humani generis ætatem edocuit, docereque debuisset, *Non esse consilium contra Dominum*: sed omnes animi arrogantis machinas, substructionesque ambitionis, quantumvis immanes, inanes tamen & insanas esse, eodemque secum fato perituras. Quodnam enim poterat vanitatis imbecillitatisque mundanæ luculentius statui exemplum posteritati ob oculos, ad comprimendos insani tumoris impetus ad evertendas fastuosas hominum cogitationes, quàm fastus adeo insolens & ingens, tam levi DEI digito suppressus, quàm moles tam vasta tam cito facilèque devastata? Infelix illud inauspicatumque stolidissimæ arrogantiæ exemplum hîc ego in scenam produco; atque utinam illud ita universis possem statuere ob oculos ut videant, quàm tragica semper in hoc ambitionis theatro scenam claudat catastrophe; perspiciantque, non aliam posse exspectari coronidem operis quod molitur impietas, quàm cumulum tumulumque, qui auctorem nefariorum moliminum eâdem secum ruinâ consepeliat. Id quod neminem oculatæ mentis latere posse crediderim, qui, quod hîc oculis subjicere conatus sum, apprimè considerârit, quantam *Babylonici* isti insanæ mentis prævaricatores ab ulteriori cœpti moliminis prosecutione cœlitùs desistere coacti, linguarum videlicet admirabili confusione inter sese divisi dissipatique, transmigrationis gentium populorumque infaustissimi conditores, ac surculi per totum terrarum orbem propagati, quantam, inquam, hæc sparsa quaquaversum semina infelicitatis, toti humanæ posteritati messem calamitatum disseminârint. *Nembrod* enim ambitionis œstro in tanta mortalium multitudine percitus, & ad hæc giganteo corporis habitu formidabilis, cum virium, tum potentiæ suæ granditate confisus, è vestigio avitæ religionis cultu repudiato, à paternis *Noëmi* posterioris mundi primi monarchæ à DEO constituti, præceptis recedens, degener & refractarius, dum divinæ apotheoseos titulum impiissimo fastu attentat, spretis conculcatisque divinis humanisque juribus, primus orbem ab hac scelerum

DEDICATIO.

rum illuvie non longo abhinc diluvio repurgatum abominandæ tyrannidis, idololatriæ, atque innumerarum inde profluentium detestandarum pestium labe contaminavit. Quam impietatem intuitus, nec non intimo cordis dolore perculsus ille humani generis restitutor *Noë*, mox nutu divino separatis ab impia *Chami* stirpe filiis *Sem* & *Japheth*, viam rectam, quam *Nembrod* corruperat, divini cultûs propagatione restituere quibuscunque potuit modis non destitit. Ut vel inde doceamur, nullum ad imperiorum regnorumque status evertendos impietate violentiorem esse arietem; nullum ad eosdem conservandos fulciendosque pietate & religione robustius dari præsidium. Quocirca utriusque primævi hujus imperii imaginem, ceu prototypon quoddam reliquorum, hisce quibuscunque à me conscripti voluminis lineamentis exhibendam duxi; ut reges terræ, mundique dominatores, quid sceptra purpuramque deceat, quid dedeceat; quid rationi rectæ consonum, quid dissonum; quid denique ad divini moderatoris normam compositum atque conforme, quid difforme, veluti in speculo quodam attento mentis examine contemplentur. Quod quidem non alteri meliori jure, quàm tibi SACRATISSIME CÆSAR, qui in republ. Christiana puppim clavumque tenes, dicatum ad sacros majestatis pedes eo, quo possum, submississimæ voluntatis obsequio venerabundus depono. Patieris, AUGUSTISSIME IMPERATOR, pro tua in omnes pietate, clementiaque, laborum meorum fructus exiguos, tanquam infimæ servituti tuæ addictissimos satellites ad pedes tuos requiescere, sub cujus ingentis umbræ præsidio requiescit *Pax* & *Felicitas* universorum, in cujus augustissimi capitis specula indefessi vigilant excubitores *Consilium* & *Industria*, qui duo perspicacissimæ mentis tuæ oculi verè *aquilini* nunquam vel minimum remissâ contentione deflectunt aciem à *Solis æterni* radiis; sed attentis in omnem partem studiis *pro* DEO *& populo* assiduè occupantur. In cujus inconcusso animi incomparabilis solio regiam sibi sedem fixerunt paternę hereditatis pars maxima *Pietas* & *Justitia*: cujus demum, quod rarissimum

dicebat

Dedicatio.

Tacit. 1. dicebat *Tiberius*, mens tantæ molis non solum capax, sed major, commissam sibi imperii administrationem, quàm exactè prudenterque ad *Noëmici* hujus Archetypi amussim conformârit, quanta cum fide, & sapientia navim hanc inter tot fluctus tempestatesque direxerit, novit orbis & admiratur. Quem enim vel densissimis ferarum latibulis, vel intimis montium inaccessorum claustris innutritum latere nunc possunt vel virtus tua vel nefaria aliorum consilia, periculaque nulli unquam ævo audita, quibus caput tuum sacrosanctum atque unà in te totius *Austriacæ* domus vita per summum nefas fuit attentata ? Quis locus adeò ab orbe nostro terrarum mariumque intervallis esse poterit abscissus, quo fama non pervenerit nominis tui, pietatisque aura suavissima ? Quis mundi angulus adeò ab omni humanitate alienus, quę gens adeò inculta, quæ ad machinationum teterrimarum monstra non exhorruerit, quibus tua, imò nostra, bonorumque omnium, quorum tu vita salusque es, incolumitas periclitabatur? O temporum morumque infamiam ! O sæculi nostri coinquinatissimi fermentum tartareum ! O putidissima orbis exulcerati carcinomata, mundi fatiscentis portenta, pestes humani generis, viperas infernales, detestabiles inquam, imperii Catilinas ; qui sive coecæ ambitionis philtro temulenti, sive fastuosæ mentis furore dementati, ut *Turrim* suam *Babylonicam*, id est confusionis, summa imis, sacra profanis truculento facinore permiscendo, in aëreis vanissimę imaginationis spatiis fabricarent, soliaque sibi sine basi erigerent, erecta verò à Deo proculcarent : non meliori, deteriori, inquam, consilio id se assequi posse existimârunt, quàm si sacram illam divina tibi providentia destinati imperii fabricam tot sæculorum decursu summa cum majestate ab Atlantibus *Austriacis* succollatam occultis machinarum technis funditus everterent, ejusque ruinis novam sibi concinnarent. Videbantur novi ab inferis resuscitati *Caligulæ*, qui uti unicam Romano populo cervicem optabat, ut ad sitim suam cruentissimam abundantiùs explendam caput orbis ictu unico decussum humi prosterneret : sic isti longè foediores nequitiæ & furoris

Dedicatio.

ris satellites immani gigantomachia in sacrum caput tuum, caput scilicet orbis Christiani funesta perfidię ac livoris tela omni flagitiorum venenorumque tabe imbuta, rabieque vesaniæ cuspidata vibrârunt, ut divino hucusque munere conservatæ domus tuæ augustissimæ filum abominabili ausu abrumperent, stirpemque sacrosanctam per sacrilegam tui necem radicitùs evellerent. Sed irrito, quem certo præstolabantur, eventu, solium istud supra basin eucharisticam ac incomparabili Principum idea RUDOLPHO tam solidè fundatum & continuo per tot augustissimos nepotes pietatis, virtutumque omnium cultu stabilitum, quod ad extremum mundi senescentis solatium divina creduntur oracula destinasse, hi Babylonicæ impietatis æmuli labefactare conati sunt. Quantum enim in tuum exitium funesta inimicorum odia conspirabant; tantum pro tua salute bonorum omnium, qui in te vivunt, studia vigilabant, pia spirabant vota, ardentia fervebant desideria. Quantum hi portentosi scelerum architecti salutem publicam in tuo interitu pessundare; tantum istorum, imò cœlitum piissimorum curæ tuam, vel potius nostram in te reclinantem incolumitatem firmare omni nisu allaborabant. Adeo vana sunt omnia contra præpotentis *Dei* consilium, tum insana tumentis furentisque animi præsumptione, tum clandestinis insidiarum cuniculis instructa machinamenta. Dico hæc non ad tuarum oblectationem aurium, (odisti enim hoc genus illecebrarum) sed, quanto prius horrore ad tot scelerum monstra omnium obrigescebant animi; tam nunc dulce piumque est horum meminisse ad solatium animorum nostrorum; ad auspicia sereniorum temporum; ad spem salutis publicæ uberiorem, in quam nos erigit tot cœlestium beneficiorum grata memoria, nulla unquam sæculorum oblivione delenda. Exinde post tot tristes reipubl. Christianæ nebulas, post extinctas furiarum execrabilium faces, lætiora demum omina, nec inani id quidem augurio, capimus prosperitatis. Ad quantum enim orbis Christiani bonum divina te providentia destinârit, utique haud vani præsagii ostento id mundo in natali tuo innuisse videbatur: siquidem non deerant complures haud otiosi auspices qui de cœlo caperent omen non obscurum felicitatis;

DEDICATIO.

citatis; eoque te die, videlicet v. idus *Jun.* non frustra mundo datum augurarentur, quo SS. *Primi* & *Feliciani* auspicatissima agebatur memoria. Eum dico orbi editum gratulabantur, qui infelicitati temporum speratam jam dudum felicitatem restitueret; & rursum Primi, quod jam diu auditum non fuerat, semper tamen ingentis spei argumentum, in Cæsareorum nominum album inferret. Quę tam læta ortûs tui augustissimi proscenia, non disparis demum fortunæ comprobavit eventus, quando LEOPOLDI I. nomine insignitus inauguratusque Imperator, & quod mysterio non caret, omnium *Germaniæ* Cæsarum Regumque quinquagesimus, sub initiali nominis tui litera L Fastos Augustorum decorasti, ut mero quodam epilogismo sacrum Imperatorum jubilæum non solum compleres, sed & aliud majori felicitatis auspicio ordireris. Quam in spem fidemq; erexerant jam pridem orbem Christianum augustissimæ dotes tuæ; vivacissimæ indolis summa alacritas; acerrima ingenii vis; læta mentis serenitas in vultu efflorescens; magnarum cogitationum capax judicium; in flore ætatis veneranda prudentia; in Principe juvene senile pectus; in vere vitæ tantaque fortunæ indulgentia, morum ad omnes modestiæ regulas castigatissimorum decentia; omniumque paternarum virtutum in adolescente maturitas: & ne laudum tuarum catalogum ad aurium sacrarum molestissima potius fastidia, quàm delitias hic congeram, brevi dicam compendio; summæ dignitati summa decora & tam sublimi imperio sublimiorem animi tui magnitudinem te solum Atlantem destinasse, ut non imperium tibi, sed tu imperio coronam conferre videreris. His itaque virtutum præsidiis, ducibusque, quæ veluti fulgentissima totidem sidera tibi ad excelsum imperialis solii thronum prælucere videbantur, ad tantæ reipubl. gubernacula admotus, ante omnia sapientissimi patris tui, SAPIENTISSIME CÆSAR, relicta tibi Politicæ Christianę documenta intimo cordis sinui imprimere, & nunquam non mentis oculis obversantia studiosè excolere coepisti, exactè circumspiciendo non impia illa fallacis Politicę dogmata, sed securissima veraque præsidia; quibus veluti firmamentis solidentur regna, mundique principatus: quibus tanquam basibus tutò innitantur diademata, Regumque solia; quibus demum cardinibus rerumpublicarum status, imperiorum securitas, salusque

sub-

DEDICATIO.

subditorum circumvolvantur. Quæ quidem firmamenta, uti divinam illam *Pythagoræ* Tetractyn, id est, *Pietatem, Justitiam, Fortitudinem* & *Sapientiam*, cum annexo virtutum omnium, orbis moderatori necessariarum, comitatu, proximè respiciunt; ita quoque unicè tibi ad fulciendam regnorum tuorum incolumitatem cæteris exempli facem preferendo, servanda stabiliendáque censuisti. Quæ enim tua in virtutum istiusmodi, præsertim Pietatis cultu assiduo indefessa sint studia, seræ posteritati commendabunt insignia, quæ nullibi non exstant horum opera monumentáque, per omnes *Hungariæ, Bohemiæ, Austriæ,* hæreditariarumque provinciarum angulos ingentibus meritorum titulis ad omnem æternitatis memoriam indelebili charactere exarata. Sed angusta sunt hæc tam augustæ pietati, quæ nequaquam hisce limitibus circumscribi se passa vel ad ipsos territorii Romani fines se extendit; ubi avitę pietatis insigne monumentum, temporum vetustate poenè collapsum, ecclesiam montemque Deiparæ ac divo *Eustachio* sacrum, majestatis tuæ zelus propriis sumptibus instauratum, subsidiisque uberrimis instructum, perpetuæ gentium illarum devotioni denuò consecravit. Loquentur ista de te, si homines tacuerint, restitutæ decori suo ecclesiæ, ecclesiis aræ, aris lampades æterno Austriacę pietatis igne collucentes, testabuntur fervorem istum, CÆSAR PIISSIME, anathematum, picturarum, variorumque ornamentorum splendor; saxa denique ipsa & colossi virtutum tantarum muti interpretes atque præcones omni teste majores. Quid porro dicam de incredibili, qua polles, artium scientiarumque divinarum pariter atque humanarum cognitione, qui ut ad coronas pertingeres, ad laureas tibi viam stravisti: noras enim quàm scitissimè istiusmodi effatum, *Qui in magno imperio sapientiæ munere fungitur, minimum sapere, nisi sapiat super omnes*; ut proinde, quot verba fundis tot leges condere videaris, non minus *Themidis* dictamine irrefragabiles, quàm opere & exemplo proprio inconcussas comprobatasque. Jacta erant jam pridem à te solida tantarum eruditionum sapientiæque fundamenta; quando adolescentiam tuam frequenti historiarum lectione, studiosaque rerum præteritarum indagine non alio

sanè

DEDICATIO.

sanè fine erudire voluisti; nisi ut introspectis rerumpublicarum archivis, penetratisque regnorum arcanis, imperii habenas moderaturus, quid imitandum, quid fugiendum, horum exemplo memoriaque pervideres: atque adeò variis humanarum sortium casibus causisque tam ridentis, quàm sævientis fortunæ attentè ponderatis, cautior instructiorque evadens, ex præclarè utiliterque veterum gestis quà sacris, quà profanis, ad persimilium exercitationem facinorum caperes documenta. Quàm multa hîc mihi superessent dicenda de admirandis animi dotibus atque præsidiis, quorum adminiculo ad orbis molem sine defatigatione sustentandam corroboraris; sed utut dixero quamplurima, plura tamen supererunt potiùs venerabunda admiratione suspicienda, premendaque silentio; quàm ut ego virtutum sua sat luce patentium amplitudinem jejunæ orationis angustiis comprehendere me posse confidam. Tacebo hîc insignem veluti ab ipsomet tibi *Mercurio* infusam eloquentiæ ubertatem; concessam ab *Apolline* Mathematices universæ, atque Harmonicæ absolutissimam, cum Ethicæ animorum moderatricis disciplina conjunctam, facultatem; omnemque totius sapientiæ apparatum, quo pectus tuum, MAGNE CÆSAR, à *Pallade* ipsa sufficienter obarmatum orbis universus suspicit atque veneratur. Non tamen tacendum hîc mihi videtur illud incredibile literarum patrocinium amorque benignissimus, quo musas omnes complexus intimis visceribus, hoc etiam addidisti non ita pridem, tam in laudes tuas magnificum, quàm in publici boni cumulum, munus singulare; quod, qui nihil adeò Cæsareo muneri necessarium esse, quàm peregrinarum linguarum studium peritiamque noras; qua uti tu mirificè instructus, ita & in alios ingentis animi tui divitias transfusurus, in *Viennensi* tua metropoli orientalium idiomatum athenæum raro exemplo & indubio *Dei* instinctu fundaveris; ut vel sic orientale imperium occidentali, reciproco linguarum commercio, magno utique reip. Christianæ emolumento, cum augustissimi nominis tui gloria immortali, junctum confœderares. Sed nolo temerarius & injuriosus in operum tantorum magnitudinem, quæ omnem

DEDICATIO.

mnem dicentis amplitudinem excedit, imparem calamum ultra extendere; ubi tutius convenientiusque est tantorum meritorum splendorem potius conniventibus oculis cum orbe universo admirari, ne contemplator majestatis opprimatur à gloria: præsertim cum nec majestatis tuæ modestia id ferat, in animi dignitatisque ingentis magnitudine demississime, & in tanta animi demissione TER MAXIME CÆSAR: & solummodo illa instituti mei sit ratio, ut ostendam te talem tantumque Cæsarem, unum hujus operis tutorem legendum; cui hoc, aliaque omnia devotissimæ servitutis meæ pignora non uno ex capite debeantur: cùm tu solus sis ille æquissimus rerum arbiter, qui partum hunc novum, rerum à primævis post diluvium Regibus *Ægypti* gestarum varietate, raritateque insolitum admirabilis sapientiæ trutinâ judicare, vindicareque possis adversus obtrectatorum cavillationes, potentiæ tuæ auctoritate tutum illius novitati præsidium conferendo. Accusabit fortassis nonnemo, quod te Cæsarem curis mundi gravioribus intentum mea interpellare scriptione non sim veritus. Vererer utique, nisi celsissimus idem & humanissimus ex augusto majestatis solio personæ meæ humilitatem, ut interpellareris, gratiose invitâsses, dubitantem animâsses, cunctantem sollicitâsses. Hinc factum est, ut opus hoc Sac. Cæs. Majestatis oculis etsi indignum ex se & angustum, augustum tamen vel hoc titulo, dignumque sit visum, quia Augustus id jussit, munificentiaque plusquam regia promotum in lucem publicam evocavit. Unde MUNIFICENTISSIME CÆSAR, omnem sive laudem sive veniam in sola obsequii gloria collocando, quod mihi dedisti, tibi reddo, opus hoc non tam meum, quàm tuum, quia totum me tuum quantus quantus sum agnosco: meum id quidem, quod subsidiis tuis longe munificentissimis id meum fecisti. Vale orbis Christiani fulcimentum, idea Cæsarum, & humani generis delicium. Hæc dabam *Romæ* Anno 1676. die 9 *Junii*, *Primo* & *Feliciano* M M. sacro, qui uti Majestati Tuæ Cæsareæ extitit genethliacus, ita quoque sit præsagum secuturæ felicitatis tuæ, totiusque reip. Christianę faustum fortunatumque præludium.

INDEX CAPITUM OPERIS.

Præfatio ad Lectorem. Fol. 3

LIBER I.
De Rebus post Diluvium centum triginta annorum spatio gestis. 4

CAPUT I. De exitu Noë filiorumque ex arca. ibid.
II. Quibus in rebus Noë filiique cum uxoribus in montibus se occupaverint. ibid.
III. De descensu Noë cum familia numerosa in monte peracta in submontanam regionis planitiem. 6
Noëmi ad tres filios, Sem, Cham, Japheth, jam constitutos principes populorum, exhortatio. ibid.
IV. De multiplicatione humani generis à Diluvio usque ad Turris ædificationem. 8
V. De prima transmigratione filiorum Noë ex monte Ararat in planiores submontanæ regionis campos. 10
§. 1. De lingua, seu idiomate, quo immediatè post diluvium utebantur. ibid.
§ 2. De vita mortalium primævorum in submontana montis Ararat regione multis annis peracta. 11
VI. De tempore transmigrationis ex Oriente in terram Sennaär à Diluvio peractæ, ad 132 annum, qui est ortus Phaleg. 14
EPILOGISMUS Ex quo series generationum filiorum Noë colligi potest. ibid.
VII. Descriptio terræ Sennaar quam ex Oriente advenæ repererunt deliciis affluentem. 17
VIII. Quo tempore Nembrod Turris architectus natus sit & quot annis vixerit. 19
IX. De mystico sensu, qui sub Mosaica Turris historia continetur. 20

LIBER II.

PRÆFATIO. 25
SECTIO I. De fabrica *Turris*. 26
CAP. I. De primævorum hominum post ingressum in terram Sennaar occupatione & studiis. ibid.
II. Utrum Noë Turris ædificationi præsens fuerit; una cum exhortatione Nembrod ad progeniem Chamæam, ad inchoandum concepti operis molimen. 28
Nembrodi ad Turrim civitatemque inchoandam exhortatio ad progeniei suæ proceres peracta. 29
III. De altitudine Turris diversæ opiniones. 32
DEMONSTRATIO De Turris ad Lunæ Cœlum exaltandæ ἀδυναμία sive impossibilitate. 36
CONSECTARIA.
IV. De Turris Nembrod forma & architectura. 40
SECTIO II. De stupendis & prodigiosis tum urbium tum turrium hortorumque miraculis, à Nino & à Chusi filiis & Semiramide post mortem Nembrod extructis. 42
CAP.I. De Nino ejusque rebus gestis. ib.
II. De ædificatione Ninive civitatis magnæ ejusque vastitate. 45
III. De turri in civitate Babylonica à Nino & Semiramide, centum ferè annis post eversionem Turris Nembrodææ extructa. 51
IV. De civitate magnificentiæ penè incredibili quam in Babylone Semiramis extruxit. 52
V. De ponte & duobus regiis palatiis in oppositis urbis locis à Semiramide extructis. 55
VI. De hortus pensilibus, à Semiramide in Babylonico campo extructis, qui & inter miracula mundi numerata fuere. 58

Expo-

INDEX CAPITUM.

Expositio singularum partium. 60
VII. *De stupendis fabricarum miraculis, quæ fratres* Nembrod, Misraim *ejusque nepotes, ex eadem familia,* Chus *in Ægypto, ad Babyloniorum & Assyriorum imitationem æmulationemque exhibuerunt.* 64

SECTIO III. *De prodigiosis fabricis Ægypti, quas* Chusia *progenies ad imitationem cognatorum* Nembrod, Nini & Semiramidis *in regnum* Babyloniæ, & Assyriæ *stupente mundo erexerunt.* 66

PRÆFATIO.
CAP. I. *Pyramides & Obelisci in Ægypto erecti.* ibid.
II. *Delubrum ex unico lapide constructum.* 72
Totius Symmetriæ computus. 73
III. *Labyrinthi in Ægypto prodigiosa fabrica.* ibid.
IV. *Descriptio exacta, sive* Ichnographia Labyrinthi *Ægyptiaci potentia humana superioris, quem posteri* Chami *reges* Ægypti *mirabili opere ad lacum* Mœridis *extruxerunt.* 78
Superior Labyrinthus. 81
Synopsis rerum in Labyrintho contentarum. ibid.
V. *De tempore quo tanta opera constructa fuerunt.* 82
VI. *De artificiosis machinis in Labyrintho ad eos qui ingressuri erant terrore concutiendos extructis.* 83
VII. *De Labyrintho in* Creta, Lemno, *aliisque Græciæ locis ad similitudinem istius Ægyptiaci constructis.* 85
VIII. *Tropologia Epilogistica Labyrinthi.* 86
IX. *De Græcorum superbis fabricis monumentisque, quas ad imitationem Ægyptiorum nullo non tempore olim in Græcia moliti sunt.* 88
   1. *Templum* Dianæ Ephesiæ. ibid.
   2. *Artemisiæ* Cariæ *Reginæ Mausoleum.* ibid.
   3. *Colossus* Rhodius. ibid.
X. *Utrum in hunc usque diem* Nembrodeæ *Turris adhuc vestigia reperiantur.* 90
XI. *De urbibus tum à* Nembrod, *tum à* Nino *&* Semiramide *ad littora* Tigris *&* Euphratis *extructis, eorumque vestigiis etiamnum superstitibus.* 96
XII. *Genealogia* Noë, Japheth, Cham, Sem, *filiorumque. De Ortu* Phaleg *& divisione linguarum & gentium.* 104
XIII. *Quando cœperit regnum* Nembrod, *& divisio gentium.* 111
XIV. *De progenie* Chus, *& utrum fuerit verè colore nigro imbutus.* 113
XV. *De regno* Nembrod, *& impietate ejus & cur* Belus *vocatus sit.* 116
XVI. *De coloniis filiorum* Sem, Elam *&* Assur. 119
XVII. *Utrum & quomodo post confusionem linguarum lingua* Hebraïca *in domo* Heber *permanserit.* 122

LIBER III.
Sive
Prodromus in Atlantem Polyglossum,
Quo

Per prælusiones quasdam de varietate linguarum & idiomatum disparatissima genera, quæ unà cum idolatria in orbem terrarum occasione primævæ confusionis irrepserunt, potissimum agitur. 124

PRÆLUSIO.
SECTIO I. *De inclinatione, corruptione & interitu linguarum.* 130
CAP. I. *De occasionibus & multiplici causarum serie, qua linguæ variorum regnorum florentes, tandem omnimodæ corruptionis oblivionisque damnum passæ sunt.* ibid.
II. *De origine & introductione idololatriæ in mundum ratione diversitatis lin-*

INDEX CAPITUM.

linguarum morumque, qui apud gentes differentesque nationes vigebant. 132

III. De varietate & multitudine numerorum qui ex confusione linguarum & divisione gentium natae sunt. 133

ANALOGIA rerum à primis mundi patriarchis gestarum, gestis Osiridis, Isidis, Hori parallela. 136

IV. De primaeva nominum impositione. 145

V. Quaenam & qualis fuerit prima omnium linguarum. 148

VI. De linguae Samaritanae characteribus, utrum vere Assyrius aut Hebraeus sit. 152

§. I. Decisio litis circa Assyrium seu Hebraeum & Samaritanum characterem. 153

TABULA COMBINATORIA, in qua ex probatissimis auctoribus primaevorum characterum forma, eorumque omnium, qui ab iis originem duxerunt, successiva temporum propagatione exhibentur; ex quibus luculenter deducitur omnia linguarum alphabeta nonnulla in se priscarum literarum vestigia tenere. 157

Expositio Tabulae praecedentis. 158

§ 2. De siclis Hebraeorum Samaritano charactere insignitis. ibid.

VII. De origine literarum & scriptionis. 162

VIII. De linguae Hebraeae mirâ vi in rerum significationibus elucescente, quam infusam habuit Adam. 164

Combinationes sensuum, qui sub nominibus animalium latent. 168

IX. De literis Coptitarum mysticis, quorum lingua est una ex linguis primigeniis. 172

Ab Hebraeis mutuata. 176

Primaeva literarum Aegyptiarum fabrica, & institutio facta à Tauto sive Mercurio Trismegisto. 177

X. De lingua Phoenicia una ex linguis primigeniis. 184

TABULA, quâ characterum Samaritanorum, cum Ionicis & Copticis sive Aegyptiis comparatio instituitur. 190

Exemplum inscriptionis Ionicarum literarum à priscis Graecis lapidi incisa. 191

SECT. II. De linguis primigeniis, quas matres vocant, quae post confusionem Babylonicam etiamnum superstites in usu sunt. 193

PRAEFATIO.

CAP. I. De linguâ Hebraeâ linguarum omnium primâ. ibid.

II. De linguâ Chaldaïcâ, una ex primogeniis linguis. 194

III. De lingua Samaritana seu Phoenicia. 196

IV. De lingua Syriacâ. 197

V. De lingua Arabicâ. 198

VI. De lingua Aethiopicâ. 199

VII. De lingua Persicâ, seu Aelamiticâ. 201

VIII. De lingua Aegyptiacâ seu Coptâ, quam & Veterem Pharaonicàm appellamus. 203

IX. De lingua Armenicâ. 204

SECT. III. De linguis Europae primogeniis, earumque proprietatibus. 206

CAP. I. De linguae Graecae origine. ibid.

II. De linguae Latinae origine, antiquitate, corruptione & restauratione. 209

III. De variâ qualitate, vicissitudine & augmento linguae Latinae. 210

Tabulae rostratae inscriptio priscâ linguâ Latinâ peracta. ibid.

Columnae rostratae inscriptio. 211

IV. De linguae Germanicae origine, propagatione & corruptione. 212

Lingua Germanica Imperialis. ibid.

V. De intimis Septentrionalium regionum linguis. 214

VI. De linguâ Illyricâ, Dalmaticâ, Slavonicâ ejusque filiabus. 215

TABULA CHRONOLOGICA annorum post diluvium, quâ linguarum ortus & incrementum exponitur. 216

VII. Utrum radices linguarum reperiri queant ad universalem linguam quandam constituendam. 218

CONCLUSIO. 221

Athanasii Kircheri è Soc. Jesu
TURRIS BABEL,
Tomus I.
In Libros tres digestus;

Quorum

PRIMO

Res gestæ post diluvium ad Turris usque ædificationem;

SECUNDO

Civitatis Turrisque erectio;

TERTIO

Linguarum divisio & transmigrationis Gentium Historia continetur.

Athanasii Kircheri è Societ. Jesu
TURRIS BABEL,
LIBER PRIMUS
Continens
Res gestas post diluvium ad Turris
usque ædificationem.

PRÆFATIO
AD
LECTOREM BENEVOLUM.

*P*Ost Arcæ Noëmicæ, *& luctuosam Cataclysmi historiam modò ordine* Moses DEI *famulus primò enarrat Mortalium per tres filios* Noë, Sem, Cham, *&* Japhet, *centum annorum spatio peractam multiplicationem; excipit hanc Civitatis Turrisque omnibus seculis memorabilis fabrica, quam sequitur vindicante se* DEO OPT. MAX. *de indomita filiorum hominum superbia & contumacia, linguarum confusio, & gentium transmigrationis exordium: quæ cuncta* Moses Geneseos cap. XI. *etsi quàm brevissimè, quàm distinctissima tamen, & exacta rerum, quæ in hoc arduo negotio, temporum successu acciderunt, enarratione complexus per quinque circumstantias pulchrè sanè exposuit; quarum* Prima *est, quinam videlicet primævi isti Mortalium fuerint, qui tum temporis in mundo vixerint, quid egerint, & quidnam eos ad transmigrationem ordiendam permoverit?* Secunda, *quis finis in eorum transmigratione ad insanæ molis* Turrim *erigendam impulerit?* Tertia, *ad quodnam altitudinis spatium ex eorum consilio* Turris *se extendere debebat?* Quarta *quem finem scopumque in tantæ molis ædificio sibi præfixum habuerint?* Quinta *denique, quomodo ab opere, temerario ausu incepto, ex Divini Numinis displicentia, & punitione ulterius prosequendo ex confusione linguarum destiterint; quomodo verò linguarum confusione perplexi, tandem transmigrationem in omnes mundi regiones, orditi fuerint? Quæ omnia quàm fusissime in* hujus operis *contextu demonstrabuntur. Divina bonitas adsit ausibus nostris, ut assumptum thema ad unicam ejus gloriam desiderata felicitate prosequamur.*

LIBER PRIMUS.

De rebus post diluvium, centum triginta annorum spatio gestis.

CAPUT I.

De exitu Noë, filiorumque ex arca.

Cap. I.

SI æquâ mentis trutinâ primorum post diluvium hominum actiones ponderemus, recta sanè ratio dictare videtur, Filios *Noë* post egressum ex arca, peractoque DEO de acceptis beneficiis, sacrificio, acceptoque de multiplicatione generis humani, per verba (*Crescite & multiplicamini & replete terram*) præcepto & benedictione illis impartita, non statim ad inferiores montium fundos descendisse, sed in montium planitiebus ad complures annos hæsisse à vero haud abludit. Notum enim ex Geographia est, in plerisque editioribus montibus semper reperiri campos longè latèque diffusos, quemadmodum ex Alpium, Appennini, cæterorumque montium catenis, in universa *Europa* visendis, experientia nos docet, pecoribus, pecudibus, armentisque, uberrimis pascuis alendis, mirè aptos, & opportunos reperiri. In similibus itaque campis, *Noë* cum filiis suis conversatum fuisse, arbitramur.

Ex arca egressi non statim in plana descenderunt primi homines.

Noë post egressum extra arcam non statim in camporum planitiem descendisse, sed in montibus hæsisse.

Cum enim in hujusmodi editioribus planitiebus, quæ montium jugis in- existebant, ex limosæ materiæ utique defluxu, jam fontium venæ ad necessarium aquæ usum, quod in infimis planis non fiebat, citiùs, tempestiviùsque aperirentur, campique affluxu humidi agriculturæ idonei aptique redderentur, certè *Noëmus* meliorem, commodioremque, pro summa ejus circa rerum naturalium cognitionem peritia, stationem optare non poterat; quamvis verò sacer textus de hisce nihil dicat, ratio tamen dictare videtur, uti suprà dixi, id hoc pacto fieri debuisse.

Nôrat enim *Noë* divino lumine illustratus renascentis mundi statum; Nôrat quàm optimè ingentem orbis terrarum post diluvium metamorphosin. Nôrat denique quamdiù, quotque annis, in montibus commorandum foret, donec inframontana planiora loca habitationi hominum apta forent. Atque hoc pacto factum est, ut is in montibus, veluti statione tutiori, propagandi humani generis initium duceret, donec in immensum exurgente filiorum multitudine ad inferiorem planitiem se conferre cogeretur.

CAPUT II.

Quibus in rebus Noë filiique cum uxoribus in montibus se occupaverint.

Cap. II.

Noë in instruendo genere humano in omnibus

CErtum est, *Noë* minimè hoc rerum statu, otiosum fuisse, sed continuò summâ curâ, & sollicitudine rebus benè gerendis, & artibus humano generi adeò necessariis, perpetuò exercendis distentum fuisse; ac primò quidem, prout DEUS ipsi præceperat per verba (*Crescite & multiplicamini*) filios suos ad propagationem faciendam excitasse; & quoniam multipli-

necessariis procreandis impiger.

tiplicationi hominum nil magis convenit, quàm nutrimentorum ubertas, sine qua vitam tolerare non poterant, necessitate compulsus, ante omnia agrorum colendorum rationem filios, per divinitus sibi infusam, uti in *Arca Noë*, docuimus, scientiam edocuit, ut quemadmodum ante diluvium in comparandis in arcæ animaliumque usum ad vitam sustentandam rebus necessariis, providum œconomum egerat, ita quoque post diluvium, in excolendis posteris; iisque circa necessariarum rerum usum instruendis, nulli labori pepercerit, utpote qui universam orbis faciem transmigratione uti erant repleturi, ita per successivam artium traditionem à *Noë* profluentem, modum & rationem, veluti opulentam hæreditatem consecuti in posteros propagarent.

Ferrariæ is reliquarum necess.

Porro, cum ad agriculturam exercendam, aliis artibus ad terram subigendam indigerent, is utique primò in *Ferraria* arte, quam vel divinitùs hauserat, vel prout ante diluvium à *Tubalcain* fabro in omni genere ferri, & æris, uti *Cap.* IV. *Genesis* habetur, didicerat, filios suos exercebat; instrumenta non quidem ex nativis montis fodinis, quæ tunc temporis necdum excoli poterant, sed ex ferramentis, quæ secum intra arcam in hunc finem attulerat, fabrefecit, cujusmodi esse potuerunt vomeres, falces, serræ, harpagines, secures, cultri, & similia; figulinam quoque artem, sive plasticam, quâ ex argilla urcei, ollæ, conchæ, similiaque ad domesticum usum conficerentur, tradidisse arbitramur. Ad tutandos quoque sese contra tempestates, cæterasque aëris injurias, casarum, tuguriorum domuumque, prout ante diluvium viderat, feceratque, ædificandarum regulas præscripsit. Præterea omnis generis legumina, tritici, farris, siliginisque sementem in agriculturam intra arcam intulisse, ut post dilu-

vium præsentis occasione necessitatis, agris statim semine fœcundatis vivere possit: quomodo enim, si in arcam secum similia non transtulisset providentissimus œconomus, statim semina prompta habere potuisset, cum universa tellus squalore, limoque offusa tam citò nil horum ad nonnullos annos proferre potuisset, quod idem de arborum fructiferarum, vinearumque plantatione intelligi velim. Quomodo enim vel unius anni spatio sine fructibus, sine pane, sine carnibus, ovis, cæterisque vitæ humanæ sustentandæ subsidiis vivere potuerint, nemo sensatus concipere poterit. Præviderat enim *Noë* cuncta hæc post diluvium necessaria; nôrat ob tristem & luctuosam telluris faciem, omnia hæc defutura; unde vel ipso Deo dictante, pro renascentis mundi requisitione necessariò & rerum omnium semina, instrumenta agricultoria, & fructiferarum arborum germina, racemosque vitium secum intra arcam transtulisse, ut iis sine ulteriori prolongatione in usum hominum, animaliumque uteretur.

Uxorum cura & diligentia.

Atque hæc quidem filios suos edocebat *Noë*, uxoribus verò curâ rerum muliebri sexui propriarum, si conjectare licitum est, relictâ; hisce enim ad vestium subsidium, linum serendi, aquis macerandi, in stupam carminandi, filandi deinde texendique regulas præscribebat, lanificiæ quoque artis documenta dabat. Præterea gallinarum, pullorumque educationi, ad ovorum comparationem, & omnem denique domesticæ servitutis cultum destinabat. Hoc pacto, hæ primæ mortalium post diluvium coloniæ impigrè sanè, quæ à *Noëmo* didicerant, in executionem deduxerunt; & hi quidem posteros suos consequenter ipsis commendatos vivendi modos alios aliosque edocebant, ut in sequentibus demonstrabimus.

CAPUT III.

De descensu Noë cum familia numerosa in monte peracta, in submontanam regionis planitiem.

Descensus Noë ex montibus in regiones submontanas, hodie Persidis nomine insignitas.

VEnit tandem tempus, quo *Noë*, jam filiis suis in copiosam progeniem exurgentibus, inferiores montium fundos, vastasque regiones ad habitandum aptas, ab omni squalore, & humiditate superflua immunes cognovit; unde descensione facta, cùm campos jam in rivos & flumina discretos, limosas primò planities jam herbarum luxuriantium, pascuorumque foecunditate non feraces tantùm, sed & amoenitate confertas, sylvarum districtus, uti & arbores tum fructibus onustas, tum ad caesuram in materiam aedificiis construendis aptam, sylvas quoque variarum animantium copiosa progenie, camposque omni animalium domesticorum genere confertos reperisset, ibidem perstitit; qui, uti communis est interpretum sententia, fuit ingens ille vastusque regionum districtus, qui postmodum, sive *Persia* sive *Armenia* dicta fuit, hîc mox incredibili hominum multiplicatione aucta, ne confusa multitudine confusus ordo nasceretur, *Noë* parens omnium, & Rex, in tres partes, juxta trium filiorum, *Sem, Cham* & *Japhet*, veluti tribus quasdam, partitus est, ut unaquaeque tribus sibi subditis cum plenitudine potestatis praeesset; & in difficultatibus, dissidiisque exortis, ad *Noëmum*, veluti ad naturalem totius orbis haeredem, & arbitrum recurrerent. Ne verò in tanta multitudine hominum, animarum cura negligeretur, *Noë*, uti erat coelesti lumine illustratus, ita quoque ante omnia quàm maximè necessarium duxit, ut iis praecepta vitae & disciplinae praescriberet, religionis cultum edoceret, morum normam, atque in Deum fiduciae &

Trium filiorum Sem, Cham, Japhet, in tribus distributio.

devotionis affectum ingereret ; ritus in sacrificiis instituendis, juxta praecepta Dei, suis temporibus servandos constitueret, siquidem sine Divini Numinis assistentia in tanta populi varietate nihil rectè constitui posse probè nôrat. Unde convocatis in unum primoribus tribuum, talem, qualem nobis imaginari possumus, exhortationem habuisse, piè credimus.

Παραίνεσις Noëmi

ad tres filios, *Sem, Cham, Japhet*, jam constitutos principes populorum.

IN hoc solenni congregationis consessu, ô filii, in nomine DEI *sancti & gloriosi, hodie vos alloquor. Attendite itaque sermones meos, auribus percipite verba oris mei, verba veritatis, verba vitae, verba salutis, quae si servaveritis,* DEUM *semper propitium vobis habebitis in generationibus vestris; sin, justum* DEI *judicium super vos, vestrasque generationes completum iri, ne dubitetis. Nôstis infelicem mundi ante diluvium statum, vidistis unà mecum gigantum immanitatem ante diluvium, inexplicabilem hominum in omni scelerum, flagitiorumque genere perversitatem, quae naturae limites longè excedens ad eam impietatem ex sacrilego Sethianae stirpis cum Cainitica conjugio pervenit, ut vel* DEUM *ipsum, cujus natura bonitas est, ad mundum perdendum, diluvioque universali exterminandum compulerit. Memineritis, ni fallor, quomodo me quantumvis indignissimum famulum suum, ex omni carne veluti unicum, qui sicuti vias Domini rectas cum timore & tremore, ab omni scelerum participatione alienus observâssem, elegerit, ita quoque me ad divinae justitiae praeceptum contra impios exequendum destinaret, arcamque*

TURRIS BABEL LIB. I.

p.III. que ipso dictante Numine, pro sua infinita clementia construi jussit, quâ vos filios meos atque uxores vestras ex omni generis humani massa selectos, à ruina mundi solos conservare voluit. Nôstis quanta fide & religione in centum annorum fabrica desudârim, quot persecutionum insultus ab improbis gigantibus sustinuerim, donec tandem post frequentes ad eos, de vicino orbis excidio habitas exhortationes, saxis duriores in pertinaci peccandi voluntate persistentes, ad unum omnes inexspectato cataclysmo perierint. Recordamini filii mei, quanta à benignissimo DEO tùm ante tùm intra arcam unà cum omni viventis naturæ substantia ingressum, inclusi, beneficia receperimus; quàm paternè universo pereunte mundo, nos solos conservaverit, & suâ ineffabili providentiâ, & dispositione nobis astiterit: quomodo me, quid in difficultatibus agendum, divinæ vocis oraculo instruxerit: quomodo tandem extincto jam humano genere, nos octo homines ad mundi semen mundique instaurationem ordiendam destinârit. Quæ certè talia sunt, qualia à mundi origine neque visa sunt, neque futuris seculis videbuntur, ut proinde accepta beneficia hujusmodi ineffabilia à DEI bonitate, & misericordia meritò in cordibus nostris diu noctuque impressa tenere, & continua meditationis assiduitate ruminare debeamus.

Porrò jam ad beneficiorum, quæ post egressum ex arca DEUS OPT. MAX. nobis contulit, copiam & magnitudinem progrediamur, cùm enim præter me, & vos, uxoresque vestras, nullus homo vivens supra universam telluris faciem reperiretur; cogitate & expendite, quomodo me unicum mundi dominum & hæredem constituerit, omnem orbis terrarum plenitudinem meæ potestati subdiderit, ad omnia mundi renascentis regna, eorumque populos gubernandos me præficere dignatus sit; qua de causa pro tanta beneficiorum immensitate, me ad debitas condignasque gratiarum actiones reddendas, solenne sacrificium ei, qui nos tantopere dilexit, instituisse meministis. Verum enim verò, cum jam generis humani per vos tres filios meos, Sem, Cham, Japheth, veluti unicos mundi hæredes, nec non universæ terræ, gentiumque principes peracta propagatio in adeò numerosam sobolem exurrexerit, ut unà simul commorari nequeamus. Vos ne in tanta filiorum nepotumque vestrorum propagatione, confusio nasceretur; vos, inquam, veluti in tribus quasdam dividendos censui. Et Sem primogenitus, quem centum ante diluvium annos DEI miseratione suscepi, suæ stirpis, filiorum, nepotumque curam habeat. Japheth pariter princeps & dominus sit progeniei suæ. Cham verò in generatione sua, suo potiatur dominio. Hoc unicum à vobis efflagitans, ne spuriis commixti conjugiis abutamini, sed unusquisque suæ stirpis progeniem, paternâ non tyrannicâ administratione gubernet; exortas dissidentium lites auctoritate sua cohibeat. Cùm verò sine Divini Numinis opitulatione nec regnum, nec regnatores diu subsistere possint, ante omnia eam religionem vobis tenendam præscribo, quam de DEO uno, vero, vivo, mundi conditore, rerumque omnium moderatore Seth, Adæ filius patres nostros ab origine mundi, traditione continua usque ad me ab Adamo decimum edocuit, conservetis, hanc intimis cordium vestrorum tabulis inscribatis, ne ejus unquam in vobis memoria obliteretur; ab hac enim ultimum actionum vestrarum, & vitæ benè feliciterque transigendæ scopum dependere existimetis velim; cum enim toto pereunte mundo, pro sua infinita bonitate & misericordia nos solos superstites esse voluerit, ideo sine factum sciatis, ut hanc eandem religionis normam quam vobis præscripsi, non duntaxat vos magno animi fervore colatis, sed & ingenti sollicitudine eam ad filios nepotesque nepotum vestrorum propagetis. Agitedum filii mei carissimi, Divini Numinis cultum nullo unquam tempore intermittatis, orationes & sacrificia, queis DEO nostro nil gratius acceptiusque esse potest, eo modo, quo me post egressum extra arcam agere vidistis,

*Cap.*III. *distis, pari fervore, omni superstitione proscripta, statutis temporibus peragite; pacem & concordiam inter vos, veluti veram & unicam felicitatis tesseram in vobis conservate, colite, amate: quæ si feceritis, benignissimus* DEUS *vos ipsos, atque omnes operationes vestras, vitæ beatæ longitudine fœcundabit, ad fœcunditatem agrorum pluviam dabit temporibus suis, horrea vestra replebuntur frumenti frugumque copia, olei vinique abundantia penuaria vestra exuberabunt, omniumque possessione bonorum beabimini: si verò, quod absit, meis præceptis non obedieritis, sed perversæ mentis impetu scelerumque enormitate in* DEUM *consurrexeritis, eum de vobis mille calamitatum generibus ob pertinaciam mentis, profusamque peccandi licentiam, se vindicaturum pro certo teneatis, quemadmodum enim divina natura bonitatis & misericordiæ suæ finem non habet, ita nec & justitiæ ejus; hæc seriò expendatis hæc alto pectori inscribatis; & si quandoque hæc vobis acciderint, ea me vobis prædixisse memineritis. Vivite felices, verborum meorum memores; quod ut fiat benedictio* DEI *descendat super vos, & quæ per vos fieri posse cogitavi, perficiat.*

CAPUT IV.

De Multiplicatione humani generis, à diluvio usque ad Turris *ædificationem.*

*Cap.*IV. Constat ex *Genesis cap.* IX. per tres filios suos, *Sem, Cham* & *Japheth,* genus humanum propagatum fuisse supra terram. Textus sequitur: *Isti sunt filii* Noë, *& ab his disseminatum est omne genus hominum super universam terram*: & *cap.* X. *Hæ sunt familiæ filiorum* Noë *juxta populos, & nationes suas, ab his divisæ sunt gentes in terra post diluvium.* Intendit *Moses* in hoc capite demonstrare, quod sicuti in primordiali mundi statu, ex uno *Adamo,* omne genus humanum usque ad diluvium, mille sexcentorum, & quinquaginta sex annorum tempore, propagatum fuit, ita post diluvium, quasi novo rursus mundi principio ex tribus Noë filiis omnem terram, habitatoribus cultoribusque fuisse completam. Tametsi verò numerosam quidem progeniem, multiplicemque posteritatem trium filiorum Noë, primamque originem diversitatis gentium, regionum, regnorumque luculenter describat; nemo tamen censeat, majorem hisce non fuisse progeniem, quàm sacer textus scribat; cùm *Moses* hoc loco, non nisi capita, duces, & principes populorum enarret, reliquis data opera relictis, ne in enarratione singulorum minimè utili, utpote in infinitum hujusmodi generationibus sese extendentibus, tempus perderet. Verùm cùm hæc omnia quàm fusissimè in *Arca* Noë prosecuti fuerimus, eò Lectorem remittimus.

Historici non sine ratione mirantur, quomodo tam citò, vel intra 275 annorum spatium usque ad *Turrim Babel,* tam immensa hominum multiplicatio, quam & profani scriptores *Herodotus,* & *Diodorus,* aliique complures tradunt, per solos tres homines, filios Noë contingere potuerit. Is mirari desinet, ubi excusserit humanæ generationis historias. Quis nescit, vel solum *Nembrodum Turris* fabricatorem, exceptis fœminis, & parvulis, è sua solùm progenie, in campum duxisse 200000 hominum armatorum; uti de *Belo,* id est *Nimbrod, Diodorus* narrat. Quis non obstupescat, *Ninum Nembrodi* filium, uti refert *Eustachius Thessalonicensis* in *Commentario in Dionysium Alexandrinum de Situ Urbis,* ad civitatem *Niniven* condendam, centum qua-

<small>Quant multitu hominu intra 2 annos p diluviu nasci p tuerit.</small>

Cap.IV. quadraginta millia operarum adhibuisse, & hoc inter ducentos nonaginta quinque annos post diluvium, si itaque tanta hominum multitudo, tum in bellis gerendis, tum in condendis urbibus propagari poterat, quanta post trecentos & quadringentos annos? cum jam universus orbis penè esset habitatus. Si enim ponamus, singulis tricenis annis generationes renovari, facilè octingenta millia animarum nasci poterant. Sed ut lector hæc propiùs perspiciat, ea calculo Arithmetico demonstranda duximus.

Ponamus itaque, tres filios Noë primo statim anno post diluvium, tres filios, & totidem filias generasse, singulis verò consequentibus annis totidem, usque ad triginta annos, ubi jam omnes filii, & filiæ suscipiendis liberis quàm aptissimi erant, reperies numerum animarum jam ad 360 pervenisse;

hi verò per mutua connubia usque ad 60 annos se propagare potuerunt, juxta artis combinatoriæ regulas, ad 21600 animas; si enim 60 in 360 duxerimus, provenient 21600. Hi rursùs per mutua conjugia usque ad nonagesimum annum facilè continuâ propagatione pertingere potuerunt ad numerum animarum 1944000, quod patet ex ductu 90 in 21600. Atque hæ progenies à 90, post diluvium ad annum usque 120, per novorum connubiorum combinationes pertingere potuerunt ad 2332800000, id est, viginti tria millia millionum, trecentos, & viginti octo milliones; quæ res vix animo concipi posset, nisi id ex combinatoriæ artis regulis evidenter constaret. Sed hæc in subjecto abaco contemplare. Primo anno post diluvium ponatur, tantùm tres filios fuisse genitos, invenies

Calculus propagationis generis humani ad Turris fabricam.

Primis 30 annis post diluvium tres filios generasse ─────────── 360 filios & filias.
His multiplicatis per 60 annos post diluvium, producetur ─────────── 21600 progenies liberorum.
His multiplicatis per 90 annos, à diluvio, dabitur ─────────── 1944000 propagatio hominum.
Atque hi multiplicati per 120 annos; & hinc usque ad *Turrim Babel*, producent 2332800000 propagatio hominum.
Non hic ulteriùs procedimus, cum res propè in infinitum procedat.

Ut proinde nemo miretur, adeò incredibiles, *Nimbrodi* adhuc tempore, cum humanæ ambitionis fastus, de Monarchia, & summo rerum dominio obtinendo æstuabat, exercitus coactos fuisse. Nam *Zoroastrum*, quem nos *Chamum*, avum *Nembrod* fuisse, in *Obelisco Pamphilio* ostendimus, contra *Ninum* filium *Nembrod* exercitum 2000000, quæ sunt, vicies centena millia hominum, duxisse, *Diodorus Siculus*

lib.3. tradit. Habemus vel ex ipsis sacris literis aliud exemplum; dum vel ipsi sancti interpretes satis mirari non possunt, quomodo ex 70 Israëlitis, qui in *Ægyptum* jussu *Josephi* transmigrârunt; post 210 annos, in tantam progeniem excreverint, ut sexcenta millia bellatorum præter parvulos, mulieres & senes, cum *Mose* Duce eorum, *Ægyptum* egressa fuerint.

CAPUT V.

De prima Transmigratione filiorum Noë *ex monte* Ararat *in planiores submontanæ regionis campos.*

§. I.

De Lingua, seu idiomate, quo immediatè post diluvium utebantur.

Antequam ulteriùs ad constitutum scopum progrediamur, primò verba sacri textus hîc adducenda duximus, ut juxta eadem instituti nostri telam ordiamur. Sic itaque *Moses* disserit:

Hebræa lectio.

ויהי כל הארץ שפה אחת ודברים אחדים
ויהי בנסעם מקדם וימצאו בקעה בארץ שנער
וישבו שם:

Id est: *Erat autem terra labii unius, & sermonum eorundem; cumque proficiscerentur ex Oriente invenerunt campum in terra Sennaar, & habitaverunt ibi.* Græca lectio sic habet:

Græca lectio.

καὶ ἦν πᾶσα ἡ γῆ χεῖλος ἕν, ᾧ φωνὴ μία πᾶσι· καὶ ἐγένετο ἐν τῷ κινῆσαι αὐτοὺς ἀπὸ τῶν ἀνατολῶν, εὗρον πεδίον ἐν γῇ σενααὰρ, καὶ κατῴκησαν ἐκεῖ. Id est: *Et erat omnis terra labium unum, & vox una omnibus; & factum est, cum moverentur ipsi ab orientalibus plagis, invenêre campum in terra Sennaar, & habitaverunt ibi.* Chaldaïca lectio sic habet:

Chaldaïca lectio.

והוה כל־ארעא לישן חד וממלל חד והוה
במטלהון בקדמיתא ואשכחו בקעתא
בארעא דבבל ויתיבו תמן.

Id est: *Eratque omnis terra lingua una, & loquela una; & factum est, cum proficiscerentur in principio, & invenissent campum in terra Babel, habitaverunt ibi.* Arabica versio sic habet:

Arabica lectio.

وكان جميع اهل الاوض اهل لغة واحدة و
كان الكلام واحدا ۞ وكانما رحلوا من
الشرق وخدوا جميعا في بلد الـمـجـور
فاقاموا ثم ۞

Id est: *Erat autem totus mundus idioma unum, & loquela eadem, & cum ipsis quies esset in Oriente invenerunt campum in terra* Bagaded, *id est, in Babylone, & sederunt ibi.* Hisce textibus consonat Syriaca.

Erat itaque terra labii unius, eorundemque verborum, vel ut *Græca* habet, *erat terra labium unum, & vox omnibus eadem*; vel ut Chaldaïca; *omnis terra lingua una, & locutio eadem*; vel denique uti Arabica; *erat totus mundus idioma unum, & loquela una.* Quid verò per *labium* intelligendum sit, exponamus.

Cùm *labium* formandarum vocum instrumentum sit, sine labiis verò vox ulla proferri non possit; cum nemo non apertis labiis motisque loqui possit; rectè sanè sacer textus pro *lingua* ponit *labium*, causam pro effectu. *In universa* itaque *terra*, vel ut *Arabica* habet, *in toto mundo* (ubi per *mundum*, totius humani generis congregationem nominat) *erat lingua una*: id est, *omnes homines*, qui post diluvium usque ad transmigrationem, immensâ multitudine se propagârunt, loquebantur linguam unam.

Labii quid no...

Unde quæritur primò, *qualisnam* illa *lingua fuerit?* Respondeo, fuisse linguam sanctam, primordialem, quam Noë filiique, uti per continuam Patriarcharum traditionem ante diluvium didicerant, ita quoque prorsus eandem docuere filios suos, cum alia præter hanc in orbe terrarum non vigeret; & de hoc si quispiam dubitârit, is merito insensatus videri posset. De hoc tamen merito quis dubitare posset, utrum lingua hæc primæva ab omnibus eodem prorsus tenore, & pronunciatione, spatio centum annorum prolata fuerit; quare

Quæ lingua fuerit p... diluvium

p. V. quare ut propositum mihi dubium pari pacto solvatur,

Utrum varia fuerit in illa lingua diasi. Respondeo; cum quotidiana nos experientia doceat, nullum idioma ab omnibus alicujus nationis populis tanta perfectione pronunciari, ut non saltem à purioris linguæ usu, quæ in Principum aulis viget, nonnihil deflectat; & luculenter patet in idiomate *Italico, Germanico, Gallico, Hispanico, Arabico* similibusque. Creditur in *Italia*, lingua omnium purissima *Tusca*, quæ tamen *Mediolani, Genuæ, Bononiæ, Venetiis*, apud *Samnites, Apulos, Calabros* oppidò à primæva puritate differt, & tamen una eademque lingua est, nimirum in *Italia* usitata, quam omnes loquuntur, atque sese mutuò intelligunt indigenæ; quod item de cæteris cujusvis nationis idiomatis intelligi velim, ita ut vix in mundo lingua reperiatur, quæ non suas patiatur corruptelas, sive id fiat ex vicinarum regionum, populorumque consortio, sive ex ingenio particularium provinciarum, & natura loci, sive ex novarum vocum inventione; quod adeò verum est, ut non dicam in provinciis separatis, sed ne in magnis quidem urbibus differentes loquendi modi desint, ut experientia nos docuit hîc Romæ.

Quænam primæva post diluvium lingua fuerit. Quæritur itaque, quomodo sacer textus, *Terra itaque erat labii unius*, eorundemque sermonum, intelligendus sit? Respondeo, fuisse quidem linguam omnibus communem, sed pronunciandi modos, quos nos dialectos vocamus, differentes; uti enim in tres tribus juxta generationes trium filiorum *Noë* dividebantur, ita quoque purioris tantum linguæ usum apud principes tribuum, *Sem, Cham, Japheth* & filios, nepotesque eorum remansisse, popularem verò & linguam plebejam ex varia hominum mixtione, prout in omnibus aliis linguis accidere novimus, à purioris linguæ usu nonnihil declinâsse quidem, non tamen tantum, ut non mutuò sese intellexerint, existimamus. Et hoc pacto sacer textus facilè explicari poterit, uti ex paulò antè dictis patet; quænam verò illa propriè lingua fuerit, in *tertio libro*, DEO dante, exposituri sumus.

His verò propositis, jam ad alteram sacri textus partem exponendam nos accingamus.

§. II.

De Vita mortalium, primævorum in submontanâ montis Ararat *regione, multis annis peracta.*

Magna hîc controversia inter interpretes exoritur de transmigrationis itinere, *primò ex monte in planum, deinde in terram Sennaar* facto; siquidem, dum multi capere non possunt, quomodo populi *ex Oriente* movisse dicantur, cum tamen *Armenia* non orientalis, sed borealis respectu terræ *Sennaar* existat; verùm cum in hoc non exiguam Geographiæ imperitiam apud scriptores reperiam, ut sacer textus illibatus conservetur, paulò fusiùs hanc controversiam decidendam censuimus.

Dicimus itaque, nullam in hoc primævi sæculi statu, nominis locorum rationem habendam esse, sed solummodo primi montis illius *Ararat*, quem *Noë* cum tribus filiis post diluvium inhabitavit, & propagatione hominum in immensum excrescente, in valles tandem montium, ad planiores campos incolendos descendit.

Duplex itaque *Armenia* à Geographis describitur; minor una, altera major. Major illa, quæ *Asiæ minori* ex occidente conterminâ est; ex borea *Georgiæ*, sive *Colchidis* regioni, quæ & *Iberia*, & *Mecrelia* dicitur; *Mesopotamiam* verò à meridie respicit. Major verò ex boreali plaga *Mare Caspium*, ab occidente *Armeniam minorem*, ab ortu *Persidem*, à meridie magnam reliquæ *Persidis* *Duplex Armenia.*

Cap. V. Perfidis partem refpicit; uti charta hîc appofita docet: atque in hac *Ararat* mons celeberrimus conftituitur, de quo cum in *Arca Noë* quàm uberrimè egerimus, ad eam Lectorem relegamus. Jam verò, ut ad inftitutum regrediamur, exponendum reftat, quomodo tranfmigratores illi ex *Oriente* in terram *Sennaar* pervenerint. Quod ut fciriùs fiat, ab ovo rem exordiar.

In monte *Ararat* arcam conftitiffe, *Genefis cap.* VII. traditur; *Noë* verò ex arca egreffum, uti fuprà oftendimus, primò planiores montium tractus excoluiffe, non quidem in uno eodemque loco commoratum femper, fed nunc hîc, nunc illîc pro locorum feracitate, & opportunitate perftitiffe; *Ararat* enim non unum aliquem montem particularem effe putes, fed in ingentem longè latèque in *Orientem* concatenatorum montium feriem extenfum effe, *Itineraria Perfidis Armeniæ*que quàm fcitiffimè defcribunt, quos montes *Chaldæus Paraphraftes* טורי גרדו גרדו, id eft, *montes Gordu*; *Ptolomæus* verò *Gordiæos* vocat, eofque fub latitudine 47 graduum ponit, quemadmodum ex charta geographica difces. Atque fuper, hos longè latèque protenfos montes *Noë* cum filiis fuis primùm unanimi interpretum confenfu commoratum agros excoluiffe, filiofque filiorum in neceffariis artibus inftruxiffe, nulli dubium effe debet; donec tandem poft complurium luftrorum decurfum, montium gurguftiis adeò copiofam progeniem non ferentibus, in planiora fubmontanarum regionum loca defcendere compulfus, ibidem veluti in uberioribus agris ampliorem coloniam fundaret; neque quifquam fibi perfuadeat, ex eodem loco populos ftatim tranfmigrationis initium feciffe, fed poft plurimos annos, quod vel ex ipfo contextu hiftoriæ luculenter patet, cum inter ædificationem *Turris* & diluvium, uti paulò poft chorographico calculo probabimus, 275 annorum fpacium definiatur. Patet itaque eos hofce annos partim in habitatione montium, partim in planioribus campis, partim morâ in itinere ad campum *Sennaar* factâ confumpfiffe; ponamus enim, 20 annos in montibus perftitiffe, in planioribus locis 75, in itinere verò verfus *Sennaar*, quod fpatium juxta geographicas relationes, duorum menfium iter eft, quinque annos confumpfiffe, prodibunt centum anni, qui numerus longè abeft ab annis fabricæ *Turris*.

Quomodo jam ex Ararateæ planitiei regione, ex *Oriente* in campum *Sennaar* perveniffe dici poffit, oftendo. Certum eft, ingentes fub monte *Ararat* campos, in quos ex vallibus montium prodeuntes intrârant, olim forfan fertiliffimos, hodiè partim fertiles, partim fteriles reperiffe, qui cum in meridionalem plagam longè latèque, ferè ufque ad *Mare Perficum*, fub longa montium ferie extendantur; hofce campos, & regiones refpectu terræ *Sennaar* propriè orientales effe, quis non videt? & ex appofita hîc charta fat patet. In hifce itaque regionibus ad plurimos annos *Noëmum* cum progenie fua perftitiffe clarum eft, eò quod ad agros colendos aptiffimas, & ob clivorum hinc inde exurgentium copiam, etiam vineis plantandis peridoneas invenerit; nam uti lectio facri textus Arabica habet: *& factum eft, cum illi tranfmigrarent ex* Oriente: ubi apertè docet, eos in hoc orientali campo quieviffe, id eft, unanimiter perftitiffe & inde poftmodum tranfmigrationem orfos effe. Confirmat hæc *Strabo lib.* II. cum dicit. ἐν ταύτῃ τῇ Ἀρμενίᾳ πολλὰ μὲν ὄρη. πολλὰ δ᾽ ὀρεπέδια, ἐν οἷς οὐδ᾽ ἄμπελος φύεται ῥαδίως, πολλὰ δ᾽ αὐλῶνες, οἱ μὲν μέσως, οἱ δ᾽ καὶ σφόδρα εὐδαίμονες. *Sunt autem in* Armenia *multi montes, multi*

Primi homines non ftatim poft diluvium verfus terram Sennaar moverunt.

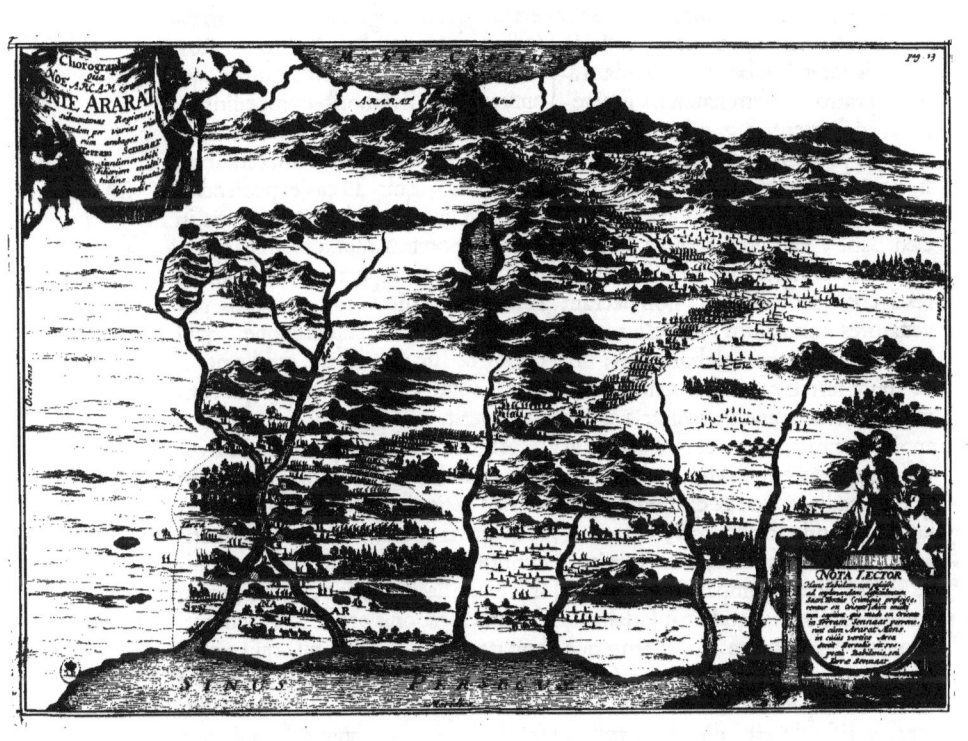

Cap. V. *multi campi plani in quibus tamen vitis facilè non nascitur, multi montium convalles, quorum quidem mediocriter aliqui, aliqui valdè felicis proventus.* In hujusmodi itaque regionibus, quæ postea *Media, Persia & Bactria* dictæ fuerunt, cum suis *Noëmum* habitasse, vineas plantasse, totius agricultoriæ artis institutiones filios suos docuisse, nulli dubium esse debet; nisi enim eos artibus humanæ vitæ sustentandæ necesariis imbuisset, utique tam copiosi hominum cœtus vitam trahere non potuissent; unde dispertitis inter se laboribus, quidam agros aratro ad seminandum subigebant, ad frumenti, leguminum, herbarumque proventus serebant alii; aliqui ligna casis construendis, ad se contra omnes aëris injurias defendendos, apta cædebant; carbones tum in culinæ, tum alios usus faciebant; alii molitores agebant, pistores alii; non decrant venatores animalium, ad pelles vestibus consuendis aptas elaborandas; unde multi ferrariæ arti, ad omnis generis instrumenta adeò necessaria unicè applicabantur; non deerant figuli in vasis cretaceis efficiendis, & in fornace coquendis, calce & cæmento conficiendo continuò occupati; iterum in arte textoria tum viri, tum fœminæ, ad vestes lineas comparandas, & ad corpus decenter tegendum insudabant; quoniam verò funium, chordarumque ad jumentorum hominumque subsidium usus, quàm maximè necessarius erat, verisimile est, illos huic restiariæ arti summo studio incubuisse, & vel ipsa ratio docet; fœminæ verò relictis dictis artibus robustioribus, quædam ex ipsis primò gubernandis animalibus, mulgendis vaccis, capris, similibusque, butyro, caseisque conficiendis occupabantur; aliæ gallinarum pullorumque educandorum, ovorumque colligendorum curam habebant; non deerant, quæ in sartoria arte, videlicet vestibus consuendis, lino in fila ducendo, maxima verò pars lotrinæ & culinæ ministeriis occupabatur; pleræque unà cum dictis artibus ægrorum forsan curæ, filiorumque educationi operam suam impendebant; & ut omnia sine confusione agerentur, hisce veluti populorum Duces, *Sem, Cham & Japheth,* sub rege omnium *Noë,* præerant, qui & singuli juxta tribuum distributionem suos habebant præfectos, rerumque administratores, quibus cura annonæ, ne iis laboribus impeditis victus abundantia deesset, committebatur; & occurrentibus difficultatibus, non dubito, quin ad eas expediendas, veluti ad supremum humani generis, in hisce regionibus tunc congregati caput, regem & imperatorem, *Noëmum* recurrerint; hic verò convocatis primoribus filiorum nepotumque, quid nunc, & hîc agendum, quid evitandum, veluti publico concilio quodam decreverit.

Atque hæc sunt, quæ de primævorum post diluvium filiorum hominum vita & actionibus dicenda duximus; & quamvis de hisce nil in sacris literis contineatur; interpretes verò non nisi jejunè illa tetigerint, rectæ tamen dictamen rationis præscribere videtur, hoc ita fieri debuisse, nisi quis velit, omnia casu transacta fuisse, quod à *Noëmi* regis supremi, & divinitus illustrati sapientiâ alienum esse quis non videt? uti enim DEUS OPT. MAX. eum in renascentis mundi instauratorem elegerat, ita quoque ipsum etiam ad suos innumerabilis multitudinis populos instruendos, regendosque singularibus & incomparabilibus animi talentis, ad mundi pondus pro dignitate sustinendum instruxerit.

Antes quibus Noë suos instruebat.

Quibus artibus potissimum occuparentur primævi homines, utriusque sexus.

B 3   CA-

CAPUT VI.

De Tempore transmigrationis ex Oriente *in terram* Sennaar *à diluvio peracto, ad* 132 *annuum, qui est ortus* Phaleg.

Hæc gentium transmigratio, quo tempore, aut quo post diluvium anno acciderit, tametsi scriptura sileat, quantum tamen ex chronologorum calculo colligere possumus, eam paulò ante 132 annum, ad ortum *Phaleg* filii *Heber* accidisse, non inverisimile credimus. Quod ut luculentius pateat,

Mora Noë in montibus.
Suppono *primò*; primævos à diluvio homines, filios *Noë* filiorumque ejus, post egressum extra arcam, non statim in planitiem montis, quemadmodum in præcedentibus quoque innuimus, descendisse, sed per complures annos, primò in campis montium perstitisse, ibidemque primò propagationis, agrorum colendorum, aliarumque artium specimen dedisse, usquedum excrescente in immensum filiorum multitudine, submontanis campis ad fruges ferendas jam aptis, in inferiora descenderent.

Non statim ex monte transmigratio in terram Sennaar contigit.
Suppono *secundò* ; certum quoque & rationi congruum est, dictam progeniem non statim post descensum montis, iter in terram *Sennaar* occœpisse, sed ad complura lustra in excolendis regionibus, quæ tunc temporis sine nomine, posteris verò temporibus, & etiamnum *Armenia*, *Media* & *Persia* dictæ fuerunt, constitisse; ubi quoque ejus possessores non confusè, sed magno ordine à *Noë* primò, deinde à tribus filiis *Sem*, *Cham* & *Japheth*, gentium capitibus, regebantur, & à quibus veluti artium scientiarumque peritissimis, & jam à centum annis ante diluvium in iis à patre *Noë* exercitatis, omnem propagandarum artium ad vitam sustentandam necessariarum, modum & rationem procul dubio didicerunt, ne, antequam in universæ terræ semitas dispergerentur, iis carerent, sine quibus humanæ vitæ transigendæ ratio consistere non poterat, sed de hisce satis in præcedenti capite.

Quanto verò tempore in *Oriente* steterint, *Torniellus* certis ex genealogiæ filiorum *Noë* conjecturis colligit, uti paulò post videbitur; de *Nembrod* tamen, quod est argumenti nostri unicum institutum, quo nimirum anno natus sit, quando moverit ex *Oriente*, quot annis vixerit, cum is unus è transmigratoribus fuerit, & *Turris* architectus, investigandum restat.

Suppono *tertiò*; fidum & exactissimum *Torniellum* secutus, qui annum ortus filiorum *Noë*, per annos à diluvio usque ad 152, & 275, scitè sane & pulchre describit ; verùm ut lector unicâ veluti synopsi, annorum seriem conspiciat, genealogiam hic apponendam censui, ex hac enim clare patet, quid circa propositam difficultatem sentiendum sit.

EPILOGISMUS,

ex quo Series generationum filiorum Noë *colligi potest.*

1. Post diluvium itaque anno primo, vitæ *Noë* 601. natus est, opinione *Torniellii*, aliorumque interpretum, *Ælam* filius *Sem* primogenitus, anno orbis conditi ——— 1657

2. Post diluvium anno 2. mense octavo, *Arphaxad* filius *Sem*, *Gomer Japhethi* filius, & *Chus* filius *Cham*, vitæ *Noë* 602. oritur ab orbe condito ——— 1658

3. Post

Cap. V. 3. Post diluvium anno 3. nati putantur *Magog* filius *Japhethi*, & *Mesraim* filius *Cham*, vitæ *Noë* 603. ab orbe condito —————— 1659

4. Post diluvium anno 4. vitæ *Noë* 604. nati putantur *Chanaan* & *Lud*, filii *Cham*, anno ab orbe condito —— 1660

5. Post diluvium anno 5. vitæ *Noë* 605. nati creduntur *Thubal* filius *Japheth*, & *Aram* filius *Sem*, & *Mosoch*, anno ab orbe condito —— 1661

6. Post diluvium anno 7. vitæ *Noë* 607. natus censetur *Thiras* filius *Japheth*, anno ab orbe condito —————— 1663

7. Post diluvium anno 38. *Arphaxad* filius *Sem* genuit *Cainan*, vitæ *Noë* 638. ab orbe condito —————— 1694

8. Post diluvium anno 68. vitæ *Noë* 668. *Cainan* genuit *Sale*, & *Chus Nembrod*, anno ab orbe condito —— 1724

9. Post diluvium anno 97. *Sale* genuit *Heber*, vitæ *Noë* 697. anno ab orbe condito —— 1753

10. Post diluvium anno 132. vitæ *Noë* 732. *Heber* genuit *Phaleg*. Prima divisio gentium: ab orbe condito --- 1788

11. Post diluvium anno 162. vitæ *Noë* 762. *Turris* ædificatio anno ab orbe condito --- 1818

12. Post diluvium anno 275. confusio linguarum, & secunda dispersio gentium, anno ab orbe condito ———— 1931

13. Post diluvium anno 276. regnum *Nembrod, Babylon.* vitæ *Noë* 876. ab orbe cond. 1932

14. Post diluvium anno 350. *Noë* moritur, anno ab orbe condito —————— 2006

15. Post diluvium an. 360. *Ninus* regnat, anno ab orbe cond. 2016

Ex hoc Epilogismo Genealogiæ luculenter patet, omnes tunc homines in mundo usque ad ortum *Phaleg* in *Oriente* extitisse., unicam quoque linguam fuisse omnibus, usque ad confusionem linguarum, quæ contigit anno post diluvium 275. Trina itaque transmigratio gentium ex *Oriente*, paulò ante ortum *Phaleg*, in adeò immensam hominum multitudinem excreverat, ut *Noë* divino lumine ductus, ne confusio in tanta multitudine nasceretur, eam in tres regiones mundi sibi notas, juxta trium filiorum *Sem*, *Cham* & *Japheth*, tribus dividendam censuerit, quæ circa annum, uti ex tabula patet, circa ortum *Phaleg*, circa annum ferè centesimum trigesimum contigit; atque adeò ex præcedente genealogismo pateat, tres filios *Noë* cum omnibus filiis filiorum, nepotum, pronepotum, abnepotumque progenie, post egressum extra arcam, antequam in terram *Sennaar* proficiscerentur, partim in montanis *Ararat* recessibus, partim in submontanis regionibus orientalibus natos fuisse; quorum, quæ in Tabula ponuntur nomina, non nisi principes solùm, & patriarchas, innumerabiliumque populorum progenitores notant.

Quod ut comprobemus, notandum, hoc loco divisionem gentium dupliciter intelligi debere; primam quidem ad ortum *Phaleg*, unde & *Heber* pater ejus nomen filio suo à divisione indidit; hoc enim tempore, ut plerique ferè interpretes referunt, prima à *Noë* divisio gentium facta est; unde hoc loco non sumenda est illa divisio, quæ post confusionem linguarum contigit, sed quæ à *Noë* DEI voluntate, & quasi ex testamento *Noëmico* instituta fuit; altera verò reapse in constructione *Turris*. Qui verò unam cum altera confundunt, valdè hallucinantur, cum illa vel ipsius *Josephi* testimonio ἀποδασμὸς τ̃ οἰκήσεως, id est, *distributio habitationum dicatur*, quando videlicet *Noë*

Duplex divisio terra quomodo intelligenda sit.

Cap. VI. Noë distributionem universæ terræ tribus filiis suis, hoc, quo dixi anno, instituit; hæc verò sit illa, quæ post confusionem linguarum in executionem deducta fuit, quam proinde *Josephus* σύγχυσιν περὶ τὴν διάλεκτον, id est, *confusionem linguarum* vocat, eò quod confusio hæc causa fuerit divisionis gentium; prior quidem sine ulla confusione transacta fuit, non item posterior; illa quieta, hæc turbulentis motibus conferta; illa sub ortum *Phaleg,* hæc sub medio ejusdem tempore contigit; & constat ex authoritate sacræ scripturæ *Genes. cap.* X. *v.* 25. ubi Heber nomen filio indidit *Phaleg,* eò quod in diebus ejus divisa sit terra. Qui verò obstinatiùs confusionem linguarum cum priori dicta divisione terrarum confundunt, seipsos confundere videntur, cum confusio linguarum anno post diluvium 275. illa verò 132 anno post diluvium, differentia 143 annorum contigerit, & hisce verbis innuit Josephus. *Porrò Heberus Jectan & Phalegum genuit, qui natus est dum habitationes distribuerentur.* Innumeros hujus sententiæ authores hîc adducere possem, nisi vel ipsa ratio divisionis gentium ita se habere dictaret; unde *Heber* hoc nomen *Phaleg* filio suo non tam instinctu naturali, quàm prophetico indidisse videtur. Certè in libro, qui סדר עולם *Seder Olam,* id est, *ordo seculorum* dicitur, Rab. *Jose* hoc pacto dicit: *Heber fuit propheta magnus, quoniam afflatu Spiritus sancti filium suum* Phaleg *nominavit, à futurâ videlicet divisione in fine vitæ ejus;* cui consentit S. *Hieron.* in *quæstionibus Hebraïcis,* & Genebrardus in chronico: *Vocabulo prophetico providentiæ dictus est* Phaleg, *ut innotesceret in hac divisione orbis terrarum plus fuisse divinæ providentiæ, quàm humani consilii, aut industriæ.*

Phaleg ortus quando & quo anno. Anno itaque *Heberi* 34 absoluto, & 35 inchoante, & diluvii 132. non anno 102. (uti ii, qui injustè *Cainan* omiserunt) natus est *Phaleg;* quo anno patriarcha *Noëmus,* cum nepotes suos jam in tantam excrevisse multitudinem videret, ut plurimis coloniis jam deducendis sufficerent, & ipse vicinam sibi ex hac vita migrationem crederet, divinam iis de divisione Orbis habitabilis mentem aperuit. Quæ pulchrè sanè prosequitur Epiphanius in Ancorato. *Noverunt,* inquit, *omnes* Noë, *virum justum, qui cum relictus esset ipse post diluvium, & tres filii ejus, ut qui justus esset, & filios suos pios efficere conaretur, ut ne in ea mala inciderent, sicut ii, qui diluvio perierunt, non solum per doctrinam illis pietatem proposuit, sed & per jusjurandum ab unoquoque eorum benevolentiam erga fratrem exegit,& dividit quidem,veluti hæres mundi à* DEO *constitutus, tribus filiis suis universum mundum sub sortem missum, & unamquamque partem juxta sortem singulis distribuit : & ipsi quidem* Sem *primogenito cecidit sors à* Perside *&* Bactris *usque ad* Indiam *, & regionem* Rhinocurorum*, quæ sita est inter* Ægyptum *&* Palestinam *è regione* Maris Rubri *; ipsi verò* Cham *obtigit terra à* Rhinocura *usque ad* Gades*, ad meridiem ; tertio verò filio* Japheth *obvenerunt ea quæ spectant ad Aquilonem à* Media *usque ad* Gades *, &* Rhinocuros. Sed hæc omnia fusiùs prosecuti sumus in *Arca Noë, lib.* 3. *de Divisione Gentium,* ubi & Lector aliam divisionem reperiet.

Post hæc crescente singulis annis hominum multitudine, *Noë* nihil aliud agebat, quàm ut illis juxta Domini præceptum (*crescite & multiplicamini, & replete terram*) transmigrationis tandem initium suaderet. Accidit tandem, ut sive sollicitatione *Noë,* sive regione orientali hominum incrementum non amplius ferente, commendatam à DEO transmigrationem auspicarentur, ex *Oriente* videlicet in *Occidentem,* id est, in terram, quæ postea *Sennaar* vocata fuit. Neque quispiam existi-

Cap. VI.
Populus non continuato itinere ex Oriente in Occidentem, sed cum mora multorum annorum in intermediis locis constitit.

existimet, huiusmodi populos, qui ad aliquot milliones excurrebant continuato itinere illam inter orientalem regionem *Persidis* sive *Armeniæ*, & terram *Sennaar*, intercapedinem emensos fuisse, sed ubi commodum locum reperissent, ibidem commoratos fuisse: quis enim tantæ multitudini sufficientem commeatum præbuisset, nisi terræ bonis, quam transibant, veluti paratis jam à natura nutrimentis sustentari valuissent; unde verisimile est, *Noëmum* ducem omnium, in hac mora ad terras colendas, fructus colligendos, ad animalium jam in infinitum multiplicatorum venationem, dispertitis laboribus ad similia officia coëgisse, ne præter ea, quæ jam ex *Oriente* secum transtulerant, alimenta tantæ multitudini nutriendæ deessent.

Instrumenta ad humanæ vitæ usum parata jam ante.

Non deerant hîc instrumenta omnis generis ad usum humanum necessaria, quæ ab innumeris jumentis portabantur, & si quandoque amnes transeundi essent, quorum non pauci in itinere occurrebant, statim *Noëmi* providentia, lintres, ratesque, ad homines transportandos aptissimæ, jam paratæ suppeditabantur; pro jumentis verò, equis, asinis, bobus, armentis, gregibusque transvehendis, crates ex validis compactæ trabibus mox conficiebantur; atque hoc pacto, de loco in locum, de regione in regionem iter suum prosecuti fuerunt, non animo quidem inveniendi terram *Sennaar*, neque enim de ea, quam nimirum nullus adhuc homo vivens inhabitârat, audiverant, neque eam tanquam itineris terminum intenderant; sed paulatim castrametantium more, de regione, uti dixi, in regionem, ubi commodam reperissent stationem, & rebus necessariis fœcundam, ibi tentoriis erigendis, casisque construendis commorabantur, donec tandem post multos annos iter prosequuti, terram illam, non amœnitate tantum consertam, sed etiam uti fluminibus maximè irriguam, ita rerum abundantiâ feracissimam invenirent, quæ postea terra *Sennaar*, ab excussione dentium, & *Babylon*, à confusione linguarum dicta fuit.

CAPUT VII.

Descriptio terræ Sennaar, *quam ex* Oriente *advenæ repererunt, deliciis affluentem.*

C. VII.
Columella.

COlumella *lib.* 1. *Agriculturæ*, ad bonitatem alicujus regionis *tres* conditiones requirit. *Prima* est, bonitas climatis; quæ ubi benignum ex siderum affluxu situm obtinuerit, ei ex consequenti terrestrium glebarum feracitas deesse non poterat. *Secunda* est, ut continuis fluviorum rivorumque allisionibus ad littora factis irrigetur. *Tertia* est aëris benignitas, ab omni paludum, stagnorumque putrida exhalatione prorsus immunis; hisce enim conditionibus omnis regio beata, & mortalibus indigenis, omnium rerum ad vitam sustinendam necessariarum ubertatem & abundantiam cum vitæ diuturnitate spondet, præsertim si terra agricolarum industriâ, studio & labore excolatur. Talem regionem terram *Sennaar* non solum fuisse olim, sed & etiamnum esse, dicimus *Herodoto* teste apud *Augustinum. Assyria*, inquit, *ab* Assur *filio* Sem, *appellata fuit, & tametsi in ea raro pluat, non tamen sua sponte, ut in* Ægypto, *sed accolarum ingenio & labore tantam adquirit ubertatem, ut ducentena vulgò, & ubi eximiè ferax, trecentena messe redundet terra, quaternâ digitorum latitudine tritici & hordei folia sunt. Sesami & milii proceritas, arborum instar attol-*

Augustinus.

C. VII.

Ubertas & felicitas terræ Sennaar quæ Babel dicitur.

attollatur. Quæ omnia fibi explorata, cunctantiùs tamen Herodotus memoranda censuit, veluti parum credibilia iis, qui ea non viderint, talia panderentur; palmis vescuntur, ex quibus mel & vinum conficiunt. Teftantur & hæc omnes, qui hanc regionem hifce temporibus luftrârunt, uti *Petrus de Valle in suis Itinerariis;* qui & ait, nullam penè regionem comparari poffe cum amœnitate hujus loci, quam antiqui *Babyloniam*, *Perfæ* & *Turcæ* hodie *Bagaded* dicunt, ob maximorum fluminum *Tygris* & *Euphratis* aliorumque innumerorum rivorum, quibus Terra continuè irrigatur, confluxum, tanto cum rerum proventu, ut alibi nullum ei fimilem fe reperiffe dicat. Palmarum primò ingens multitudo, nobilioris notæ dactylos profert, in tanta affluentia, ut non dicam homines, fed & animalia, queis fuftententur, quàm copiofiffima pafcua inveniant: tritici, hordei, avenæ, milii, & fefami tanta abundantia cernitur, ut fine admiratione adfpici non poffit; olivis abundant, magnamque nobilioris notæ copiam conferunt; præterquam quòd ex palmis quoque & fefamo olei non exiguam quantitatem extrahant; funt & ibi optima pafcua, in quibus innumerabiles greges, & armenta ad lactis, butyri, & optimæ carnis ufum enutriuntur; ut proinde fpeciem quandam, & reliquias *Paradifi* (quem in vicina *Mefopotamiæ* regione conftitiffe, in *Arca Noë* oftendimus) tum amœnitate, tum ubertate rerum referat. Verùm ut propius hanc regionem afpiciat, eam geographicâ tabulâ oculis lectoris exponendam cenfui.

Diverfæ denominationes terræ Sennaar.

Regio itaque, feu terra *Sennaar*, quam eandem cum *Babylonia* effe, fupra demonftravimus, ab ortu *Armeniam* & *Perfidem* refpicit, ab occafu *Arabiam defertam*, à meridie *Arabiæ felicis*, & *Sinus Perfici* partem, denique à borea *Mefopotamiam*, quæ diverforum nominum perplexitate non caret. Pri-

mò enim terra *Sennaar*, prima omnium, quæ in Mundo poft tranfmigrationem ex monte *Ararat*, & ex campis ei fubjectis peracta fuit, à primævis hominibus detecta, uti ex XI. *Cap. Gen.* patet; deinde quoque terra *Babel* ob confufionem linguarum, quæ in *Turris* ædificatione accidit, quæ & *Babylon*, & à regno *Nembrod* à Scriptoribus *Babylonia* appellata fuit; poftea quoque *Chaldæa*, ac tandem ob ingentem *Nembrodi* famam, & rerum geftarum gloriam, crefcente tum mortalium ambitione, *Ninus* filius *Nembrod*, *Babyloniam* & *Chaldæam* fub uno *Affyriæ* nomine, & fe primum *Affyriorum* monarcham appellari voluit, imperii fui fede in *Ninive*, quam fundaverat, conftitutâ. Hodie verò ex memorabili rerum eventu, quo ex *Turris* ædificatione, & linguarum divifione, æterni nominis gloriam obtinuit, & etiamnum *Babylonia* vocatur, ab *Hebræis* verò ארץ כסדים *Terra Chaldæorum*, *Chufdæam* appellaverunt; dicitur autem *Chaldæa* ab *Hebræis* ארץ כשדים vel ארעא כשדאי *Terra Chufdai*, five *Chaldæorum*, uti habetur *Gen. cap. XI. verf. 31.* & *Babylon*, quæ regia fuit *Nabuchodonofor* Regis *Chaldæorum*, uti Scriptura eam vocat. Sed hæc alibi cum profecuti fimus, iis non immorabimur.

In hanc igitur regionem *Sennaar*, cùm primævi poft diluvium homines ingreffi, omni delitiarum genere refertam reperirent, ibidem confederunt, nullam aliam regionem invenire fe poffe exiftimantes, in qua tantæ beatitudinis forte fruerentur. Ne verò otiosè vitam tranfigerent, verifimile eft, illos fub *Noëmi* omnium patris directione (eum enim præfentem tunc temporis fuiffe, nulli dubium effe debet) fefe ad cafas, & habitationes ædificandas accinxiffe, & diftributis officiis, alios agriculturæ à *Noë* præfectos, alios annonæ congregandæ, alios aliis artibus ad infinitam penè hominum

C. VII. minum multitudinem alendam, vestiendamque necessariis, uti primò in *Armenia*, & in itinere versus terram *Sennaar*, constitutos exercitatosque fuisse; neque enim statim ad primum in terram *Sennaar* adventum, eos *Turris* fabricam inchoasse, vel ex ipso Sacræ Scripturæ textu comprobari potest; certum enim est, anno post diluvium centesimo, trigesimo secundo ad ortum *Phaleg*, primam gentium divisionem à *Noë*, ad primum in *Sennaar* adventum contigisse; cum verò *Turris* fabrica, & divisio linguarum primùm anno à diluvio ducentesimo septuagesimo quinto contigerit, erit annorum ab ortu *Phaleg* ad *Turris* fabricam 143, & tot annis in terra *Sennaar* viciniísque regionibus commoratos agrorum culturæ & exercitio incubuisse, luculenter patet; quæ omnia in sequentibus ex prodigiosis fabricis, quas hac secundâ Mundi ætate mortales moliti sunt, comprobabuntur.

CAPUT VIII.

Quo tempore Nembrod Turris *Architectus natus sit, & quot annis vixerit.*

C. VIII. Quamdiu vixerit *Nembrod*, Scriptura silet, ex computu verò præmisso sat patet, eum ad *Abrahæ* tempora pervenisse, unde Rabbini more solito fabulantur, illum unum fuisse ex illis quatuor Regibus, qui Sodomiticam Regionem expugnârint, *Amraphel* dictum, & ex sacro *Genesis* textu probare se posse putant.

Cap. xiv. v. 1.

ויהי בימי אמרפל מלך שנער אריוך מלך אלסר כדרלעמר מלך עילם ותדעל מלך גוים: עשו מלחמה את ברע מלך סדם.

id est, *Factum est in illo tempore, ut* Amraphel *Rex* Sennaar, Arioch *Rex* Ellasar, Chedorlohomor *Rex* Ælam, *&* Thidal *Rex gentium inirent bellum contra* Beraa *Regem* Sedom, &c. In hoc textu *Amraphel* dicitur Rex *Sennaar;* in Chaldaica verò paraphrasi legitur מלכא דבבל Rex *Babel* quòd idem est; cum verò tempore *Abrahæ* in terra *Sennaar*, seu *Babel* alius Rex non fuerit, nisi *Nembrod*, inferunt *Amraphel* alium non fuisse quàm *Nembrodum*, nullo alio tunc temporis, regno præter *Babylonicum*, & *Assyriorum* existente, imò contra plerosque melioris notæ interpretes putant, eundem *Nembrodum* sive *Amraphel* ab *Abrahamo* in suscepta contra ipsos expeditione trecentorum vernaculorum manu, & Reges illos, & unà *Amraphel* cæsos occubuisse, idque probant ex *cap.* IV. *Gen.* versu 17. *Postquam autem reversus est* A-bram *à cæde* Chedorlahomor *& Regum, qui cum eo erant in valle* Save. Verùm qui hæc exactiùs ad Chronologiæ Lydium lapidem redegerit, inveniet, *Nembrodum* cum *Amraphel* confundi minimè posse, cum *Nembrod* & *Ninum*, illum quidem 122 annis, hunc verò 70 ante annis vita functos ex Chronologismo colligamus.

Quisnam igitur *Amraphel* Rex *Sennaar* & *Babel* fuerit, discutiendum restat. Ego sanè, quantum ex ingenii mei imbecillitate assequi possum, dicerem, alium non fuisse, nisi *Ninyæ* Regis *Assyriorum*, (cujus regni anno 18. hæc gesta sunt) proregem quendam, sive gubernatorem *Babylonis*, aut terræ *Sennaar*, subditum Regi *Ninyæ*, quem deliciis deditum, amoribusque infatuatum, totius regni curam suis primoribus, & principibus reliquisse *Diodorus* refert; ad quod unà alludere videtur illud *Isaiæ* cap. X. vers. 8. *Nunquid non principes mei simul Reges sunt*, atque talem fuisse *Amraphel*, quod *Hebræi* explicant

C.VIII. plicant מְדַבֵּר אֲרָדִין *loquens judicium*, vel ut alii כָּדְבַּר מַפִּילָה *loquens ruinam, loquens occultum, abfconditum*. Expofitis jam iftis, ad *Nembrodi* vitæ annos revertamur.

Cum itaque is mortuus fuerit 65 anno regni fui, in *Turri* verò & civitate ædificanda ad minimum 22 annos, juxta *Torniellum*, *Salianum*, *Pererium* confumpferit; annus verò, quo natus fuerit, etfi ignoretur, verifimili tamen conjecturâ putant, illum in *Armenia* à *Chus* natum, & unum ex tranfmigratoribus fuiffe in terram, quæ poftea *Sennaar* dicta fuit, ad ortum *Phaleg*, anno poft diluvium 132, quo tempore jam in virum creverat 40 annorum. Iterum cum ab anno 132 poft diluvium *Phaleg* ortum ex Tabulis conftet; ab hoc verò ad annum confufionis linguarum fluxerint anni 275. manebit differentia inter annos 132 & 275 annorum 143. quibus fi addamus 40 annos, queis ante ortum *Phaleg Nembrod* vixiffe diximus, prodibunt 183 anni, his fi 52 regni ejus annos addamus, habebimus 235 annos vitæ *Nembrod*. Cum itaque interpretes plerique in fabrica *Turris* 22 annos, aliqui verò 20 confumptos fuiffe dicant, fequitur, *Nembrodum*, quando infanæ molis extructionem ordiebatur, annos ætatis habuiffe 183. quæ *Chronologicis Tabulis*

Ætas Nembrod.

Tornielli, & *Saliani* ex æquo refpondent. Si enim ingentis molis fabricam intimè confideremus, plurimos in ea annos infumptos, fateri cogemur; cùm nemo architecturæ peritus concipere poffit, quomodo tam exigui temporis fpatio, ftatim ad primum in terram *Sennaar* adventum, tantæ molis, fine ingenti rerum ad fabricam ordinandam neceffariarum apparatu, *Turri* exaltandæ fefe accinxerint; cùm ab anno 131 ortus *Phaleg* ad *Turris* faciendæ initium, anni 123, juxta calculum jam pofitum, præterlapfi fuerint. Sed jam audiamus de hifce *Salianum*, diligentiffimum Societatis noftræ fcriptorem. *Cum*, inquit, *linguarum confufionem ftatuamus anno diluvii 275. oportebat, tam apparatum materiæ totius ad ædificandum, quàm ipfam conftructionem civitatis,* & *Turris 20 circiter annos tenuiffe, neque minus requirebat opus mole* & *magnitudine propè immenfum, & opere ipfo magnificentiffimum, & quidem non ad confummationem, & integram perfectionem operis, fed ut multum ultra initia promoveretur*, & ut hæc confirmemus, nonne magis mirum eft centum annos *Noëmum* cum filijs in conftructione arcæ perftitiffe, quam *Nembrodæos* annos in ædificatione *Turris* immenfæ. Nihil igitur ex eo quod tot anni tribuantur dictæ ædificationi, abfurdum refultat.

CAPUT IX.

De myftico fenfu, qui fub Mofaica Turris hiftoria continetur.

Cap.IX. SCala, quam mentis humanæ imbecillitati, ut ex fenfibilibus ad infenfibilia afcendere poffit, DEUS OPT. MAX. conceffit, non tantùm corporei mundi fyftema, quod rerum omnium cognofcibilium rationes continet, fed & potiffimum ipfa facra fcriptura eft, in qua ut omnes fapientiæ & fcientiæ divinæ thefauri funt abfconditi, ita quoque omnium eorum, quæ vel fenfibus objiciuntur, vel ab omni fenfuum minifterio abftracta funt, perpetua quædam analogia eft, variis fenfibus involuta, quadruplici mentis conceptu, vel hiftorico, vel tropologico, vel allegorico, anagogicoque expreffa, fub quibus ad arcana divinarum literarum facramenta, id eft, ex vifibilibus ad invifibilia, deducimur, juxta illud Apoftoli: *Invifibilia enim*, inquit,

ipfius

*Cap.*IX. *ipsius à creatura mundi, per ea quæ facta, sunt, intellectu conspiciuntur,* id est, divina sapientia invisibiles mundos, insensibilesque rerum virtutes, ita corporeo mundo, rebusque in eo existentibus adaptavit; ut, quicquid in mundo corporeo obtutui mortalium objicitur, id à DEO in invisibilibus & intellectualibus mundis sapientissimè & sub modo excellentiori expressum sit. Quis non videt vel in ipsa sacra scriptura, quot apices & nomina, tot mysteria; quot periodi, tot sacramenta signata esse. Verùm cùm hæc quàm amplissimè in *Arte* nostra *Analogica* prosecuti simus, eò lectorem remittimus. Post *Arcam* igitur *Noëmicam* à nobis juxta sensum historicum & mysticum expositam, nihil restat, nisi ut & mysticos sensus in historia Mosaica de *Turri Babel* occurrentes pari pacto prosequamur; quod primò in sequenti textu ostendimus.

Cumque proficiscerentur de Oriente, *invenerunt campum in terra Sennaar & habitaverunt in eo.*

Hæc sacri textûs verba pulchrè sanè ad tropologicam & mysticam intelligentiam accommodat S. *Gregorius l. de moralibus,* ubi multa tradit utilia disciplinæ ac vitæ spirituali monita, ac documenta, docens eos, qui abjectâ curâ, studioque rerum cœlestium, totos dederunt se amandis & consectandis bonis terrenis, summum bonum in comparanda præsentis vitæ felicitate collocantes, persimiles esse eorum, qui ex *Oriente* profecti, & in campum *Sennaar* venientes, lateribus & bitumine altissimam ædificare *Turrim* conati sunt. Ponam *S. Gregor.* hic verba S. Gregorii ex commentario ejus in quartum Psalmum Pœnitentialem excerpta. Exponens enim penultimum illius Psalmi versiculum: *Benignè fac Domine in bona voluntate tua* Sion, *ut ædificentur muri* Hierusalem, ad hunc modum scribit: *Unusquisque hominum aut* Hierusalem *aut* Babylonis *civis est: sicut enim per amorem* DEI *sanctus quisque* Hierusalem *civis efficitur: ita per amorem sæculi, omnis iniquus in* Babyloniæ *structura operatur. Ad construendum autem spiritalis* Babyloniæ *ædificium perversi omnes exemplum illius antiquæ* Babel *imitantur. Cujus civitatis, ut inquit scriptura, Auctores pro saxis lateres, & pro cœmento bitumen habuerunt. Per hoc intelligitur mundi amatores carnalis vitæ construere municipium, quod ad vim ventorum, & impetus fluviorum facili impulsu velociter sit subruendum.*

Legimus porrò venisse homines illos ex Oriente, *& in campo* Sennaar *habitasse, cùm autem* Christum *Propheta quidam appellaverit Orientem, dicens:* Ecce vir Oriens nomen ejus. *Constat de Oriente venisse, qui à* Christo *malè vivendo recesserunt.* Sennaar *autem interpretatur excussio dentium, sive fœtor eorum. In campo igitur* Sennaar *habitant, qui positi non in celsitudine virtutum, sed in planitie vitiorum, & detractionum morsibus proximos lacerant, & in otiosæ vitæ volutabro jacentes infamiæ suæ circumquáque fœtorem exhalant. Quorum dentes tum* DEUS *excutit, cùm illorum facta simul & verba confundit: de eo quippe scriptum est,* dentes peccatorum contrivisti; *& iterum;* Dominus conteret dentes eorum in ore ipsorum. *Nam de fœtore eorum per alium Prophetam scriptum est,* Computruerunt jumenta in stercore suo. *Computrescere jumenta est carnales homines in fœtore luxuriæ vitam finire. Meritò autem, qui in* Sennaar *habitant de lateribus civitatem ædificant, quia qui voluptatibus carnis inserviunt, de fragili materia mentis mutationem attollunt. Qui autem carnalis vitæ abdicatis illecebris per opera sanctitatis, virtutum in seipsis sanctificationem ædificant, hi profectò lateres in lapides mutant, qui cum* Esaia *possunt dicere,* Lateres ceciderunt, sed quadris lapidibus ædificabimus, *lateribus quippe cadentibus, ille ædificat lapidibus quadris, quicunque carnis lasciviam disciplinæ strictioris rigore castigat; qui membrorum legem mentis lege superat: qui cor-*

Cap.IX. *corporis fortitudinem in virile spiritus roburexcitat, quasi lateres in saxa, quibus muri* Hierusalem *ædificentur, commutat.* Sic *Gregorius.*

Hanc sacri textus memorati periodum *Philo* sic interpretatur: *Hic observa,* inquit, *quod non ait eos venisse in campum in quo manserunt, sed invenisse campum, scilicet cupidè & curiosè ab eis quæsitum, utpote ad insaniam eorum commodissimum. Ita profectò est. Insipiens non aliunde accipit, sed ipse sibi quærendo mala invenit, non contentus iis, per quæ misera natura ultrò incedit, sed cumulans ea malis artibus & execratis. Atque utinam paulùm ibi commoratus, migraret aliò, at ipse habitare ibi gaudet; dicit enim Scriptura, quod invento campo habitaverunt in eo, scilicet tanquam in patria, non tanquam inquilini regionis externæ; levius enim fuisset malum, si postquam in peccata inciderant, pro alienis ea peregrinisque habuissent, non pro cognatis & domesticis. Peregrini enim potuissent discedere, sedibus antea semel electis, immorandum postea fuit, ex consortio hominum perversissimorum in omne vitiorum scelus dilapsi. Sapientes enim non hujus mundi inquilinos se esse nôrunt, sed peregrinos, memores cœlum sibi civitatem esse ac patriam.*

Porro, homines illi primævi non contenti bonis terræ, sed & ambitionis æstro inflati, ex insana Turris fabrica nominis immortalitatem se apud posteros consecuturos sperabant, ibi infamiam & stultarum mentium molimen posteris reliquerunt, divina vindicta in eos confusione linguarum animadvertente.

Sed audiamus S. Chrysostomum, ut alia, sic etiam hoc disertè tractantem. Nam cum exponeret illa verba: *Et faciamus nobis nomen. Vide,* inquit, *radicem mali, ut perpetuam,* inquiunt, *memoriam consequamur, ut nostri temporis memores sint posteri, tale opus, dum adhuc congregati sumus, faciamus, ut nunquam oblivioni tradatur. Sunt multi etiam hodie, qui illos imitantur, & talibus operibus celebrari volunt. Alii splendidas domos ædificant, balnea, porticus, ambulationes: quorum si quem rogaveris, quare tantopere laboret, tantosque sumptus faciat, non aliud respondebit, quàm ut immortalem sui memoriam, celebritatemque nominis relinquat. At enim illis rebus non tam laudem, quam probrum & crimen sibi parant: nam illa opera spectantes, contumeliosè eos nominant. Ædificium hoc,* inquiunt, *est illius avari, illius raptoris, illius viduarum & orphanorum spoliatoris. Igitur hoc non est memoriam assequi, sed perpetuis objici criminibus, & infamari etiam post mortem, & spectatorum linguas in sui accusationem & blasphemiam acuere. Quid quod hujusmodi opera, nomen & memoriam ejus, qui fecit aut possedit, non diu custodiunt. Etenim sic res habet: subinde ab hoc ad alium transeunt, & ab illo item in alium. Et hodie quidem domus dicitur hujus, cras dicetur alterius. Itaque nos ipsi vehementer decipimur, dum putamus nos dominium quasi perpetuum habere, cùm usu tantum fruamur, & sive velimus, sive nolimus, aliis, & nonnunquam iis, quos minimè amamus, aut etiam odimus, relinquere cogamur.*

Si æternam igitur memoriam amas, ego tibi viam monstrabo, quæ te celebrem omni sæculo faciet, qui etiam tibi fiduciam in futuro sæculo dabit. Liberalitatem tuam, & pecuniarum largitionem in pauperes confer, relictis villis, balneis, aliisque ædificiis, rebus nempe mutis atque inanimatis. Larga eleemosyna immortalem viri memoriam reddit, sicut scriptum est. Dispersit, dedit pauperibus, justitia ejus manet in sæculum sæculi. Uno die dispersit divitias, sed justitiæ ejus, id est, liberalitatis & misericordiæ, æternùm mansura est memoria. Et rursus scriptum est. In memoria æterna erit justus, ab auditione mala non timebit. Rectè ab auditione mala non timebit. Nam sicut improbi malè audiunt apud homines, omniumque vituperatione & detestatione lacerantur, sic contra boni omnium prædicatione celebrantur. O hominem, inquiunt, *misericordem,*

TURRIS BABEL LIB. I.

Cap. IX. dem, ô benignum, ô mansuetum, ô suavem, ô dignum immortalitate: *cujus dispersæ divitiæ non cum deseruerunt, sed perpetuò comitantur, ornant & tuentur, ac demum in æterna deducunt tabernacula.* Hactenus ex S. *Chrysostomo.*

Romanarum fabricarum vanitas.
Cernuntur hîc *Romæ* quotidie, insanæ fabricarum moles à veteribus exstructarum; quas si quæras, non invenis; si inveneris non nisi cadavera semisepulta inspicis. Putabant ii, exstructiones æternùm duraturas se moliri: Verùm jam vix 1600 anni præteriere, cùm non nisi vestigia earum supersint. Moliebantur turres, quarum fastigia in cœlum transcenderent, sed vel confusione mentium impediti, vel morte præventi, vel bellorum tumultibus exagitati, quod intenderant, perficere nequierunt. Hoc pacto iniqua mortalium sors versat vicissitudinis rotam, ut nihil sit stabile, firmum & solidum. Quot grandia palatia, viridaria omni delitiarum genere exstructa videmus, quorum authores nescimus; & uti de possessione in possessiones diversissimas abeunt, ita quoque paulatim oblivione obliterantur omnia; ut ne quidem centum anni transeant, quin in alias & alias familias transplantatæ, villæ, palatia, cujusnam primò fuerint, memoriam perdant. Atque tales sunt similes Nembrodæis fabricatoribus, qui superbiæ œstro tumidi nominis gloriam caducis rerum moliminibus & oppidò exiguo tempore duraturis se consecuturos dum sperant, loco gloriæ æternæ felicitatis naufragium patiuntur. Discimus hæc omnia ex Salomone sapientissimo mortalium, dum vanitatem operum suorum exactiùs trutinat.

Eccl. c. II. v. 4, 5, 6, 8, 10, 11.
Magnificavi opera mea, ædificavi mihi domus magnificas, & fabricas magnificentia incredibili, & plantavi vineas, feci hortos & pomaria & consevi ea cuncti generis arboribus; & extruxi mihi piscinas aquarum, ut irrigarem sylvam lignorum germinantium: coacervavi mihi argentum & aurum & substantias Regum & delicias filiorum hominum; & hanc putavi partem meam, si uterer labore meo. Et cùm me convertissem ad universa opera, quæ fecerunt manus meæ, & ad labores, in quibus frustra sudaveram, vidi in omnibus vanitatem & afflictionem animi & nihil remanere sub sole. Ut proinde huc respicere debeant ambitiosi gloriæ in vanis exstruendis ædificiis æmulatores, si æternæ gloriæ pondus obtinere voluerint, in ædificandis divino honori ecclesiis allaborent; in xenotrophiis erigendis, pauperum pupillorum recipiendorum usibus destinatis incumbant; collegia juventuti in omni virtutum bonarumque artium cultu exercitandæ erigant. Atque hæ sunt Turres non Nembrodææ, sed piarum mentium fabricæ, quarum fastigia ad cœlum usque pertingant, id est, quæ scalam præparent iis ad æternæ felicitatis apicem, ultra quam nihil amplius restat, quod desiderari queat. Sed jam institutum nostrum prosequamur.

Philo disertissimus Judæorum putat homines illos, qui ædificando *Turrim* celebrari se apud posteros cupiebant, typum & imaginem gessisse eorum, qui sua ipsi vitia publicant, & flagitiis nobilitari volunt, ut quemadmodum probi homines virtutibus & benefactis, sic ipsi non quibuslibet, sed inusitatis sceleribus ac maleficiis claritatem nominis famæque celebritatem assequantur. Tractans igitur Philo verba illa: *Faciamus nobis nomen, priusquam dispergamur;* ad hunc modum scribit: *O insignem impudentiam! Cùm enim deberetis vestras iniquitates tenebris abdere, & prætextum aliquem vestris maleficiis, si non verum, certè verisimilem quærere, ne vel in bonorum & prudentium virorum offensionem incurratis, vel ut effugiatis pœnas confessorum criminum; audetis vos in clarissima luce ostentare, contemptis hominum minis, & suppliciis divinitus infligendis? Quin etiam innumerabiles omni*

Philo Judæus.

Cap.IX. *ævo nuntios ac testes flagitiorum vestrorum habere vultis, ut nemo nesciat vestrum nomen. At quale nomen tandem cupitis ? Certè quale factis vestris convenit. Id verò innumeras continet vitiorum species, quas vobis posteri exprobrabunt. Inest enim vobis petulantia cum impudentia, contemptus cum violentia, cædes cum sævitia, cum immoderatis voluptatibus immensa concupiscentia, cum temeritate insolentia, cum calliditate malitia, cum mendaciis perjuria, denique cum iniquitate erga homines, etiam adversus DEUM impietas. Egregia verò gloriatio, captare celebritatem nominis ex iis, quæ celari, & sempiterno, si fieri posset, silentio obrui deberent. Sunt tamen etiam hodie, qui valde sibi talibus rebus placeant, putantes inde se præclaram apud homines existimationem acquirere. Sed hi quamvis improbissimi, ultricem tamen scelerum suorum DEI justitiam præsagientes & prævidentes dicunt, Priusquam dissipernur. Cur igitur peccatis, si vestra consilia & conatus dissipatum iri scitis ? sed profectò exemplo horum hominum exposuit nobis Moses morem insipientium, qui etiam maximis pœnis non obscurè, sed manifestè impendentibus, nihilo magis ab injuriis & maleficiis sibi temperant. Omnino notissimæ sunt artes malæ, quas ferire solet divina ultio, & verò pessimi quoque cogitant DEUM non ignorare ipsorum maleficia, nec se illius posse animadversionem effugere. Alioquin unde sciebant illi se dissipandos esse ? attamen dixerunt ; Priusquam dispergamur. Profectò conscientia eos, qui malè agunt, intra pectus ipsum redarguit, & vel ipsos DEI contemptores stimulat, ut etiam inviti cogantur intelligere, humanas res divino consilio & ratione administrari, & esse justitiam quandam, quæ implacabiliter infensa malis hominibus, nullum eorum scelus impunitum atque inultum præteritura sit. Sic Philo.* Atque hæc sunt, quæ de mystica hujus argumenti significatione dicenda censuimus ; quare jam calamum ad alia convertamus.

Athanasii Kircheri è Societ. Jesu
TURRIS BABEL,
LIBER SECUNDUS.

PRÆFATIO.

Um post Arcam Noëmi, Turri Babylonica *in rebus humanis nil famosius, & commemoratione dignius peractum legamus*, utpote in quo non tantum sacrarum literarum interpretes, sed & profani scriptores, Historici, Poëtæ, Oratoresque, tum antiquitate, tum doctrinæ excellentia celebres, summa cum laude, & admiratione ingenium suum exercuerint; certè & ego, stupore & admiratione, dum hæc paulò penitius expenderem, non semel impulsus, thema tam nobile, & gloriæ amplitudine confertum, calamo subigendum censui; & quamvis ambitiosa nominis gloria, & toti mundo dominandi immodicus ardor ad adeò insanæ molis fabricam primos hosce mortales, etiam cum omnipotentis DEI indignatione adegerit; quia tamen multi etiam viri omnigena rerum cognitione sublimes capere non possunt, quomodo in primævo posterioris mundi seculo, homines adhuc rudes, & idiotæ, & nullâ scientiarum artiumque peritiâ instructi, tanti moliminis opus, non dicam animo concipere, sed ne attentare quidem ausi sint. Hæc, inquam, me impulerunt, ut quoad liceret, quantumque angustæ mentis meæ capacitas permitteret, hoc argumentum, quàm minutissimâ expositione, tum ad veritatis rerum abstrusissimarum notitiam, tum ad curiosiorum ingeniorum oblectationem in lucem educerem. Contigit itaque, ut cum post quatuor circiter lustrorum curricula, thema hoc celeberrimum in publico consessu advenarum ex toto orbe Patrum Congregationis VII. Societatis JESU, in Romani Collegii Atheneo publica demonstratione exhibitum, non exiguo applausu, à nemine non exceptum fuerit, atque adeò plures unicè à me contenderent, ut id ad multorum utilitatem oblectationemque publicæ luci committerem. Quod uti tunc temporis à me multiplici occupationum varietate præpedito in executionem deduci non potuit, ita modò post Arcæ Noëmicæ sacram historiam, hoc argumentum stupendum de Turri Babylonica, à Noëmi filiis, nepotibus, pronepotibusque post diluvium exstructâ, optimo sanè jure, & quàm opportunissimè Noëmicæ Arcæ succenturiandum censui. Lector cœptis faveat.

Curiositas argumenti.

SECTIO I.

DE FABRICA TURRIS.

CAPUT I.

De primævorum hominum post ingressum in terram Sennaar occupatione, & studiis.

Non est verisimile, filios Noë post primam ex *Oriente* in terram *Sennaar* motionem, statim consilium de *Turri*, & civitate extruenda agitasse, vel ipso sacro textu id testante, *Gen. cap.* XI. *vers.* 2.

ובנסעם מקדם וימצאו בקעה בארץ שנער
וישבו שם.

Cum proficiscerentur ex Oriente, *invenerunt campum in terra* Sennaar, *& habitaverunt ibi*. Ubi voces (*habitaverunt ibi*) longam in ea terra moram factam innuunt; & *Græca*, κατῴκησαν ἐκεῖ, id est, *& domibus exstructis habitaverunt ibi*. Et ratio Chronologica sat superque docet; si enim subitò *Turris* fabricam aggressi fuissent, tunc anno 132 ab ortu *Phaleg* usque ad confusionem linguarum, non nisi viginti circiter anni (posito, quod tot annis in *Turris* ædificatione laborârint) elapsi fuissent, quod uti maximum in sacra chronologia absurdum est, ita illud refutatione non eget; cùm jam uti suprà docuimus, omnium melioris notæ chronologorum, & interpretum consensu, linguarum confusio primò anno 275 post diluvium acciderit.

Mora & occupatio hominum in terra Sennaar.

Meritò itaque primò quæri potest: Quid 123 annorum spatio in terra *Sennaar* egerint? quibus rebus, scientiis, artibusque occupati fuerint? Et quamvis sacra scriptura de iis sileat, ratio tamen dictare videtur, ingentem horum hominum multitudinem toto illo tempore, à *Noë* omnium Duce, & Rege, magno ordine gubernatam fuisse. Quod ita ostendo.

Noëmum cum filiis, cæterisque filiorum generationibus ex *Oriente*, ut in *primo libro* ostendimus, movisse, & directione suâ toti humano generi tunc simul congregato præsedisse, quem & omnes tanquam patrem unicum, ducem sapientissimum, & Imperatorem, tum longævitate vitæ, tum fortitudine animi, in superandis difficultatibus imperterritum summâ reverentiâ coluisse, & tantùm non adorasse, nulli dubium esse debet. Hic videns in infinitum penè filiorum suorum multitudinem, propagationisque fœcunditatem, nil aliud egit, quàm ut eos ad transmigrationem, & orbis terrarum inhabitationem faciendam summâ curâ & sollicitudine incitaret, ad præceptum Domini complendum, quod erat; de coloniis per universam terræ faciem deducendis, juxta illud: *Crescite & multiplicamini & replete terram*. Quæ *Josephus* fusiùs in suis de *Antiquitatibus Judaicis* describit.

Reverentia & veneratio Noëmi quam ei exhibebant tanquam generis humani instauratori.

Ut verò majori cum fructu transmigrationis negotium peragerentur, verò haud absimile est, sapientissimum virum interim politicam quandam vivendi rationem familiarum capitibus præscripsisse, modumque in exteris, quas adituri essent, regionibus, ad populos suos gubernandos, juxta omnem justitiæ normam regulas dictasse. Quoniam verò progenies hominum quotidie in magnum exurgebat incrementum,

Politicam vivendi rationem suos edocuit Noë.

Cap. I. tum, ne alendæ tantæ multitudini hominum necessarius commeatus deficeret, & ut ad se contra injurias quoque aëris defendendos commodè habitarent, mox alios casis, domibus, tentoriisque extruendis deputasse, alios texendis vestibus, pellibus elaborandis; alios ad pecorum, pecudum, armentorumque, tantopere ad victum, vestitumque necessariorum curam destinatos fuisse; fœminis verò quemadmodum in *libro primo* hujus operis tradidimus, cura rerum huic sexui propriarum relicta. Sic factum est, ut *Noëmi* curâ & providentiâ, quamdiu cum iis perstitit, nihil innumerabilibus hominibus quà alendis, quà conservandis, non dicam rerum necessariarum, sed ne ad luxum quidem quicquam defuerit: quia verò ad hæc omnia exequenda, artes mechanicæ requirebantur, verisimile putem, eum metallicæ artis regulas, quomodo nimirum ex montium venis illa eruere, ignique vi fundere, atque in omnis generis instrumenta cudere deberent, quomodo lapides in calcem redigere terrestriumque glebarum proprietatem ad lateres in fornacibus coquendos; medicas quoque herbarum vires, ad corporum infirmitatibus medendum aptas, edocuisse, vel inde patet, quod, *Diodoro* teste, *Babylonii* mox post 200, aut 300 annos à diluvio, adeò raræ magnificentiæ fabricas erexerint, ut in admirationem totam etiam posteritatem rapuerint, dum capere non potuerunt, quibus aut artibus, aut machinis primævi à diluvio homines adeò stupenda, & prodigiosæ vastitatis τεχνήματα, quemadmodum in sequentibus de *Turri*, de civitate, & muris, hortis pensilibus à *Semiramide Nini* uxore extructis, atque inter septem miracula computatis, describemus, peregerint. Nam uti ἀποδεικτικῶς paulò post ostendemus ea sanè talia fuerunt, ut omnem etiam nostratium temporum ævo, vel maximis monarchis, mundique potentatibus ad similia pertingendi spem elusisse videantur. Aureas autem statuas, quas *Semiramis* omnium prima in templo *Beli* erexit, quis non miretur? Quis enim aurum è fodinis tam citò eruere, præparare, nec non fusoria, & plastica arte in aureas statuas transformare, eam docuit? certè nullus alius, quàm *Noë*, prout ante diluvium, à Patriarchis edidicerat, & per filios suos nepotesque, quos ipse forsan etiam ex scientia ipsi à DEO infusâ, circa modum & rationem ejusmodi efficiendi, jam dudùm instruxerat, hi verò filiis, nepotibusque suis ad artem inter suos propagandam, pari industriâ communicarunt; hi postea uti viribus robusti, diuturnioris que vitæ, nec non ingenio præcellentes erant, ita quoque sive ambitionis studio, sive propagandi æterni nominis gloria instimulati, arti à *Noë* ipsis traditæ, novas insuper artes novis inventionibus auctas, mirum in modum promoverunt; & patet ex *Gen. cap.* XIV. ubi *Abraham* viventibus adhuc *Sem*, *Cham* & *Japheth*, dives auri, & argenti fuisse dicitur. Quid dicam de *Chamo*? qui in *Ægyptum* coloniam deducens, mox, uti in tertio tomo *Oedipi* declaravimus, pyramides illas, grandia miracula *Memphi* erexisse, nec non infinitâ auri copiâ, non uti pauperes Alchymistæ sibi somniant, lapidis philosophorum beneficio sed ex fodinis ibidem auro turgentibus, aureisque *Nili* arenis, extraxisse retulimus. Alius itaque Author horum omnium non fuit, quàm *Noë*, qui, quæ ante diluvium à patre suo *Lamech*, & avo suo *Mathusala*, *Adami* protoplasti traditione oretenus acceperat, is deinde post diluvium, & filiis & posteris communicaverit.

CAPUT II.

Utrum Noë Turris *ædificationi præsens fuerit: unà cum exhortatione* Nembrod *ad progeniem Chamæam ad inchoandum concepti operis molimen.*

Plerique interpretes exiſtimànt, eum operi à DEO, ob hominum ex ſtirpe *Chami* prodeuntium impietatem & ſuperbiam, ne improbo, & DEO OPT. MAX. inviſo tentamini annuere videretur, minimè præſentem fuiſſe; ſed *Nembrodi* moliminibus detectis, in viciniores partes *Meſopotamiæ*, cum progenie ſua *Semi*, & *Japhethi* ſeceſſiſſe, ne temerarii moliminis, quod *Chamæa* gens faceret, finem videret. Erat tunc temporis, *Chami* progenies unita ſimul, & inter cæteros *Nembrod*, nepos *Chami*, & ſextus *Chuſi* filius, giganteâ corporis ſtaturâ præ omnibus reliquis inſignis in ore omnium; erat enim mirâ facundiâ præditus, nec non vulpino calliditatis aſtu plenus, cui, ſive robur corporis, ſive ingenii perſpicacitatem, ſive denique ambitioſum dominandi animum ſpectes, ad ſumma audenda, nihil deerat: unde, uti faſtuoſo erat animo, ita nihil non agebat, quàm ut concepti moliminis ſpecimen exhibendo progeniem ſuam à tranſmigrationis jam cœptæ negotio, contra *Noëmi* mentem retardaret. Sed antequam ad inſtitutum propoſitæ nobis *Turris* procedamus, primò verba ſacri textus proferamus; ex hiſce enim facilè *Nembrodi* intentionem intelligemus: verba ſequuntur: *Gen. cap.* XI. *verſ.* 3, 4.

Dotes naturales quibus Nembrod inſtructus erat.

ויאמרו איש אל־רעהו הבה נלבנה לבנים
ונשרפה לשרפה ותהי להם הלבנה לאבן
והחמר יהה להם לחמר: ויאמרו הבה נבנה־
לנו עיר ומגדל וראשו בשמים ונעשה־לנו
שם פן־נפוץ על פני כל הארץ.

id eſt, *Et dixerunt alter ad proximum ſuum; venite faciamus lateres, & coquamus eos igne; habueruntque lateres pro ſaxis, & bitumen pro cemento* (aliæ lectiones habent, *pro luto*) *& dixerunt; venite faciamus nobis civitatem, & turrim, cujus culmen pertingat ad cœlum, & faciamus nobis nomen, antequam dividamur in univerſas terras.* Ex hiſce verbis colligimus, unum alterum ad grande quoddam moliminis ſpecimen monſtrandum ſollicitaſſe, quod ſine capite præſtare non poterant, utique ipſo *Nembrod*, qui aſtutia ſua, & ſimul à natura ſibi inſita facundia, non dicam inſtimulabat, ſed & eos miris verborum illiciis veluti faſcinabat; juxta illud *Gen.* X. *verſ.* 8, 10.

Sollicitatio Nembrod ad Turris fabricam.

וכוש ילד את־נמרד הוא החל לחיות גבור
בארץ: ותהי ראשית ממלכתו בבל וארך
וכלנה בערץ שנער.

Et Chus genuit Nembrod, *ipſe cœpit eſſe potens in terra* (vel ut græca lectio habet; *ipſe famoſus gigas in terra*) *& initium regni ejus* Babel, *&* Arach, *&* Chalne *in terra* Sennaar. His igitur armis inſtructus, hocce tenore verborum eos ad *Turris*, civitatiſque exſtructionem, *Chamææ,* & *Chuſiæ* paternæ familiæ filios cæteroſque familiæ nepotes, à cæteris familiis *Semi* & *Japhethi* jam dudum ſeparatos, pro ſumma, quâ pollebat authoritate in omnes, allocutum, haud inveriſimile cenſere debemus: & quamvis hæc in ſacris elogiis non habeantur, *Joſephi* tamen teſtimonio, exhortationem ad ſuos factam, planè ad credendum inducimur eo fere modo, quo licet ἀνθρωποπαθῶς conjectare, peractam. Exhortatio ſequitur.

Nem-

Cap. II. *Nembrodi ad Turrim civitatemque inchoandam exhortatio, ad progeniei suæ proceres peracta.*

Novistis, ni fallor, nobile, & renascentis mundi generosæ familiæ semen, nos à progenitore nostro Noë, Principes super universas terrarum semitas in divisione tribuum, constitutos fuisse; ut quam quisque Regionem primò reperiret, eandem suo subjugaret imperio. Cum itaque ex orientali plaga in submontanam Ararat longè latequè exporrectam planitiem, unius ferè seculi decursu, unanimiter viventes, tandem ex Orientali dictæ regionis campo, longis terrarum ambagibus, in hanc, quam videtis terram appulerimus; & jam ob incredibilem humani generis propagationem, quam videtis, in tantum quotidie incrementum assurgere, ut fieri vix possit, nos ob angustos regionis limites, amplius consistere, atque unà vivere posse; ego de mea persona à vobis concepta existimatione impulsus, in hoc nobilissimo cœtu parentum, cognatorumque, quos veluti principes, & orbis terrarum hæredes, quam submississimo voluntatis obsequio revereor, suspicio, & venerabundus adoro, consilium, mentemque meam hodierna die vobis manifestandam censui. Magna res, & vehementer ardua agitatur, ut proinde matura deliberatione negotium, quod alioquin non nisi in summum familiæ nostræ præjudicium cedere posset, discutiendum censeam.

Exhortatio Nembrod de Turri extruenda.

Nostis, omnium nostrum parentem Noëmum consilia agitare, nostris institutis oppidò contraria; & proinde nil non agit, quàm ut nos immenso numero auctos, hinc ad gentium hoc loco congregatarum transmigrationem urgeat, sollicitet, & omnibus adhibitis machinis ad voluntatis suæ executionem violenter instimulet; & jam actu filiorum suorum Semi, & Japhethi progeniem à nostra Chamæa stirpe, veluti maledictà, nescio, quo frivolo incitamento separare non sit verecundatus; nosque pari pacto ad transmigrationem ordiendam, imò quod intolerandum mihi videtur, armorum minis ad executionem cogere non cesset, ut proinde ejus violentæ voluntati obsequi, meritò nefas duxerim. Agedum itaque stirps Chamæa, sapientiâ, nec non viribus, & numero validissima, ne vos senis pedicis irretiri permittatis; ne vos verborum, quibus vestros animos emollire tentat, lenocinium terreat. Quis enim novit, in quamnam regionem orbis terrarum nobis adhuc incognitam, neque ab ullo mortalium habitatam, nos sit ablegaturus? demens profectò foret, qui, quò eundum, non priùs prudenti deliberatione expenderit. Non itaque acquiescamus monitis. In terra, in quam fortuna rerum arbitra nos constituit, persistamus. Videte, & considerate hanc, quâ modò fruimini, Sennaar regionem; intueamini summam rerum in victum vobis necessariarum ubertatem; aspicite locorum amœnitatem, fluminum fœcundo affluxu campos irrigantium frequentiam; hoc beatæ felicitatis solum possideamus, nomenque nostrum celebremus, antequam cum propaginis nostræ stirpe, (sic exigente inevitabilis necessitatis lege) ab invicem separemur. Verum enim verò, cum plurimos ex vobis, præterlapsi diluvii metu perculsos viderem, ne in hac vasta planitie, alius successu temporis cataclysmus cum interitu omnium subsequi possit; ecce ego dux vester ab hac concepti periculi formidine vos prorsus liberos, & immunes fore, dummodo meum consilium non detrectaveritis, pronuncio. Verùm quibusnam mediis nosse forsan desideraretis? Attendite, modum hisce vobis præscribo. Civitatem non amplam duntaxat, sed & splendore, & magnificentiâ spectatissimam, unà cum immensæ Turris vastitate, cujus culmen pertingat ad cœlum ædificemus; siquidem in hac, si quandoque inundationum procellæ regionem hanc invaserint, in Turri hac, tanquam salutis nostræ portu, vitam tueamur. Et quoniam ad molem tantæ vastitatis extruendam, nobis materia nullibi deest, felici sidere adoriamur opus. Ecce quanta bituminis loco cæmenti sit copia? quanta cretæ, argillæ, glebæque terrestris opti-

Sect. I.

Contra Noëmi decreta suos concitat.

Salianus. Cornelius Tornielius. Pererius hoc loco Gen. XI.

Cap. II. *optimæ affluentia? quanta ex conſtipatis ſylvarum arboribus, lignorum quantitas? Accedit fluminum rivorumque frequentia; nec deſunt, in tanto numero mortalium, qui in hoc inſolito, novo, & inviſo hucuſque theatro ordiendo, operam ſuam conferant. Eja, agite, eruamus cretæ argillæque copiam, coquamus lateres igne valido, fodiamus, jaciamuſque fundamenta juxta prototypon hujus à me jam dudum conceptum, omnium & ſingularum partium operis conficiendi proportiones exponens. Agedum, non otiemur; accingamus nos operi; & ne dubitetis, futurum, quin id ad immortalem nominis noſtri gloriam, & honorem ſit redundaturum. Fodiant alii argillam, alii bitumen colligant, comportent lignorum faſces alii, alii fornaces ad lateres coquendos, aptas inſtruant, inſtrumenta utenſilia alii ad laborandum idonea cudant, jumentorum multitudo præſto ſit, & incipiamus; ferveat opus, & ſummâ curâ & diligentiâ obſervetis ea, quæ ego meis architectis, & ipſi vobis facienda, commendaverint. Hæc Nembrod.*

Hiſce, & ſimilibus hortationibus corda populorum ſollicitabat. Quid plura? facilè quod volebat, imperitæ multitudini perſuadebat, quæ communi quodam impetu & concurſu, uti fieri vulgò aſſolet, ipſum ſecuta, cœperunt ferè omnes certatim, non tamen confuſè, ſed diſtributis officiis pro diverſarum artium peritiâ, quâ imbuebantur, operari, & civitatem, Turrimque ædificare. Veruntamen ne quicquam ex meo ſenſu hîc adduxiſſe videar, adducam verba Joſephi lib. I. Ant. apud *Torniellum*, ubi ſic dicit:

Joſephus l. I. Ant.

Cæterùm, inquit, *quia certum eſt, prædictam linguarum diviſionem tunc eſſe factam, quando filii Noë civitatem, Turrimque ædificabant, ut ex ſacro textu paulò inferiùs adducendo palam fiet. Videndum hîc priùs eſt quanam occaſione, & quo potiſſimùm auctore, hujuſmodi ædificia extrui cœperint; fuit autem, ut arbitror hujus ædificationis occaſio talis. Accidit præter hæc circiter tempora, ut neſcio, quo ſpiritu ducti, aut impulſi, qui tunc vivebant homines,* Arphaxadi *exemplum ſecuti, qui jam ante annos pluſquàm* 170. *trajecto* Tygri *flumine, cum univerſa progenie ſuâ in* Chaldæam *deſcenderat, ipſi quoque pariter conglobati proficiſcerentur de Oriente, ut expreſſè traditur* Geneſ. *cap.* XI. *verſ.* 2. *id eſt, non de* Armenia, *in cujus uno ex montibus* Arca *conſederat, quia reſpectu* Babyloniæ Armenia *Aquilonaris eſt, non Orientalis, quemadmodum in Geographorum Tabulis conſpicimus. Sed de partibus* Babyloniæ *Orientalibus, ad quas primò eos de* Armenia *migraſſe oportet. Cum itaque communi paſſu & conſenſu de prædictis regionibus fortè nimiùm montuoſis ac minùs frugiferis, Occidentem verſus venirent ut terras magis feraces, commodioreſque ſibi quærerent, aliquantulum ad Meridiem flectentes, invenerunt campum, ſeu planitiem quandam admodum ſpatioſam, quæ poſtea* Sennaar, *mox* Babylonia *eſt appellata. Hîc cùm aliquantiſper conſediſſent, urgebat, ut arbitror* Noë *filios ac poſteros jam valdè admodum multiplicatos, & auctos, ut ad terras jam ſingulis diviſas, & aſſignatas properarent, cùmque putabat, valdè id fore gratum* DEO, *qui ipſis uſque ab initio renovati Orbis denuò dixerat:* Creſcite, & multiplicamini, & replete terram: &c. *tum etiam, quia id multò utilius, & ad victum præſertim commodius cunctis futurum ſperabat, ac denique, quoniam verebatur, ne ſi diutiùs ſimul morarentur, graviora indies inter ipſos diſſidia, jurgiave orirentur. Verùm huic tam ſanctæ providæque paternæ mentis intentioni, ſicuti & aliis bonis actibus, hoſtis humani generis, quantum poterat, obſtare nitebatur, inprimis, ut creditur, mediante* Nembrod *filio* Chus, *filii* Cham, *qui cum cæteros animi, corporiſque viribus antecellere videretur (erat enim maximus, & valdè famoſus gigas, ut habetur in textu* LXX Interpretum Geneſ. *cap.* X.) *aliis quoque omnibus imperare admodum exoptabat, quod*

Intentio Noë de ſollicitatione ad tranſmigrandum facta.

Cap. II. quod ut faciliùs ac commodiùs assequeretur, cunctos simul retinere moliebatur; & quia fortassis non audebat aperte communi omnium, qui tunc in humanis erant, sententiæ adversari, ac Noëmo omnium parenti contradicere, populis callidè suadere non cessabat, ut, priusquàm ab invicem discederent, memorandum aliquod suæ potentiæ, ac generositatis monumentum posteris derelinquerent, eisque laudes ac nomina ipsorum per cuncta sæcula celebrandi occasionem præberent. Videns autem hæc placere populis, & advertens in ea planitie terram non lapideam esse, sed satis argillosam, ac tenacem, lateribusque conficiendis aptam, & præterea abundare puteis, bitumen largè proferentibus, ex tam promptâ ædificandi materiâ, occasioneque desumptâ, hortabatur omnes, ut unanimiter magnam quandam civitatem extruerent, quæ veluti aliarum omnium mox in aliis regionibus ædificandarum caput, exemplarque esset, & ad munimen decoremque, in ea turres erigerent, unamque præ cæteris excitarent tantâ crassitudine, quæ ad cœlum attolli posse videretur, vel eluvionis perfugium, vel conveniendi monumentum.

Versutia Nembrod in populo retinendo. Hæc verò tam grandia ædificia versutus Nimbrod proponebat, specie quidem ipsorum gloriæ, ac magnificentiæ consulere simulans, reverà autem, ut propositum consiliaque sua perficeret, nimirum, ut multitudinem diurnis hujusmodi operibus, simul occupatam unitamque detineret, & discessionem ad alias longiores præsertim regiones procrastinaret, vel etiam prorsus impediret; prævidebat enim eos postmodum commoda, & securitatem tam amplæ, ac magnificæ civitatis ab ipsismet tot tantisque laboribus ædificatæ non facilè deserturos. Quare vehementiùs cœpit cunctos tum per se, tum per suæ intentionis sectatores ad opus aggrediendum incitare.

Displicuit autem hoc Domino, qui superbis ipsorum conatibus obsistere non distulit, sed cognitâ eorum obstinatione, & pertinaciâ illicò confusis mirabiliter ædificantium sermonibus, ita ut se invicem intelligere non possent, eos tandem ab operibus cessare, atque ad terras singulis familiis assignatas discedere coëgit. Turris autem inchoata ob linguarum confusiônem Bel primùm, deinde Babylon cum reliqua civitate, & ejus ditione est appellata. Et hoc est, quod breviter legimus Gen. cap. XI. his verbis: *Erat autem terra labii unius, & sermonum eorundem. Cumque proficiscerentur de Oriente, invenerunt campum in terra Sennaar, & habitaverunt in eo dixitque alter ad proximum suum; venite faciamus lateres, & coquamus eos igni, habueruntque lateres pro saxis, & bitumen pro cæmento, & dixerunt: venite, faciamus nobis civitatem, & Turrim, cujus culmen pertingat ad cœlum, & celebremus nomen nostrum, antequam dividamur in universas terras. Descendit autem Dominus, ut videret civitatem & Turrim, quam ædificabant filii Adam, & dixit: Ecce unus est populus & unum labium omnibus, cœperuntque hoc facere, nec desistent à cogitationibus suis, donec eas opere compleant. Venite igitur, & confundamus ibi linguam eorum, ut non audiat unusquisque vocem proximi sui. Atque ita divisit eos Dominus ex loco illo in universas terras, & cessaverunt ædificare civitatem. Et idcircò vocatum est nomen ejus Babel, quia ibi confusum est labium universæ terræ, & inde dispersit eos Dominus super faciem cunctarum regionum.* Hucusque sacer textus, qui tametsi, quisnam dictæ civitatis ac Turris ædificandæ primarius Auctor fuerit, hîc non commemoret, attamen quod fuerit Nembrod, aliquatenus colligi posse videtur ex *Gen.* cap. X. vers. 8, ubi de ipso verba faciens ait: *Ipse cœpit esse potens in terra,* & post pauca: *fuit autem principium regni ejus Babylon.* Et idem sentiunt S. *Augustin.* libro 16. *de Civit. DEI,* cap. IV. & communiter Doctores, secuti *Josephum,* qui id perspicuis verbis asserit, primo *Antiq.* cap. 5. hanc eandem historiam ita describens: *Tres verò Noë filii, Semas,*

Sect. I.

Gen. XI.

Joseph. l.1. Antiq.

Cap. II. Semas, Japhethus, & Chamas, *centum annis ante diluvium nati, primi relictis montibus planitiem habitare cœperunt, & aliis, recenti etiam tum cladis memoriâ, pavidis nec audentibus à celsioribus locis descendere, idem faciendi auctores, & exemplum fuére; campos quam primùm colere sunt aggressi, nomen est* Sennaar. *Cæterùm* DEO *jubente (subaudi, ministerio* Noë *omnium, qui tum superarant, parentis) ut propagandi, multiplicandique generis gratiâ, colonias deducerent, ne inter se discordias exercerent, sed multam terram colendo, frugum copiâ fruerentur; homines rudes non paruerunt, quamobrem calamitatibus implicati, offensum illum errore suo sunt experti; cùm etiam florerent juventutis multitudine,* DEUS *rursum de colonia deducenda admonebat; illi verò non putantes se ipsius benignitate, præsentibus commodis perfrui, illamque felicitatem suis viribus acceptam ferentes, dicto ejus non fuerunt obedientes, & quod pejus erat, consilium de Coloniis, non favorem Numinis, sed insidias interpretabantur, videlicet quo faciliùs dispersi, possent opprimi. Ad superbiam autem,* DEI*que contemptum excitabant eos* Nabrodes, *nepos Chamæ filii* Noë, *vir audax, & manu promptus, docens non* DEO, *sed propriæ virtuti, præsentem felicitatem eos debere, atque ita paulatim rem ad tyrannidem trahebat, ratus fore, ut homines ad se deficerent à* DEO, *si se illis ducem præberet, opem suam offerens, contra novum aliud diluvium intentantem; Turrim enim se exædificaturum excelsiorem, quàm* quò *aqua ascendere posset, & insuper majorum suorum interitum ulturum. Vulgus autem facilè* Nabrodis *placitis obtemperabat, ignavum ratus* DEO *cedere, atque ita structuram* Turris *occœperunt, nulli labori parcentes, nihilque sibi ad diligentiam reliquum facientes. Cùmque ingens esset operarum numerus, surgebat opus, super quàm speraset aliquis: crassitudo autem erat tanta, ut proceritatem obscuraret; struebant autem lateribus coctis ad firmitatem bitumine ferruminatis. Hanc eorum vesaniam videns* DEUS, *delere quidem omnes noluit, quando ne priore quidem clade ad meliorem mentem profecerant, sed dissidium inter eos immisit, linguis eorum variatis, ita ut ob diversitatem sermonis mutuò non se intelligerent. Locus verò* Turris *nunc* Babylon *vocatur propter confusam linguam, quæ priùs omnibus ex æquo clara fuerat; nam Hebræi confusionem nominant* Babel. *De Turri autem hac, deque linguis hominum mutatis meminit &* Sibylla *his verbis: Cum universi homines uno eloquio uterentur, Turrim ædificarunt excelsissimam, quasi ad cœlum per eam ascensuri;* Dii *verò procellis immissis Turrim subverterunt, & suam cuique linguam dederunt, quæ reipsa fuit, ut urbs ea* Babylonis *vocabulum acceperit. De loco autem, qui* Sennaar *in* Babylonia *nominatur, meminit* Heshiæus *hoc modo.* "Ajunt Sacerdotes cladis ejus superstites *Engelii Jovis* sacra ferentes, in Sennaar *Babyloniæ* pervenisse. Hucusque *Josephus.*"

Sect. I.

Nembrod *divinitatem affectat.*

Sibylla *de confusione linguarum.*

CAPUT III.

De altitudine Turris *diversæ opiniones.*

Cap. III. **M**Ulti varia sentiunt de altitudine hujus *Turris*, cùm quàm alta illa fuerit, *Moses* non determinet, sed solùm dicat, illos eam ad cœlum erigere voluisse; sed sensum horum verborum exploremus. Hebræus textus ait:

ויאמרו הבה נבנה־לנו־עיר ומגדל וראש בשמים׃

Et dixerunt; venite, fabricemus nobis civitatem

Cap. III. *tatem &* Turrim, *cujus culmen pertingat ad cœlum,* vel ut ad literam exponamus: *ut caput ejus sit in cœlo.* Cui respondet græca lectio: δ῟ότε οἰκοδομήσωμὲν ἑαυ῀τοῖς πόλιν ἡ πύργον ὖ ἔςαι ἡ κεφαλὴ ἕως τȣ̄ ὐρανȣ̄. Chaldæa habet: ורישה מטי ער ציד שמיא. Id est, Turrim, *cujus caput extendatur ad apicem cœli.* Verùm ut hæc exactiùs enucleentur, primò aliorum, deinde & nostram opinionem subjungemus. Quantum itaque *Turris* alta esse potuerit tunc temporis, quando ab opere per confusionem linguarum, cessatum fuit, scire, uti paulo antè dixi, non possumus, quoniam neque scriptura sacra, neque *Josephus,* aliusve probatus Autor id asseveranter affirmare ausus est; nam licet *B. Hieron.* sub finem *libri 5. commentariorum* suorum *in Isaiam* tradat, à quibusdam dici, eam in altitudine 4000 passuum tenuisse. Idem tamen paulo post subjungit: *Quæ de dicta* Turri *perhibentur, penè incredibilia videri.* Herodotus quoque ab eodem sancto Doctore citatus, tametsi *libro primo,* aliquantò ante finem, describens templum *Jovis Beli,* dicat, in eo fuisse *turrim* solidam altitudine simul, & crassitudine stadii, cui alia rursùs imposita *turris,* & huic subinde alia ad octavam usque, non tamen aliarum altitudines expressit; unde si (ut ibidem supponere videtur) æqualis singulæ erant altitudinis, certè verticem supremæ non 4000, sed mille duntaxat passus altam fuisse, necesse est; siquidem stadium octava milliarii pars esse dicitur. Verum utrum *Turris* ab *Herodoto* descripta eadem fuerit cum *Turri Nembrod* in sequentibus decidetur. Opinio autem eorum, qui putarunt *Turrim Babel* habuisse 4000 millia passuum altitudinis, videtur ex præadductis *Josephi* verbis deducta, ubi de *Nabrode* ait, quod *Turrim* se ædificaturum jactabat excelsiorem, quàm quò aquæ diluvii ascendere possent. Cum enim constet diluvii a-

D. Hieron l. 5. Comm. in Isaiam.

Herodotus.

quas quindecim cubitis montium cacumina superasse; & *Plinius lib. 5. cap. 22.* dicat, reperiri montes 4000 passuum perpendiculariter altos, putaverunt ipsum *Nembrod* voluisse quidem attollere *Turrim* ad 5000 passus, ubi eò ventum est, ut jam deessent tantummodò mille passus altitudinis, opus fuisse impeditum. Veruntamen hoc probandum erat, quod scilicet tunc, & non multò priùs ædificatio fuerit intermissa. Relinquamus igitur ea, quæ scribi nullo modo possunt, & ad alia properemus.

Ex hujus tam excelsæ *Turris* ædificatione, atque item ex memorata linguarum divisione, perhibent occasionem arripuisse Poëtas, Ethnicosque scriptores, fingendi duas illas fabulas, quarum meminit *Philo Hebræorum* disertissimus *in exordio libri de Confusione Linguarum:* alteram de gigantibus celeberrimam, quos ferunt, montes montibus superimposuisse, ut bellum diis inferrent, sed ab ipsis fulmine dejectos: alteram de animalibus irrationalibus, quæ ajunt olim unà cunctis communi voce inter se de rebus suis, ut solent homines, agere consuevisse. Verùm quia semel perpetuam juventutem à diis expetere ausa sunt, ab eisdem confusione vocum, postea esse punitos. Sed de Poëtis, non est, quod mirari debeamus, quandoquidem notum est, eos ex professo, fabulandi occasiones undequaque venari, nec dedignari communiter pro fabulatoribus haberi; quippe qui largam admodum in hoc genere licentiam, jam dudum sibi usurpaverint, juxta vulgatum illud Horatii ferè in initio Artis Poëticæ.

Sect. I.

Fabulatum origo ex hac Turri prodiit.

——— *Pictoribus atque Poëtis Quidlibet audendi semper fuit æqua potestas.*

Illud magis mirandum ac deplorandum est, quorundam hominum impiorum quanta fuerit audacia, ac temeritas,

E

Cap.III. meritas, ut refert *Philo*, uti suprà, ausi sunt historiam sacram calumniari, quod fabellas contineat prædictis similes, fabellas, inquam, appellare non sunt veriti, dictæ *Turris* ædificationem, & linguarum divisionem putantes, utrumque fabulosum esse, & falsum; stultissima namque ipsis visa est cogitatio *Turris* struendæ, cujus culmen ad cœlum pertingeret, nec minùs impossibilis, quàm prædicta montium superimpositio; sed & linguarum varietatem semper extitisse, perperam existimantes, illud quoque in erroris sui argumentum assumunt, incredibile videri (si una tantùm fuisset hominum locutio) potuisse illos sic derepente proprii idiomatis oblivisci, & illicò novis atque inauditis vocabulis internos explicare conceptus, & præterea non valebant capere, quomodo confusio illa linguarum in pœnam simul, & remedium peccati inducta fuerit; non in pœnam, quia naturale esse putabant, diversos homines diversis uti idiomatibus, non in remedium iniquitatum, cùm nihilominùs etiam post divisas linguas, viderent infinita propemodùm scelera extitisse, & non unitatem linguæ, sed propensionem iniquorum hominum in malum, malorum causam esse, quandoquidem etiam linguâ mutilari, nutibus, aspectibus, aliisque corporis motibus, non minùs, quàm verbis improbitatem cordis proferre norunt. Et linguæ unitas potiùs ad plura bona utilis esse videtur, nimirum ad commercia exercenda, ad scientias edocendas, ad societates stabiliendas, amicitiasque conciliandas, & his similia.

Responsio ad objecta.
Verùm ad hæc non operosum est respondere. Nam quis non videt, admodum differre, quæ narrantur à *Moyse*, ab his, quæ fabulatores confixere? Etenim montes superimponere montibus, & inde cum superis dimicare perspicuè patet, naturaliter ab hominibus fieri nullo modo posse; *Turrim* verò altissimam exstruere, facultatem non excedit humanam. Et quidem stultissimum est, fateor, per hujusmodi altitudines ad cœlum posse conscendi, quod gigantes intendisse feruntur.

Turrim Sect. I.

Atque non eo consilio docet scriptura, ædificatam esse *Turrim Babel*, imposuit fortasse calumniatoribus, quod dicitur Gen. cap. XI. vers. 4. *cujus culmen pertingat ad cœlum*. Sed hoc hyperbolicè dictum, omnes sacri fatentur expositores. Quid igitur vastissimo illo ædificio prætendebant? Quid aliud, nisi humanam gloriam, & nomen æternum, ut ibidem tangitur illis verbis. *Et celebremus nomen nostrum*. Quamvis fortasse etiam aliqui rudiores verè *Turrim* ad cœlum erigi posse putarent, aut saltem posse in summitate illius *Turris*, à diluvio, si deinceps contingeret, seipsos præservare, præsertim cum scirent, diluvii aquas quindecim tantùm cubitis montium vertices excessisse. Quantum verò differat historia confusionis humanæ loquelæ, ab ea, quam in brutis contigisse fabulantur, vel ex hoc dignosci potest, quod loqui hominibus naturale est, brutis autem nequaquam; quare manifestum est, fabulosum esse, quod de brutorum locutione finxerunt; verissimum verò, quod de uno hominum idiomate, divinitus posteà variato, sacra testantur eloquia.

Solutio alterius objectionis.

Porrò divisionem linguarum non semper extitisse adversus *Philastrium* ostendemus. Nunc illud tantùm asserimus, de fide certissimum esse verissimumque, ante structuram *Turris Babel*, unam duntaxat omnibus communem fuisse loquelam, non plures. Quis enim credat, populum unum qui ab uno homine etiam tum vivente descenderat, simulque verè hactenus habitaverat, diversa habuisse idiomata? Quod si dixeris; quomodo igitur potuit

*Cap.*III. tuit tam citò, atque adeò multipliciter variari? Respondeo, non ex causis naturalibus subitam illam accidisse varietatem, sed omnipotentis DEI voluntate, cui nihil esse difficile, nedum impossibile, nemo sanæ mentis est, qui ignoret. Deinde concedimus, linguæ unitatem hominibus sæpenumero esse utilissimam; contrà verò diversitatem, ad multa incommodissimam. Veruntamen illud quoque certum est, in memorato casu fuisse appositissimum humanæ transgressionis remedium, nullumque aliud importunius adinveniri potuisse.

Quis enim nescit, multitudini in malum, aliquod unanimiter conspiranti, quantum obesse possit, idiomatis unitas? quippe qui ad flagitium perpetrandum non mediocriter incitare valeat; meritò igitur illis hominibus, qui *Turrim* civitatemque ædificare volebant, & in ea simul habitare, cæterasque terrarum regiones incultas relinquere, quod omnimodò erat bono publico, divinæque dispositioni contrarium; meritò inquam, eos Dominus confusione linguarum inter se divisit, atque inde ad alias terras seorsum inhabitandas, adegit. Itaque si rectà mente supradicta pensemus, & circumstantias temporis, loci, atque intentionis illorum hominum accuratè perpendamus, procul dubio etiam sepositâ sacræ narrationis auctoritate, necessarium erit, fateri, divisionem, multiplicationemque humanorum idiomatum, non esse fabulosam, sed verè, atque indubitanter divino consilio esse factam, & justè in pœnam superbiæ, impietatisque DEO prohibente, ædificare volentium, inflictam, nec non iniquam illorum intentionem, toti humano generi, atque orbi terrarum perniciosam, convenienter tali remedio fuisse impeditam. Et hæc adversus eos, qui præ impietate scripturas sacras facilè respuunt, breviter sint dicta.

Sect. I. Sed ut ad propositum nobis argumentum redeamus. Certè eos, quod cogitaverant, in executionem duci posse, credidisse, *Philo in libello de confusione linguarum* commemorat, ubi & ethnicorum sapientum calumniam quandam adversus hanc historiam *Moysis* refutat. *Quibus*, inquit, *majorum nostrorum instituta displicent; homines impii, & tantùm ad justas leges accusandas diserti, arreptis impietatis ansis historiam hanc* Mosis *de ædificatione* Turris *cavillantur, nosque derident. Etiamnum*, inquiunt, *extollitis præcepta vestra, ut veritatis regulas? Ecce sacri, quos vocatis, libri fabulas continent, quales vos aliis referentibus irridere soletis. Alii de iisdem verbis sacri textus: Ecce unus populus est, & unum est labium, cœperuntque hoc facere, nec desistent à cogitationibus suis, donec eas opere compleant: eos verò id se posse, quod animo designaverunt, credidisse, ostendunt.* Omnes ferè *Chaldæorum, Arabum, & Hebræorum* commentarii hoc ipsum asserunt. *Ralbag* super hæc verba.

נבנה לנו ארץ העיר ומגדל וראשו בשמים.

Ædificemus nobis civitatem, & Turrim, cujus caput pertingat ad cœlum: asserit, primævos illos homines curiositate quadam ductos, ut quidnam corporis *Sol & Luna*, ex quibus diluvium processisse putabant, essent, videre oculis, & coram pellustrare possent. *Rambam* hoc loco ait, *Chami* stirpem impiam cum Astrologiæ esset dedita, astraque, ac sidera continuò contemplata, regni cœlestis decorem miraretur, vehementi quodam dispositionis istius regni cognoscendæ desiderio exarsisse; idem *Rambam in More Nebuchim*, ait; *Adam ex Luna* prodiisse in hanc terram, allatis secum insolitis fructibus, & aurearum arborum ramis; atque hanc sive fabulam, sive opinionem, certè *Sabæorum* traditionem fuisse constat. Unde fœdere inito, unus ad alterum clamârit: *Venite, faciamus nobis civitatem, & Turrim, cujus culmen*

Philo l. de confus. ling. refutat calumniam Ethnicorum.

Rambam huc loco.

Rambam in More Nebuchim.

Cap.III. *culmen pertingat ad cœlum* ; videamus, inquiunt, quæ ibi rerum sit dispositio, quæ leges, quæ gubernandi ratio : videamus si modus sit fatales illorum corporum influxus superandi, & celebremus hoc facinore omnibus seculis memorando nomen nostrum apud posteros ; operemur dum unitâ multitudine populi infinitâ id possumus, ne forte dispersi protinùs vires quoque ad id præstandum deficiant. Unde fabulam illam postmodum de gigantibus ortam existimamus, juxta Ovid.

Affectasse ferunt regnum cœleste gigantes,
Altaque congestos struxisse ad sidera montes,
Tunc pater omnipotens misso perfregit olympum
Fulmine, & excussit subjectum Pelion Ossæ.

E quibus quidem hucusque allegatis clarè patet, stolidam gentem, ut citati authores volunt, sive temeritate, seu impietate quadam impulsam, hanc prodigiosam molem verè affectasse.

Utrum autem hujusmodi fabricâ, ullâ naturali potentiâ fieri potuerit, qualem ipsi prætendebant, mathematico ratiocinio demonstrare aggredimur, præsertim cùm de hac ipsa quæstione jam dudum à diversis consulti, publico id problemate nos demonstraturos esse receperimus. Verùm ut cum ordine, & sine confusione rerum in opere confusionis procedamus, primò, ubinam locus *Turris* fuerit, & si in cœlum illam exaltare volebant, quanta debuerit esse illa *Turris*, quot operæ potuerint in extructione *Turris* occupati fuisse, quanta debuerit esse materia, quantum temporis in ejusdem consummatione insumendum erat, concludemus tandem hoc opus tantum abesse, ut ab ulla naturali potentia fieri potuerit, ut potiùs vel ipsius naturæ dæmonumque viribus repu-

gnasse, omnes sensatæ mentis viri credere debeant. *Sect*. I.

In præcedentibus formam *Turris Babel* à *Nembrod* extructæ, quam nobis tum propria conjectura, & imaginatio, tum authorum aliorum authoritas præscribere potuit, exhibuimus. Restat modò, ut, si *Turrim* ad *Lunæ* fornicem exaltare volebant, quamnam ejus formam, quantam ejus altitudinem, latitudinemque esse oportuerit, demonstremus.

DEMONSTRATIO
De Turris ad Lunæ Cœlum exaltandæ, ἀδυναμία, *sive impossibilitate.*

Ex *Oriente* igitur profecti dicuntur, hoc est, ex orientali plaga montis *Ararat*, ubi magna hoc loco authorum contentio, uti in præcedentibus dictum fuit, dum non capiunt, quomodo ex *Oriente* venerint, cum mons *Ararat*, sive *Armenia*, ubi priùs substiterant, multiplicati populi, non orientalis, sed borealis sit *Babyloni*; nos è geographica disciplina rem iteratis nonnullis supradictis, ita explicamus. Cum mons *Ararat*, uti ex chorographia suprà adductâ patet, ex occasu in ortum, ut hîc apparet, longo terrarum tractu, aliis subinde montibus concatenatus excurrat, homines cùm ab occasu jugis montium impediti exitum quærerent nec invenirent, secundum vallium decursum orientalem castrametatos fuisse, magnis tandem gyris & ambagibus peractis in exitu orientali montium in occasum flectentes, tandem in planitiem infra montem inciderunt, ibidemque, uti in præcedentibus docuimus, ad plurimos annos habitarint, in ea nimirum Regione, quæ posteà, *Media*, & *Persia*, *Parthia*, & *Bactria* dicta fuit ; & deinde ad transmigrationem gentium inchoandam, ex hac regione orientali in hanc planitiem appulsi, campum hunc *Sennaar* duobus maximis *Asiæ* flumini-

Quomodo transmigratio ex Oriente in Occidentem facta intelligi debeat.

Cap. III. minibus, *Tigri*, & *Euphrate* irriguum, *Turri* ædificandæ aptissimum locum invenerunt. Loco igitur *Turris* assignato, jam cùm hoc in loco, confusum sit labium universæ terræ, certè omnes homines in illa immensa planitie congregatos fuisse, uti in præcedentibus ostendimus, constat.

Quæritur primò, in quantum homines intra 275 annos (tantum enim spatium temporis inter diluvium, & *Turris* ædificationem intercessit) propagari potuerint? Quamvis verò in præcedentibus, humani generis multiplicationem. intra 130 annorum spatium factam ad calculum reducere conatus fuerim, hoc tamen loco alium computum nostro instituto magis congruum inimus. Supponamus igitur, totum genus humanum à tribus paribus conjugum singulari DEI OPT. MAX. providentiâ à diluvio in semen servatis, prodiisse. Secundò singulos annos, singulos conjuges, vel marem, vel fœminam procreasse & 14 annorum ætatem conjugio habilem constitisse, quibus positis, per certam singularum circumstantiarum combinationem, humanum genus propagari potuisse invenimus ad 9094468 hominum utriusque sexus, quamvis *Theophilus Reinaudus* ad 14000000 *Turri* præsentes fuisse, in suis tabulis chronologicis asserat unde nos ad demonstrationem faciendam magis congruum numerum prædictum, retinemus multo hoc minorem, quod quamvis alicui forsan παράδοξον videri posset, positis tamen ponendis hunc numerum prodire necessum est, & non dissonat ab iis, quæ supra ex Rabbinis adduximus. Horum igitur medietatem *Turri* ædificandæ applicemus, videlicet 4547234. verisimile enim est, munia communitatis in certas classes, seu ordines fuisse distributa, uti antea dictum fuit, ita ut alii ædificandis casis & tuguriis, alii cædendis lignis, alii fodiendâ argillâ,

Calculus propagationis humanæ.

& bitumini congregando, alii fornacibus ad coquendos lateres, alii provisioni, & annonæ colligendæ in tanti populi sustentationem occuparentur.

His quoque ita constitutis, nunc quæritur, si *Turrim* ædificare volebant, cujus culmen pertingeret ad primum cœli fornicem, ut Samaritana lectio habet, sive ad Cœlum *Lunæ*, quanta debuerit esse ejus altitudo: cui quæstioni satisfaciemus, si altitudinem *Lunæ* à *Turri* geometrico priùs ratiocinio demonstremus.

Cum itaque variis rationibus à peritissimis Mathematicis 60 milliaria Italica uni gradui terrestri respondere sit compertum; fiat, ut 1 ad 60, ita 360 ad aliud, factaque operatione juxta regulam proportionum, prodibit totius terrestris globi ambitus æquinoctialis in milliaribus 21600; cùm circumferentiæ cujusvis circuli ad diametrum juxta *Archimedis* demonstrationem consistat in proportione tripla sesquiseptima minori verâ; vel tripla superdecupartiente septuagesimas primas, majori verâ, & ad invicem se habeant, ut 22, ad 7. vel 21. ad 7. Si fiat, ut 22 ad 7, ita 21600 ad aliud, prodibit diameter Terræ 6872 vel potiùs 6872 $\frac{8}{11}$ milliarium, cujus dimidium 3436, ejusdem semidiameter; superficies verò globosa terræ habebitur ex multiplicatione circumferentiæ in diametrum, quæ est, 148456800 milliarium; soliditas verò hujus habebitur, si diametrum terræ in tertiam partem superficiei globosæ duxeris, prodibunt 3400155648 milliaria cubica, totius terreni globi soliditas.

Inventa itaque semidiametro globi terreni, habebitur ex consequenti in milliaribus Italicis distantia à centro terræ usque ad globum lunarem. Non dicam hic modum, quomodo Mathematici in cognitionem hujusmodi distantiæ *Lunæ*, reliquorumque planetarum, à terra ad proprias eorum

Sect. I.

Altitudo ☽ *à terra.*

Inventio diametri globi terreni, una cum circulo, superficie & cubo.

sphæ-

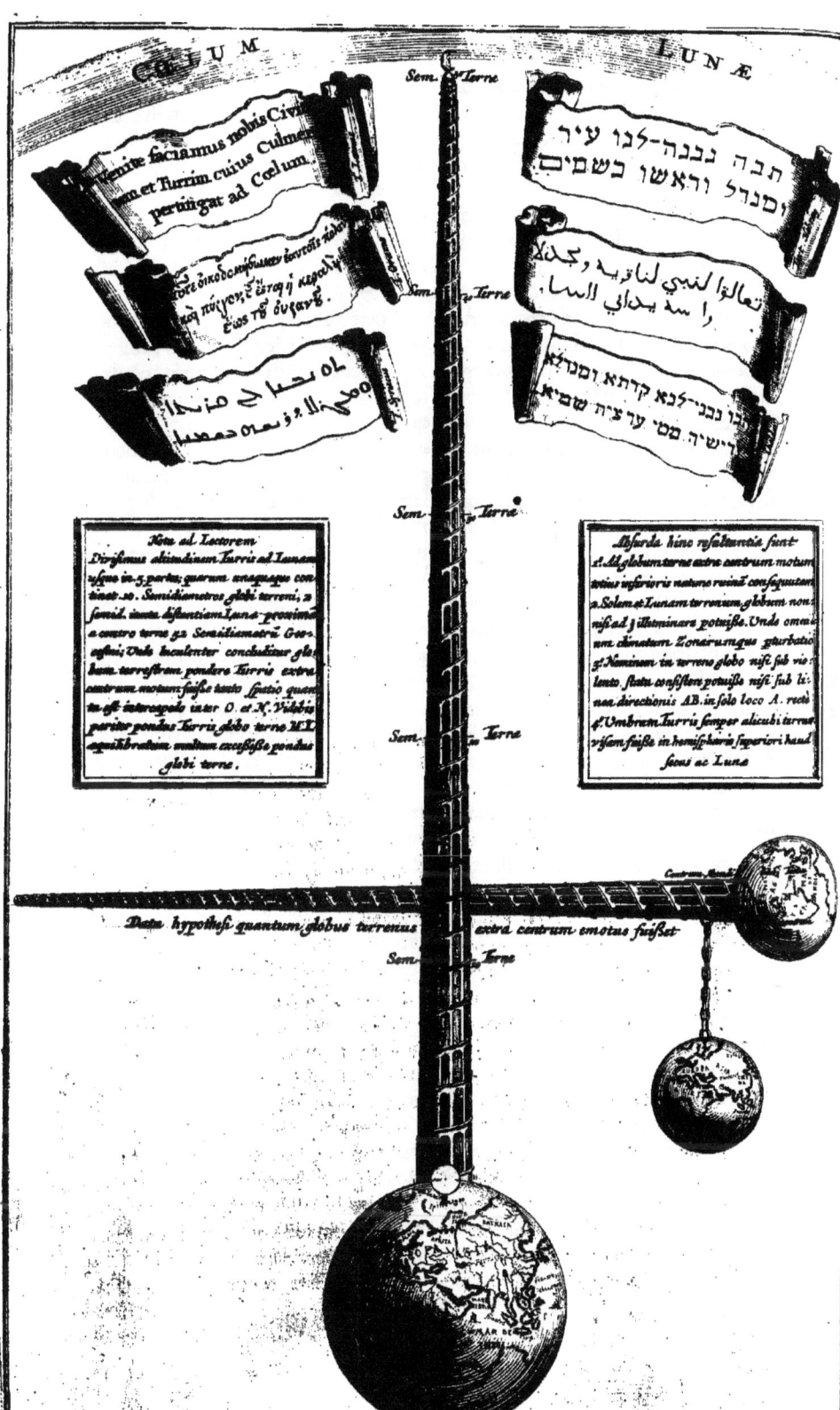

*Cap.*III. sphæras, venerint, cum de iis, *Ars nostra Magna Lucis & Umbræ*, cæterorumque Astronomorum opera hujusmodi inventionibus plena sint, sed distantias solummodò à præstantissimis Mathematicis, variis observationibus compertas, & ubique passim obvias adducam.

Distantia itaque à centro terræ usque ad *Lunam* est triplex; major est in apogæo, minor in perigæo, media in quadraturis *Lunæ* constituta; nos mediam & infimam ad nostræ demonstrationis veritatem ostendendam, distantiam elegimus, quam 56, aut 52 semidiametrorum Terræ plerique Astronomi esse deprehenderunt, de quibus vide *Tychonem, Keplerum, Copernicum*, & modernos, *Blancanum, Ricciolum* aliosque innumeros. Sit itaque semidiameter Terræ, quam paulo antè 3436 milliaria Italica continere invenimus. Hoc posito, si 3436 milliaria, in 56 semidiametros, videlicet distantiam *Lunæ* à Terra, duxeris, habebis quæsitum, nimirum 192416 milliaria Italica, distantiam *Lunæ* à Terra; si verò semidiametri terrestris milliaria, in 52 semidiametros duxeris, quæ est vicinior ad Terram distantia, habebis 178672 milliarium *Lunæ* ad Terram distantiam inventam.

Atque tot milliarium alta debebat esse *Turris* nostra, ut cœlum *Lunæ* tangeret. Exploratâ itaque *Turris* altitudine, jam videamus, quantæ molis illa in soliditate fuerit; & primò quidem juxta opinionem quorundam Authorum Arabum ponamus *Turrim* conicam, quam alii quadratam fuisse sentiunt, & in diametro suo, sive uno latere, octo milliaria, id est, octo millia passuum, spacium occupasse, erit quadratum ejus 64 milliarium quadratorum, jam verò cum juxta *Archimedis* rationem, quadratum alicujus diametri ad ejusdem circuli aream se habeat, ut 14 ad 11, ductis 11 in 64, & producto diviso per 14, prodibit area circuli 50 (vel accuratiùs 50 4/7) milliarium quadratorum, sive 50000 passuum; quæ iterum juxta Regulas *Archimedis* de coni, & cylindri dimensione in tertiam partem altitudinis *Turris*, videlicet in 59557 ducta dabunt soliditatem totius *Turris* in milliaribus cubicis 2977850.

Præterea cum milliare unum 5000 pedibus geometricis, qui 1000 passibus æquivalent, constet, erit juxta regulas tetragonismi, & cubi, milliare unum quadratum, pedum 25000000, & cubicum milliare continebit 125000000000 pedes cubicos. Supponamus jam unius lateris cocti quadrati latus pedi geometrico respondere, & sex quadratos lapides hujusmodi constituere cubum: utique lapidum dictorum numerus erit 125000000000, id est, pedum cubicorum, qui ducti in totius soliditatem *Turris*, dabunt multitudinem laterum cubicorum in hac immensa mole exstruenda requisitorum 374731250000000000; cum verò in varia loculamenta, & habitationes tota *Turris* sit divisa, à soliditate tota demamus millesimam partem, remanebitq; hic numerus, 374354625000000000, *Turris* vera soliditas, qui numerus adeò immensus est, ut animo vix concipi possit; unde ex hujus *Turris* calculatione innumera absurda sequuntur.

CONSECTARIA.

Sequitur *primò*. Quod si spatio trium *Consect. 1.* millium quadringentorum viginti sex annorum continuè à quatuor millionibus hominum fuisset laboratum, & *Turris* singulis septimanis uno milliari circumquaque ascendisset, *Turris* dicto temporis spatio non fuisset finita.

Sequitur *secundò*. Si omnium sylva- *Consect. 2.* rum totius orbis terrarum ligna in unum locum fuissent comportata, & totus orbis terrarum in limum, seu argillam cessisset, & oceanus cum omnibus

Cap. III. bus maribus & fluviis in bitumen; nec ligna ad coquendos lateres, nec ad argillam orbem terræ, nec ad bitumen oceanum suffecturum fuisse. Novum igitur orbem condere, eumque hoc duplo majorem ad hanc fabricam expediendam esse oportebat.

Consect. 3. Sequitur *tertiò.* Quod si eques quispiam singulis diebus 30 milliaria in illo declivi cochleæ ascensu confecisset, octingentorum annorum spacio, Turris apicem non attigisset.

Consect. 4. Sequitur *quartò.* Hanc Turrim pondere suo multis parasangis superasse Terram; quod ita ostendo. Sit Turris a b d, globus terræ b c d e, centrum Mundi o. Si igitur totus terrestris globus ad hanc fabricam complendam non erat sufficiens, ergò si aliunde divinitus suppeditata materia Turris demonstratæ magnitudinis super terram fuisset elata, necesarium erat, terram tantum extra centrum universi, utpote leviorem exire, quantus erat excessus ponderis Turris supra pondus terræ; quem excessum juxta Staticæ leges cùm nos invenerimus, decem semidiametros constituere, conclusimus, centrum gravitatis terreni globi non jam in o, sed in i constitui, ibique cum centro mundi congruere; quod si ita, ergò totus terrenus globus extra centrum universi, cum ruina totius Mundi extitisset. Lector examinet figuram hîc appositam, & verum, quod diximus, inveniet. Vana itaque fuit, & stulta mortalium præsumptio, tale quid non dicam cogitare, sed ne attentare quidem velle; ut proinde meritò ob temeritatem DEO hominibusque invisam, dum cum cœlo bellum inire præsumptuosiùs attentarent, DEUS confusione linguarum tantam temeritatem puniendam censuerit.

Sect. I.

CAPUT IV.

De Turris Nembrod *formâ, & architecturâ.*

Cap. IV.

Præparatio rerum ad Turrim ædificandam necessariarum.

Appropinquabat tandem tempus, quo *Nembrod* in executionem duceret ea, quæ jam multis annis animo conceperat, de Turris altissimæ, quæ culmine cœlum pertingeret, fabrica; quare selectis accitisque undique ex infinita pænè hominum multitudine architectis, tum vel maximè qui ex suæ stirpis essent progenie, omne consilium suum illis aperuit, eos in omnibus, quæ dictam fabricam concernerent, exequendis, quàm diligentissimè instruxit, mensuras totius fabricæ præscripsit, modulum, sive prototypon è ligno, vel argillâ effictum, ut secundum illud se dirigerent, ostendit; siquidem verisimile est, eum uti erat sublimi judicio pollens, tantæ molis opus non temerè, & tumultuariâ quadam resolutione, sed maturo, & quàm deliberatissimo animo concepto jam à multis annis consilio inchoasse; dispertitis itaque architectis in certas classes, quorum alii fundamentis locandis, latomorumque laboribus dirigendis præsiderent, alii operas in fodienda argilla, lignis, arboribusque cædendis, ad lateres in fornacibus jam instruendis, coquendis, occupabantur; quidam operarum, tum in bitumine colligendo, saxisque eruendis, tum in instrumentis ferreis, id est, marris, patellis, malleis, cochlearibus, trullis, gnomonibus, harpaginibus, similibusque ad fabricam necessariis instrumentis parandis, curam habebant; non deerant, qui figulis, fabrisque in vasis ligneis ad calcem portandam aptis, deinde scalis, machinisque, ad saxa sublevanda, trabibusque ad pegmata extruenda, conficiendis præsiderent: quia verò in tanta laborantium multitudine,

tudine, commeatus, five ciborum annona prorsus necessaria erat, œconomos quosdam verisimile est, constitutos fuisse, qui annonam undique & undique collectam, nec non magnâ camelorum, equorum, asinorumque multitudine in constitutum locum advectam, operis statuto tempore distribuerent.

Sub qua forma turris fuit ædificata.

His itaque per suos ministros singulari providentiâ constitutis, fabricam orsus est, & *primò* quidem sub formâ rotundâ, aut, uti alii sentiunt, quadratâ, (nos rotundam seligimus) fundamenta ponebant, juxta circuitus determinatam quantitatem, deinde supra jacta fundamenta formam fabricæ ordiebantur; & *primò* quidem, pro primo solario, sive contignatione, ambitum, seu peridromum ad quam volebant altitudinem exaltabant, per quem homines animaliaque bitumine, lateribusque onusta facilè circumire possent, suis exedris peristiliisque ad præcipitationem animalium vitandam instructum; *deinde* ad hujus peridromi planum ab infima *Turris* basi, scala cochlearis, sive helix sat lata parabatur, per quam sub declivi, & quantum fieri potuit, depresso tramite, facillimus animalibus ascensus dabatur. Erat autem hæc prima substructio subtus variis cameris, receptaculis, fornicibusque suffulta, tum ad nocturnam operarum quietem, tum ad necessarium commeatum ibidem recondendum. Hac veluti primâ *Turris* contignatione peractâ, secundam ordiebantur contignationem, juxta quantitatem ipsis placitam, ad quam ex primo peridromo per scalam cochloïdem, sive helicem, ad secundam concedebatur ascensus; & sic à peridromo ad peridromum, atque ex hisce per scalas cochloïdes ad singulos ascendebatur usque ad eam altitudinem, quam DEUS ipsis permisit; dum confusione linguarum eos à cœpto opere desistere compulit. Verùm ut lector luculentiùs *Turris* fabricam contempletur, hîc ejus non genuinam quidem, sed quam concipere mente nostra possumus, delineationem apponendam censui.

Prima turris contignatio.

Notandum verò, quod antequam fabricam ordiretur *Nembrod*, primò mansiones, sive habitacula, domusque ædificandas censuit, ne tanta multitudo hominum semper sub dio, omnibusque aëris injuriis exposita regione, commorari cogeretur, sub forma civitatis extruxit; atque hanc ego arbitror civitatem fuisse, de qua *Moses* in sacra *Genesi*, mentionem facit. *Venite faciamus nobis civitatem & Turrim.* Fuisse autem primo rudia quædam, & impolita habitacula sine ordine disposita, sed cùm in architectonica arte, ex *Turris* extructione plurimùm jam profecissent; tunc enim *Nembrodus* sub initio Regni sui, eam ad meliorem deinde formam & decorem redactam, ad *Euphratis Tigrisque* confluxum condidit, quam post 70 circiter annos *Semiramis* instaurandam, stupendis, magnificentissimisque fabricis, uti paulò post videbitur, condecoravit. Neque putet lector, contignationes dictæ *Turris* sub continua soliditate extructas, quin imo, ingentibus intùs aulis, conclavibus reconditoriisque præditas fuisse, per quæ ex peridromis intra ea undique ingressus concedebatur. Ad quam verò altitudinem, propositam *Turrim* exaltârit *Nembrod*, antequam ab operis prosecutione desisterent, sacer textus silet: secundum varias verò autorum in præcedentibus allegatorum opiniones, alii ad altitudinem montis, alii ad mille passus, non desunt, qui ad quatuor millia passuum altitudinem erectam fuisse arbitrantur, de quibus in sequentibus pluribus agetur. Lector eam, quæ ipsi magis arriserit, amplecti poterit. Atque hæc de *Turris Babylonicæ* fabrica sufficiant.

Quanam civitas illa fuerit quam sacer textus Nembrod extruxisse refert.

F   SE-

SECTIO II.

De stupendis, & prodigiosis tum urbium, tum turrium, hortorumque miraculis, à *Nino*, & à *Chus* filiis, & *Semiramide* post mortem *Nembrod* extructis.

CAPUT I.
De Nino, ejusque rebus gestis.

Qualis fuerit Ninus Rex Assyriorum.

DE Nino, primo *Assyriorum*, atque adeò totius mundi imperatore, variæ sunt tum apud sacros, tum apud profanos auctores, narrationes. Nos *Herodotum, Diodorum Siculum* & *Strabonem* secuti, quid de eo sentiamus, paucis aperiamus. Itaque, quemadmodum in *Arca Noë* tradidimus, nos credimus, hunc *Ninum* esse illum, quem Sacra Scriptura *Genes.* cap. X. vers. 11. vocat *Assur*, qui cum exercitu exiisse dicitur de terra *Sennaar*, id est, de *Babylone*, ubi regnaverat pater ejus, & subactis *Assyriis*, ædificasse in *Assyria* civitates ibidem nominatas, & unam præ cæteris magnam, quam ex nomine suo appellavit *Niniven*, in qua de *Babylone* sedem regni sui transtulit, ac deinceps *Assur*, hoc est, *Assyriorum* Rex nuncupari cœpit. Cæteras ipsius *Nini* res gestas multas admodum, & præclaras breviter ex *Ctesia Cnidio* recenset *Diodorus Siculus* lib. II. rerum antiquarum, cap. 1. ubi sic ait: *Primus Rex Assyriorum, scriptores nactus est Ninus, qui ejus gesta literis traderent. Is naturâ bellicosus, & virtutis appetens, cùm primum robustissimos juvenum, plurimorum temporum, armorum usu, ad omnem laborem patientiam, & belli pericula exercuisset, coacto exercitu, societatem iniit cum Arico Arabum Rege.* Et post pauca subjungit: *Ninus igitur Arabum Rege assumpto exercitum duxit adversus Babylonios Arabiæ conterminos. Nondum enim condita erat Babylonia, sed a-*

Diodorus Siculus.

liæ circa nobiles urbes incolebantur, quibus propter armorum desuetudinem facilè superatis, tributoque imposito Regem eorum cum filiis captum interemit. Deinde quibusdam Armeniæ urbibus in potestatem redactis, Barzanes Rex Nino viribus impar, cum multis donis occurrens, & se, & regnum ejus potestati permisit. Huic Ninus, magno usus animo, Armeniæ regnum restituit, commeatu, & militibus impetratis. In Mediam deinde auctis viribus transgressus, cum ei Farnus Rex cum exercitu occurrisset, prælio victum, cumque uxore, & septem filiis captum, cruci affixit. Prosperâ fortunâ elatum Ninum cupiditas cepit totius Asiæ, quæ inter Tanaim & Nilum jacet, potiundæ; secundæ etenim res, ut plurimum ambitiosas majorum ingerunt cupiditates. Itaque præside ex amicis quodam Mediæ imposito, ipse ad reliquam subjiciendam Asiam profectus, omnem annis decem & septem, præter Indos & Bactrianos in potestatem redegit. Pugnas singulas, ac devictorum numerum nullus quidem scriptor tradidit. Nos, quæ excellentiora feruntur, Ctesiam Cnidium secuti, paucis narrabimus: subjecit omnes maritimas, ac propinquas gentes, Ægyptios, Phœnices, & interiorem Syriam, Ciliciam, Pamphiliam, Lyciam, Cariam, Phrygiam, Misiam, Lydiam, Troada, & Phrygiam, quæ est super Hellespontum, Propontida etiam, ac Bithyniam & Cappadociam, & gentes juxta Pontum barbaras, usque ad Tanaim

Nini bella adversus varios Reges.

Farnum Regem v Ctium cruci affixit.

Quænam regiones subjecerit sibi.

TURRIS BABEL LIB. II. 43

naim *flumen, suæ ditionis fecit. Adjecit imperio* Cadusios, Tapyros, Hyrcanos, Drangas, Dernicos, Carmanios, Rhombos, Vorcanios, Parthos, Persas, *præterea* Susianos, Caspiosque, *ad quos angustus est aditus, unde & portæ* Caspiæ *appellantur, pluresque alias, quas recensere instituto opere prolixius esset, ignobiles nationes. Sic Diodorus, uti supra; qui cap.* II. *ex eodem Ctesia tradit*, eundem Ninum habuisse in exercitu suo, peditum ad decies septies centena millia, equitum millia ducenta, currus verò falcatos, paulò minùs decem millibus & sexcentis, & superasse, ac debellasse Zoroastrem Regem Bactrianorum, qui cum quadringentis armatorum millibus ei obviam venerat. Contigit autem hæc Nini de Zoroastre parta victoria post conditam Ninivem, ut *Exercitus Nini contra Zoroastrem.*

Cap. I. ex *Diodori Siculi* verbis luculenter patet. Cæterùm hunc *Zoroastrem* eundem fuisse cum *Cham* filio *Noë*, tradit *Berosus Annianus lib* III. *Antiq.* (ut scribit *Joannes Lucidus lib.* II. *cap.* 5. & nos in *Obelisco Pamphilio* ipsis subscribimus) & causam subjungit, quod semper magiæ ac veneficii studens, *Zoroastris* nomen consecutus est, quicquid contrà dicat *Torniellus*. Vide *Obeliscum Pamphilium*.

Verumenim verò in hac, quam retulimus, *Diodori* historiâ, quatuor advertere oportet. Primò, ipsum supponere, quod *Ninus* mortuo patre *Belo*, qui in *Babylone* regnaverat, vel à *Babyloniis* ejectus fuerit, & ideò eisdem bellum inferre necesse habuerit, vel inde ultro exierit, ut Regni sedem in *Assyriam* collocaret, ac propterea *Babylonii* id indignè ferentes ab ipso defecerint. Et hoc sacræ scripturæ magis consonat, quæ *Genes. cap.* X. *vers.* 11. id non obscurè videtur insinuare his verbis: *De terra illa egressus est* Assur, *& ædificavit* Ninivem. Alterum est illud *Diodori*, *Nondum enim condita erat* Babylon, debere exponi, id est, nondum enim perfecta, & absoluta erat, eo modo, sive in ea multitudine, ac munitione, atque ædificiorum magnificentiâ, quæ postea à *Semiramide* ipsius *Nini* uxore, constructa fuit; cum vel è sacro textu pateat, *Nembrod* civitatem & *Turrim*, veluti primum omnium post diluvium mortalium architectum, aliasque præter *Babylonem*, civitates, *Babel*, *Achad*, *Erech*, & *Chalna* extruxisse. Unde S. Augustinus lib. XVIII. de civit. Dei,cap.2. sub finem de *Semiramide* hæc verba faciens ait; *Hanc putant nonnulli condidisse* Babylonem, *quam quidem potuit instaurare. Quando autem, vel quomodo condita fuerit, in* XVI. *libro diximus* (subaudi cap. 4.) sic ille. Præterea quod ait *Diodorus* de *Ægypto*, ac finitimis Regionibus à *Nino* subactis, videtur exponi debere, ita ut vel non plenè, vel non

Nembrod primus in orbe architectus

Sect. II. diu eas possederit. Nam *Abrahami* temporibus, neque ipsa *Ægyptus*, neque terra *Chanaan* videtur fuisse subjecta Regibus *Assyriorum*; siquidem certum est, tunc temporis in *Ægypto* regnasse *Pharaonem* illum, ad quem, fame in *Chananæa* urgente, profectus est *Abraham*, ut describitur *Genes. cap.* XII. & apud *Palæstinos Abimelech*, *Gen. cap.* XX. & XXVI. & plures alios in urbibus *Chananæis* Regulos; & ab ingressu *Abrahæ* in ipsam *Chananæam* nulla omninò in sacra *Genesi* invenitur mentio *Nini*, aut ullius successorum ejus, quod mirum valdè esset, si ipse, aut alius Rex *Assyriorum* fuisset dominus terræ illius. Denique si vera sunt, quæ de *Nino* tradit *Diodorus* (quemadmodum maximè credibilia, & recipienda esse asserit *Pererius lib.* XV. *in Genes. num.* 149. tanquam non ab ethnicis tantùm, sed etiam à nostris & ecclesiasticis autoribus approbata) profectò satis validum hinc desumi potest argumentum adversus ipsum *Pererium*, aliosque existimantes, de genealogia posterorum *Sem* detrahendam esse generationem *Cainan*, quæ in sacro textu *Gen.* vulgato non reperitur; & item divisionem linguarum poni debere in ortu *Phaleg*, & ortum *Abrahæ* in anno 70 vitæ *Thare*; siquidem hoc pacto postrema *Nini* tempora, 220 à diluvio annum non attigissent. Nam à diluvio ad ortum *Phaleg* (demptâ generatione Cainan) computantur tantummodò anni 102. & à divisione linguarum, si tunc facta fuit, ad finem regni vitæ *Nini*, restant anni duntaxat 117. nempe 65, quibus regnavit *Belus*, & 52 regni *Nini*, qui faciunt in summâ annos 219. Sanè in tam brevi annorum curriculo non possum satis mirari, genus humanum usque adeò multiplicari potuisse, ut jam tot, tantæque provinciæ populis repletæ essent, & Reges tam numerosos haberent exercitus; contra verò admissâ, & computatâ generatione

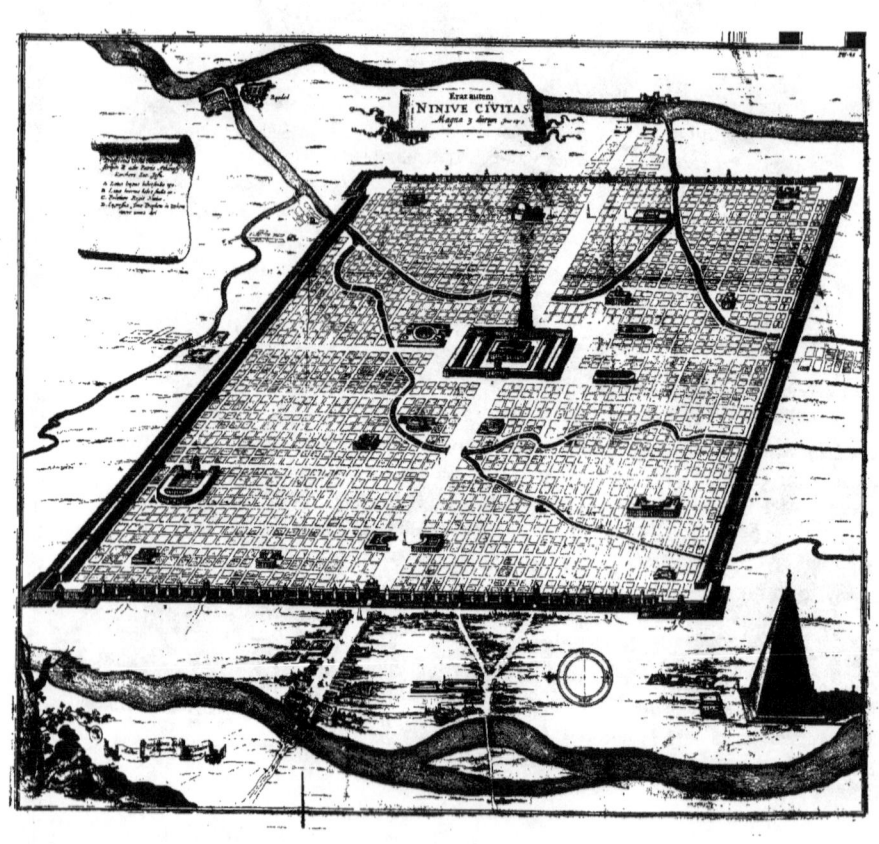

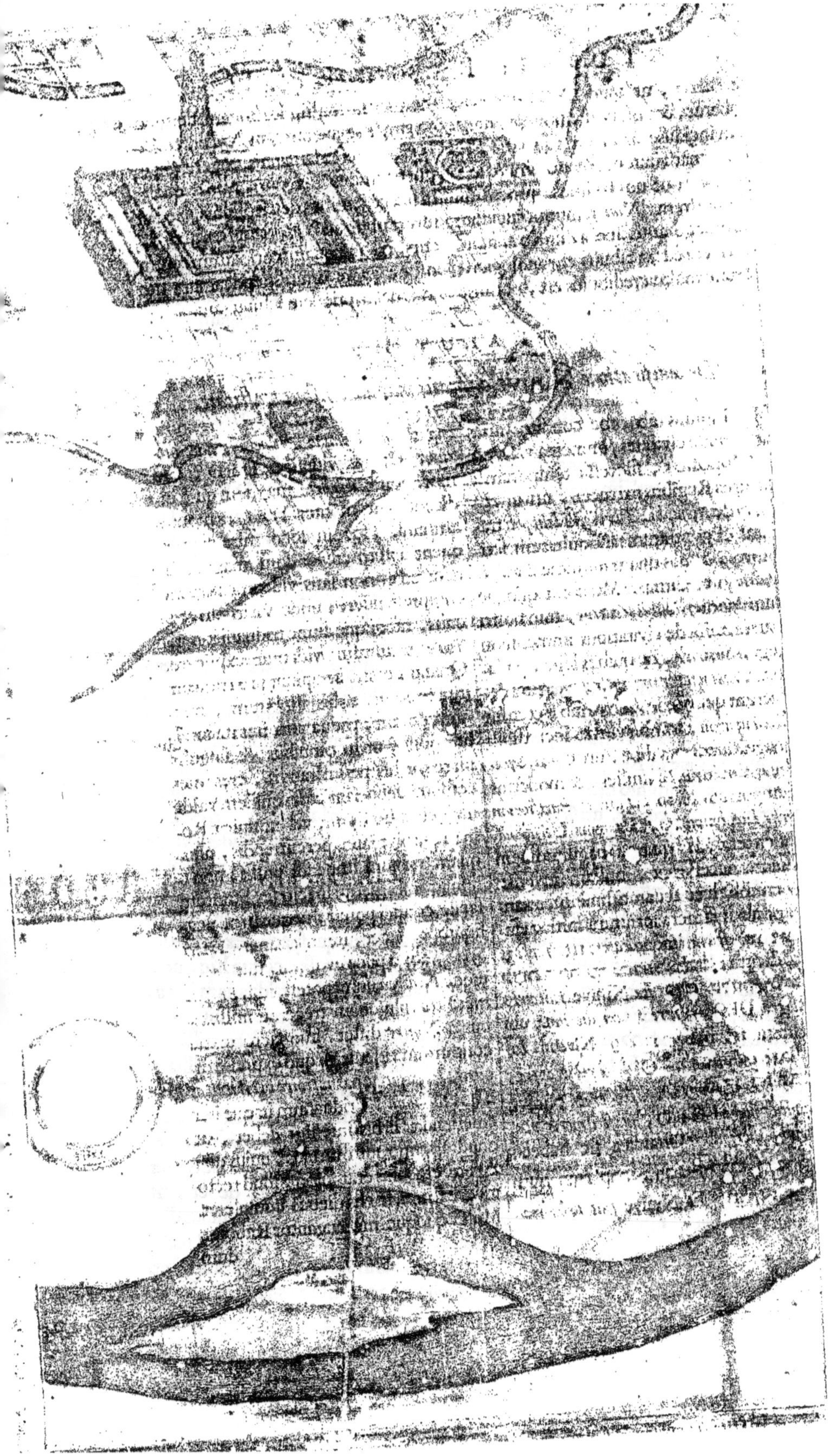

TURRIS BABEL LIB. II.

Cap. I. ne *Cainan*, ut apud LXX Interpretes habetur, & posito, divisionem linguarum incidisse in annum 144 vitæ *Phaleg*, & nativitatem *Abrahæ* in 130 ætatis *Thare*, ut nos facimus, procul dubio postrema *Nini* tempora incidunt non longè ante 400 à diluvio annum, ut videre est in tabulis chronologicis; & tunc multò credibilius est, potuisse hominum multiplicationem tantopere jam esse auctam, ut *Ninus*, & *Zoroastres* inter se bellantes, cogere valuerint exercitus adeò numerosos, quales in præcedentibus descripsimus. Sed ut revertamur ad *Ninivem* à *Nino* conditam, ne quicquam curiosarum rerum in hoc opere omisisse videamur, hîc urbis descriptionem subjungam.

Sect. II.

CAPUT II.

De ædificatione Ninive *civitatis magnæ ejusque vastitate.*

Cap. II. Legimus ab orbe condito varias fuisse civitates, immensâ vastitate præditas, successu temporum à diversis Regibus extructas, uti in *Ægypto* de *Memphi*, *Thebis*, *Heliopoli* tradunt Ægyptiarum antiquitatum scriptores, & nos quam fusissimè *Tomo I. Oedipi* ostendimus. Memorat quoque tum *Marcus Paulus Venetus*, tum nostri patres, mira de civitatibus immensis in regno *Sinarum*, de quibus lege, si placet, *Chinam nostram illustratam*; non defuerunt quoque in *Europa* sub veterum *Romanorum* Dominio urbes incredibili magnitudine præditæ, uti *Roma*, *Syracusæ*, *Carthago*, & similes, & modernis temporibus, *Roma*, *Cairus*, *Parisiorum urbs*, *Londinum*, *Amstelodamum*, *Ulysipona*, & cæteræ, sed quæ ad magnitudinem *Ninive* accesserint, nullam invenio. Verùm ut hæc accuratissimè discutiantur, ab ipsâ sacrâ scripturâ initium sumamus; *Jonæ* itaque *capite III. vers. 3.* sic dicitur: ונינוה היתה עיר גדולה לאלהים מהלך שלשת ימים. *Et* Ninive *fuit urbs magna* DEO, *itinere trium dierum*; ubi Græca sic habet: ἡ δὲ Νινευὴ ἦν πόλις μεγάλη τῷ Θεῷ ὡσεὶ πορείας ὁδοῦ ἡμερῶν τριῶν. *Et erat* Ninive *civitas magna* DEO, *quasi itineris viâ, trium dierum*. Chaldæa sic habet: ונינוה הות קרתא רבתא קדם יי מהלך תלתא יומין. *Et* Ninive *fuit urbs magna coram Domino, itinere trium dierum*. Civitas videlicet DEO, quo more solito *Hebræi* magnum quid indicant, ut montes DEI, montes altissimi. Hoc in loco mirè se torquent interpretes, dum magnitudinem urbis non satis videntur potuisse comprehendere; unde variis diverticulis, modisque hunc triduani itineris *Jonæ* transitum videntur explicare. Quidam enim accipiunt pro triduano itinere totius urbis ambitum; nonnulli putant, triduanum iter ita intelligi posse, ut in omnibus, & singulis plateis urbis perlustrandis, tres dies consumi debuerint, quo quidem valdè hallucinantur, cùm vel in unicæ Romanæ urbis plateis percurrendis, plusquam triduum impendi possit, non item in ambitu, qui spacio sex horarum facilè confici potest; neque hîc, ut aliquibus placet, iter triduanum à *mari Syriæ*, ubi à pisce evomitus fuit *Jonas*, usque *Niniven*, sumi potest, cum *Phœnicum* littus plusquàm trecentis milliaribus à *Ninive* distet, imò sacro textui contrarium videtur, in quo expressè dicitur, *Et cæpit* Jonas *introire in civitatem itinere diei unius*. Triduanum itaque iter emetiendæ urbis intelligi debet, ut quod à primo introitu ejus, unius diei itinere emensus erat *Jonas*, illud recto itinere totum tribus diebus compleret. Multa quoque hîc nugantur Rabbini, dum

Variæ opiniones de Ninives vastitate.

F 3

Cap. II. dum *Jonam* in *Mari Rubro*, seu *Erythræo* ejectum dicunt, ut *Babyloniæ* vicinior esset, sed cum *Phœnicium* & *Erythræum* quoad vim græcarum vocum idem sonent, neque vim verborum intellexerint, error iis ob solitam eorum ignorantiam condonandus est. Nos igitur relictis hisce placitis, dicimus, verum & genuinum sacræ scripturæ sensum intelligi debere secundum diametralem urbis situm, ut postea ex descriptione patebit: erat enim civitas in varias plateas *divisa, quarum binæ transversæ in longum & latum, præcipuum in urbe locum tenebant, in qua & magnatum habitationes erant haud secùs, ac *Romæ* platea longissima, quam *Cursum* dicunt, scitè demonstrat. *Cursus* dicitur, eò quod in ea præcipua urbis spectacula, & principum magnatumque introitus cum celeberrima equitum pompa exhibeantur, uti & in aliis quoque magnis urbibus fieri solet; & talem fuisse illam trium dierum in urbe *Ninive* plateam, quæ urbem bifariam dividebat, & per quem *Jonas*, tanquam viam principalem unius diei itinere ingressus, *Ninivitis* pœnitentiam prædicabat. Nam ut rectè Ralbag Rabbinus: תינוה עיר גדולה גימים מקצי אל קצי. Id est, *fuit Ninive civitas magna tres dierum ab extremo usque ad extremum.* Verùm, ut hæc, quæ dixi, vera esse intelligantur, totius urbis ichnographiam, juxta *Diodori* descriptionem, ante oculos lectoris exponendam duxi, ut ex ejus forma & figura, longitudine & latitudine, laterum turriumque multitudine, facilè quisque incredibilem, & poenè immensam urbis vastitatem cognoscat. Quod verò *Lucanus* de *Roma* dicit:

Una domus urbs est, urbs oppida plurima claudit,

hoc non dictum velim, uti in *Latio* nostro fusè demonstravimus, de *Roma*

Rabbini in Mari Rubro Jonam evomitum esse nugantur. Φοινιξ & ἰρυθραῖος.

Romanæ urbis magnitudo comparata cum Ninive.

intra suos muros conclusa, sed de suburbiis, quorum termini vel ad *Phaliscos, Sabinos, Tybur, Præneste*, quin & in *Tusculanos montes, Volscorumque* regnum, *Ostia Tyberina*, & *Centumcellas* extendebantur, teste *Ammiano Marcellino*, intelligi debent, quod de *Ninive* dici nequit; erat enim civitas validissimis undique & undique muris clausa, uti ex *Diodoro* trademus.

Sit itaque quadrangulæ urbis latus majus juxta *Diodori* descriptionem, 150 stadiorum, quæ in passus resoluta 18750 passuum dant longitudinem; nam 125 passus unum stadium conficiunt. Itaque 18750 passus per 1000 divisa, dant 18 milliaria, & insuper 750 passus: atque tot milliarium unius lateris majoris longitudinem habuisse ex calculo constat; minus verò latus 90 stadiorum, dat passus 11250; quæ in milliaria resoluta dabunt 11 milliaria, & insuper 250 passuum longitudinem lateris minoris, eritque ambitus urbis 480 stadiorum; hæc latera, minus & majus in se ducta dabunt aream urbis 198 milliarium, exceptis minutis.

Ex hoc calculo consequitur primò, si murus major *Ninives* 18 milliarium longitudinem habuit, illum adæquasse distantiam illam, quæ est inter *Romam* & *Tybur*; tot enim milliarium hujusmodi distantiam nos frequenti istiusmodi itineris experientiâ comperimus, quamvis vulgò 17 milliarium esse plerique teneant; cùm verò minus muri latus, 11 milliarium intercapedinem invenerimus, habebit murus eam longitudinem, quæ est inter *Tybur* & *Præneste*; si verò hinc latus majus traducamus, per *Tusculum*, usque in *Albanum*, quæ est distantia 18 milliarium, & hinc *Romam* 11 milliar. habebimus quadrangulum, quod maximam *Latii* partem occupabit, cujus videlicet area continebit milliaria quadrata 198 †750 passus quadratos. Unde patet, *Niniven*, maximam fuisse civitatem,

Sect. II.

Demonstratio formæ & magnitudinis Ninives.

Magnitudo Ninives ad Latii amplitudinem applicata.

TURRIS BABEL LIB. II.

Cap. II. tatem & integram quasi provinciam *Atturiæ*, sive *Assyriæ*, intra muros suos conclusisse: extra quos muros immensa præterea fuisse suburbia *Diodorus* dicit, quæ vel ab ipso *Eufrate*, per transversam *Mesopotamiæ* regionem usque ad *Niniven* pertingebant, quin & ultra *Tigrim*, cui *Ninive* adjacebat ad *Medorum* ac *Elimaidis* regionis confinia se extendisse, ex relatione itinerariorum, rudera vastissima, quæ etiamnum ibi spectantur, uti in sequentibus videbitur, sat superque demonstrant. Neque mirum cuipiam id videri debet, cùm *Ctesias* apud *Sabellicum*, totam *Asiam* in ea condenda à *Nino* convocatam, occupatamque referat: Ninus, Diodoro teste, *habitare eam coëgit majori ex parte* Assyrios, *& quidem potentiores, ex reliquis verò nationibus voluntarios assumpsit, à nomine suo urbem* Ninam *appellans, agros propinquos habitatoribus divisit.* Major enim erat *Babylone*, uti Strabo hisce verbis refert: ἡ δ Νῖνος πολὺ μείζων ἦν τῆς Βαβυλῶνος, ἐν πεδίῳ κειμένη τῆς Ἀτυρείας, in campo *Atturiæ*.

Situs ejus fuit, uti in præcedentibus diximus, ad occidentale littus *Tigris* condita; & uti à sacro textu definitur, urbs magna trium dierum, ita quoque longitudinem suam facilè ad *Euphratis* littora extendebat, & totam pænè *Mesopotamiæ* latitudinem transversam occupabat. Tota deinde urbs variis rivis fossisque irrigabatur, uti *Herodotus*, *Diodorus*, *Strabo* tradunt, ne deesset, quod humanæ vitæ tantopere necessarium foret. Turres in ea fuisse 1500 *Diodorus* narrat, quas quidem non omnes mœnibus insertas fuisse, vel inde patet, quod una Turris ab altera non nisi 32 pedibus distare debuerit, uti ex calculo circuitus urbis 480 stadiorum, clarè patebit. Cum itaque *Diodorus* de Turribus hisce mœnibus insertis nihil dicat, verisimile est, eas partim in mœnibus, & supra portas urbis principales, partim in præcipuis urbis platearumque angulis, partim etiam in suburbiis *Ninives* extructas fuisse. Sed jam ad ea, quæ primam ejus fundationem à *Nino* factam concernunt, progrediamur.

Porrò *Ninus*, uti *Ctesias Cnidius* tradit apud *Sabellicum*, *Bactrianis* bello subactis, exercitum opulentâ prædâ onustum in *Assyriam* reduxit; brevi inde interjecto tempore, cum jam filium ex *Semiramide* tulisset, qui paterno nomine & ipse appellatus est, imperio uxori per manus tradito, vitâ decessit. Prægrandi est pyramide sepultus. *Ctesias Cnidius* auctor est, molis altitudinem novem stadiorum fuisse, (quæ 1125 passus faciunt) lateraque aliquando spaciosiùs evagata; eam media planitie conditam memorant, aliquot stadia ab urbe *Nina* distantem. Regium id sepulchrum diu postea suo mansit vestigio, cum *Nina* urbs ipsa sub id tempus intercidisset, aut certè non multò postquam *Assyriorum* Regnum est à *Medis* eversum: ferè eadem Strabo dicit de sepulchro *Beli* in *Babylonia*, nisi quod in altitudine ejus differat. Ἔστι δ ἐν ᾧ ὁ Βήλου τάφος αὐτόθι, νῦν μὲν κατεσκαμμένος, Ξέρξης δ' αὐτὸν κατέπασεν, ὡς φασὶν ἦν δ Πυραμὶς τετράγωνος ἐξ ὀπτῆς πλίνθου. κ αὐτὴ σταδιαία τὸ ὕψος. σταδιαία δ ἐ ἑκάστη τῶν πλευρῶν. ἦν Ἀλέξανδρος ἐβάλετο ἀνασκευάσαι· πολὺ δ' ἦν ἔργον ἐ πολλοῦ χρόνου. (αὐτὴ γὰρ ἡ χοῦς εἰς ἀνακάθαρσιν μυρίοις ἀνδράσι δυοῖν μηνῶν ἔργον ἦν.) ὥστ οὐκ ἔφθη τὸ ἐγχειρηθὲν ἐπιτελέσαι, ἐπαρχῆμα γὰρ ἡ νόσος ἡ καὶ τελευτὴ συνέπεσε τῷ βασιλεῖ, &c. *Ibi etiam Beli sepultura est, nunc eversa, quod fecisse* Xerxes *dicitur. Pyramis quædam erat quadrata, ex latere coctili structa, stadii altitudine, cujus quodque latus stadium occupabat; hanc* Alexander *instaurare voluit, sed cum multi res laboris esset & multi temporis, (nam ad expurgandam duntaxat terram decem millibus hominum, duorum mensium opus erat) quod inceperat, perficere non valuit, illico enim vel morbus,*

vel

Ctesias Cnidius.

Pyramis immensa sepulchrum Nini.

Strabo. Beli sepultura.

Cap. II. *vel mors eum oppressit, posterorum verò nemo curavit, quin etiam reliqua neglecta sunt, & urbis partem* Persæ *diruerunt, partem tempus consumpsit, &* Macedonum *negligentia præsertim, postquàm* Seleucus Nicanor Seleuciam *ad* Tigrim *condidit stadiis tantùm trecentis à* Babylone *dissitam.*

Examinatur pyramis Nino erecta.

Porrò Pyramidem illam *Nini* Mausoleo deputatam, novem stadiorum fuisse, *Ctesia* teste, meritò quis dubitare de hyperbolica locutione posset; cum enim pyramidum mensura sit, ut altitudo unum ex quatuor lateribus æquet, area dictæ pyramidis necessariò debuit habere 81 stadia quadrata, sive 1265625 passus quadratos, quæ spacium occupant unius milliaris quadrati, + 265625 passus, quâ sanè major in orbe terrarum visa non fuit. Quicquid sit, nos eam inter fabulas ponimus, cum vel montium præcelsissimorum altitudinem superasset, juxta relationem tamen *Diodori* exponendam duximus. Hujus figuram rationi magis congruam à *Strabone* relatam vide in ichnographia *Ninives* appositam.

Anno itaque regni sui circiter vigesimo, *Ninum* condidisse urbem *Ninam,* sive *Niniven,* conjicere possumus, ex his quæ scripta reliquit *Diodorus Siculus Rerum antiquarum lib.* III. *cap.* I. ubi de *Nino* ait, quod post recuperatum *Babyloniæ* regnum, post subactam *Armeniæ* partem, eamque benignè Regi suo restitutam, & occisum *Mediæ* Regem, prosperâ elatus fortunâ, in animum induxit, totam *Asiam,* quæ inter *Tanaim* & *Nilum* jacet, suo subjicere imperio. Quare quodam ex amicis *Mediæ præfecto* ipse ad reliquam subjugandam *Asiam* profectus, omnem annis decem & septem, præter Indos, & Bactrianos *in potestatem redegit; deinde* Bactrianis *bellum intulit, sed locorum difficultatem, & hostium vim ad sese tutandos advertens, retrocessit, atque in aliud tempus, expeditionem illam dis-*

tulit. *Interim autem, reducto in* Asiam *exercitu, cum se superiores omnes, gloriâ, & rebus gestis, superasse intelligeret, urbem quoque ingentem condere statuit, cui par magnitudine, neque fuisset antea, neque esset futura. Itaque coactis undique viribus, & his, quæ ad tantum opus spectarent, paratis, supra* Euphratem *eam condidit.* Hæc ex *Diodoro*; ubi tamen ei contradicunt omnes veteres, & moderni scriptores, illam non supra *Euphratem,* sed supra *Tigrim* fundatam fuisse; nisi velimus dicere, quod ejus suburbia à *Tigri* usque ad ipsum *Euphratem* se extenderint, uti paulò antè, & alibi quoque insinuavimus.

Sect. II. *Ninive condita.*

Ex quibus satis verisimiliter deduci posse videtur, *Niniven* anno regni ipsius *Nini* circiter vigesimo, ut dictum est, ædificari cœptam esse. Siquidem post translatam regni sedem in *Assyriam* & recuperatam *Babyloniam*; & devictum *Mediæ* Regem, *Asiam* annis decem & septem jam subegerat.

Quo tempore Ninive condita.

Porrò hujus magnitudinem urbis, idem Auctor ibidem prosequitur, dicens: eam non æquâ laterum dimensione fuisse fundatam, atque erectam. Nam duæ muri partes longiores erant reliquis, uti paulò antè ostendimus. *Horum latus,* inquit, *quodlibet, longitudine est stadiorum* 150, *breviora verò stadiis* 90. *Et sanè spe sua nunquam frustratus est. Nulla enim postmodum urbs tanto ambitu, tantave mœnium magnificentia structa fuit. Altitudo murorum pedum est* 100, *latitudo, quâ tres currus simul perambularent; turres* 1500, *quarum altitudo pedum est* 200. *Habitare eam coëgit majori ex parte* Assyrios, *& quidem potentiores; ex reliquis nationibus voluntarios assumpsit, à nomine suo urbem* Ninam *appellans: agros propinquos habitatoribus divisit.* Sic *Diodorus.* Congruunt verò, quæ de hujus urbis amplitudine idem auctor asseruit, cum his quæ de eadem tradit scriptura sacra Jonæ *cap.* III. *vers.* 3. illis verbis: *Et* Ninive *erat civitas magna itinere trium dierum,*

Magnitudo urbis.

Cap. II. *dierum*, nimirum in diametro. Verisimile enim est, *Jonam* prædicando pœnitentiam, non circa ambitum, sed per medium urbis incessisse ; nam si stadium, ut perhibent, octava milliarii pars est, utique quadringenta octoginta stadia faciunt iter 60000 passuum, quod ordinariè pedites triduo aut quatriduo conficere solent. Unde patet, meritò hanc urbem, *Genes. cap.* X. *vers.* 12. veluti per antonomasiam nuncupari magnam.

Per hæc item circiter tempora, probabile admodum est eundem *Ninum*, ob ingentem ejus potentiam,& super alios illius temporis Reges eminentiam, monarchæ nomine obtento, primam, quæ *Assyriorum* dicta est, Monarchiam erexisse. Hujus nos, quemadmodum & aliarum quoque trium præcipuarum mundi monarchiarum, singulos Reges successivè, propriis locis, ac temporibus adnotabimus ; non quia intentio nostra sit, exterorum Regum chronologiam texere, sed quoniam ad nostrum institutum ritè ordinandum, plurimùm confert qualis, qualis saltem notitia illarum quatuor principalium monarchiarum, seu regnorum, quorum meminit *Daniel*, *cap.* II. *vers.* 38. sub typo statuæ illius magnæ, quæ habebat caput aureum, pectus & brachia de argento, ventrem & femora ex ære, & tibias ferreas; Et *cap.* VII. *vers.* 3. sub figura quatuor bestiarum ascendentium de mari. Et *Zachar. cap.* VI. sub imagine quatuor quadrigarum de medio duorum montium æneorum egredientium. Hisce enim similitudinibus diversæ eorundem regnorum differentiæ, proprietatesque adumbratæ sunt, de quibus hîc agere opus non est, quod paucis explicari nequeant, & fusiùs eadem prosequi nunc nostri muneris non sit. Porrò harum monarchiarum prima fuit *Assyriorum*, altera *Persarum*, atque *Medorum*, tertia *Græcorum*, quarta *Romanorum* : quamquam de secunda, item & tertia fu-

Quatuor monarchiæ per statuam Nabuchodonosoris indicatæ.

sius agitur in eadem *Danielis prophetia Sect.* II. *cap.* VIII. per totum, sub figura arietis, & hirci, invicem præliantium;& *cap.* XI. ubi breviter prædicuntur, monarchiæ *Persarum* interitus, & regni *Græcorum* exaltatio,& prælia item,quæ mox inter *Alexandri Magni* successores sunt exorta; harum verò quatuor duntaxat monarchiarum in sacris libris facta est mentio, non quod post ipsas usque ad mundi finem aliæ non essent erigendæ, (videmus enim *Turcarum* imperium postea *Romano* successisse, & post ipsum probabile est alia surrectura;) sed quia quatuor illæ tantùm *Christi* regnum præcedere debebant,quod in hoc mundo usque ad extremam judicii diem, & deinceps perpetuò in cœlis duraturum erat, ut apertè significatur *cap. Danielis* II. *vers.* 34. & 35. ubi dicitur, quod lapis, qui percussit statuam, & contrivit quatuor Regna hæc,factus est mons magnus, & implevit universam terram. Lapis quippe ille, figura fuit *Christi*, juxta illud Apostoli, prima ad Corinthios cap. X. vers. 4. *Petra autem erat Christus*, quod & apertius declarat citatus Daniel cap. II. vers. 44. & 45. ubi prædictam statuæ visionem exponens: *Suscitabit*, inquam, DEUS *cœli regnum, quod in æternum non dissipabitur, & alteri populo non tradetur, & comminutis prioribus regnis, ipsum stabit in æternum*; hoc verò regnum, aliud non est, nisi regnum *Christi*, & sanctæ ejus ecclesiæ. Itaque ut dixi de prædictarum quatuor monarchiarum Regibus eorumque jugi successione, quando scilicet, & quot annis singuli regnasse dicantur, agemus propriis locis.

Verùm enim verò, cum hujus argumenti institutum Nembrodica historia fuerit, *Nembrod* verò primus in mundo Rex fuerit, dum Babylonici regni initia jecit; *Ninus* verò ejus filius, patris exemplum secutus, primus fuerit *Assyriorum* imperii fundator,operæ pretium me facturum existimavi, si continuatos, ad 1239, vel ad 1240 annos ordine

G

Cap. II. dine hujus monarchiæ succesores, juxta meliorem chronologorum sententiam, apponerem, ne quicquam ad nostrum institutum pertinens omisisse videremur, usque ad ultimum *Sardanapalum*, cujus tempore *Jonas* ob conclamatam Mortalium impietatem in *Ninive* pœnitentiam prædicavit, quam cùm acceptasset Rex, & minas de subversione urbis, pœnitentiæ operibus divertisset; accidit, ut spretis minis ipse postea ad vomitum reversus, scelestum pristinæ vitæ statum repetierit, unde justo DEI judicio ipse totus mollitiei immersus inter fœminas luxuriâ, & libidine obsordescens, à *Medis* obsessus, cum refugium non reperiret, extructo rogo, seipsum una cum liberis, concubinis, & inæstimabili auri, argenti, pretiosorumque lapidum copiâ, in eum ex desperatione conjecit, atque una cum morte ejus imperium *Assyriorum Artabe* duce ad *Medos* & *Persas* sub *Cyro* translatum fuit. Reges *Assyriorum* sequens Tabula monstrat; cæterarum verò monarchiarum Reges, uti alienos à nostro instituto, ita relinquendos censuimus. *Sect*. II.

	Annus Mundi.	Diluvii.	Catalogus Regum imperii Assyriorum, *qui omnes ferè à* Nino *usque ad ultimum* Sardanapalum *& sanguinis agnatione hæreditate paternâ imperium adierunt.*
Ninus			
Semiramis			
Zameis Ninyas			
Arius, secundus *Assyriorum* Rex.	2129	473	
Analius	2159	503	
Xerxes	2198	542	*Abraham*,
Armametres	2229	573	*Isaac*,
Belochus	2267	611	*Jacob*,
Baleus	2302	646	& filiorum gesta.
Althades	2354	698	
Mamithus	2386	730	
Mancaleus	2416	760	*Memphis* in Ægypto.
Iphoreus	2446	790	Nascitur *Moses*.
Mamylas	2466	810	
Sparetus	2496	840	
Assades	2536	880	
Aminthas	2576	920	*Moses* egreditur ex Ægypto.
Belothus	2611	955	
Bellepares	2636	980	
Lamprodes	2666	1010	
Sosates	2707	1051	Tempus Judaicum.
Lampares	2728	1072	
Pannias	2758	1102	
Sosarmus	2803	1147	
Mitreus	2822	1166	
Tautanes	2849	1193	*Jephte.*
Tarteus	2881	1225	
Thineus	2921	1265	*Heli, Samuel.*
Darcilus	2982	1326	*Saul.*
Eupalus	2995	1339	Tempore *Davidis.*
Sardanapalus			*Salomon.*
			Jonas propheta.

Duravit imperium *Assyriorum* sub 32 Regibus juxta *Chronicam Eusebii* 1239.

Tab. III.

Descriptio Turris Babylonicæ a Nino et Semiramide exstructæ.

In medio alterius urbis partis alta erat planities duo comprehendens stadia. In hac Turris illa à Herodoto tempore celebrata, sive erat hoc ædificium 8. Turribus sibi invicem superstructis constabat, ut in harum instituto Bel templum erat. Eas vero numeris exprimimus 1. 2. 3. 4. 5. 6. 7. 8.

Prima et infima stadium unum continebat, id est 625. pedes orgyalium. Reliquantur ipsi solidæ. Cæteræ pro structuræ ratione omnes inæquales. Scala extrinsecus patebant, ut ex hac pictura clarum est. GO.
I. In quavis scala cuniculi solidum per literas RR. hic notatur.

CAPUT III.

De Turri *in civitate Babylonica* à Nino & Semiramide *centum ferè annis post eversionem* Turris Nembrodææ *extructa.*

Quemadmodum ambitiosus æstus, & humanæ mentis arrogantia modum nesciunt, ita quoque *Nembrodi* exemplum secuti *Ninus* & *Semiramis* ejus uxor, ad primævæ magnificentiæ specimen exhibendum, & ad perpetuam nominis gloriam immortalitatemque acquirendam, turrim aliam, non quidem ut multi falsò putant, supra derelictæ *Turris Nembrodææ* vestigia, sed centum circiter annis post divisionem linguarum, & post mortem *Beli*, & urbis Babylonicæ, quam pariter admiranda, & prodigiosa magnificentia, veteri civitate destructâ, novam, quam in sequentibus describemus, ædificavit, non eâ quidem amplitudine, quâ suam extruxerat *Nembrod*, sed strictiori basi fundatam, in maximam, uti in figura patet, altitudinem, maximisque ornamentis conspicuam. Erat autem ex octo turribus constituta, quarum prima A B, in circuitu stadium integrum, id est, 125 passus, sive 625 pedes, diameter 39 1/2 passus continebat, id est ducentos ferè pedes, totidemque in altitudine primæ turris; per helicem, sive cochleam, quâ universa moles artificio miro, & raro implicata, adeò declivi lenique ferebatur ascensu, ut jumenta, hominesque nullâ difficultate ad ejus fastigium commodè pertingere possent. Præterea in ea sedilia hinc inde, eleganti sanè opere ita constituebantur, ut per ascensum defatigatis, & placida requies, & amœnissimus in totam *Babylonis* planitiem, regionesque circumjacentes prospectus summâ spectantium voluptate pateret; interiores verò conclavium recessus, archiviis, aut annonæ, aliisque usibus, & publicis commoditatibus destinabantur; reliquæ verò turres septem, priori quidem quoad symmetriam similes, sed juxta opticas leges in altitudinem,quoad molem pro rata proportione decrescentes; si enim singulæ turres æquales priori fuissent, tota illa turrium moles facilè ad octo stadiorum, seu 1000 passuum, aut unius milliaris altitudinem se extulisset, cujus immensæ molis fulciendæ nullum fundamentum par esse poterat, nec irruentibus ventorum flatibus tanta, & adeò subtilis altitudo subsistere potuisset, tam exili fulcita hypomochlio; ut proportionaliter itaque turres diminuerentur, tota moles veluti jure quodam requirere videbatur; neque tamen etiam hoc modo subsistere poterat, cum juxta eam, quam referebat, rationem, vel vehementiori ventorum flatu ex parte dejici potuerit, uti experientia docet. Verùm jam verba *Herodoti* adducamus, quibus hanc turrim affabrè describit: ἐν μέσῳ ᾗ τῇ ἱερῦ πύργος στερεὸς οἰκοδόμηται σαδίῃ κὶ τὸ μῆκος καὶ τὸ εὖρος, κὶ ἐπὶ τύτῳ τῷ πύργῳ ἄλλος πύργος ἐπιβέβηκε, καὶ ἕτερος μάλα ἐπὶ τύτῳ, μέχρις ὖ ὀκλὼ πύργων. ἀνάβασις δὲ ἐς αὐτὰς ἔξωθεν κύκλῳ περὶ πάντας τὰς πύργας ἔχεσα πεποίηται, μεσεῦτι δέ κε τ' ἀναβάσιος ἐστι καταγωγή ᾗ καὶ θῶκοι ἀναπαυστήριοι ἐν τίσι καθίζοντες ἀναπαύονται οἱ ἀναβαίνοντες. ἐν δὲ τῷ τελευταίῳ πύργῳ, νηὸς ἔπεστι μέγας, ἐν ᾗ τῷ νηῷ κλίνη μεγάλη κέεται δὖ ἐστρωμένη, καὶ ἡ τεάπεζα παρακέεται χρυσέη.

Cap. III. *In templi medio Turris solida, crassitudine simul, & altitudine stadii, cui alia rursus super imposita turris, & huic subinde alia ad octavam usque. His forinsecus scalæ in circuitu adhibitæ sunt, per quas ad singulas conscenditur turres. In mediis gradibus ductus, sellæque in hoc factæ, in quibus ascensoribus liceat sedere, & conquiescere; in postrema turri sacellum est aliud, in quo lectus est splendidè stratus, & apposita mensa aurea.* Atque hæc est Turris illa celebris, quam profani auctores satis laudare non possunt, eamque inter septem mundi miracula ponunt. Miror tamen, apud *Diodorum* nihil de hac octozonia Turri reperiri, nisi forsan intelligat illud *Beli* templum, quod hisce verbis describit: *In urbis medio templum Jovi Belo erexit Semiramis, cujus amplitudinem neque scriptores propter vetustatem, neque ulla memoria singulatim tradunt: constat tamen, ob illius admirandam altitudinem, à* Chaldæis *tum orientem, tum occidentem versus, astrorum in eo observationes factas. Id ex latere, atque asphalto summa arte magnisque expensis est constructum. In summo templi tres ingentes aureas statuas* Jovis, Junonis, Opisque *erexit, quarum* Jovis *adhuc extat longitudine pedum quadraginta, mille Babyloniorum talentorum pondere;* Opis *simili pondere in sella aurea residet, ad cujus genua duo astant leones, juxtaque serpentes argentei ingentis magnitudinis, ponderis quilibet est talentorum triginta;* Junonis *stans signum ponderis octingentorum talentorum. His omnibus communis erat mensa aurea manufacta, longitudine pedum 40, & 15 latitudine, ponderis talentorum quingenta: carchesia 2 talentorum 30, totidemque vasa vaporaria, utrumque talentorum 300. præterea tres crateres ex auro, quorum* Jovi *dicatus talenta mille, & ducenta Babylonica pendebat, aliorum quilibet talenta 600. quæ omnia postmodum* Persarum *Reges surripuerunt, & reliqua ornamenta tum tempore consumpta sunt, tum ab hominibus deleta.* Hæc eadem narrat *Herodotus*, Turrim intra templum *Beli* erectam octozoniam, de qua silet *Diodorus*. In supremitate templi, sive Turris, aureas tres statuas esse constitutas; *Herodotus* tamen unam tantùm memorat cum lecto, & mensa; ut proinde hanc differentiam aliunde non processisse, mihi persuadeam, nisi vel ex variorum auctorum veterum lectione, aut relatione differenti. Verùm de auri incredibili abundantia in primis istis mundi seculis, infra pluribus agetur.

Turris in templo Bel.

In summitate Turris varia supellex aurea & statua.

CAPUT IV.

De civitate magnificentiæ pœnè incredibilis, quam in Babylone Semiramis *exstruxit.*

Cap. IV. *N*Embrodum, antequam *Turris* paulò antè memoratæ structuram aggrederetur, primò civitatem extruxisse sacra *Genesis* refert, cujus tamen magnitudinem silet sacer textus; unde verisimile videtur, fuisse civitatem valde ruditer exstructam, domibus ex eadem materia, qua in *Turri* extruenda utebatur, obiter confectis; cùm verò hoc pacto quotidie experientia duce, in fabricandis majoris momenti muris, turribus, palatiisque erigendis, mirificè proficerent, uti acri pollentes ingenio, & quotidie ad novas rerum ad Architectonicam spectantium inventiones, animum adjicerent; contigit, ut gloriæ ambitione instimulati, fabricarum prorsus insolentium monumenta posteritati reliquerint, quæ tam prisci, quàm posteri scriptores, & historici satis mirari non potuerunt; talia fuerunt civitates, *Ninive* à *Nino* in *Assyria*, & *Semiramide* in *Babylone* extructa, quæ fidem humanam,

TURRIS BABEL LIB. II.

Cap.IV. nam, sive sumptus in eo expensos, sive operarum multitudinem, sive denique portentosam molium constitutionem spectes, superare videntur. Ne plura, quam fides mereatur, dicere videar, adducam hic verba *Diodori Siculi*:

In Semiramide fortitudo fœmina major.

ἡ δὲ Σεμίραμις ὖσα φύσει μεγαλεπίβολ@, κὶ φιλοτιμοτάτη τῇ δόξῃ τὴν βεβασιλδυκότα πρότερον ὑπερβαλεῖν, πόλιν μὲν ἐπεβάλετο κτίζειν ἐν τῇ Βαβυλωνίᾳ, ἐπιλεξαμένη δὲ τῶν πανταχόθεν ἀρχιτέκτονας καὶ τεχνίτας, ἔτι δὲ τὴν ἄλλην χορηγίαν, παρασκδιασαμένη συνήγαγεν ἐξ ἁπάσης τ͂ βασιλείας πρὸς τὴν τῶν ἔργων σιντέλειαν ἀνδρῶν μυριάδας διακοσίας. Post Ninam à Mediis *dirutam*, quo tempore Asyriorum *imperio potiti sunt*, Semiramis *magni mulier animi cupiens virum rerum gloriâ excellere, urbem in Baby-* lonia *condidit, accersitis undique opificibus, & architectis, cæterisque quæ ad tantam rem pertinebant, paratis, addidit ad id opus perficiendum ex omni regione hominum vicies centena millia*, μυριάδας διακοσίας, *quæ faciunt* 2000000 *hominum*. Urbs ab utroque latere Euphratis, *ut medius interfluat, ædificata, cujus mœnia ambitu stadia trecenta & sexaginta complectebantur, frequentibus Turribus, & magnis. Erat tanta operis magnificentia, ut in muri latitudine sex equorum currus unà prodire possent, altitudo incredibilis audientibus, ut* Ctesias Cnidius *ait, ut autem* Clitarchus, & qui cum Alexandro in Asiam profecti sunt, *scripserunt, pedum trecentorum sexaginta quinque, addiderunt etiam, quolibet anni die stadium muri absolutum, ut tot sit stadiorum circuitus, quot dies annus continet. Mœnia ex lateribus, & asphalto facta, quorum altitudo, uti* Ctesias Cnidius *refert, passuum* 50; *alii posteriores cubitorum* 50 *esse referunt; latitudo amplior, quam quâ duo currus agerentur. Ita Diodorus.*

Examen & magnitudinis urbis, & operarum.

Quod magnum sanè & prodigiosum opus si ad calculum reducatur, vix quisquam ea, quæ *Diodorus* ex Cte- sia *Cnidio* recitat, vera esse sibi persuadere poterit; sed quia res plena curiositatis est, videamus, num 2000000 homines in civitate extruenda occupari potuerint. Murus teste *Diodoro* in circuitu 365 stadiorum fuit, unum verò stadium continet 125 passus, qui unam octavam partem milliarii conficiunt. Ponamus jam, muri latitudinem habere 50 passus, & longitudinem unius stadii 125 passus; hæc in se ducta, dabunt aream superficialem muri in passibus, ita ut si singuli homines passum pro se obtinerent in ea muri superficie non nisi 3750 constipati stare possent; quomodo igitur vicies centena millia hominum? cùm præterea *Diodorus* dicat, ambitum urbis 365 stadia habuisse, quæ in passus resoluta dabunt 45645 passus in circuitu, quorum quarta pars dabit passus 11411 & hic numerus quadratus dabit superficiem urbis 160881 passuum quadratorum, quod spacium totidem homines ita implebunt, ut consequenter neque machinæ, neque currus, neque jumenta propter hominum constipationem locum haberent. Si itaque 160881 totam urbis superficiem replebant, quomodo vicies centena millia hominum, quos *Diodorus* in extruenda civitate occupatos fuisse dicit, subsistere potuerint, qui potest capere, capiat. Nisi tamen dicamus fabros tum omnem extra urbem regionem, tum intra distributis operis occupasse. Multa, hoc loco interpretum sphalmata reperio, quibus apertè interpretes, neque calculum græcanicum, neque architectonicam artem intellexisse demonstrant. Sed prosequamur filum historiæ *Urbis Babylonicæ*.

Mysteriosa muri constructio in sideribus observandis.

Quid sibi verò velit mysteriosa muri constructio, 365 stadiorum, exponam. Certum est, *Babylonios*, & *Chaldæos* post *Turris* ædificationem, uti ipse *Diodorus* testatur, unicè observandorum siderum arti, tum ob perpetuam

Cap. IV. tuam Babylonici cœli limpiditatem, serenitatemque, tum ob turrium altitudinem, incubuisse; quoniam vero annum in 365 dies divisum à *Noë* filiisque (*Noëmum* enim Astronomiam suos docuisse, supra ex *Josepho* demonstravimus) acceperant, uti erant gloriæ percupidi, ita quoque muri ambitum, veluti in cœlestem quendam circulum, seu Zodiacum, in 365 stadia, quæ erant veluti gradus quidam, ad memoriam sui posteris exhibendam, & ut se Astronomiæ inventores ostenderent, divisum reliquerint. Verisimile quoque est, eas quæ singulis diebus fecerant, siderum observationes, veluti in ephemerides quasdam, lateribus inscripsisse, cujus nonnulla vestigia reperio in *Eupolemo* vetustissimo scriptore apud *Eusebium*, qui dicit, *Abrahamum* in Ægypto primùm sacerdotes Ægyptios Astronomiam docuisse; & *Abrahamum* quidem Astronomiam calluisse non nego, sed primum ejus inventorem fuisse, admittere non possum cum multò ante *Abraham* astrorum scientiam à *Cham, Misraim, & Chus* in Ægyptum illatam & à *Mercurio Trismegisto*, quem *Adris* ideò vocabant, mirificè cultam fuisse, tum in *Obelisco Pamphilio*, tum in *Oedipo*, III *Tomo de Astrologia Ægyptiorum* fusissimè demonstraverimus. Primùm itaque volunt omnes veteres scriptores præsertim sensatiores Rabbini, *Ralbag, Radac, Henoch* ab *Adamo* Patriarcha VII. annum in 365 dies, Zodiacum in signa 12 distinxisse. Addunt Rabbini, dictum *Henochum*, cùm, uti sacra *Genesis* dicit, 365 annos vixisset, atque singulis centenis annis, siderum observationi incubuisset, post 365 annorum spacium, raptum fuisse, & ambulasse cum DEO, cujus admiranda opera tam studiose observavisset; *Henochum* vero ea, quæ ipse ab *Adamo* instructus didicisset, filio suo *Mathusalæ* tradidisse, deinde per *Lamech, Noëmo* com-

Henoch astrologus.

municasse, quem & filios suos *Sem, Cham, Japheth*, uti in præcedentibus docuimus, ante & post diluvium in Astronomicis præceptis instituisse, & deinde tum per se, tum per filios suos, reliquæ posteritati reliquisse, inde patet, quod *Nembrod & Ninus*, & uxor *Semiramis*, cum ex præcepto *Chami*, & *Chusi* parentis sui eam maximè coluerint, & vel ex muro urbis, quem *Semiramis* fundaverat, 365 stadiorum in circuitu ad numerum 365 dierum anni dispositorum, mysticâ significatione, luculenter patet. Quæ quidem astrorum inspiciendorum ars deinde in Ægyptum à *Chamo* traducta magnos nullo non tempore progressus fecit, ut nulla ferè postea natio extiterit, quæ ab Ægyptiis Astronomiæ fundamenta non acceperit, uti quàm uberrimè in *Oedipo de Astrologia Ægyptiorum* tradidimus, & circulus aureus in Templo *Osymandri* in duodecim signa divisus, & quadrantes in *Tabula Bembina* spectabiles cum cæteris instrumentis uranometris apertè testantur. Referunt quoque *Syri, Jonithum Noëmi* filium præ omnibus aliis astronomicarum rerum notitiâ clarum, à parente suo in *Ethan* terram *Chanaan*, ad novas colonias fundandas amandatum, ubi & primùm populos sibi subditos notitiâ artium necessariarum, & potissimùm astronomicis disciplinis, quas à parente acceperat, imbuisse; *Abrahamum* vero inter cæteros ab eo instructum, eam postea Ægyptios docuisse, quamvis hujusmodi scientiæ traditio majori jure *Chamo, Misraim, & Tauto*, id est *Mercurio Trismegisto* adscribi debeat. Sed hæc pauca ad mysteriosam muri Babylonici in 365 stadia divisi, & analogi ad 365 dies anni, structuram explicandam sufficiant. Jam, uti dici solet, ad rhombum.

Jonithus filius Noë astrologus, juxta Rabbinos & Syros.

Porrò erant, teste *Diodoro*, in dicto muro turres 250 numero, quarum altitudo latitudoque magnificentiæ æquabant murorum; cur verò 250 so-

Dubium de Turribus solvitur.

*Cap.*IV. lummodò turres fundatæ fuerint, *Diodorus* causam assignat, ob paludum circumjacentium frequentiam, quæ uti hostibus omnem aditum præscindebant, ita quoque iis urbs ab illa, sine ulla turrium fabrica satis munita existeret. Ego autem si conjecturis uti licitum sit, dicerem, non tantùm 250 turres, sed totidem, quot stadia murus obtinebat, 365 scilicet, ædificatas fuisse, ut illæ turres essent veluti singulorum stadiorum termini quidam ad distinctionem stadiorum constitutæ, quæ postea intra terram paludosam, fundamento debili, & moli sustinendæ impari, successu temporis labefactatæ, vel conciderint, vel subsederint, quemadmodum experientia nos docet, & architectonicæ artis regulæ nobis præscribunt. Cæterùm si vera sunt, quæ de hujusmodi urbis conditu *Diodorus* & *Herodotus* tradunt, nos sanè tametsi fabricam magnam, & stupendam fuisse, existimemus, ne tamen nimiâ credulitate hæc nos adduxisse quis dicere possit, rem calculo examinandam censuimus. Dicit itaque primò *Diodorus*, ad *urbis Babylonicæ* ædificationem à *Semiramide* convocata fuisse vicies centena millia hominum, & muri, qui *Babylonem* circumdabat, ambitum 365 stadiorum fuisse, quæ divisa per 4 dant 91 stadia unius lateris urbis, quam *Herodotus* quadratam fuisse dicit; 91 in se ducta dant 8281 stadia quadrata, totius urbis intra murum conclusæ capacitatem, ut in sequenti figura patet; demus jam singulis ex 2000000 operis, passum unum; quomodo itaque 2000000 homines intra hoc planum, sine impedimento, uti supra diximus, quomodo tot domibus, ædificiis, turribus, palatiis, fanis fabricandis occupatos, constitisse dici possit, æquus judicet Lector. *Sect.* II.

CAPUT V.

De Ponte, & duobus regiis Palatiis in oppositis urbis locis, à Semiramide *exstructis.*

Cap. V.

DE mirabili opere Pontis, quem *Semiramis* supra *Euphratem*, medium *urbis Babylonicæ* perfluentem erexerat; audiat lector, quæ de eo, & duobus regiis palatiis in oppositis urbis partibus, extructis, dicat *Diodorus*. Diodorus: *His mœnibus summâ curâ unico anno absolutis pontem, quâ parte fluvius angustior fluebat, construxit, stadiorum quinque, id est 625 passuum longitudinis, columnis in profundo summâ arte invicem pedes duodecim distantes jactis, lapides ædificii truncis ferreis immixto juncturis liquefacto plumbo conjunxit. Ante columnas ad impetum aquæ scindendum, cursumque fluvii reprimendum, firmos composuit angulos, quo ab omni aquæ undique circumfluentis vi tutæ essent. Pontem, is triginta pedum latitudine erat, ex cedrinis cypressinisque conjunxit, opus nulli arte posterius eorum, quæ à* Semiramide *facta sunt. Ab utroque fluminis latere murum duxit stadiis trecentis sexaginta, pari mœnium urbis latitudine. Regias juxta flumen ex utroque Pontis latere duas ædificavit, quæ & aspectum latè urbis præberent, & essent tanquam civitatis propugnacula,* Euphrate *per mediam urbem, meridiem versus fluente. Altera Regia ad orientem, ad occidentem altera spectat, utraque ingenti opere triplici ambitu murorum constructa. Alter deinde interior est circuitus, cujus in crudis adhuc lateribus varia animantia, quæque suo colore, ad naturæ similitudinem expressa fuêr. Hujus longitudo stadiorum est quadraginta, latitudo laterum trecentorum, altitudo, ut* Ctesias *scribit, passuum quinquaginta. Turrium altitudo ad passus septuaginta elevatur. Est & tertius intimus circuitus, qui arcem continet, triginta stadiorum*

Pons Babylonius à *Semiramide* constructus, vel, ut alii, à *Nitocri*.

DESCRIPTIO PONTIS BABYLONICI.

Pontem hunc (secundum *Diodorum*) 2 stadiorum longitudine, & 30 pedum latitudine, G H, sic construxit *Semiramis*.

Non subjecerat arcus, sed columnas mira in profundum arte jactas, extruxit, lapides ut firmiùs inter se connecterentur, uncis ferreis distrinxit, & plumbo compages illiquato explevit. Columnis verò antequam latera fluvium exciperent, angulos (qui rotundum & paulatim usque ad columnæ latitudinem refractatum haberent aquarum decursum) præstruxit F C.

Columnæ erant duodenum pedum interstitio D E.

Hæ prægrandibus trabibus obtectæ erant, & iis superimpositi asseres transversi A.

diorum ambitu. Hujus ædificii altitudo latitudoque superat secundi muri opus. Inerant diversorum animalium figuræ in turribus & muris, colore quoque, ac formâ naturali. Erat insuper omnis generis animantium venatio, quorum magnitudo quatuor cubitos excedebat. In his Semiramis conspiciebatur ex equo pardalim jaculata, juxtaque eam vir Ninus jaculo leonem feriens. Erexerat & portas tres, superque eas varia ex ære posita ornamenta. Hæc regia excellentior ea, quæ ex altera sita erat fluvii parte, fuit, tum magnitudine, tum ornatu; illius enim muri ambitus triginta stadia ex cocto latere complectebatur, loco animalium æneæ statuæ erant Nini ac Semiramidis, præfectorumque, & Jovis insuper, quem Belum Babylonii vocant. Inerant & acies structæ, variæque venationes ad aspicientium voluptatem. In loco Babyloniæ humiliori lacum quadratum effodit, cujus singula latera ex latere cocto, asphaltoque ædificavit; stadia erant ducenta, profunditas pedum triginta quinque, ad quam flumine superinducto ab regia fossa utrimque aditum fecit. Ex utraque verò parte, ex cocto latere fornicibus constructis asphaltum superinduxit, ad quatuor cubi-

Vide in urbis topographia loci locum B C D.

TURRIS BABEL LIB. II. 57

Glyphon Reginæ Semiramidis cum Leone concertantis; referente Herodoto et Diodoro. Etesia extractum, juxta figuram in Ismendis Monumentis depictam.

cubitorum spissitudinem. Erant autem muri fossæ latitudine laterum viginti, altitudine supra fornices pedum duodecim. Septem diebus opere perfecto, flumen in priorem cursum restituit. Statuit autem ab utraque fossæ parte portas æneas, quæ usque ad Persarum regnum stetere.

H   CA-

CAPUT VI.

De Hortis Pensilibus, à Semiramide in Babylonico campo exstructis, qui & inter miracula mundi numerati fuêre.

Incredibilis animi magnitudo in Semiramide.

TAnta fuit in *Semiramide* animi fortitudo, tantus ambitiosi pectoris ardor, ut requiescere non posse videretur, donec gloriam *Nini* mariti sui, incredibilium gestorum memoria, si non superaret, saltem æquaret. Fuerat ea primùm auctor deditionis *Bactriæ* urbis, & consequenter totius *Bactrianorum* regni, de quo vide *Diodorum lib. I. cap. 3.* cujus animum, supra omnem muliebris conditionis sexum admiratus *Ninus*, eam in uxorem duxit. Sub hoc primævi mundi Imperatore *Nino*, *Semiramis* Imperatrix, sub fœmineo sexu masculum, Martiumque animum induens ea gessit, quæ non solùm fœmineam conditionem superaret, sed & tam ardua, tam sublimia verè ϖαράδοξα ϗ ἄπιϛα operata fuit, ut, si scriptorum veridicæ relationi fides habenda est, post se omnium gentilium mulierum, fortiumque heroïnarum famam multis parasangis reliquisse videatur. Sed cùm jam in præcedentibus de Turri octozonia, & civitate *Babyloniæ* ab ipsa erecta actum sit, jam restat, ut & *Hortos* ejus *pensiles* pari passu describamus.

Horti pensiles.

Sic itaque dicit Diodorus lib. III. cap. 4. *Erat & pensilis Hortus juxta arcem, non à* Semiramide*, sed à quodam Rege* Syro *postmodum in gratiam ejus factus.* Verùm quicquid hic *Diodorus* scribat, perperam dictum fuisse, omnes ferè veteres scriptores asserunt, cùm hoc unicum opus *Semiramidis* fuisse, credendum sit; cùm Rex ille *Syrus*, cujuscunque tandem nominis fuerit, in aula Reginæ præcipuus, quem uti illa insigni favore prosequebatur ita quoque condendorum hortorum pensilium curam dedit; hic ad animum *Semiramidis*, quem norat, rerum inauditarum, & insolentium amore tumidum, se accommodans, persuasisse videtur, ut ad delectationem propriam hortos omni florum, plantarum, arborumque genere confertos supra palatii sui tecta conderet. Qualis autem hujusmodi structura esset hisce verbis describit Diodorus. *Hujus Horti,* inquit, *singula latera jugeribus quatuor extenduntur. Aditus veluti in monte erat, ædificiis unum supra alterum extructis, ut in eo conspectus longè latèque pateret; testudines in solo positæ erant, quæ totius Horti pondus sustinerent, inde aliæ super alias excrescente semper magnitudine, ædificatæ; nam superiores, in quibus Horti murorum superficies continebatur, altitudine 50 cubitorum eminebant; earum latitudo pedum erat 12. muri pars magna impensa extructa, spissitudine erant pedum 22. solum hoc pacto constabat: erant positæ lapideæ trabes longitudine pedum 16 & 6 latitudine; super has pro pavimento stratæ arundines asphalto compactæ, desuper cocti lateres duplici ordine gypso structi; tertiò regulæ plumbeæ, nequa humiditas ad testudines manaret; aquarum insuper receptacula, quibus humor efflueret. In hoc pavimento congesta humus profunda, ut magnarum arborum radicibus satis esset, Hortum efficiebat; in eo proceræ omnis generis arbores aspectum jucundum reddebant; lumen quoque adeò testudines invicem præbebant, ut in eis regia diversoria haberentur; præterea aquæductus occultè fabricatus rigabat Hortum.* Hucusque *Diodorus*. Verùm cùm hæc descriptio obscurior sit, quàm ut ex ea vera fabricæ forma concipi possit, ejus hîc scenographiam oculis lectoris, juxta

Semiramidis Arcis descriptio

Regias domus ex utroque Pontis Regionis extensibus magnis intervallis, magnificentissimam Semiramis extruxit. Quae ad Occidentem sita erat, prout Diodorus Siculus recenset, erat latebat ambitu. Primis muros sex stadiorum ex coquo lateribus munientes, in cocto latere constructus erat. Turris 70 cuprum superadiectus, 30 stadia longus erat, in cedrinis pinis cupressis, quatuor quasi in cuilibet adhuc lateribus omnis generis animantis colorum arti- ficio ad vivitatis similitudinem expressa, continebat.

Cortina tandem muros, et binos arcus circumibat, horum 6. vinis 30. Stadia complexus tum longitudine, tum latitudine metij structuram supe- rabat. Superaltum. Ingrediens ponsus illic erat variorum globus adamantum, qui magnitudine 4. Cubitos exhibebat. Et inter hac Semiramis conspi- ciebatur ex equo Pardalim iaculans, et prope eam Ninus Leonis ferium Leonem. Caeterum interior Arcis structura ut a Diodoro et Hero- dotus fuit miseros illa plane Historicis subsistunt fuit.

Cap. VI. ta exactum verborum à *Diodoro* de ea traditorum tenorem, exhibendam censui.

Expositio singularum partium.

Totius Horti structura quadra in circuitu 46 jugerum longitudinem habebat, ita ut singula latera in quatuor jugerum spacium extenderentur. *Jugerum quid?* Quid igitur per jugerum hîc intelligatur, expendamus. Uti mensuræ rerum variis occasionibus inventæ sunt, ita quoque difficile est, iis certam & determinatam mensuram attribuere, ob mensurarum, quibus diversæ nationes utuntur, varietatem. Sacra scriptura dicit, jugera, media pars agri, quam par boum uno die arare potest, uti Hebræa lectio habet: בחצי מענה צמד שדה. *In medio jugero par boum agri;* cui *Plinius* subscribit. Verùm cum dies non horas æquales semper duodecim, sed pro diversa ratione solstitiorum climatumque, horarum quantitatem sortiantur, hinc quoque dubium exactè determinari non potest. *Hieronymus Mathematicus*, 200 pedibus contineri scribit; *Quintilianus* 200 pedibus in longitudinem, dimidium in latitudinem refert. Varro lib. 1. *Jugerum, inquit, est, quod quadratos duos actus habet ; actus quadratus, qui & latus 120 pedes & longus totidem.* Diodorus sanè hoc loco nequaquam ipsam quadratam horti superficiem, sed longitudinem tantùm unius jugeri sumpsisse, vel inde patet, quod ambitum horti in quadro positi, per quatuor jugerum, in quæ singula latera se extendebant, longitudinem intellexerit, quantum autem unum jugerum Babylonicum pedibus secundum unius lateris longitudinem constiterit, *Hieronymus Mathematicus* ducentis pedibus definit; cum itaque unum latus Horti quatuor jugerum longitudine constiterit, & 200 pedibus unum jugerum, fuerit haud dubiè unum latus 800 pedum, qui in passus reducti dabunt 160 passus: dant unum stadium; erit itaque Sect. II latus unum Horti 800 pedum, id est, 160 passuum, qui unum stadium, & insuper 35 passus conficiunt; hîc verò numerus pedum si quadretur, dabit sexcenta quadraginta millia pedum quadratorum, aream totius horti.

Intra hunc ambitum erant quatuor areæ 400 pedum longitudinis A B P X. P X L M. L M N O, & N O D I. Prima elevabatur à terra 12 cubitos, sive 36 palmos circiter; secunda P X L M alta 20 cubitos, sive 60 palmos; tertia L M N O 37 cubitos sive 3 palmos; quarta proxima *Euphrati*, 50 cubitos erat alta, id est, 180 palmos; atque in hac area, omnis generis plantæ, flores, arboresque in quincuncem dispositæ cernebantur, & amœnissimæ peridromides topiario opere, ad umbram capessendam instructæ. Non deerant hîc fontium salientium jucundissimi prospectus; aquæ verò per machinas hydraulicas ex *Euphrate* in altum, tum in fontium usum, tum ad Hortum irrigandum deducebantur. Atque tota *Structura* hæc structura sustinebatur fornicibus *12 arcubus* latericiis sibi lato interstitio, arctissi-*& arcis* mis strictissimisque vinculis secundum *stupenda.* arearum proportionem sibi cohærentibus, quorum quilibet arcus, sive fornix 12 habebat pedes diametri N O, fornices verò unus ab altero distabant 22 pedes, uti videre est in O P. In superioris Horti parte obstupescenda illa fabrica supponebatur, quæ per intextas sibi fornices ita adornabatur, ut cum esset in varia aularum receptacula distincta, singula tamen lumen uberrimum tum per portarum arcus, tum per fenestras, singula reciperent; & hoc pro rata altitudinis proportione eadem spectabantur in reliquis arearum, sive planorum, primi, secundi, & tertii substructionibus. Ne verò plana hæc cum tempore ex aëris injuriis damnum reciperent, illa magnis instrata fuere lapidibus, longitudinis 16 pedum,

TURRIS BABEL LIB. II.

Descriptio Hortorum Semiramidis, *qui penſiles dicti ſunt.*

In uno latere civitatis erant horti ſuſpenſi, fere conjuncti fluvio Euphrati, qui inter ſeptem miracula Mundi numerabantur. Situs eorum erat figuræ quadratæ, quadringentorum pedum, per quemlibet angulum, quibus correſponderent ſecundus & tertius. AB. AC.
Atus erant quatuor Atria vel Areæ, 400 pedum longitudinis, & 100 latitudinis, ita ut una ſupra aliam emineret. EFGH.
Prima elevabatur à terra 12 cubitos cum dimidio E.
Secunda, viginti cubitos. F.
Tertia, triginta ſeptem cubitos cum dimidio. G.
Quarta proxima *Euphrati*, quinquaginta cubitos. Illic extrahebatur aqua ab *Euphrate* certis quibuſdam machinis, ad irrigandos hortos. H.
Tota hæc ſtructura ſuſtinebatur fornicibus latericiis, ſibi cohærentibus lato interſtitio ſecundum proportionem arearum, quorum quilibet habebat 12 pedes diametri. NO.

Diſtabat itaque unus ab altero fornix pedes 22. O.P.
Et hoc quidem tam pro firmatione intermedia, quam pro commoditate manſiuncularum quarundam ibi exſtructarum.
Superiora harum tabernarum primo erant inſtrata magnis lapidibus, longitudinis 16 pedum, & 4 latitudinis ut in prima area videre eſt E.
Secundo, totum illud erat coopertum magnis arundinibus, ut in ſecunda area obſervatur. F.
Tertio, omnes illæ arundines erant obtectæ magnis laminis plumbeis, quæ defenderent fornices ab humiditate terræ. G.
Quarto tandem, erat ſuper omnia hæc optima terra, exculta exquiſitis floribus & plantis. H.
Gradus à *Diodoro* non referuntur, ſed ex Architecturæ regulis à nobis ita ſunt concinnati, & literis I K L M. deſignati.
Feneſtræ literâ R notatæ, tot erant aperturæ, per quas in ſingulas areas viſere dabatur.

H 3

*Cap.*VI. pedum, & quatuor latitudinis; quæ primò arundinibus, deinde magnis laminis plumbeis integebantur, ne humiditate terræ damnum paterentur, & plana, & substructiones; quæ deinde per canales oblongos, & plumbeos ad extra evolveretur.

Hortorum deliciæ arborumque insertio in supremo domûs tecto.

In superiori verò plano, dictâ jam arte cooperto, optima, & feracissima terra aggerebatur, tantæ altitudinis, ut & arbores radices suas commodè & sine impedimento distendere possent.

Strabonis mira descriptio.

Strabo hujusmodi Hortos describit hoc pacto: *Cùm viderent artifices, arbores, quas supra ultimum planum plantare volebant, sufficientem terram habere non posse, omnes substructionum columnas, quos ipse talos vocat, intùs datâ operâ vacuas reliquisse, terrestrique glebâ replevisse, eo fine, ut arborum supra plantatarum radices hisce columnis ad quadrati prismatis formam constructis, sese paulatim insinuatæ, firmam consistentiam consequerentur.* Addit *Diodorus* ad irrigandum Hortum, aquam ex *Euphrate* flumine, per occultos canales derivatam fuisse, quod quidem artificium aliud esse non potuit, nisi illud, quo per antlias rotæ beneficio, aquam in turris appositæ altitudinem elevarent, & hinc per syphones in varios usus eandem distribuerent. Vide figuram.

Porrò primum planum infimum ita constitutum erat, ut per scalas ascensus daretur ad secundum, & hinc aliæ scalæ ad tertium, & tandem ad supremum, tametsi verò harum scalarum nulla apud *Diodorum* mentio fiat, hâc tamen industriâ scalas constitutas, vel ipsius architectonicæ regulæ nobis, fieri debuisse dictant. Fenestræ literâ R. notatæ, tot erant aperturæ, per quas ad singulas areas prospectus concederetur. Atque hæc est sumptuosa illa Hortorum pensilium structura, quam non exiguo studio ex *Diodori* descriptione, in hac præsenti delineatione, oculis curiosi lectoris exponendam rati sumus. Has auctorum veterum lectiones, cum singulari adhibito studio paulò exactiùs ponderâssem inveni multa veritati non consentanea neque concipi posse totius structuræ symmetriam, nisi alio modo disponeretur moles tanta camerarum, arcuum, peridromidum, aularum, hortorum, fontiumque varietate, ad omnes opticarum projectionum leges expressa oculis exponeretur curiosi lectoris, quod in hac præsenti schemate præstitimus in quo præter projectionem opticam, eadem ferè hic spectantur, quæ in præcedenti schemate.

Sect. I.

Non destitit hîc in *Semiramide* magnæ mentis ambitiosa gloria; siquidem præter alias urbes, quas ad nobiliora *Asiæ* flumina, veluti emporia quædam ad mercaturam exercendam condidit. Præterea ex *Armeniæ* montibus, inquit *Diodorus*, lapidem exscindi jussit, longitudine 150 pedum, latitudine verò spissitudineque 24. hunc magnâ curruum multitudine ad flumen delatum, navique impositum, *Babylonem* detulit, inque plateâ insigniori erexit. Res mirabilis spectantibus, quem à forma obeliscum vocant; inter septem miracula mundi annumeratur, fuitque hic primus in orbe obeliscus, qui & postmodum *Ægyptiorum* Regibus, *Chusi* filiis, erigendorum obeliscorum originem dedit, de quibus vide *Obeliscum Pamphilium*, & *Tomum* IV *Oedipi*, & in sequentibus. Longitudo hujus lapidis ex uno saxo in obeliscum efformati, fuit, uti ex *Diodoro* paulò antè allegato constat, 150 pedum, 24 latitudinis, qui in palmos resoluti dant altitudinem 225 palmorum, latitudinem 36 palmorum; quæ quidem vasta moles multis parasangis superat omnes obeliscos, qui unquam in *Ægypto*, & postea *Romam* translati, erectique fuerunt. Certè obeliscus Thebanus, quem hodie ante ecclesiam Sancti *Joannis* Lateranensis erectum videmus, omnium

Obeliscus à Semiramide in Babylone erectus omnium unquam facti sunt maximus.

VI. mnium eorum, qui judicio *Plinii*, in Ægypto inventi sunt, maximus fuit, quem & *Cambyses*, cùm omnia Ægyptiorum monumenta igne, ferroque consumpsisset, hunc solum molis reverentiâ motus, intactum reliquit. Sed jam unum cum altero comparemus. Habet Lateranensis obeliscus 148 palmos, à basi usque ad ultimum pyramidii apicem; Semiramæus verò 225 palmos; quæ ab invicem subducta relinquunt 77 palmis longiorem Lateranensi; habet præterea Lateranensis obeliscus unum latus basis 14 palmorum, Semiramæus verò 36. quæ dempta ab invicem, dabit latus basis 22 palmis latius obelisco Lateranensi; unde immensam molem esse debuisse, quis non videt? quomodo verò, aut qua ratione, quibus machinis per terram à loco montis, ex quo excisus fuerat, ad *Euphratis* flumen, ad plurima milliaria deductus fuerit, quis novit? & tametsi *Diodorus* curribus ductum fuisse dicat; ego certè experientiâ, in translatione obelisci *Pamphilii* ex Hippodromo *Caracallæ* in forum Agonale devecti doctus, id curribus minimè fieri potuisse crediderim, sed magnâ ingentium scytalarum agilium moli suppositarum agitatione ad flumen promotum existimem; navibus deinde in *Babylonem* per flumen translatum fuisse ait, ubi fides iterùm vacillare videtur; quæ enim navis tantæ moli sustinendæ, quantumvis ventricosa, sufficiens fuisset. Dico itaque, neque fluminis profunditatem, neque navis capacitatem tantæ moli portandæ proportionatam dari potuisse. Accedunt scopuli fluminis latentes, & fundi inæqualitas, quibus ingens navis pondus prævalens vel subsedisset, vel nimio pondere rupta fuisset: verisimile itaque est, craticulata ingentium arborum contabulatione, quas crates vocant, more Ægyptiis solito in *Babylonem* devectum fuisse. Quibus demùm machinis tam in-auditam unius saxi molem erexerint, lectori Staticæ non imperito expendendum relinquo; ut proinde vel ex hisce recitatis architectonicæ artis speciminibus, à *Babyloniis* artificibus, exhibitis, luculenter pateat, eos omnium artium ad fabricandum necessariarum, videlicet Staticæ, Hydraulicæ, Opticæ, Metallariæ, Sculptoriæ, & Plasticæ perfectam, sine quibus nihil dictorum monumentorum confici poterat, notitiam habuisse, adeoque cum Ægyptii cum *Babyloniis* de mirabilium operum exhibitione, concertasse videantur; vide, quæ de hisce & similibus in III *Tomo Oedipi*, de Mechanica Ægyptiorum, amplissimè egimus.

Reliqua verò gesta *Semiramidis* prosequitur *Diodorus* lib. citato, cap. 4. & 5. ubi tradit, eandem magnam Libyæ Æthiopiæque partem, in suam ditionem redegisse, ac bellum *Indis* illatum vario eventu gessisse, & ubi necessitas exigebat, ausu inaudito montes complanasse, & valles implevisse, *Sabellicus* ex *Ctesia* refert. Quod & breviter tangit *Justinus* loco citato, ubi plura de mirabili Reginæ hujus virtute, ac prudentiâ paucis perstringit; atque illud imprimis, quod statim ac orbata marito est; illa impubere adhuc immaturoque ad bellum filio, ipsa molem belli sustinendam censuit donec, tandem rebus præclarè gestis, se ostendit talem, quæ etiam viros virtute anteiret, & cui propterea nemo parere detrectaret.

Anno itaque mundi 2090, postremo dictæ *Semiramidis* anno desinente, nimirum sub finem anni 42 vitæ *Saræ* uxoris *Abrahæ*, necesse est, defunctam esse *Semiramidem Assyriorum* Reginam, siquidem ipsa (teste *Eusebio in Chronicis*) regnavit post virum suum annis quadraginta duobus; quod & tradunt *Diodorus rerum antiquarum lib. 3. in calce capitis quinti*; & ex *Trogo Pompejo Justinus circa initia lib. 1. sub anno mundi 2049*.
quo

Cap. VI. quo Chronologi dicunt, eandem regnare cœpisse, eodem nimirum anno, quo nata est *Sara*, à quo ad hunc annum *in chronologismo nostro* invenies prædictos duos & quadraginta annos.

Mors Semiramidis infamis. Hæc Regina quæ de cætero, propter rerum gestarum gloriam celeberrima, virtute plusquàm virili, dotata, infelicem tamen, ac fœdum, indecorumque exitum habuisse scribit *Justinus*, supra citato loco, dicens, eam à *Nino* minore, proprio ejus filio fuisse trucidatam, quod licet vetula (erat enim duos & sexaginta annos nata, ut tradit ex *Ctesia* *Diodorus loco citato*) insanâ ardens libidine, incestuosum ejus concubitum expetivisset. Et hoc, tanquam magis receptum, referunt etiam B. *Augustinus de civit.* DEI, *lib.* 18. *sub finem capitis* 2, & *Genebrardus lib.* I. *suæ Chronologiæ*, aliique auctores. Tametsi *Diodorus* suprà relatus de obitu ejus agens dicat, *quod ipsa detectis, quas ei Ninus per eunuchum paraverat, insidiis, omnique injuriâ juxta Ammonis responsum, remissâ, cum omnibus, filio, ut regi parerent, præfectis mandasset, è vestigio evanuit, ad deos, juxta Oraculi responsum, ut creditum est, translata.* Sic *Diodorus*; qui his postea quædam fabulosa subjungit, quibus etiam prioribus fidem abrogâsse videtur.

Ninyas Rex Babylonius filius Nini. Anno postea proximo circiter inchoante, prædictæ Reginæ successit *Zameis*, qui & *Ninias*, sive *Ninus* minor, majoris *Nini* ac *Semiramidis* filius, tertius *Assyriorum* Rex, ut scriptum reliquerunt *Eusebius in Chronicis* & historici proximè allegati, *Justinus* & *Diodorus*; quorum postremus *lib.* III. *cap.* 6. hujus Regis vitam, moresque, & gubernandi rationem, longè diversam ab ea, quam hactenus majores sui tenuerant, initam, breviter describit, additque eundem à posteris quoque suis usque ad *Sardanapalum* fuisse æmulatam; & idem ferè paucis perstringit loco citato *Justinus*, de hoc eodem *Nino* minore dicens: Ninias *elaborato à parentibus imperio contentus, belli studia deposuit, & veluti sexum cum matre mutâsset, rarò à viris visus in fœminarum cœtu consenuit. Posteri quoque ejus exempla secuti, responsa gentibus per internuncios dabant.* Sic ille.

CAPUT VII.

De stupendis fabricarum miraculis, quæ fratres Nembrod, Misraim *ejusque nepotes, ex eâdem familia* Chus *in* Ægypto, *ad* Babyloniorum *imitationem, æmulationemque exhibebant.*

C. VII. EXistentibus post divisionem linguarum *Chus*, ejusque filiis, *Misraim*, *Nembrod*, eorumque nepotibus simul in *Babylonia*, *Nembrod* cùm potens viribus, sive per sortem, sive per tyrannidem, imperio Babylonico potitus esset, fratres ejus, & filii admirati animi magnitudinem, & in extruenda immensæ molis *Turri*, peritiam, *Nini* quoque in Regnis conquirendis gloriam, civitatisque, quam in *Assyria* fundaverat, incomparabilem vastitatem, successu quoque temporis, superbæ quoque, & prodigiosæ penè magnificentiæ monumenta in *Babylonia* à *Semiramide* uxore *Nini* erecta, ambitionis œstro perculsi, ut & ipsi magnitudine portentosarum fabricarum, nomen sibi immortale compararent; statim, postquam in *Ægyptum* sorte ipsis collatam Coloniam pervenissent, ea mox attentarunt, quibus *Babylonios* cognatos si non æquarent, saltem iis non cederent; unde ante omnia, exemplo

TURRIS BABEL LIB. II.

VII. plo *Semiramidis*, quam cum Mausoleum, five pyramidem inusitatæ magnitudinis, supra descriptam ad æternam mariti sui memoriam in *Babylonia* extruxisse, obeliscum quoque, quo major in orbe à posteris visus non est, in præcipua *Babyloniæ* platea, cum incredibili omnium spectantium admiratione erexisse cognoscent. Hisce magnis moliminibus, quæ præsentes adhuc viderant, vel aliorum relatione intellexerant, impulsi, & ipsi pyramidibus, & obeliscis totam *Ægyptum* repleverunt, præterea simulacris, fanis, labyrinthis, fabricisque fide humana superioribus, ea præstiterunt, quæ nulla unquam humana potentia adæquare valuit. Verùm quænam illa fuerint, quamvis *in III Tomo Oedipi* quam amplissimè descripserimus, hîc tamen eorum nonnulla iterato paucis exponenda duxi. Quod antequam fiat, cur sola ex tribus filiis *Cham*, *Sem* & *Japheth*, *Chami* progenies, tametsi à DEO maledictionibus subjecta, tam stupenda tamen successu temporis opera peregerit? *Japhethi* verò stirpem DEO devotam, nil horum præstitisse reperiamus? Pari pacto cur ante diluvium, neminem ex Patriarchis, aliquod singulare monumentum post se reliquisse legimus, nisi *Cainum* à DEO pariter maledictum; quem tamen omnium primum, vastissimam urbem, civitatem inquam gigantum, quam sacer textus *Enochiam* vocat, ædificasse, ex *Genesi Sect. II.* notum est. Cujus rei causa uti ab occultis DEI judiciis dependet, ita nefas foret, eam humani intellectus angustiis comprehendere; hoc solùm dicere possumus, *Semum* & *Japhethum*, uti à DEO electi erant, ita quoque omnibus aliis spretis, in hoc unicum continuò pii parentis sollicitatione incubuisse, ut per filios nepotesque novis semper, novisque fundatis coloniis, orbem terræ, habitatoribus, unà cum divini cultus propagatione complerent: *Chamæa* verò familia, à sancta stirpe divisa, & idololatriæ dedita, nil non intendebat, quàm ut per inauditas invisasque fabricarum insanas structuras, operumque magnitudinem divinos sibi apud posteros, honores compararent, & proinde temporali hac felicitatis gloria cum æterna morte commutarent. Verùm cùm hæc omnia quàm amplissimè tradita sint in *nostro Oedipo Ægyptiaco*, lectorem ad eum remittimus. Restat solùm, ut hîc nonnulla mirabilium operum exhibitione, fabricarum portento adducamus, ex quibus lector colliget, omnium quæ mundum posterum in admirationem traxerunt, gestorum granditatem à sola *Chami* progenie, cui tum Babylonica terra, tum *Ægyptus* in sortem acciderat, peractam fuisse. Sed jam ad rhombum. De Pyramidibus incipiamus.

I SECTIO

SECTIO III.

De prodigiosis fabricis Ægypti, quas Chusia progenies ad imitationem cognatorum Nembrod, Nini & Semiramidis in regnis Babyloniæ & Assyriæ stupente mundo in Ægypto erexerunt.

PRÆFATIO.

Quamvis in tertio tomo OEdipi *de hisce syntagmate de Mechanica Ægyptiorum quàm uberrimè disseruerimus: hoc tamen loco valde opportunè ex iis non nihil repetendum censui. Sed ad rem.*

CAPUT I.

Pyramides & obelisci in Ægypto erecti.

Magnificentia & splendor pyramidum.

Quanta fuerit pyramidum in Ægypto à Regibus erectarum magnificentia, splendor, & granditas, ex hoc inter cætera colligitur, quod unanimi scriptorum consensu, vel tunc etiam, quando Romanorum fastus omnia mundi loca conculcabat, inter orbis miracula fuerunt connumeratæ. Et tametsi variis Ægypti locis insolentes hujusmodi turrium moles conspiciebantur fundatæ: Memphiticæ tamen inter cæteras potissimum admirationis argumentum ac veluti mundi miraculum fuerunt. Herodotus, qui, teste *Plinio* citra annum 300 ab urbe condita vixit, hæc cumprimis testatus in Euterpe, *Verum*, inquit, *in pyramide hac annos 20 absumptos, cujus singulæ frontes saxis dolatis, decentissimèque coagmentatis, quorum nullum minus 30 pedum: fuit autem exstructa hæc pyramis in speciem graduum, quas quidam scalas, quidam arulas vocant.* Diodorus 400 annis *Herodoto* posterior, & ipse oculatus earundem inspector, hoc pacto illas describit. *Octavus denique Rex* Chemmis (Herodoto *Cheobus*) *Memphis annos regnavit 50, ædificavitque trium pyra-*

Herodotus in Euterpe.

Diodorus. Pyramis omnium maxima describitur.

midum maximam, inter septem præclarissima opera numeratam. Hæc versus Libyam *spectant, longè à* Memphi *stadiis 120, à* Nilo *autem 45, quæ & artificio, & operis magnitudine mirabilem stuporem intuentibus præberent. Earum maxima quatuor est laterum, quorum quodlibet ab inferiori parte jugera septem continet, altitudo amplius, quàm sex jugera tollit; latitudo quali debet, deducta paulatim usque ad verticem altitudine, continet cubitos 1565. Ex lapide duro, difficilique ad tractandum, sed æternum permansuro structura omnis constat. Nam fermè mille annis, ut ajunt quidam, ut alii tradunt, amplius tribus millibus & quadringentis ad nos usque ea moles integra permansit. Ferunt eos lapides ex* Arabia *longo admodum itinere advectos. Aggeribus autem fabricata est, nondum eo tempore inventis machinis. Opus certè mirabile, præsertim in terra undique arenosa, ubi nulla neque aggeris, neque cæsi lapidis sunt vestigia, ut non ab hominibus, sed à Diis tanta moles structa videatur. Conantur* Ægyptii *mira quædam de his fabulari ex sale & nitro eos factos esse aggeres, posteaque* Nili *incremento liquefactos, absque hominum labore penitus defecisse. Verum id pro-*

Cubitus unus trium palmorum.

Aggeribus constipatis erecta fuit.

cul

Cap. I. cul abest à vero; nam & multitudine hominum agger est constructus, & multitudine deletus est. Nam 360000 hominum, ut ajunt, ad id opus deputata sunt, quod 20 fermè annis absolverunt. Deinde describit secundam Pyramidem à Rege *Chabreo* erectam structurâ priori similem, magnitudine imparem, utpote latis lateribus singulis stadium tantum comprehendentibus: pecuniam omnem in opus prioris impensam, in olera tantum & herbas, mille & sexcentorum talentorum sumptus excessisse dicantur. Tertiam Pyramidem *Myzerinus* Rex erexit, sed morte præventus opus absolvere non potuit, adeoque magis architectorum summum ingenium, quàm otiosam pecuniæ ostensionem Regum admirari liceat. Meminit & harum molium Strabo *Diodoro* ferè Synchronus lib. XVII. *Quadraginta*, inquit, *stadiis ab urbe (Memphi) montanum quoddam est supercilium, in quo stant pyramides multæ. Earum tres memorabiles sunt; duæ inter septem orbis miracula adnumerantur; singulæ altitudine stadii, figurâ quadratâ, altitudinem habentes paulò majorem quolibet latere & mole se paululum excedentes. Et paulo post. Ulterius in montis altitudine majori tertia est, multò primis duabus minor; majori tamen impensâ structa, nam ab ipsis ferè fundamentis usque post medium constat nigro ex lapide, ex quo mortaria faciunt, ab extremis Æthiopiæ montibus delato, qui cùm & durus sit, & operatu difficilis, reddit opus sumptuosius.* Rhodopis meretricis, sive Dorichæ Sepultura. Plinius deinde singula exactius trutinans, hæc inter alia profert lib. xxxv. c. 12. *Dicantur obiter & pyramides in eadem Ægypto, Regum pecuniæ otiosa & stulta ostentatio, quippe cùm faciendi eas causa à plerisque tradatur, ne pecuniam successoribus, aut æmulis insidiantibus præberent, aut ne plebs esset otiosa. Multa circa hoc vanitas illorum hominum fuit, vestigiaque complurium inchoatarum extant. Una est in Arsinoïte*

Templa insumptum in ejus erectione.
2 pyramis.

3 pyramis.

Strabo. l. 17.

Plinius.

Nomo, *duo in Memphite non procul Labyrintho, de quo & ipso dicemus. Totidem ubi fuit Mœridis lacus, hoc est fossa grandis. Sed Ægyptus inter mira & memoranda narrat harum cacumina extrema, quæ eminere dicuntur. Reliquæ tres, quæ orbem terrarum famâ implevêre, sanè conspicuæ undique adnavigantibus, sitæ sunt in parte Africæ, monte saxeo sterilique, inter* Memphin *oppidum, & quod appellari diximus* Delta, *à Nilo minus quatuor millia passuum, à Memphi sex, vico apposito, quem* Busirin *vocant, à quo sunt assueti scandere illas. Et paulò post: Sed pyramis amplissima ex Arabicis Lapidicinis constat, 360000 hominum annis 20 eam construxisse produntur. Et infra: amplissima octo jugera obtinet soli quatuor angulorum paribus intervallis per octingentos octoginta tres pedes singulorum laterum, altitudo à cacumine pedes 25. Hæc Plinius.* Et tametsi citati auctores quoad situm conveniant, vix tamen est, qui cum altero in mensura concordet, quod factum crediderim ob diversam mensurarum diversis nationibus usitatarum rationem.

Hisce Neoterici accesserunt pyramidum mensores, quos inter Petrus Bellonius meritò primum locum obtinet, qui data opera ad pyramides mensurandas in Ægyptum concessit, sic autem dicit. *Pyramides verò Ægypti adeò à veteribus celebratæ edito loco sunt, quæ procul 40 millium passuum apparere incipiunt. Hos Ægyptii B*[...]*ones nuncupant. Quæ quidem magis admirandæ videntur propè inspicientibus, quàm ab auctoribus descriptæ sint: nam videntur esse montes immensæ magnitudinis, unde Romanorum fabricæ, & antiqua opera nihil accedunt ad harum pyramidum splendorem & magnificentiam. Positæ autem sunt in loco valde deserto, seu solitudine, quatuor milliaribus à* Cairo *distante ultra* Nilum *tertio lapidis jactu, & earum amplissima reliquas etiam præstantia superat, quam omnes antiqui scriptores aspectu mirabi-*

Petrus Bellonius

TURRIS BABEL LIB. II.

p. I. rabilem esse scripserunt. Exstructa est gradibus foris prominentibus, atque 324 passus in singula latera habet; à basi usque ad cacumen continet 250 gradus, quorum singuli altitudinem habent quinque solearum calcei, novem pollicum longitudinis, adeoque vastæ est latitudinis hæc moles, ut peritissimus atque validissimus sagittarius in ejus fastigio existens, atque sagittam in aërem emittens, tam valide eam ejaculari non possit, ut extra molis basin, sed in ipsos gradus semper cadat. Fastigium ejus in planitiem desinit 2 passus in diametro patentem, in qua 50 homines consistere queunt. Aliæ etiam duæ Pyramides sunt immensæ magnitudinis, sed longè minores primâ, & harum trium minima, tertiâ sui parte major est eâ, quæ apud testaceum montem est Romæ. Præter has tres plurimæ aliæ minores hinc inde per arenosum illud solum sparsæ sunt, plusquam centum, quarum nè unica adeo vitiata spectatur, uti Romana. Hæc Bellonius. Quæ ferè congruunt relationi factæ *Marci Grimani* antistitis Aquileiensis, & posteà Cardinalis : hic enim uti antiquitatum perstudiosus, ita ipsemet, dum in Ægypto, negotiorum causâ *Venetorum* ageret, eam mensus est, eamque conscendit, & ad interiora penetravit. *Pyramidis*, inquit, *hujus commensus justis passuum intervallis, quorum magnitudo trium palmorum antiquorum modulos aliquantulum excessisse putatur. Singula quadratæ basis latera passus 270 circiter complectuntur; universaque pyramis ex redivivo, & præduro lapide constat; ejusque præcinctiones in satis convenientem longitudinem extenduntur, itaque toto opere aptantur ac disponuntur, ut ad summum verticem usque, etsi quàm maximè difficilem, incommodumque præstent ascensum; singulæ enim tripalmarem, ac semis circiter altitudinem habent, nec tantum utique prominentis planitiei nactæ fuerint, ut scandentium vestigia iis commode tutoque inniti possint. A basi autem usque ad verticem 200 circiter ac 10 præcinctiones habentur,* singulæque eandem prorsus altitudinem obtinent, adeò ut structuræ totius altitudo basis suppositæ latitudini æqualis omnino videatur. Præ omnibus tamen maximè & exactissimè illas observasse reperio Principem Radzivilium in peregrinationis suæ historiâ fol. 161. Verba ejus quantumvis longiora, adducenda tamen duxi, ut sigillatim omnia elucescant: *Summo mane*, inquit, *unâ ante diem horâ ex hospitio egressi ad civitatem veterem venimus, quæ à nova, quartâ milliaris parte, inter hortos semper eundo, distat; duabus verò horis post exortum solis trajecto Nilo, quintâ milliaris parte peractâ, rectà ad pyramides pervenimus, de quibus quoniam ab auctoribus multa produntur; ego quæ ipsemet coram vidi, breviter annotabo. Constat omnium testimonio, Memphim civitatem sacris & prophanis literis celebratam, olim hic fuisse, nunc præter exiguas quasdam versus meridiem ruinas, ejus nulla apparent vestigia, steriles arenæ omnia cooperiunt, pyramides tamen 17 adhuc integræ conspiciuntur, quarum duæ sunt majores, & tertia à* Rhodope *meretrice constructa, est inprimis elegans, vix tamen 60 aut 70 cubitorum habet altitudinem. Hæ tres pyramides sunt planè integræ, & inter miracula mundi commemorantur. Duæ majores stupenda & incredibili sunt magnitudine; 300 habere cubitos dicitur. Intrinsecus habet artificiosos & peramplos gradus, quibus æquè ac extrinsecus ad ipsam usque summitatem ascenditur, habet & concamerationes, quarum duæ majores, una suprà alteram erectæ, quæ sepulchra* Regum Ægypti *continebant; in inferiori extat etiam hodiè sepulchrum satis magnum, in quo corpus aliquod fuit repositum. Porrò à quibus Regibus quanto sumptu, quove modo vel artificio, & num à* Judæis *in Ægyptiacâ servitute constitutis, (quod omnibus ferè auctoribus placet) pyramidum hæ moles fuerint excitatæ, vel num iidem* Hebræi *aggeres & fossas, quibus* Nilus *deducitur (apparent enim non naturâ, sed arte factæ esse omnia) perfecerint, historicis judicandum relinquo.*

Illud

Cap. I.　　Illud mirari magnopere convenit, cùm dictæ pyramides in sublimi monte, qui totus è vivo saxo constat, sint erectæ, quantum tamen è lapidum genere colligitur, apparet eas non ex ejusdem rupis lapidibus esse concinnatas, nec facilè pervestigari potest, unde aut qua ratione tanta lapidum congeries eò comportari potuerit, quandoquidem etiam Nilus exundans tribus milliaris partibus à fabrica remotus procurrit. Sed nec aliud penetrari potest, cùm quilibet lapis tres cubitos longus & latus, altus verò plùs quàm uno sit & semis, quo labore & artificio in tam altum montem protrahi, & in summitate collocari potuerit. Maxima omnium pyramis ex lapidibus ejusmodi sectis, & quadratis in formam montis cujusdam naturalis, singulari quodam artificio est fabricata, & licet quadrangulari figura, ab ima parte sensim in cacumen consurgat, tamen lapides isti quadrati ita inæquali ordine compositi arte mirabili videntur, ut moles tota montis à natura formati speciem repræsentet. Ascensus propter lapidum crassitiem gravis ac laboriosus, securus tamen est, & licet passu convenienti usus fuerim, vix tamen intra unam & dimidiam horam pyramidis summitatem ascendi, ubi planities est quadrata, spacium decem cubitorum in qualibet parte complectens.

Stupenda saxorum magnitudo.

Secunda pyramis paulò priore minor, ad geminum sagittæ jactum ab illa distat, ingressus interior ad illam non patet, quem tamen occultum esse volunt. Exterius ad medium usque potest ad illam conscendi, cùm ad eundem modum, ut prior illa, lapides habeat compositos, nisi quod paulò planiores & minores sint. A medio verò lapides ita complanati sursum ascendunt, ut ultra progredi sit impossibile, quod eo maximè consilio factum apparet; inde verò tertia ejusdem pyramidis pars, usque ad summitatem lapides habet quasi neglectim & inordinatè collocatos, ut in parte inferiori, ita ut nisi series illa saxorum plana, quæ ad aliquot denos cubitos elevatur, impediret, conscendi ejus summitas, quemadmodum prioris, facilè posset.

Secunda pyramidis descriptio.

Tertia pyramis ad latus secundæ versus civitatem, est Rhodopes illius, cujus jam meminimus, tota ex lapide dolato, ut conscendi non possit, fabricata, à qua ad ternum arcûs jactum etiam versus civitatem, est caput collo & brachiis prominens ejusdem meretricis septem cubitorum altitudine, habitu mirabili, ex uno vivoque saxo exsculptum. Volunt nonnulli, quod ex illa majori pyramide, quam ingressi sumus, per cavernam subterraneam in rupe excisam, quam lapidibus obrutam vidimus, angustus & occultus in caput hoc patebat aditus, atque inde oracula edita, vulgo gentilium existimante per ipsum capitis os illa proferri. Hactenus *Radzivilius*, qui quidem adeò exactè omnia descripsit, ut nihil eidem addi, aut demi posse videatur.

Sect. III. Tertia pyramidis descriptio.

Statua Rhodopes, oraculum.

Inter cæteros easdem pyramides mira industria & curiositate anno 1616 lustravit illustrissimus vir *Petrus à Valle*, omnia & singula examinando, & cum auctoribus comparando, exactè & minutim observavit, à quo & oretenus (erat enim, dum in vivis esset, inter paucos amicus sanè singularis) accepi, quæ & postea in Itinerario suo, quod hoc anno 1654 primum prodiit, omnia exactiùs descripsit.

Petrus à Valle.

Arabes paulò in earundem descriptione differunt. Sed ne quidquam intermisisse videamur earum rerum, quæ ad pyramides spectant, hîc eorum relationes adducam. Ita autem eas descripsit *Joseph Ben Altiphasi in libro de historia Ægypti*, cuj consonant ea, quæ Ben Salamas in libro, qui Hortus Mirabilium Mundi nominatur, tradit.

Pyramides quæ sunt in Ægypto, sunt maximæ, duæ potissimum quæ sunt in fossa, quæ est Mesræ antiquæ ad occidentalem partem Nili. Dicitur quod eas ædificaverit Schur filius Schahaluak, filii Schariak ante diluvium, & dicitur quod Hermes Trismegistus ob sapientiam suam,

Arabum de Pyramidibus relatio.

TURRIS BABEL LIB. I. 71

I. *suam, qui & hebraicè dicitur* Henoch, *& est* Adris, *super eum pax, cùm sciret futurum diluvium, ædificavit eam, & reposuit in ea omnia sua bona, & libros & quidquid habebat pretiosi. Est autem omnis pyramis quadrata, & politæ figuræ, si elevationem perpendicularem spectes,* 317 *cubitorum, circumdatur quatuor superficiebus æqualibus laterum, unumquodque latus* 460 *cubitorum. Est autem eo artificio ab ingeniosis architectis structa, ut nihil in ea alterationi obnoxium sit, sive enim venti vehementes irruant, sive terræ motus concutiant, nil tamen de ea aufertur unquam. Saxa singula, ex quibus constat, quinque cubitorum longa, alta duorum. Dicitur habere portas supra canales occultos subterraneas, singuli canales longi* 20 *cubitorum, & portas ex lapidibus habent, & canalis orientalis respicit meridiem, & canalis occidentalis occidentem, per singulos aditus patet in septem domos, singulæ domus septem planetarum nominibus insignitæ sunt, intrinsecus ad invicem dispositæ omnes. In singulis domibus idolum ex auro, quorum unum manum ori applicatam tenet, & librum in fronte. Si quis appropinquaverit ei, aperit os suum, & inventa est in ore ejus clavis catenà alligata. Porrò pyramis orientalis, sepultus est in ea* Sehurid Rex. *Pyramis occidentalis, in ea sepultus est frater ejus* Hugith. *Pyramis* Elmalum *in qua sepultus est* Aphrus *filius* Hugith. *Sabæi recitant, quod in una harum sepultus sit* Agathemon, *qui est* Seth, *& in altera* Hermes, *& Elmalum, & Szab filius Hermis.* Hæc ex Rabbi Abraham relatione, de qua uti nihil nobis neque ex prophanis nec ex sacris literis constat, ita quoque eam solitis eorundem fabulosis narrationibus adscribendam censeo. Vide quæ de hisce amplius egimus *Tom.* 1. *Oedipi.*

Atque ex hisce fusius forsan, quam Sect. III. par erat, demonstratis clarè patet mirificum architecti ingenium, tum in structura mirifica adornanda, tum in lapidibus tam vastis singulos suis locis admovendis. Res enim sine machinis, summa industria & prorsus Archimedeà constructis nequaquam confici poterat. At quibus tractoriis machinis usum esse putabimus, in lapidibus ex *Arabiæ* montibus tanta intercapedine dissitis, per tam invia & impedita itinera in locum statutum advehendis? Quis hodierno tempore architectum reperiat, cui ad simile quid attentandum animus sufficiat? Est enim lapidibus, quorum singuli, longitudinis 30 pedum, teste *Herodoto,* ita coagmentata, ut sine ulla divisione lapidum in hunc usque diem integra perseveret; in circuitu 3532 pedum, cujus singula latera tantum ferè spatii occupant, quantum longitudo fori agonalis *Romæ,* ut proinde fabrica hæc omnes sumptuosas *Romanorum* fabricas, uti sunt thermæ, amphitheatra, &c. multis parasangis sive magnitudinem, sive expensarum exorbitantiam, sive denique magnificentiam & ingenium spectes, superârit.

Nemo posterorum architectorum creditur ad tam stupenda opera pertigisse.

Hæc dum scribo, *Titus Livius Buratinus,* architectus insignis, qui datâ operâ in Ægyptum profectus est, ut omnia antiquitatum monumenta summâ diligentiâ inquireret, inquisita delinearet, & sic posteritati thesaurum concrederet, mihi inter multa alia, hujus quoque pyramidis delineationem transmisit, unà cum deserti in quo reperitur, & cryptæ subterraneæ, in quam aditus ad mumias patet, ichnographia, quam hîc unà cum literis ad me datis apponendam duxi.

CA-

CAPUT II.

Delubrum ex unico lapide constructum.

INter cætera Ægyptiorum memoranda, ab *Amasi* Rege constituta, & hoc est, quod delubrum quoddam ex integro & solido saxo trium annorum spatio, ope duorum millium hominum, ex urbe *Elephantina* Sai 20 dierum itinere distante advexerit, de quo exactè Herodotus in Euterpe circa finem. Ad hæc, quod non minimè sed maximè admiror, hoc est. Attulit ædificium ex solido saxo ab urbe Elephantina, *in quo afferendo triennium consumpserunt duo millia delectorum virorum, qui omnes erant gubernatores. Hujus autem domûs extrinsecus est 21 ulnarum longitudo, 14 latitudo, 8 altitudo. Hæc est dimensio exterior domûs ex uno lapide; interior autem ejus longitudo est 18 ulnarum seu cubit. latitudo 12, altitudo 5. Domus verò templo invehenda erat magnificentissima, seu vestibulum Minervæ, quod in Sai exstruxerat* Amasis *opere admirando, atque cætera*

Mensura templi monolithi.

ædificia tum lapidum, substructionúmque vastitate, tum Colossorum Andro-Sphyngúmque *immanitate longè superans, ubi inter alia tres colossi videbantur, quorum medius 75 pedum, reliqui duo utrimque eum stipantes singuli 20 pedum. Sed cùm ad vestibulum dictum* monolithum *ædificium pertraxissent, architectum, teste* Herodoto, *suspirasse ajunt, vel diuturni laboris pertæsum, vel ut ajunt propter mortem unius è guber-*

Cap. III. *gubernatoribus mole cedente oppreſſi, & quaſi in deſperationem actum operis ulterius promovendi, ibidem reliquiſſe.* Atque hæc eſt admiranda illa fabrica ex integra rupe, imò monte exciſa, quam quibus machinis ſpatio 20 dierum à *Sai* diſſito promovere potuerint, vix eſt, qui animo concipere poſſit. Fuit hæc moles ſpatio 20 dierum diſſito advecta trium annorum tempore, uti dictum eſt. Quantum verò ſingulis menſibus, diebus, machinis promota fuerit moles, arithmeticis calculandum relinquo. *Sect.* III.

Totius Symmetriæ Computus.

Exterior.			Interior.		
Longitudo.	*Latitudo.*	*Altitudo.*	*Longitudo.*	*Latitudo.*	*Altitudo.*
Cubit. 21.	cubit. 14.	cubit. 8.	cubit. 18.	cubit. 12.	cubit. 5.
ſeu ped. 42.	ſeu ped. 28.	ſeu ped. 16.	ſeu ped. 36.	ſeu ped. 24.	ſeu ped. 10.

Differentia Interioris & Exterioris.

Longitudo.	*Latitudo.*	*Altitudo.*	
cubit. 3. ſeu ped. 6.	cub. 2. ſeu ped. 4.	cub. 3. ſeu ped. 6.	Quæ differentia conſtituit craſſitiem murorum.

Atque ex hiſce menſuris facilè curioſus Lector pondus totius eruet.

CAPUT III.

Labyrinthi in Ægypto *prodigioſa fabrica.*

Quæ de Labyrintho Ægyptiaco ſcribunt vetuſtiſſimi Auctores, *Herodotus, Diodorus, Strabo,* & poſt hos *Plinius,* omnem humanam fidem ſuperare videntur. *Herodotus* ad primum ejus intuitum infinita admiratione defixum fuiſſe de ſe teſtatur. *Diodorus* omnibus operibus hominum induſtria unquam factis, ſuperius excellentiuſque fuiſſe ſcribit. *Plinius* potentiſſimum humani ingenii opus prædicat. Operis magnitudo, diſpoſitio & magnificentia à variis variè exponitur, neque id mirum cuiquam videri debet, cùm Labyrinthum ingreſſi, quiſque in tanta rerum ſpectandarum multitudine, id potiſſimum, quod maximè in admirationem traheret, referendum putaverit, unde dum nova ſemper & mirabiliora occurrebant luſtranda, facile inde confuſis ſpectantium animis ex innumeris, uti ſingula diſtinctè obſervare non potuerunt, ita confuſè quoque & indiſtinctè poſteritati illa conſignarunt. Certè *Dædalus* hujus admiratione fabricæ captum, inde occaſionem cepiſſe alium Labyrinthum in *Lemno* condendi *Plinius* aſſerit; tametſi centeſimam tantum partem ejus fuerit imitatus, dum ſeſe ex inextricabili fabricæ ſtructura etiam ſummo quo pollebat ingenio, explicare non potuerit. Situs eſt Labyrinthus ad *Lacum Mœridis* verſus *Crocodilopolim,* teſte *Herodoto* & *Plinio,* quod & ſepulchrum *Mœridis* eſſe volunt. Dividitur id primum in duodecim juxta *Herodotum,* & in ſedecim juxta *Plinium* domicilia, tot videlicet aulas, ſeu potius ampla receptacula, vaſtiſſimaque ædificia, quot olim *Ægyptus* univerſa in Præfecturas, quas Nomos vocant, dividebatur. Erant autem, teſte *Strabone,* ſingulæ aulæ Nomorum columnis

Inexplicabilis Labyrinthi magnificentia.

Labyrinthi ſitus.

C. III. "nis ambitæ, invicem, continuæ, viæ ve-
"rò quæ ad eas tendunt ex adverso sunt
"muri, qui aulas ordine positas cingunt.
"Ante ingressam verò portam Cryptæ
"sunt multæ ac longæ, quæ inter se tan-
"ta & tam mirifica tortuositate vias im-
"plicitas tenent, ut nemo ingredi aulam
"ullam possit; nec egredi sine duce, in-
"explicabili nimirum illo viarum errore
"deceptus.

Descriptio cœnaculorum, porticuumque.
Sunt hîc & cœnacula altissima, porticusque nonagenis gradibus singuli exstructi, columnis ex porphyritê lapide fulciti, quos inter Deorum simulachra, Regum statuæ & summa monstrosarum imaginum congeries. Quarundam verò domorum talis est, ab ingeniosa architecti inventione situs & dispositio, ut mox atque fores earum aperiuntur, formidabile tonitru audiri videatur. Dignum verò præ omnibus admiratione est, quod domorum singularum tabulata seu tecta, uti & cryptarum latitudines ex integris, teste *Strabone*, lapidibus, magnitudinis prorsus insolentis extructa sint, nullo prorsus nec ligni, nec alterius materiæ interventu. Verbo, totam fabricæ extensionem tria millia domorum comprehendisse referunt, quæ vel ingentem urbem æquare poterat. Sed audiamus singula exactè describentem in sua *Euterpe Herodotum*. Verba ejus sunt.

Herodoti Labyrinthi descriptio.
"Regnantibus in *Ægypto* duodecim
"Regibus, placitum est eis aliquod re-
"linquere commune omnibus monu-
"mentum, ex eoque placito fecerunt
"Labyrinthum paulò supra *Mœridis* sta-
"gnum, maximè urbem versus, quæ di-
"citur *Crocodilorum*, quam ego aspexi fa-
"ma majorem: Si quis enim ex *Græco-*
"*rum* narratione muros & operis spe-
"ciem ratiocinatur, minus concipiet,
"quàm pro labore & sumptu hujus La-
"byrinthi, tametsi enim *Ephesi* tem-
"plum memoratu dignum est, & in *Sa-*
"*mo*, tamen Pyramides erant narratio-
"ne majores, quarum singulæ multis &
"magnis operibus *Græciæ* æquiparandæ
"sunt. Sed eas quoque Labyrinthus an-
"tecellit. Etenim duodecim, cujus au-
"læ sunt tecto opertæ, portis oppositis
"altrinsecus, sex ad Aquilonem conti-
"guæ, totidem ad Austrum vergentes,
"eodem prorsus muro conclusæ. Bifa-
"ria in eo sunt domicilia, una subterra-
"nea, altera superiora illis imposita, u-
"traque tria millia quinquaginta, quo-
"rum ea quæ superiora sunt, ipsi vidi-
"mus, & quæ aspeximus, enarramus;
"subterranea verò auditu percepimus:
"nam qui Labyrintho præpositi *Ægy-*
"*ptiorum*, nolebant illa ullo pacto mon-
"strari, quod dicerent illic sepulchra
"esse, tum eorum Regum, qui ædifican-
"di Labyrinthi fuerunt auctores, tum
"sacrorum crocodilorum; ita de inferio-
"ribus docti comperimus, superiora ipsi
"aspeximus humanis operibus majora.
"Nam anfractus seu egressus per tecta,
"& regressus per aulas, uti erant diver-
"sissimi, ita infinita me admiratione af-
"ficiebant. Ex aula in conclavia transi-
"tur, ex conclavibus in cubicula, è cu-
"biculis in solaria alia, è conclavibus in
"aulas alias. Horum omnium lacunar,
"quemadmodum & parietes, lapideum
"est, sculptilibus passim figuris orna-
"tum, singulæ aulæ maxima ex parte
"digestæ albo lapide, columnarum am-
"bitu redimitæ, angulo quo finitur La-
"byrinthus, adhæret pyramis quadra-
"ginta passuum, in qua grandia sunt in-
"sculpta animalia, ad quam iter sub ter-
"ra fit. Hæc est descriptio ab *Herodoto*
"curioso rerum omnium inspectore &
"admiratore observata, cujus descri-
"ptionem secutus, libenter hîc totius
"fabricæ rudem saltem quandam & su-
"perficialem ichnographiam *in Oedipo*
"*de fabricis Ægypt.* exhibuissem, si per
"tempus licuisset, ut lector ex ungue le-
"onem colligere, & de præstantia inge-
"nii talium operum architecti conjice-
"re posset. Sed id hoc loco opportunè,
quantum

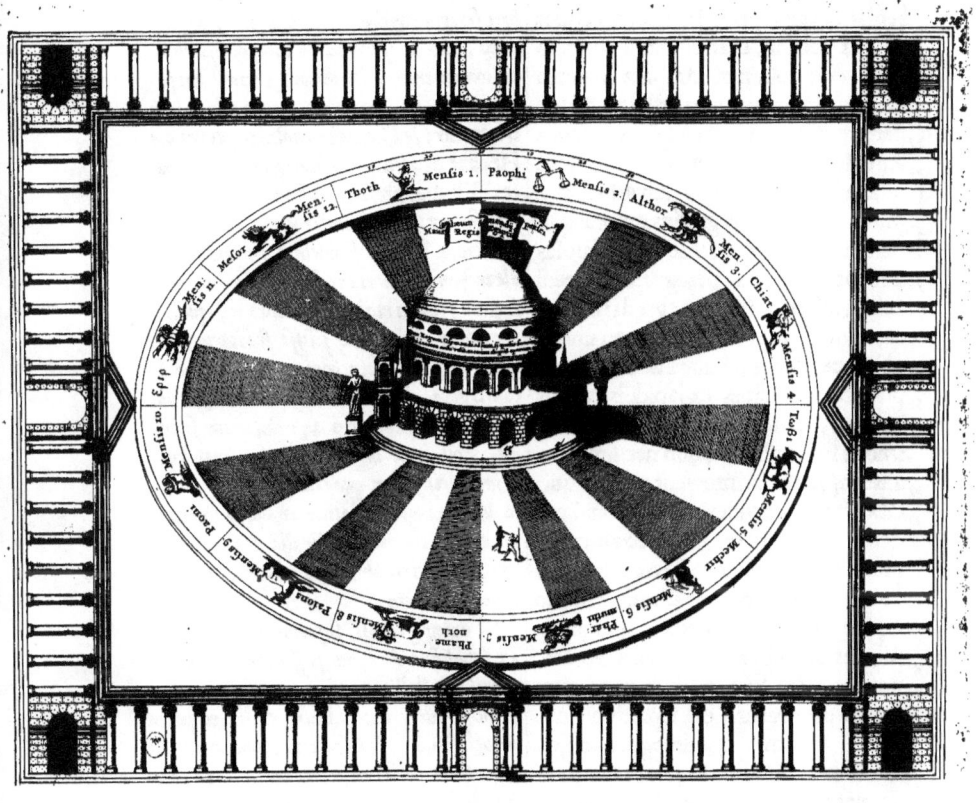

*Cap.*III. tum ex auctoribus citatis conjecturis obscuris assequi potuimus, prestandum censuimus. Hisce auctoribus subscribit *Strabo lib.* XVII. rerum *Ægyptiarum* sequentibus verbis. Ad hæc est Labyrinthi fabrica, opus haud impar pyramidibus & adjacens Regis sepultura ejus qui Labyrinthum construxit, locus autem in primo fossæ ingressu ad 30 aut 40 stadia, procedenti occurrit planities quædam sub mensali forma pagum habens, & multorum Regum regiam, quot prius Præfecturæ, quos *Nomos* vocant, erant. Nam totidem aulæ sunt columnis ambitæ invicem continuatæ omnes uno ordine, & uno pariete tanquam parvo quodam muro ante se aulas sitas habent. Viæ vero quæ ad eas tendunt ex adverso sunt ipsius muri, ante regressus cryptæ quidem multæ, quæ inter se vias flexuosas habent, ut nemo peregrinus ingredi aulam ullam possit, nec egredi sine duce, dignum admiratione, quod uniuscujusque domus tabulata ac etiam cryptarum latitudines ex lapideis tabulis integris, & magnitudine insolita extructæ sint, nullo usquam nec ligni nec alterius materiæ interventu. At si quis tabulatum ascenderit is videbit lapideum campum magnum stratum lapidibus, inde incidet iterum in aulas 27 ordine positas & columnis ex solito lapide innitentes; parietes quoque ipsos ex lapidibus non minoribus compositos. In fine ædificii quod plus stadio occupatur, est sepultura quædam, pyramis quadrangula cujus quodlibet latus ferè jugerum & altitudo par sepulturæ, nomen est *Imendas*, vel *Simendes*, dicunt tot aulas ibi factas esse, quot erant Præfecturæ sive *Nomi Ægypti* ad quos causâ consultandi de rebus magni momenti convenire solebant. *Ita Strabo.* Quia tamen ex *Hecatæi* relatione fabrica hæc *Ismendis* Labyrintho minimè, sive magnificentiam, sive vastitatem spectes, est in-

ferior, hîc ejus quoque descriptionem *Sect.*III. ex ipsis *Hecatæi* oculati testis apud *Diodorum* verbis apponemus, quamvis ego putem & Labyrinthum & Simendis mausoleum unum fuisse, Labyrintho adjectum.

Sepulchra quoque, inquit *Diodorus, Regum priscorum mirabili opere, & quæ minimè æquari à posteris possent, fuisse ajunt. Referunt sacerdotes 47 sepulchra regia, quorum usque ad Ptolemæum Lagum 17 tantum supererant, in eorum libris scripta contineri, eorumque etiam plurima, quo tempore ad ea loca accessimus, absumpta erant, Olympiade 180. Non solùm verò ab Ægyptiis sacerdotibus hæc traduntur: sed Græci complures, & in his* Hecatæus, *qui,* Ptolemæi Lagi *tempore,* Thebas *profecti, historias Ægyptias scripserunt, nobiscum sentiunt, de prioribus enim Regum sepulchris, in quibus traditur* Jovis *pellices conditas fuisse, reticens singula; solum regis monumentum, qui* Simendius *est, tradit fuisse stadiorum decem, cujus in aditu porta erat vario lapide constructa, & hujus longitudinem duorum jugerum, altitudinem 45 cubitorum fuisse ait. Post hanc ingredientibus aderat lapideum peristylium quadratum, cujus singula latera jugera quatuor complecterentur. In eo pro columnis animalia erant sita ex uno lapide 16 cubitorum ad antiquam formam fabricata.*

Textura omnis superior tecti confecta Magnitudo statua-*ex lapidibus duorum passuum latitudine,* rum. *variisque stellis cœruleis ornata. Ex hac deinceps alter erat aditus, & in eo porta priori similis, sed sculptura uberiori. In ingressu statuæ tres positæ erant ingentes unius lapidis,* Memnonis *opus, harum una sedens, cujus pedis mensura septem excedebat cubitos, cæteras Ægypti statuas magnitudine superabat; duæ præterea usque ad genu, altera à dextris, altera à sinistris, filiæ, & matri, minores positæ. Hoc opus non solùm magnitudine conspicuum, sed arte mirabili, & lapidum natura excellens fuit, cum in tanta mole neque fissu-*

K 2

Cap.III. ra quæpiam, neque macula ineſſet. Scriptum erat in eo.

Rex Regum *Oſymandias* ſum, ſi qualis fuerim, & ubi jaceam, noſſe velit, meorum aliquid operum exuperet.

Eſſe quoque & aliud ſignum matris ferunt, unico lapide, cubitorum 20, habens ſuper caput reginas tres, quæ oſtenderent, filiam, uxoremque & matrem Regis fuiſſe. Poſt hanc portam & aliud erat periſtylion ſuperiori nobilius, ſculpturis va-

Bactrianorum prælium inter Ninum & Zoroaſtrem commiſſum & figuris expreſſum.

riis, in queis bellum erat contra Bactrianos, qui ab eo defecerant, geſtum adverſus hos quadringentis millibus peditum, equitum 20 millibus, in quatuor partes diviſo exercitu, quorum omnium filios Regum geſſiſſe imperium. Prima muri pars obſidionem urbis (ſcilicet Bactrianorum) *ſculptam continebat ab ea parte, qua fluvius muros alluit. Rege deinde cum hoſte congreſſo leo una cum eo terribiliter pugnabat.* Vide figuram fol. 43. inſertam. *Secundus paries ſculptus erat captivis abſque pudendis, manibuſque, à Rege ductis, quæ nota erat illos fuiſſe animo viles, & corpore imbecilles. Tertium latus ſculpturis variis picturiſque decoris, Regis ſacrificia, triumphoſque devictis hoſtibus continebat. In medio periſtylio erat ſubdialis ara ex pulcherrimo lapide, & opere excellens, & magnitudine miranda. In ultimo autem pariete ſtatuæ jacebant duæ ingentes ex unico lapide cubitorum 27, ad quas tres ex periſtylio aditus patebant. Has prope domus erat columnis ſuſpenſa, cujus latus quoque duo jugera, id eſt, 480 pedes amplectebatur, in ea ſtatuæ ligneæ haud parvo numero, referentes eos, qui in judiciis ſententias ferrent.*

Variis hieroglyphicis ſingula expreſſa.

Hi ab una parte muri ſculpti 30 numero erant, in medio judicii princeps, cujus à collo ſuſpenſa Veritas penderet, & oculis eſſet ſubclauſis, librorum cumulo circumſtante. Hæ imagines præ ſe ferebant judices integros eſſe debere, & ſolam veritatem inſpicere. Deinde ambulacrum erat domibus plenum, in eiſque diverſa epularum genera ſuavi guſtu præparata. Sculptus deinde eminentior cæteris Rex variis coloribus aurum argentumque, quæ ex aureis argenteiſque metallis annuatim accipiebat, DEO *offerens cum inſcriptione ſummæ,*

Sect.III.

Minæ ter decies centena, & ducenta millia millium.

Sequebatur deinde ſacra Bibliotheca cum inſcriptione,

Animi Medicamentum.

Erant deinceps omnium Ægypti deorum imagines, Regis quoque dona ferentis, quæ cuique competerent DEO. *Ponè Bibliothecam domus ſita erat egregia, in qua 20 eſſent Jovis & Junonis lectiſternia. Regis inſuper ſtatua, ubi & Regis corpus ſepultum jacebat. Hanc circumſtabant plurima habitacula, in quibus pictâ cernebantur animantia Ægyptia, omnia ſacris apta. Circumibat monumentum aureus circulus cubitis 365, unius cubiti ſpiſſitudine, in quo deſcripti erant per ſingulos cubitos dies anni, & aſtrorum ortus atque occaſus, quidve ea ſecundum Ægyptios aſtrologos obſervata ſignificarent. Eum circulum ferunt, quo tempore* Cambyſes *&* Perſæ *Ægyptiis imperabant, ablatum. Hoc* Oſimandri *monumentum non ſolùm cæteris omnibus ſumptuoſius, ſed & artificio excellentius fuit.* Hactenus Hecatæus apud Diodorum.

Omnium Ægypti deorum imaginis.

In hac inſolenti prodigioſi operis fabrica, tria maxime admiratione digna occurrunt. Primum eſt ſtatuarum tam multiplicium ex unico lapide conſtructarum, quarum ſingulæ 32 pedum altitudinem habebant. Excedebat has multis paraſangis in ſecundi periſtylii aditu ex tribus media, cujus vel pes ſolus ferè adæquabat altitudinem earum, quæ loco columnarum ſerviebant, utpote 28 pedum, ſeu ſeptem cubitorum longitudinis. Cum itaque pedis longitudo ſit ſubſextupla ad totius altitudinem corporis, erat dicta ſtatua, ſi erecta ſtetiſſet (ſedentis enim habitu fere-

Examen ſingulorum mirabilium.

Cap. III. ferebatur) 168 pedum, quam ne *Rhodius* quidem Solis Colossus adæquasset. Memorantur & aliæ duæ prostratæ, quarum singulæ 108 pedum habebant longitudinem, quæ tametsi priori magnitudine cederent, præstantia tamen lapidis longè superabant. Secundò quadratum ædificium columnis innixum, cujus singula latera longa 480 pedes, columnis 27 ex integro lapide fulcita, quibus in superiori tecto totidem respondebant immensæ magnitudinis statuæ ligneæ. Tertium erat aureus circulus qui circumdabat *Simendis* monumentum, 365 cubitorum, qui totius anni dies, astrorumque ortus, & occasus, astrologorumque electiones, observationesque continebat; erantque singuli gradus unius cubiti, id est, 4 pedum, tam in longitudine quàm latitudine, uti & crassities, diameter ejus ex mathematico ratiocinio 120 circiter cubitorum, id est, 480 pedum erat, ex quo amplitudo loci quem occupabat, satis colligi potest. Præterea si aureus fuit, ut *Diodorus* memorat, & non ex ære inaurato, tota circuli moles 3650000, id est tres milliones, sexcenta & quinquaginta millia librarum pendebat, posito cubitum solidum auri, sive cubum aureum, qui 4 pedes tam in latum, quàm in altum contineat, 10000 libras pendere. Quæ res vix animo concipi potest.

Circulus aureus.

CONSECTARIUM.

Hinc collige lector curiose, architectorum summam Geometriæ tum in singulis delineandis pingendisque, tum in singulis fabricæ membris rite disponendis peritiam & industriam, sculptorum prodigiosas ingenii dotes, in tam enormibus statuis, columnisque ex unico lapide servatâ humani corporis perfectâ proportione, efformandis; auri quantitatem in unius orbis coelestis fabrica, non minori ingenii, quàm divitiarum felicitate demonstratam. Quæ sanè opera si paulò penitius considero, ausim sanctè affirmare, hosce summi ingenii homines, uti nihil humanarum scientiarum latuit, ita earum ope humanis quoque operibus majora præstitisse, cum vel in unica fabrica efformanda omnes artes & scientias, Physicam & Mathematicam conspirasse videam. Quis enim hodierno die simile quid attentare audeat, nisi totius naturæ consultus, nisi totius Arithmeticæ, Geometriæ, Opticæ, Astronomiæ, Mechanicæ, Staticæ, cæterarumque annexarum artium peritia ad miraculum præditus? Nemo itaque miretur totius architecturæ rationem primò ab *Ægyptiis* ad *Græcos*, ab his ad *Romanos* devolutam, in hunc diem suam adhuc tueri existimationem.

Veterum incomparabilis peritia ingenium.

Nil dicam hic de *lacu Mœridis*, qui, teste *Herodoto* plus admirationis habet, quàm omnia huc usque enarrata opera. Habet is in circuitu tria millia & sexcenta stadia, ubi profundissimus est 50 passuum, humana industria ad aquas *Nili* stagnantes tum recipiendas, tum iisdem deficientibus ad terram rigandam excavatus. De ejus miraculo vide citatum *Herodotum in Euterpe* singula exactissimè describentem.

Lacus Mœridis descriptio.

Non memoro *Thebanæ civitatis* miracula, quæ apud *Strabonem*, *Diodorum*, & paulò ante citatum *Herodotum* videantur, quæ profectò tanta sunt, ut ipsis auctoribus testibus nihil in humanis rebus majus & excellentius fieri possit. Atque hæc sunt quæ de Architectonica *Ægyptiorum* dicenda putavimus.

CAPUT IV.

DESCRIPTIO EXACTA
SIVE
ICHNOGRAPHIA
Labyrinthi Ægyptiaci, potentiâ humanâ superioris, quem posteri Chami Reges Ægypti *mirabili opere ad* Lacum Mœridis *extruxerunt.*

Multæ sanè tum in *Babylonia, Græcia*, tum *Romæ*, alibique prodigiosæ fabricæ, quæ proinde ab auctoribus inter septem miracula mundi computatæ, fuerint, recensentur, de quibus in præcedentibus actum est, sed quæ *Ægyptiorum* in vastis, & admirandis fabricis erigendis potentiam superarint, nullam invenio. Atque talis fuit fabrica Labyrinthi, quem juxta *Lacum Mœrides*, *Chami* progenies post erectionem pyramidum, unà cum *Simandis* potentissimi Regis mausoleo, fundavit, cujus molem cum apud *Herodotum, Diodorum, Hecatæum, Strabonem, Plinium,* legissem, tantorum operum admiratione attonito, magnum jamdudum nonnulla ichnographica delineatione tam immensæ fabricæ constructionem exprimendi æstuanti animo insedit desiderium; quod uti in *Oedipo*, de *Ægyptiorum* fabricis, fieri non potuit, ita in hunc locum opportunè differendum censui.

Architectus, ut omnium præcedentium seculorum monumenta multis, ut ajunt, parasangis excelleret, novâ & inauditâ inventione non fabricam, sed quæ vel integram urbem vastam exprimeret, condere est aggressus; in quo nescio an potius ipsam fabricæ admirabilem dispositionem, an architecti ingenium humano superius obstupescam. Sed ut ea luculentiùs exponantur curioso lectori, fabricam ab ovo, uti dici solet, exordior.

I. Erat, ut in hac præsenti Ichnographia patet, totum opus in quadro extructum, teste *Hecatæo*, atque juxta quatuor mundi partes dispositum, peristylio circundabatur, quod loco columnarum, uti *Hecatæus* narrat, fulciebant animalia, & statuæ Deorum *Ægyptiorum*, ex uno lapide 16 cubitorum longitudinis ad antiquam formam fabricatæ, & si uni cubito tres palmos demus, singularum statuarum altitudo 48 palmorum, & ipsum peristylium, cum basi & peridromidibus facilè 60 palmorum, ita ut per hujusmodi peridromia ambulacra suis balaustris instructa, spectari posset totius molis congeries. Latus peristylii, teste *Strabone*, ad 800 passus; *Plinius* verò ad mille passuum spatium extendit; *Hecatæus* verò decem stadiorum totius ambitum fuisse refert, ita ut ultra 1250 passus, quos ejus ambitui *Hecatæus* tradit, *Plinius* insuper jungat 2750 passus. Quicquid sit, nos certa mensura unum hujusmodi latus juxta Romanam mensuram, spatium quod est à Ponte Sancti Angeli hîc *Romæ*, usque ad S. Petrum & ultra, si non excessisse, saltem adæquasse, comperimus, quod in quadrum eductum, ingentem urbem effecisse, luculenter patet, quin & ipse *Plinius* tria millia domorum comprehendisse memorat.

II. Per dicta hæc peristylia circumquaque aditus erant ad labyrinthum, quem *Strabo* in 30 Nomos, seu Præfecturas, *Plinius* in 16, *Herodotus* in 12, velu-

*Cap.*IV. veluti aulas quasdam non sine mysterio divisum ferunt. Nos *Herodotum* secuti, eum in 12 partes, juxta principales *Ægypti* Nomos, seu Præfecturas dividendum censuimus, eo ordine, ut singulę partes magnitudine quidem æquales, at juxta mysteria quæ in Nomis singulis *Ægypti* numinibus insignitis, magnis, & occultis ceremoniis peragebantur, ob arcanam Domorum habitaculorumque extructionem essent diversissima: cum immensa hujus Labyrinthi structura aliud non exprimeret, quàm templum Deorum immortalium, quo & Reges, & se, & ingentes thesauros suos una secum condi vellent: essetque hæc fabrica quasi epitome quædam, & compendium istius templi, quod universam *Ægyptum*, numinum *Ægyptiorum* cultu confertam esse credebant, quemadmodum in I. *Tomo Oedipi* de Nomis *Ægyptiorum* fusè deduximus, & hîc in exposita ichnographia vides. Per peristylia igitur in omnes 12 Nomos, aditus patet, quorum I. est Nomus Osiris nomine insignitus. II. Saiticus. III. Cynopolitanus. IV. Crocodilopolitanus. V. Bubasticus. VI. Thebaicus. VII. Heliopolitanus. VIII. Hermonticus. IX. Memphiticus. X. Atribiticus. XI. Canopicus. XII. Heracleopolitanus. Et in hunc finem fuerunt à Regibus extructæ, ut unaquæque præcipuos *Ægypti* 12 Nomos exprimeret quos & *Herodotus* aulas vocat, unicuique urbi, aut Nomo proprias, in quibus sese sacerdotes, ad de rebus, ad deorum cultum; tum in iis per appropriatas cerimonias peragendum pertinentibus, tum ad *Ægyptum* per numinum tutelarium attractum magicum, conservandam, conferebant.

Et primò quidem notet lector, Nomos singulos, uni ex præcipuis diis, quos magno cultu venerabantur, consecratos fuisse; in centro verò aulæ nomicæ, tum eorundem simulacra, tum Regis talis, & talis, qui Nomo domi- *Sect.*III. nabatur, ectypo, monumento opulentissimo, veluti in cimeliarchio quodam, una cum corporibus balsamo conditis, reposita fuisse, ad quod per adeò tortuosas semitas adeò intricata differentium domorum habitacula per tot occultos meandrorum aditus dabatur, ut qui thesauris insidiarentur, ex tot tantisque viarum anfractibus, innumerabilium portarum aularumque discriminibus, nec non ex tortuosis penetralium ambagibus, sese, teste *Herodoto* extricare minimè valerent. Dum enim ex camera in cameras, ex xystis in aulas peramplas, ex his in fana, ex fanis in colymbethras, ex his in hortos, ex his denique in novos ingentium aularum recessus, abeuntes, dum remeare sine duce tentarent, tantò utique majoribus sese erroribus involutos reperirent, quantò plus processissent; neque putet quis, hujusmodi Nomorum structuram exiguum loci spatium, uti in præcedentibus de peristylio diximus, sed singula Nomorum latera unam tertiam milliaris partem occupasse, uti ex *Plinio* & *Hecatæo* colligimus, ac proinde haud palatii cujusdam perampli, sed haud exigui cujusdam oppidi partem expresserint. Unde cum tota structura præter centralem Labyrinthum 12 hujusmodi oppida continuerit, lector colliget, qualis debuerit esse tota hæc coacervatorum Nomorum congeries? Et quemadmodum per multiplices viarum ambages ex Nomo in Nomum, sine impedimento aditus dabatur, ita quoque per peristylia nisi per quatuor portas, neque exitus, neque aditus concedebatur, ut proinde exteri sine duce viarum gnaro ingressi, perpetuò vagabundi errorum finem nunquam reperirent; qui verò ad medii, seu centralis Labyrinthi penetralia, in quo ceu centro quodam monumenta duodecim Regum artificiosè extructa una cum

the-

Cap.IV. thesauris suis condebantur; certò, tantò ad eum intricatior dabatur aditus, quantò majores thesauri in eo continebantur. Ne verò illi sive ab exteris, sive ab indigenis auri fame instigatis invenirentur, certè necessaria illi fuit tam inextricabilis ad illos via, ut nimirùm introeuntes sine duce absque ulla spe exitus, in mortem citius, quàm in thesauros inciderent. Quoniam verò neque forma, neque figura hujus labyrinthi ab auctoribus describitur, nos singulorum dispositionem, non qualis revera fuerit, sed qualis esse potuerit, aut debuerit, ad inauditam fabricæ monstruositatem ostendendam, eo, quem vides schematismo, omnia tamen ex *Plinii*, *Herodoti*, *Hecatæi*, *Strabonis* relatione, & mente eorum omnium, qui de Ægyptiis rebus scripserunt extracta hìc exhibenda censuimus. Verùm quia video, lectorem in multis hæsitaturum, & tam barbaræ magnificentiæ intentum scopum, sive finem nosse desideraturum. Certè, quantum ex auctoribus colligere licuit, illorum finis fuit, quemadmodum paulò antè innuimus, ut esset sepultura Regum, veluti in magnificentissimo, & compendioso totius *Ægypti* templo, diis consecrato sub eorum tutela, usque ad definitum metempsychoseos fatum, incorrupti, illibatique conservarentur; de qua Metempsychosi quidem, sive revolutione animarum, quod est proprium Ægyptiorum dogma, à quibus & *Pythagoras* illud hausit, fusè egimus in III. *Tomo Oedipi, Syntagmate de Mumiis*: & in separato opere, cujus titulus: *Sphynx mystagoga; sive Diatribe de Mumiis hieroglyphicatis*.

Quia mos erat Ægyptiis Regibus, auri, argenti, & cimeliorum thesauros, & quicquid tandem pretiosum habebant, diis consecratos una secum intra tumbas deponere; quia verò verebantur, ne temporis successu, thesaurorum absconditorum notitia homines fame impulsos auri ad thesauros detegendos *Sect*.III. excitaret, quibus prævisis sepulchra, uti cimeliarchia inextricabilibus viarum, tortuosisque recessibus ad ea aditum per multiplices labyrinthos ita obstruxerunt, ut nemo ex inaudita arte constructis itinerum anfractibus se expedire unquam posset. Atque ideò teste *Herodoto*; structura Labyrinthi subterranea fuit, intra quam nullus Solis radius incidere posset, solis accensis facibus viarum ducibus penetranda: sic enim refert: *Bifaria in eo sunt domicilia, una subterranea, altera superiora illis imposita, utraque tria millia quinquaginta domorum, quorum ea, quæ superiora sunt, vidimus, subterranea verò auditu accepimus. Nam qui Labyrintho præpositi Ægyptii, nolebant illa ullo modo monstrare, quod dicerent, illìc sepulchra esse, tum eorum Regum, qui Labyrinthi ædificandi fuerunt auctores, tum sacrorum crocodilorum.* Nemo igitur putet, subterraneum illum Labyrinthum habitatum fuisse, sed sacerdotibus subinde, ad deos sacrificiis, variisque ceremoniis in festorum solemnitatibus, veluti in adytis sacris propitiandos, eum adire consuevisse, ut paulò antè diximus. Ut verò istiusmodi structura æternùm duraret, in illo nihil ex ligno, calce, terrestriumque portionum cumulis, sed immensa vastissimorum lapidum, marmorumque congerie, proportionatâ tamen symmetriâ, non obstante viarum multiplici tortuositate, constructum fuisse; norant enim omnia præter durissima marmora temporis successu, corruptioni patere, uti in *Obelisco Pamphilio* de proprietate saxi, quo obeliscos extruebant, diximus. Habes hîc, lector, subterranei Labyrinthi ichnographiam paucis pro dignitate rei expositam. Nihil porrò restat, nisi ut nonnihil de supraposita Labyrinthi fabrica dicamus.

TURRIS BABEL LIB. II.

Cap. IV.

Superior Labyrinthus.

De hoc Labyrintho sic dicit Herodotus. *Ita de inferiori docti comperimus, superiora ipsi aspeximus humanis operibus majora. Nam anfractus seu egressus per tecta, & regressus per aulas, uti erant diversissimi, ita quoque infinita me admiratione afficiebant: ex aula in conclavia transitur, ex conclavibus in cubicula, è cubiculis in solaria alia, è conclavibus in aulas alias,* &c.

Hanc descriptionem omninò similem fuisse, utpote supra cujus fundamenta construebatur, inferiori ichnographiæ à nobis adductæ, ut videlicet inferiorem architecturam, quæ tenebris involuta jacebat, ex superiori supraposita conjecturarent. Erat enim ita superior, uti inferior in 12 Nomos distributa, utramque enim *Herodotus* tribus millibus domuum constitisse narrat. Ichnographiam itaque nostram ita disposuimus, ut quæ infra tecta essent, supra in propatulo paterent.

Synopsis rerum in Labyrintho contentarum.

1. Totus Labyrinthus peristylio circumdabatur sub forma quadrati, & juxta 4 mundi angulos disposita, uti in schematismo monstrat latus A B C D, & E F G H, latus oppositum; deinde duo latera pariter opposita, quæ quia optica projectione exprimere non licuit, saltem per orthographiam linearem H I, & F G exhibuimus. Cum enim ichnographicùs Labyrinthum exponere visum sit, eaque omnem projectionem opticam respuat, uti Optici nôrunt, totius molis ambitum saltem eo, quo licuit, modo exhibuimus.

2. Duodecim Nomorum districtus, quibus Labyrinthus constabat, invenies singulos ordine numeris suis expressos una cum genialis figuræ simu-lacro in medio Nomi posito, ei videlicet deastro, cui Nomus consecratus erat, qui quidem omnes labyrinthæâ structurâ constabant, quos nos non eâ quidem delineatione, quâ olim constiterunt, sed eo modo, quo esse debebant, aut poterant, exhibuimus, ita tamen, ut quantum ex auctoribus colligere licuit, mysticâ quadam formâ unicuique Numini congruâ constarent; ubi notâ, notam hanc O vel = portas significare, ex quibus undique dabatur ingressus, egressusque ad innumeras alias portas aulasque; ipsæ verò lineæ; muros: hæc verò figura ⊚ significat scalas seu cochlides, ex quibus ex inferiori ascendebatur in superiorem Labyrinthum patulum & luci expositum.

Sect. III.

4. Medius verò Labyrinthus, is erat, in quo corpora Regum balsamo condita unà cum thesauris eorum deposita erant, præterea sacrorum Crocodilorum monumenta exhibet, quem nos tanquam inaccessum modo nostro verisimili conjecturâ exhibuimus.

5. Peristylia verò A B C D &c. superiorem Labyrinthum sustentabant, in quibus loco columnarum molem sulcientium numinum *Ægyptiorum* statuæ, singulæ cum habitu unicuique congruo, immodicæ magnitudinis spectabantur, singulas quoque 48, alii 70 palmorum altitudinis fuisse contendunt; erantque in toto ambitu 48, juxta 48 deorum mansiones, quas in cœlesti globo constituebant, ut ex *Oedipi secundo tomo de astrologia Ægyptiorum* patet.

6. Quæritur tandem, in quem finem tam grande, tam invisum, tam admirabile opus, cui simile neque anterioribus, neque posterioribus seculis, ulla humana potentia condere potuit, tot tamque immensis sumptibus extruxerint? Respondeo, quod & *Plinius* sensit, otiosam fuisse superborum primæ-

L   vorum-

Cap. IV. vorumque Regum jactantiam, & barbaram, stultam otiosamque ostentationem, quâ ad æterni nominis consequendam celebritatem perciti, ne quisquam posterorum se de operum similium magnitudine, stupendisque molibus exstruendis præsumere posset, *Sect.* III. aut similia se perficere posse, non dicam attentare, sed ne cogitare quidem auderet. Nihil igitur restat, nisi ut ipsam labyrinthææ fabricææ constitutionem fusius exponamus.

CAPUT V.

De tempore, quo tanta opera constructa fuerunt.

Cap. V. Quæcumque de Babylonicis monumentis à *Nembrod*, *Nino* & *Semiramide* extructis paulò ante tradidimus, illa intra annum, post diluvium 275, quo linguarum divisio accidit, usque ad annum post diluvium 450 peracta fuisse, ex chronologica nostra tabula luculenter constat. Constat quoque ex supra adductis & probatis, in *Turris* fabrica, totum genus humanum unâ tum in *Babylonis* seu *Sennaar* regione, tum in vicinis *Mesopotamiæ* & *Assyriæ* regionibus collectum fuisse. Post confusionem verò, quæ anno 275 post diluvium contigit, tum primùm in varias mundi partes genus humanum dispersum fuisse. Quia verò *Chamo* sorte *Ægyptus* obtigerat, cum universa familia, filiorumque *Chus*, *Misraim*, *Phuth*, innumerabili filiorum progenie associata in destinatam sibi *Ægypti* regionem concessit, ubi terram omnium rerum affluentia præditam invenientes, ex aquæ Niloticæ fœcunda natura & proprietate, mox in ingentem hominum multitudinem excrevêre, cujus ope freti, dum recordarentur mirabilium operum à *Nembrod*, *Nino*, cognatisque peractorum in *Babylone*, & ipsi multitudine hominum armati, ad imitationem eorum vastas illas, quas descripsimus, pyramides in sepulturam suorum patrum erexerunt, ad imitationem *Semiramidis*, quæ viro suo *Nino*, ejusque Patri *Nembrod*, sive *Belo*, in *Assyria* juxta civitatem *Ninivem* pyramidem quam supra descripsimus, prodigiosææ altitudinis; unâ cum obelisco omnium eorum, quæ hominum industria unquam facta sunt, maximo in *Babylone* erecto, constituerat. Quid verò per pyramidum, obeliscorumque mysticas figuras intenderint, fusè in *Obelisco Pamphilio* & *Oedipo* exposuimus. Vivebat tunc temporis in *Ægypto* vir magni ingenii ex *Chananæa* stirpe prognatus, & admirandus tum naturalium, tum humanarum divinarumque rerum investigator, quem *Ægyptii* Θωύθ, *Arabes* Adris, *Græci* ἑϱμῦ τϱισμέγιϛον dixere. Hic ad nominis immortalitatem consequendam aspirans, mysteria divinitatis quæ à *Semo* vivente adhuc & à *Chamo*, ex cujus familia erat, audiverat, per novum & inauditum genus literaturæ, quam hieroglyphicam posteri dixerunt, symbolis ex universæ naturæ gradibus assumptis, dicta divinitatis & naturæ occulta sacramenta, saxis in formam obeliscorum erectis æternùm duraturis insculpsit, quæ ideo columnæ *Hermetis* à posteris dictæ fuerunt. Nam ut rectè *Jamblichus*: Pythagoras, Plato *& Eudoxus omnium scientiam ex columnis* Mercurii *didicerunt*: sed quoniam hæc omnia in obelisco quam

ادريس
Adris

Cap. V. quam amplissimè prosecuti fuimus, eo lectorem remittimus. Hoc pacto posteri exempla Patrum suorum secuti, nihil aliud meditari videbantur, quam ut quisque invisis fabricarum monumentis, æternam nominis gloriam apud posteros consequeretur. Et hæc quidem omnia à Regibus *Ægypti* 400 annis ante ortum *Mosis* gesta fuisse in *operibus nostris Hieroglyphicis* ad longum demonstravimus. Quod verò hæc omnia processerint à Regibus *Ægypti*, Nepotibus *Chami*, *Chus*, *Misraim* & *Hermete Chananæo*, monstrat sepultura *Simendis*, ubi memor inauditæ victoriæ, quam contra *Bactrianorum* Regem *Zoroastrem* obtinuerat *Ninus*, totam historiam in Aulis ingenti magnificentia exstructis marmoreis saxis insculpi curavit. Erat in *Babylone* quoque ingens Palatium *Nini*, intra cujus muros dicti *Nini* cum leone, & *Semiramidis* cum tigride concertantis simulachra, cæterarumque ab eo gestarum rerum series insculpta conspiciebatur, quam & dictus Rex *Smendius* pariter palatio à se constructo intulit. Omnes igitur pyramidum, obeliscorum, labyrinthorum structuras, una cum arcana hieroglyphicæ literaturæ descriptione ante *Mosis* ortum jam constitisse, citatis paulò ante libris, varia auctoritatum farragine comprobatum reperiet lector. Nihil igitur primis istis post diluvium usque ad *Mosen* 800 circiter annis, ad magna & ardua aggredienda superfuisse videtur, nisi vera fides, & divinæ religionis cultus, à qua uti stirps *Chami*, à DEO quippe maledicta declinavit, ita quoque fenestram ad omnem superstitionem aperiens, non *Ægypti* solummodo, sed universam terram ψευδοπολυθείας, sive falsorum ridiculorumque numinum multitudine & varietate replevit.

Sect. III.

CAPUT VI.

De artificiosis machinis in Labyrintho ad eos qui ingressuri erant terrore concutiendos exstructis.

Cap. VI. Auctores præterea hisce varia junxisse ferunt terriculamenta, quibus ingredientes vehementi terrore percellebantur, & *Arabes* quidem de hisce Labyrinthæis meatibus potissimum loquuntur, dicunt primò certis in locis statuas fuisse positas, quæ pavimentum dum pede ingredientes percuterent, statuæ mox ore & faucibus horrendis, brachiis quoque solutis tam arctè ea stringerent, ut vel solo amplexu exanimarentur. 2. Aulas nonnullas eo artificio constructas; ut vel sola voce prolata per varios reflexionum circulos inter saxeos parietes factos soni vox in immensum aucta non unam, sed integri exercitus clamantis tumultum referret; unde exterrefacti exploratores dum fuga suæ vitæ consulunt, majoribus implexi erroribus timore exanimes caderent; portis quoque apertis nescio quem horrendum sonum percipi, quo attoniti, & panico quodam terrore perculsi ab ulteriori inquisitione desistere cogerentur; *Strabo* præterea, narrat *Thebis* colossum immensæ granditatis fuisse ad cujus abacum certa hora peregrinus quidam sonus percipiebatur, quem ipse quoque se audisse fatetur, an verò istiusmodi technasma casu, an magico artificio, aut ingenii solertia constructum fuerit, aliis discutiendum relinquit; huc pertinet statua *Memnonis*, quæ orientis solis radiis percussa, nescio quem harmonicum sonum edere sole-

Ichnographia LABYRINTHI alterius a Dædalo Architecto ad formam Ægyptiaci in CRETA Insula constructi, quem postea fabulosæ narrationes de Theseo, Minoe, Ariadna et Minotauro veteres Poetæ et Oratores celeberrimum fecerunt.

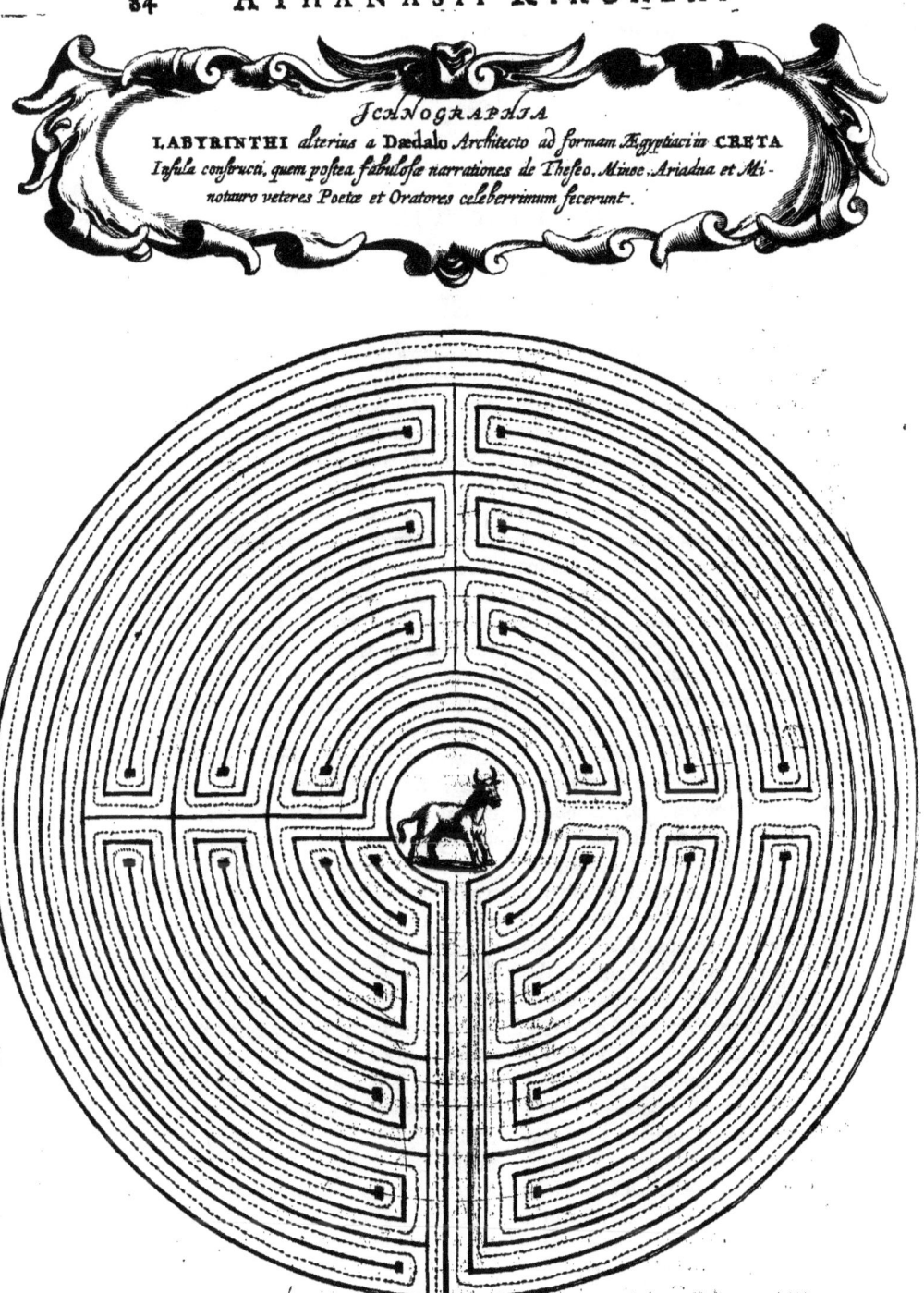

Cap. VI. solebat; in certis quoque Regum sepulchris igneas flammas videri perpetuo lumine præditas, quod quomodo fieri potuerit 4. *tomo in Oedipo Syntag. de lucernis veterum Ægyptiorum* docuimus. Multa similia passim citant auctores in subterraneis Ægyptiorum *Sect.* III. adytis spectari paradoxa sane & incredibilia, quæ omnia in 3. *parte Oedipi Syntag. de mechanica, & magia Ægyptiorum,* multiplici auctorum testimoniis confirmata, congesta reperies.

CAPUT VII.

De Labyrintho in Creta, Lemno, *aliisque* Græciæ *locis ad similitudinem istius Ægyptiaci constructis.*

C. VII. STupenda nostri Ægyptiaci Labyrinthi moles, vastitas & magnificentia ita animos cæterorum diffusa fama accendit, ut nec *Græci* nec *Romani* se continere potuerint, quin in *Ægyptum* profecti eorum spectarent fabricas quas ab historicis veluti humanis operibus superiores acceperant; fuit inter cæteros *Græciæ* architectos, *Satyrus,* quem alii cum *Dædalo* confundunt, qui *Plinio* teste, data opera in *Ægyptum* se contulerunt, ut juxta *Ægyptiorum* molimina fama supra æthera nota simile quid machinaretur in *Græcia,* etenim cum Labyrinthæam structuram exactius explorasset, in tantorum operum contemplatione animo ingenioque confusus, nequidem centesimam partem istius Labyrinthi quem in *Creta & Lemno* insula construere moliebatur, imitatus sit; uti in præcedentibus ex *Plinio* recensuimus, & *Plutarchus* quoque apud *Natalem Comitem* hoc pacto sive historiam sive fabulam exponit; Theseus, inquit, *ante Pirithos societatem adhuc adolescens in Cretam cum iis navigare voluit & unus ex iis, qui quotannis pro morte* Androgei *ad* Minoëm *Regem Cretæ tributi nomine mittebantur, quos dicebant in Labyrinthum inclusos à* Minotauro *vorari;* fabulantur Minotaurum *corpus totum habuisse hominis, at caput bovis, hic erat in Labyrintho loco amplissimo & inextricabili viarum plurimarum ambage, qui factus fuerat ad Ægyptiaci illius Labyrinthi formam ad* Crocodilopolim *extructi.* De *Ariadna* vero *Minoïs* filia & *Minotauro* fabulam, si quis exactius quidpiam nosse desiderat is adeat *Natalem Comitem* aliosque mythologos, quia omnia quam diffusissimè descripserunt, nos ob nefandas quæ in iis occurrunt obscœnitates ea consulto omittenda censuimus. Hujus vero Labyrinthi plerique auctores architectum faciunt *Dædalum, Plinius* potiori voce auctorem facit paulo ante citatum *Satyrum* qui in *Creta & Lemno* extructurus Labyrinthum data opera in *Ægyptum* profectus est, ut ex admirabili labyrinthæi molis structura similem construeret, sive molis vastitatem, sive ingenii vim spectes, prorsus imparem. Certe ex variis relatione dignis accepi, in *Creta* in spatioso campo ejus etiamnum vestigia spectari ad multa millia passuum. Unde peringeniosus P. *Christophorus Grumbergerus* Societ. nostræ excellens mathematicus, P. *Clavii* in re mathematica olim socius & calculator, dato, diametrum ejus 336 passuum fuisse, ejus capacitatem gyrorumque anfractus atque tempus in iis percurrendis insumptum, demonstrandi occasionem sumpsit. Præsupponimus autem *Satyrum* Plinianum hujus Labyrinthi architectum in eo extruendo non confuso & tumultuario labore usum fuisse, sed sibi figuram rotundam seu omnium capacissimam selegisse, atque ingeniosa inventione primo murorum ambitus variosque flexus & reflexus cum summa proportione primo in prototypo quodam expressisse, quem & dictus Pater *Grumbergerus* meliori modo, quo fieri potuit & debuit, hâc præsenti ichnographia exhibendum censuit. Unde partim ex ejus ambitibus Cyclicis, partim ex rectis tramitibus ingressurus ad centrum fabricæ filo *Ariadnæ* ductus, 5. horarum spatio ob inextricabiles errores pertingere vix potuisse ostendit; qui vero Labyrinthum sub quadrata forma statuunt, illi adytum tam difficilem reddunt, ut sine fili ductu facile exitum non reperiant. Vide figuram Labyrinthi Ægyptiaci mediam sub quadrata figura positam, Cap. IV. insertam: si quis vero petat, quam grandem glumum & quot passuum esse oportuerit, dico, si quis omnes ambitus circulares & directos tramites in passus resolverit, inveniet is 4500 & amplius passus, quæ 4 milliaria Italica & 500 passus efficiunt, filum itaque 4500 passuum esse debebat, quod chordarum aut filorum conglomeratione glomum tam grandem efficiebat, ut vix ab homine aut jumento portari posset. Quemadmodum vero in Ægyptiaco nostro Labyrintho præter eum qui centro totius fabricæ circumdabatur (quem & *Satyrus* sive *Dædalus* in *Creta* unice imitatus fuerat) tot Labyrinthi erant, quot Præfecturas seu Nomos eum continuisse supra ostendimus, omnia vero simul connexa unum Labyrinthum conficerent, ita quoque adeo inextricabilibus anfractibus multiplici aularum, porticuum, aliorumque similium gurgustionum tortuositate implicabatur, ut si filo *Ariadnæo* uti vellent, ne quidem ad redeundum unde venerant se evolvere per integrum mensem potuerint; & ne centeni quidem homines aut jumenta chordarum seu filorum glomos portare sufficerent, quo sine subsidio *Ariadnæ* ab inextricabilibus anfractibus exitus nunquam sperari poterat. Sed quæres quomodo sacerdotes Labyrinthi præsides sine errore labyrinthæas tricas vitare potuerint, dico hos haud dubiè simili ichnographica supra exhibita delineatione usos fuisse atque in omnibus flexuris, signa 4 mundi partium incisa numeris aut quibuslibet aliis notis impressa fuisse, atque hoc ichnographiæ modulo, quo eundum, quæ viæ tenendæ, tum ad Nomorum centra ubi sepulchra Regum, tum ad centrum totius Labyrinthi, ubi mausolea regum una cum Thesauris eorum condita erant, cognoscerent. Sed hæc de labyrinthæis miraculis ad lectoris curiositatem dicta sufficiunt.

CAPUT VIII.

Tropologia Epilogistica Labyrinthi.

Veteres sapientes per Labyrinthum nil aliud videntur significare voluisse, nisi perplexam esse multisque difficultatibus implicatam vitam hominum, cum ex aliis aliæ semper graviores oriantur; è quibus nemo se, nisi per singularem prudentiam & fortitudinem explicare potest; verum ea non duntaxat in privatam vitam, sed in ambitionem hominum cadunt, quæ omnia mirificis difficultatibus & erroribus sunt implexa; verùm quia difficilius est voluptatum quàm difficultatum certamen, ideo *Theseus* tot horrificis monstris trucidatis, tot laboribus exantlatis, tot periculis involutus fuit ut voluptatibus & effrenato quodam libidinis œstro percitus, tandem fortia gesta infelici fine concluserit. Sed ut hæc paulo exactius pon-

C. VIII. ponderentur, quid aliud Labyrinthus exprimit; nisi mundum in quo vita mortalium æstuat, dolore suspirat, & anxie inquirit ea, quæ ipsi æternæ ruinę causa sunt. Sunt autem tria potissimum, quæ vitam mortalium inextricabilibus erroribus involvunt; quorum primum est in magnatibus ambitio; in *Penelopes* procis Philomania, in omnibus invidia vindictę socia, quibus infelicissimi mortales in labyrinthæis hujusmodi meatibus exagitati de tricis innumeris in tricas inevitabiles, sine spe remedii, involvuntur & implicantur, donec tandem *Minotauro* devorandi, miserando fine cedant, & si ambitionis vitium penitius expendamus, videmus huic deditos verè in labyrinthæis erroribus vitam miserabilem consumere; utique periculo tanto majori quo grandiori solio eminuerint; dum enim regna regnis jungere, novos principatus erigere, supremam mundi curam prætendunt; ô quot curis, vigiliis, solicitudinibusque insudandum est; quot tricis nugisque se implicant; quot periculis sese exponunt, quo terrore percelluntur, ne incauti in os *Minotauri* tandem incurrant, unde spem inter & metum; perpetuum fluctuantes, quanto plus in tramitibus sibi constitutis provehuntur, tanto majoribus erroribus involutos se reperiunt, sine ulla spe conceptam molem ad desideratum finem perducendi, unde plerumque rabie ex adversæ fortunæ jactu dementati, invidiæ œstro perciti paulatim contabescentes, idem iis quod *Theseo* contingat. Hisce erroribus jactantur omnes ii qui post tot fortium gestorum specimina, tot devictos populos, post tot monstra domita tandem intra effrænatæ libidinis labyrinthæas tortuositates, aberrantes veri *Penelopes* proci mente vacui, in aperto lumine cæcitate perculsi & idolo venereo perpetuò intenti mentem funestent, adeo ut meretricio porcorum instar luto incrustati, nihil aliud agitent, non sua nec se ipsos phanatico quodam morbo catenis ignorantiæ & turpitudinis arctè constricti curare videantur. Atque his quidem cum nulla evadendi spes affulgeat, quid aliud restat, nisi, ut *Minoi ταυρομόρφω* in cibum destinentur. Hujusmodi Labyrintho se committunt omnes ii, qui divitiarum opumque Thesauris plus æquo inhiant, omnes invidiæ & vindictæ furori dediti juxta illud,

Auri sacra fames quid non mortalia cogis Pectora.

In quibus omnibus invidia, vindicta, cæteræque potentiores animi perturbationes æquo *Marte* concertant, sed enim quis tandem à labyrinthæis hisce erroribus liber & immunis statuendus est? nullus alius nisi quem funis *Ariadnæ* duxerit, quem ego nil aliud esse dixerim, quàm hominem rectum, justum, prudentem, nec non timore DEI perculsum, rerum humanarum contemptorem, qui in solo DEO spem suam collocatam habet; hic enim recto intentionis filo in hac ærumnosa mortalium vita munitus, liber & sine impedimento sese evolvere, DEO duce, poterit. Sed hæc de Labyrinthis dicta sufficiunt.

Sect. III.

CAPUT IX.

De Græcorum *superbis fabricis monumentisque, quas ad imitationem* Ægyptiorum *nullo non tempore olim in* Græcia *moliti sunt.*

1. Templum Dianæ Ephesiæ.

INter cæteras fabricas, quarum veteres scriptores mentionem fecerunt, occurrit 1. Templum *Dianæ Ephesiæ*, inter septem mundi miracula adnumeratum, in quo à tota *Asia* ducentis & viginti annis laboratum fuisse *Plinius* tradit. In palustri solo constitutum fuit, ne terræ motu concuteretur, & ne in lubrico & instabili tantæ molis fundamenta locarentur, architectus *Ctesiphon* ante calcatis ea substraverat carbonibus, deinde velleribus lanæ. Templi longitudo dicitur fuisse 425 pedum, latitudo 220, columnæ in eo 127. à singulis Regibus factæ, ex quibus 36 erant cælatæ; & quamvis in eo statuarum, peridromidum, peristyliorum magna fuerit rerum varietas, veruntamen ad sublimem architectonicen *Ægyptiorum*, ipso *Herodoto* teste, non pertigerunt. Quantum verò ex auctoribus colligere potuimus, ejus structuram æri incisam passim obviam consulant.

2. Artemisiæ Cariæ Reginæ Mausoleum.

Artemisia Regina *Cariæ Mausolo* marito defuncto sepulchrum erexit, inter orbis miracula annumeratum, cujus altitudo 25 cubitis in sublime ferebatur; triginta sex columnis cingebatur, patebat ab Austro, & Borea 63 pedes, toto ambitu continebat pedes 411. Ipsum ab ortu cælavit *Scopas*, à Borea *Briax*, à meridie *Timotheus*; ab occasu *Leocares*. Regina opere nondum absoluto fatis concessit. Artifices tamen non recesserunt, nisi eo consummato. Ab hoc sepulchro omnia Regum Imperatorumque monumenta tanquam preciosa Mausolea vocantur, ita *Plin. de quo Propertius l. 3.*

Nec Mausolei dives fortuna sepulchri
Mortis ab extrema conditione vacat.

3. Colossus Rhodius.

Cares Lindius *Lysippi* discipulus, architectus, quæ in *Ægypto* viderat, stupenda statuarum prodigia, earum majestatem imitaturus, constituit similem in *Rhodo* tanquam loco peroportuno erigere, quem & *Colossum Solis* appellandum censuit, *Apollini* dicatum. Fuit is altus 70 cubitis, id est 210 palmis, qui post quinquagesimum sextum annum terræ motu prostratus etiam jacens miraculo fuit, pauci pollicem ejus amplexabantur, majores erant digiti, quàm pleræque statuæ; vasti specus de fractis membris in eo hiabant, spectabantur in eo magnæ molis saxa; ad portum Rhodiorum erectus naves intra crura transeuntes admittebat; Suldanus *Ægypti* occupata *Rhodo* ex ære hujus statuæ nongentos camelos onerasse traditur; sumptus in eo facti, duodecim annorum tempore 300 talentis constitisse feruntur; ubi nota haud dubiè errorem magnum irrepsisse, dum alii uti *Plinii* interpretes interpretantur: quem enim Colossum Solis *Plinius* 70 cubitorum altum fuisse tradit, *Volaterranus* septingentorum altum facit cubitorum, & contra quem auctores dicunt, ex ære hujus statuæ Soldanum *Ægypti* 900 camelos, *Volaterranus* 90 dicit onerasse: hoc enim pacto res credibilior fiet, cum aliàs altitudinem Colossi juxta *Volaterranum* fuisse oportuisset

2100 palmorum, quæ fere ⅓ milliaris adæquant, quod à nemine concedetur nisi ab imperito, ne dicam stolido homine: convenientius itaque non 900, sed 90 camelos eo oneratos dicemus, ut proinde errorem in numeris contigisse certum sit. Dicendum igitur, altitudinem 70 cubit. & 90 camelos

Cap. IX. los eo ære oneratos fuisse. Varii præterea Colossi à variis fuerunt erecti, de quibus vide *Plinium*, in Ægypto Labyrintho jam demonstratum fuit, non unum Colossum, sed tot quod peristylia Labyrinthi columnas habebant, quæ omnes deorum statuæ regumque fuerunt immensæ altitudinis, & quod mirum dictu dictu singula ex uno lapide Thebaico exsculpta. Erat autem una inter cæteras *Herodoto* teste, cujus vel solus pes longitudinem habebat septem cubitorum, id est 21 pedum; cui juxta proportionem humani corporis altitudo congruebat 147 pedum; quæ sanè omnes hujusmodi Colossorum moles quæ factæ fuerunt unquam, longè superabat. Erexit & in Capitolio *Lucullus* ex *Apollonia* traductum 30 cubitorum, & constabat sestertiis 150. *Lysippus* magister *Caretis, Tarenti* alium colossum erexit 40 cubitorum; & ne *Neronem* prætereàm, aureum is erexit Colossum in monte Palatino, de quo mira narrant Rom. rerum scriptores, quos consule. Sed qui *Ægyptios* mirabilium operum magnitudine superavit invenio neminem; & vel inde patet quod nonnulla eorum monumenta in hunc usque diem à 4000 annis durent, cæteris omnibus quæ à Græcis & Romanis exstructa fuerunt, ne vestigio quidem relicto, destructis. Fuit & apud *Romanos* theatrum, quod *M. Æmilius Scaurus* in sua ædilitate extruxit 360 columnis conspicuum, cujus pars scenæ erat ex marmore, media è vitro, (quod ego nil aliud fuisse crediderim quàm ex speculari materia compositum) columna ima 48 pedum; erant inter columnas signa ærea 300 numero, cavea capiebat hominum 70 millia. Ita *Plinius*. Innumera hoc loco, de memorandis *Romanorum* monumentis adducere possem, verùm cum ea passim tum apud *Plinium, Lipsium* aliosque occurrant, ea consulto taceo. Mirum tamen ex tam illustribus monumentis in hunc usque diem à 1700 annis nihil remansisse, ne vestigium quidem, unde liberè asseverare ausim, nullum eorum cum *Ægyptiis* comparari potuisse, cum plura eorum in hunc usque diem incorrupta, etiam mille & amplius annis ante *Romam* condita, perseverare experiamur.

Sect. III.

CAPUT X.

Utrum in hunc usque diem Nembrodææ *Turris adhuc vestigia reperiantur.*

Cap. X. Quoties mecum penitiùs rerum humanarum inconstantiam, & inevitabilem temporis omnia consumentis edacitatem considero; toties in mentem venit, primævorum à sæculo hominum inanis, fallax & irrita in tot ac tantis, quæ vel ipsam humanam fidem longè superarent, monumentis erigendis, cura, & sollicitudo. Arbitrabantur illi, quæ condiderant, æternùm perstitura, totum mundum ad tam insolita urbium, turrium, fabricarumque miracula cum admiratione contemplanda confluxurum; sed errabant, necdum ad humanarum rerum caducitatem assuefacti. Primi *Assyriorum* Reges, *Nembrod, Ninus, Semiramis*, in rerum mirabilium patrandarum cogitatione toti erant. Cognati eorum in *Ægypto* ex eadem Chusia familia æmuli *Babyloniorum* in *Ægyptum* appulsi, in erigendis obeliscis, pyramidibus, labyrinthis, modum nesciebant. Hos *Græci* & *Romani* secuti, quænam in circis, hippodromis, amphitheatris, thermis, aquæductibus erigendis

Vicissitudo & inconstantia rerum humanarum.

Cap. X. gendis opera præstiterint, illa in hunc usque diem vel in ipsis ruinis semisepulta admiramur. Nihil itaque stabile, nihil firmum & solidum nobis temporis fallax & incerta promittit conditio. Sed ut ad institutum nostrum revertamur; si quis itaque quærat, ubinam tam sumptuosa & pænè incredibilia *Babyloniorum* opera sint, num vestigia adhuc nonnulla supersint, illi nihil aliud responsi loco dare possum, nisi illud Senecæ, *Ista si quæras, non invenis; si invenis, quasi illa nunquam fuissent, comperis*. Et primævus quidem *Babyloniæ* situs & constitutio nos latere non potest: quonam verò in loco illa præcisè constituta fuerit, meritò dubitamus; atque de iis magna inter geographos, historicosque est concertatio: quod idem de civitate *Babel*, aliisque intelligi velim. Verum enim verò cum ad hujus veritatis cognitionem, nisi ex relatione eorum, qui dicta loca, singulari curiositate impulsi, lustrarunt, atque summa diligentia examinata posteritati concrediderunt, pervenire nequeamus, ex iis selectiora quædam depromemus. *Diodorus*, uti supra dictum est, suo adhuc tempore magnam *Turris*, civitatisque partem perstitisse refert, quod & *Herodotus* innuit, *Darium* enim & *Cyrum*, primos ait fuisse & *Turris* & civitatis destructores, quam postea *Nabuchodonosor* Rex instauratam, regiam suam constituerit, quæ omnia fusius apud *Josephum Nicolaus Damascenus* describit. Inter modernos, qui dictas *Babyloniæ* antiquitates summa diligentia descripserunt, R. P. *Philippus*, Religiosus ex Ord. Reform. Discalceatorum, qui in *Itinerario*, quæ de *Babyloniæ* antiquitatibus observarat, pulchrè exposuit omnia. *Strabo* deinde apertè dicit, omnia in Babyloniis campis adeò esse antiquitatum veterum, monumentorumque ruderibus conferta, ut vix passum conficias, ubi ea non tibi copiosis acervis occurrant, *Nini* videlicet & *Semiramidis* magnificentiæ quondam florentis vestigia. Σύρες ἢ ὑπὸ Μήδων, οὐκ ἄλλας τινὰς τὰς Σύρες λέγεσι, ἀλλὰ τὰς ἐν Βαβυλῶνι, καὶ Νίνῳ κατεσκευασμένες τὸ βασιλεῖον· ὧν ὁ μὲν Νῖνος ὁ τὴν Νῖνον ἐν τῇ Ἀτυρίᾳ κτίσας· ἡ ἢ τέτραγωνὴ, ὑπὲρ καὶ διεδέξατο τὸν ἄνδρα, Σεμίραμις· ἧς ἐστὶ κτίσμα ἡ Βαβυλῶν· ὑπὸ ἢ ἐκράτησαν τῆς Ἀσίας· καὶ τῆς Σεμιράμιδος, χωρὶς τῶν ἐν Βαβυλῶνι ἔργων, πολλὰ καὶ ἄλλα κατὰ πᾶσαν γῆν σχεδὸν δείκνυ), ὅσα τῆς ἠπείρου ταύτης ἐστὶ, τά τε χώματα, ἃ δὴ καλοῦσι Σεμιράμιδος, καὶ τείχη, καὶ ἐρυμάτων κατασκευαὶ, καὶ συρίγγων τῶν ἐν αὐταῖς, καὶ ὑδρείων, καὶ κλιμάκων, καὶ διωρύχων ἐν ποταμοῖς, καὶ λίμναις, καὶ ὁδῶν, καὶ γεφύρων. *Syros* autem *à Medis; nullos alios Syros intelligunt, quàm eos qui Babylone ac Nini regiam constituerunt; quarum alteram Ninum urbem, sive Ninam Ninus in Atturia* (sic enim *Assyria* olim vocabatur; erat enim proprium *Assyriis* & *Chaldæis* literam S mutare in T, veluti hîc *Atturia* pro *Assyria*) condidit; ejus verò uxor, postquam duxisset virum, regnumque administrasset, Babylonem exstruxit. Hi enim Asiæ dominati sunt. Præterea opera Semiramidis adhuc multa, quæ apud Babylonem sunt, per universam continentem sparsim ostenduntur: uti aggeres, qui Semiramidis dicuntur, & mænia, & munitionum fabricæ, tuborumque in iis, & aquæductûs, & scalæ, & fossæ in fluminibus, & lacubus, & viæ & pontes.* Multa hîc alia ex *Ammiano, Dionysio*, cæterisque geographis, qui hujusmodi antiquitatum Babylonicarum mentionem fecerunt, adducere possem; quæ brevitatis causâ omitto. Neque dubium est quin tempore veterum *Græcorum, Romanorumque* historicorum ex iisdem ruderibus plures adhuc reliquiæ extiterint. Nam ut chro-

Sect. III.

R. P. Philippus ex Ord. Carm. discalceat. Babylonis observator. Strabo.

Varia Semiramidis in fabricis vestigia conspiciuntur.

Cap. X. chronologi afferunt, post *Sardanapalum*, *Darium* & *Cyrum Persarum Chaldæorumque* Reges, hujusmodi fabricarum primos devastatores fuisse, & *Babylonem* vastissimo exercitu occupasse, & *Niniven* evertisse, reliquaque monumenta devastasse. De hoc itaque nullum dubium esse potest. Quæritur itaque, num moderno tempore tam sumptuosarum stupendarumque fabricarum reliquiæ adhuc supersint. Varios sanè, qui suscepto in *Babylonem* itinere, varia de hujusmodi fabricis observarunt, evolvi; verùm neminem hac in parte, qui majori fide & certitudine, reconditiorique eruditione hęc magnis etiam adhibitis sumptibus observârit, me reperisse memini, quam Illmum & celeberrimum virum *Petrum de Valle*, quocum uti magna mihi *Romæ* necessitudo intercessit, ita quoque partim ab eo oretenus, partim ex ejus doctissima itinerum à se confectorum perioche, quæ hîc adducam, me didicisse glorior. Consentit hisce quasi omnibus Rev. P. *Philippus de S. Trinitate*, Generalis Ordinis Discalceatorum Minister in suo *Itinerario*, quod in *Indiam*, & hinc *Romam* peregit. Postquam enim de *Assyriæ* & *Chaldææ* situ, natura & proprietate, frequentibusque ruderum occurrentium acervis dixit: Caput, inquit, *Chaldææ*, seu metropolis est *Bagadat*, ex amœnitate hortorum, queis circumdatur, sic dicta; atque eadem est, quæ nova *Babylonia* fabricata ex ruinis antiquæ, & fuit urbs, antequam à *Persis* destrueretur, vastissima, super littora utriusque fluminis *Euphratis* & *Tigris* extructa, hodie ab ea parte, quà *Euphratem* respicit, prorsus vastata; altera verò pars superstes etiamnum, magnitudinem obtinet similem *urbi Bononiensi*, propter palmarum varietatem, hortorumque multitudinem amœnissimam, restaurata posteris temporibus à Regibus *Persiæ*, quà turribus, quà muris fortissimis, ex lateribus coctis extructis munita. Itinere postea unius diei infra eandem urbem antiquæ *Babylonis* infra *Tigrim* & *Euphratem*, coacervatorum ruderum multitudo spectatur, quæ sunt granditatis, & magnificentiæ veteris *Babylonis* luculentissima indicia. Referebant autem *Armeni* Christiani, duces nostri, locorum peritissimi, locum sat eminentem, 18 milliaribus à *Bagadat* remotum, quem dicebant ab omnibus teneri ruinas *Turris Babel*, quod nostris videbatur valde verisimile ob ingentem bituminis ibidem provenientis copiam, quo latomi, uti sacer textus memorat, in *Turris* ædificatione utebantur, & videtur locus multarum decempedarum altitudinem adhuc habere. Hæc dictus Discalceatorum Generalis. Plura hic ex *Itinerario Benjamini Hebræi*, *Persarum Arabum*que descriptionibus *Abulfedæ* & *Geographia Nubiana* adducere poteram, sed sufficiet omnium loco *Petrus de Valle*: cujus verba Italico idiomate hæc sunt.

Il giorno appresso, che erano 23 *di Novemb. parti la mattina pur al alba, un' hora e più inanzi mezzo giorno arrivammo alle ruine di* Babel, *sotto alle quali piantammo il padiglione per haver commodità di desinare, e trattenerfi à vedere ogni cosa bene, quanto fosse bisognato. Girai poi le ruine di tutte le parti, sali in cima, caminai dentro, per tutto vidi, rividi, & in conclusione quel che trovai, è questo. In mezo di una grande e pianissima campagna, vicino circa à mezo miglio, al fiume* Eufrate, *che la passa in quel luogo quasi per Ponente, si rilieva infin' hoggi sopra terra una gran mole di fabrica rouinata, tutta d'un massiccio, ò che fosse cosi da principio, come à me pare, ò che le rouine l'habbiano cagionato, eridottola, come si vede à guisa di un monte, di che però non apparisce molto segno. La sua forma è quadra, à punto da* Torre, *ò da piramide, rivolta giusto con le quattro faccie alli quattro angoli del mondo, mà se non m' inganno, ò non procede dalle*

Cap. X. dalle rouine (che può esser facilmente) apparisce hora alquanto più lunga de Tramontana à Mezo giorno, che da Levante à Ponente. Il circuito attorno, misurato alla grossa, è mille e cento trenta quattro passi. Misura, sito, e forma di fabrica, che confronta per à punto con la piramide, che chiama Strabone Sepoltura di Belo, e che deve esser quella, che nelle sacre lettere è detta la **Torre di Nembrotto**, nella città di Babilonia, ò **Babel**, come in sin hoggi questo luogo si chiama.

Circuitus Turris.

E cosa da notare, che dal detto monte di rouine in poi, non si vede in quel luogo nè pur segno di altra cosa, che mostri esservi stata una città così grande, vedendosi solo in alcuni luoghi certi fondamenti in terra di mura rouinate, cinquanta ò sessanta passi dal monte lontani. Del resto il terreno attorno è tutto pianissimo, e pare impossibile, esservi stato corpo di fabrica notabile, non vedendosene in luogo alcuno reliquie sopra terra, fuor che il massicio è grande, è pur sapiamo quanto le fabriche di Babilonia fossero riguardevoli. Mà in somma, il tempo lungo fà, e guasta gran cose, bisogna anche considerare, che son circa à quattro milla anni, ò poco meno, che quella città fù fabricata, che in tanto à me maraviglio, come si veda, quel che si vede, tanto più che **Diodoro Sicolo**, il quale è pur antico, dice che al suo tempo era già ridotta à pochissimo. L'altezza sopra terra del monte, che dissi delle rouine, è dove più, è dove manco, mà sotto sopra sarà più di ogni alto palazzo di Napoli. La figura è difforme, come sogliono haver tutte le fabrice rouinate: dove si alza, dove si abbassa, dove scoscesa, dove piana, che si può salire, dove ha segni di torrenti per l'acqua delle pioggie che corre abbasso, e dentro ancora, di sopra dove concava, dove rilevata, in somma à guisa di un confuso monte.

Altitudo Turris.

Non si vede segno alcuno di scala per salire, ne di porta per entrare, onde si conferma, che le scale erano attorno di fuori, e come parti più deboli furon le prime ad esser rouinate, in modo che non ne apparisce più nè vestigio, nè segno. Dentro andando per di sopra, si trovano alcune grotte, mà tanto rouinate, che non si discerne, che cosa fossero, e di alcune stò anche in dubbio, se siano cose fatte con la fabrica, overo da poi da genti di campagna per ricovrarsivi, il che mi pare più verisimile.

Sect. III.

La materia di che è composta tutta la fabrica, è la più curiosa cosa, che vi sia, e da me fù con diligenza osservata, rompendola con picconi in diversi luoghi. Son tutti mattoni molto grandi, e grossi di terra cruda, seccati, come io credo al sole, à guisa della **Tappie di Spagna**, e son murati non con buona calce, mà pur con terraccia, e per più fortezza, trà mattone, e mattone, mescolate con quella terra, che serve di calce, vi sono come à solaio certe cannuccie palustri spezzate, overo paglie dure da fare stuoie. A luogo à luogo poi, vi sono mescolati in diverse parti, massimamente dove più importa per sostegno, molti mattoni della medesima grandezza, mà cotti, e sodi, e murati con buona calce, ò con bitume, però li crudi sono senza dubio assai più. Di tutti questi mattoni, cotti, e crudi, co'l bitume attaccato, e di quelle cannuccie, che hanno in mezzo, io hebbi gusto di pigliarne meco per mostrarli in Italia à gli antiquarii curiosi, che certo mi par che sia una bella antichità, facendosi mentione dell'uso in questo paese di fabricar con bitume in vece di calce, non solo da **Giustino** abbreviator di **Trogo** nelle fabriche di **Semiramide**, ma dalla sacra scrittura medesima nella fabrica à punto di questa stessa Torre e città l'edificio della quale la scrittura sacra à **Nembrotto**, & i profani à **Belo** attribuiscono: onde non male il **Bellarmino** nella sua *Chronologia* stampata gli anni à dietro, che io vidi la prima volta in mano di un Padre Giesuita in Constantinopoli, crede che **Belo** e **Nembrotto** sian tutto uno, e **Strabone** con **Herodoto**, e gli altri *Ethnici*, chiamò, come dissi di sopra, **Sepoltura di Belo** questa stessa piramide, che dagli scrittori sacri vien detta **Torre di Babilonia**, ò **di Nembrotto**: Hebbi gusto ancora di

Materia Turris.

Cap. X. *far ritrar* Babel *dal mio pittore in prospettiva, e là proprio ne fece il disegno da due parti, che erano le più belle vedute, e contengono tutti quattro i suoi lati, e ne farà poi quadri, con più diligenza. Che sia quella* Babel *antica, e la* Torre di Nembrotto, *non c'è dubbio secondo me, perche oltro che il sito lo dimostra, da' paesi ancora hoggidì è conosciuta per tale, & in Arabico chiamata volgarmente* Babel, *come da Latini è stata chiamata.* Hæc latine sic sonant:

"Postridie, die nimirum 23 Novem-
"bris, profecti mane sole oriente, una
"hora & amplius ante meridiem per-
"venimus ad rudera *Babylonis*, juxta
"quæ tentoria fiximus, ut commodè
"pranderemus, & moraremur ibi do-
"nec omnia dispexissemus. Postea un-
"dique rudera circuivi, in fastigium
"ascendi, intravi, cuncta perspexi, vidi,
"revidi, & tandem quæ observavi hæc

Situs Turris Babel. "sunt. In medio magnæ planitiei, ad di-
"midium milliare distantis ab amne *Eu-*
"*phrate*, qui mediam interfluit in hoc
"loco ferme ad Occidentem, hodieque
"extat grandis moles fabricæ destructæ,
"tota in unam massam confusa, sive ab
"initio talis fuerit, ut mihi videtur, sive
"lapsus ruderum eam redegerit in spe-
"ciem, quorum tamen vix ullum appa-
"ret vestigium. Figura est quadrata, in
"apicem vergens instar turris sive py-
"ramidis, quatuor hedris exactè spe-
"ctantibus ad quatuor mundi plagas,
"verum nisi fallor, vel nisi lapsus rude-
"rum situm mutaverit, (quod facile fieri
"potuit,) apparet hodie aliquanto lon-
"gior à Septentrione versus Meridiem,
"quam ab Oriente ad Occidentem.

Circuitus Turris. "Ambitus est fermè mille, centum &
"triginta quatuor passuum. Dimensio-
"ne, situ & forma fabrica, quæ in api-
"cem vergens speciem pyramidis præ-
"bet, convenit cum eâ, quam *Strabo* vo-
"cat *Sepulchrum Beli*, & quam ferunt esse
"eam quæ in sacris literis dicitur *Turris*
"*Nimrodæa*, in civitate *Babyloniæ* sive
"*Babel*, quomodo hodieque locus iste
"vocatur.

Operæ pretium est notare, quod à *Sect*. III. "
dicto monte ruderum in ulteriora, ne "
ullus quidem appareat vestigium rei "
alicujus, quæ ostendat in isto loco ex- "
titisse tam magnam civitatem, & quod "
tantùm inveniantur in quibusdam locis "
nonnulla in terrâ fundamenta muro- "
rum dilapsorum, quinquaginta vel se- "
xaginta passibus à monte dissitis. Cæ- "
terum tellus circumcirca planissima "
est, & impossibile videtur, ibi fuisse "
molem aliquantæ magnitudinis, cum "
nullibi ejus supra terram inveniantur "
reliquiæ, nisi quod massa seu moles sit "
ingens; cum tamen sciamus quam spe- "
ctandæ fuerint fabricæ Babylonicæ. "
Verum temporis diuturnitas facit & "
destruit magnas res. Considerandum "
etiam est, quod circiter quatuor millia "
annorum, vel paulò minus effluxerunt "
à tempore, quo ista civitas fuit exstru- "
cta: mirumque mihi videtur, quâ ra- "
tione adhuc appareant quantula appa- "
rent, idque eo magis, quod *Diodorus Si-* "
culus, autor antiquus, jam olim suo tem- "
pore dixerit universam molem redu- "
ctam fuisse in minutias. Altitudo mon- " *Altitudo Turris.*
tis, quem dixi ruderum, supra terram "
hic major, ibi minor est; sed media "
altitudinis æstimatio superat quæque "
altissima palatia Neapolitana. Figura "
est difformis, cujusmodi solennis est "
omnibus ædificiis dirutis: hîc alta, ibi "
humilis: hîc aspera vel gibbosa, ibi "
plana, ubi adscendi potest, ibi alvei "
torrentium aquæ pluviæ delabentis; & "
in interioribus superius hîc cava, ibi "
convexa: uno verbo dicam, similis est "
monti confuso. "

Nullum vestigium apparet scalæ "
vel graduum ad ascendendum, nec "
portæ ad intrandum, unde credibile est "
gradus extrorsum fuisse sitos, & tan- "
quam partes debiliores primò fuisse "
collapsas, adeò ut nec vola nec vesti- "
gium eorum usquam supersit. Intro- "
euntibus ex parte superiore occurrunt "
quædam cavernæ, sed adeò dirutæ, ut "
dis- "

Prospectus Ruderum TURRIS BABEL ex parte Septentrionali observatus per Petrum a Valle

Prospectus Ruderum TURRIS BABEL ex parte australi observatore Petro à Valle

„ X. discerni nequeat quid fuerint; & de quibusdam mihi dubium est, fuerintne factæ cum fabrica, an postea ab agrestibus excavatæ in refugium, quod mihi verosimilius videtur.

„ Materia, ex quâ universa fabrica composita est, omnium rerum quæ ibi occurrunt, rarissima est, quam ego diligentissimè examinavi ligone variis in locis confractam. Omnes sunt lateres grandiusculi, & crassi, terræ crudæ, siccati, ut credo, ad Solem, in modum cespitum, quos *Hispani Tappias* vocant, & cæmentati sunt non bonâ calce, terrâ molli tamen, & in majorem firmitatem inter lateres singulos cum ista terra, quæ loco calcis fuit, commixtæ sunt quasi per solaria quædam parvæ cannæ palustres comminutæ, vel paleæ duræ, ex quibus fiunt storeæ. Deinde passim in variis locis mixti sunt, maximè ubi majore firmamine opus est, lateres complures ejusdem magnitudinis, sed cocti & solidi, & cæmentati bonâ calce, vel bitumine, crudi tamen sunt procul dubio multo plures. Horum laterum coctorum & crudorum, cum bitumine adhærente, & istarum parvarum cannarum insertarum, mihi placuit mecum portare quasdam particulas, easdemque in *Italia* ostendere Antiquariis curiosis, quod revera mihi videtur pulcrum antiquitatis monumentum, modum in istis regionibus usitatum cæmentandi isto bitumine loco calcis memorante non solum *Justino* abbreviatore *Trogi* in fabricis *Semiramidis*, sed etiam ipsa Sacra Scriptura in fabrica ejusdem *Turris* & civitatis, quarum structuram Scriptura Sacra *Nimrodo*, profani verò scriptores *Belo* attribuunt: unde non malè *Bellarminus* in sua chronologia impressa annis sequentibus, quam primò vidi in manibus cujusdam Patris Jesuitæ *Constantinopoli*, credit *Belum* & *Nimrodum* esse eundem, &

Strabo cum *Herodoto*, aliisque ethnicis, appellavit, ut supra dixi, eandem hanc pyramidem *Sepulchrum Beli*, quæ sacris scriptoribus dicitur *Turris Babylonica*, vel *Nimrodæa*. Curavi quoque *Babel* à meo pictore delineari pictura sciagraphica, & is ibidem fecit ejus delineationem ex duobus prospectibus, qui pulcherrimum præbebant spectaculum, complectentibus omnes quatuor hedras, indeque postea delineaturus est quatuor majore cum diligentia. Quin hæc sit illa antiqua *Babel*, & *Turris Nimrodæa*, nullum mihi dubium est, quia præter locum seu situm id demonstrantem, traditio ista hodieque in regionibus his viget, & arabicè vulgò appellatur *Babel*, prout & latinè vocatur. Hæc *Petrus à Valle*, qui & laterem unum bitumine adhuc paleisque arundinaceis mixtum, tanquam singulare & antiquitatis primævæ maximum donum, museo meo inserendum, ad perpetuam rei memoriam contulit. Addam hoc loco aliam magni ponderis observationem, à *Benjamino Hebræo* in Itinerario suo de Civitate & *Turri Babel*, factam. Sic enim refert. *Hinc uno itinere Babel illa antiqua distat, 30 milliarium spacium complexa, jamque funditus eversa, in qua Nabuchodonosoris regiæ ruinæ adhuc visuntur hominibus inaccessibiles propter varia & malefica serpentum draconumque ibidem stabulantium genera. Hinc ad* Hilan *milliaria 5 peraguntur; & hinc ad* Turrim *4. quam divisionis filii ædificare cœperunt, quæ eo lapidum genere construebatur, quæ arabicè* Jagzar *dicitur. Fundamenti longitudo 2 fere milliaria continet, latitudo vero murorum 240 cubitorum est, ubi verò latissima est 100 cannas continet. Viæ sunt in spirarum formam per totum ædificium productæ, quibus conscensis è supremo loco agri spectantur ad 20 milliaria in vastam regionis planitiem.* Hæc Benjamin.

Sect. III.

vixit Benjamin Tudelensis Hebr. anno MCIII.

CA-

CAPUT XI.

De Urbibus tum à Nembrod, *tum à* Nino *&* Semiramide *ad littora* Tigris *&* Euphratis *extructis; eorumque vestigiis etiamnum superstitibus.*

DE *Nembrod* sic refert sacra *Genesis* historia *Cap.* X. *vers.* 10. ותהי ראשית ממלכתו בבל וארך ואכד וכלנה בארץ שנער: *Et fuit principium regni* Nembrod *in* Babel *&* Arach *&* Achad *&* Calna *in terra* Sennaar. Cui Chaldaïca respondet: וזה ריש מלכותיה בבל וארך ואכד וכלנה בארעא דבבל Græca in nominibus nonnihil differt: καὶ ἐγένετο ἀρχὴ τῆς βασιλείας αὐτοῦ Βαβυλὼν, καὶ ὀρὲχ, καὶ ἀρχὰδ, καὶ χαλάννη, ἐν τῇ γῇ σεννάαρ. Hæc est itaque Tetrapolis, id est, quatuor urbes, quibus à se extructis, primus hominum post diluvium dominatus est Rex & Imperator *Nembrod.* Ubinam verò præter *Babylonem* loca illa extructa fuerint, cum sacra scriptura sileat, verisimile putem illa juxta mentem *Ariæ Montani,* vicina *Babyloni* ad *Euphratem* extructa fuisse; quamvis non inverisimile sit, ea quoque partim ad *Euphratem,* partim ad *Tigris* orientalem plagam posita; hæc enim propriè ad terram *Sennaar* videtur pertinere. Sed cùm hæc sine constitutione loci intelligi nequeant, lector adeat topographiam suprapositam, ubi genuinum earum urbium situm reperiet. Refert *Diodorus* & *Semiramim* varias condidisse civitates; σεμίραμις, inquit, ἔκτισε καὶ ἄλλας πόλεις, παρὰ τὸν ποταμὸν τόν τε εὐφράτην καὶ τὸν τίγριν, *in quibus emporia construxit eorum quæ ex* Media *&* Parætacene *omnique propinqua regione ferrentur:* quorum quidem nomina, etsi incognita hucusque permanserint, ex infinitis tamen ruderibus, quibus *Euphratis* & *Tigris* littora consita in hunc usque diem spectantur, successu temporum aliis aliisque ex earum ruinis instauratis urbibus, facilè cognosci possunt. Quæ omnia celeberrimus *Petrus à Valle,* & suprà allegatus *Philippus de S. Trinitate* in suis *Itinerariis* quàm curiosissimè observarunt: & in *Mesopotamia* monstrant in hunc usque diem *Orpha,* quæ fuit patria *Abrahami, Chaldæis* Ur *dicta;* Mussal *ex ruderibus* Ninive *extructa urbs, cæteræque* Meredin, Diarbechin, Anna, Heth, Charres *morte Crassi celebris;* Arbela, *victoria Alexandri Magni contra Darium memorabilis, aliæque istiusmodi;* Edessa, Seleucia *&* Elemaida *urbes fama illustres.* Sed de hisce recitantem audiamus *Petrum à Valle,* qui civitatem *Saleiman* aliam non fuisse dicit, nisi quam posteri *Thesiphontem* sive *Seleuciam* nominarunt. Hîc uti novimus ex *Daniele,* ab eo detectus fuit campus cum regio palatio *Nabuchodonosor,* ubi tres pueros Hebræos in fornacem ignis projici jussit, eò quod statuam suam adorare detrectassent. Hîc ostenditur *Lacus leonum* in quem *Daniel* projectus fuit: hîc *Ninives* situs genuinus ostenditur, & ejus innumera alia, quæ ex *Itinerario* nobis innotuerunt. Proinde verba ejus, tametsi longa, summopere tamen curiosa hîc subjungenda censuimus. Postquam enim de modernæ *Babyloniæ,* quæ *Bagdat* dicitur, situ & natura disseruisset, tandem se ad rudera *Mesopotamiæ Babyloni* vicinæ, verumque & genuinum eorum situm, describenda accingit.

Civitates Assyriæ Ur, Ninive, *aliarumque vestigia.*

Thesiphon olim, postea Seleucia.

Palatium Nabuchodonosor.

Lacus Leonum Danielis.

Con questi bravi adunque andammo innanzi, e più di un' hora prima di mezo giorno giungemmo al luogo destinato, che si chia-

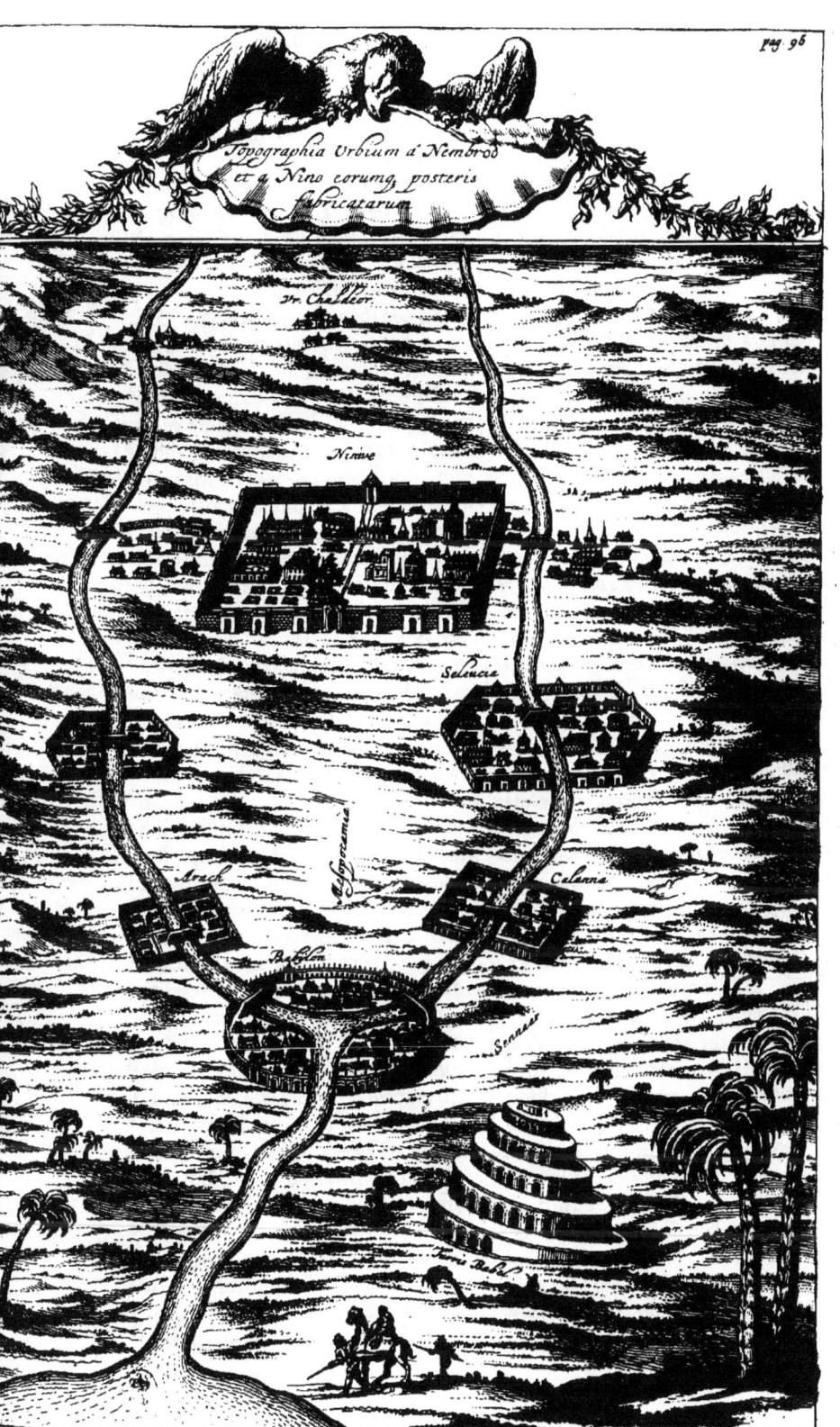

Cap. XI. chiama Suleiman, creduto sciaccamente Santo da Machomettani, e par la santità detto mondo, che in una Meschita in campagna presso à quel luogo è sepolto. La prima cosa che facemmo, subito scesi in terra, fù di andare à drittura (senza curarci di vedere sopra 'l fiume un castelletto moderno, dishabitato, & abbandonato, come io credo, per le correrie degli Arabi) à veder le rouine di una gran fabrica, circa un miglio dentro terra, che gli Ebrei di hoggi idioti dicono, che sia il tempio, nel quale **Nabuchodonosor** faceva adorar la sua statua d'oro tanto nominata nelle sacre scritture, e quanto al luogo potrebbe essere, poiche quella statua dice il sacro testo, che fù eretta in un campo, non della città, mà della provincia di Babilonia, che fin colà poteva ben stendersi; mà tuttavia à me parebbe strano, che insin hoggi fosse restato in piedi tanto una cosa tanto anticha, massimamente non essendo fabrica di pietra. Però i Mahomettani, à i quali, come à più dotti, io più credo, la chiamano **Aiuàn Kesra**, cioè Atrio de' Cesari, fabricato secondo loro in Tesifonte da i Re di Persia dell' ultima schiatta, che essi ancora ad imitatione de' nostri Imperatori si conta, che facevano Cesari chiamarsi. E mi dicono esser fabrica famosa, tanto nelle historie, quanto nelle Geografie Persiane, le quali un giorno io ancora procurarò di havere, e d'intendere. Da che si raccoglie manifestamente, che quivi era la città di Tesifonte, nelle guerre de' nostri Imperatori co' i Persiani, ò co' i Parthi, spesso nominata. Et io vi aggiungo di più, che per consequenza, vi era anche Seleucia, perche Strabone dice chiaramente, che Tesifonte non era altro, che un borgo di Seleucia, fabricato da i Re Parthi, à fine di non dare incommodo à quella città con la numerosa lor Corte, e con gli eserciti Scithici, che si conducevano appresso, quando venivano à passarvi l'inverno, per esser quel paese caldo, come la state la passavano ò in Hircania, ò in Ecbatana, mà che per questa spessa residenza della corte loro, Tesifonte ancora era cresciuta poi in gran città. Il che se è vero, dunque Seleucia e Tesifonte erano amendue in un medesimo luogo, il quale perciò molto bene dagli Arabi era chiamato Medain, cioè le due città, quasi di amendue facendo una cosa sola, e così à punto anche Agathia, parlando di quel gran Cosroe, che ammalato di desperatione per una rotta ricevuta ivi presso, vi fù portato à braccia moribondo, pare che amendue Seleucia, e Tesifonte in una sola cosa confonda. Hæc latine sic vertuntur:

Sect. III.

"Cum his sagittariis itaque navigio
"vecti, plusquam horâ unâ ante meri-
"diem pervenimus ad locum destina-
"tum, qui dicitur *Suleiman*, à Muham-
"medanis stolidè creditus sanctus, pro-
"pterque sanctitatem appellatus mun-
"dus, qui in fano quodam eorum cam-
"pestri, propè hunc locum sepultus est.
"Simul ac verò in terram descendimus,
"ante omnia rectà ivimus (negligentes
"parvum castellum recentioris fabricæ
"situm ad flumen, ab habitatoribus de-
"sertum, ut credo, propter latrocinia
"*Arabum*) visum rudera magnæ fa-
"bricæ sita ad distantiam unius circi-
"ter milliaris à flumine, quod *Judæi*
"hodierni idiotæ dicunt fuisse olim
"templum, in quo *Nabuchodonosor* jus-
"sit adorari statuam suam auream tam
"famosam in sacris literis: & quod ad
"locum attinet, id verum esse potest,
"quia sacer textus dicit hanc statuam
"fuisse erectam in campo, non civita-
"tis, sed provinciæ Babylonicæ, quæ
"potuit eò usque porrigi: mihi tamen
"mirum videtur, usque in hodiernum
"diem tantum reliquum esse rei tam an-
"tiquæ, maximè cùm non sit fabricata
"ex petra. Quamobrem potiùs credo
"Muhammedanis, ceu doctioribus, qui
"ædificium illud vocant *Aiuàn Kesra*,
"id est *Atrium Cæsarum*, dicuntque ex-
"tructum in loco antiquæ *Ctesiphon-
"tis* à Regibus *Persiæ* postremæ pro-
"geniei, qui semet quoque Cæsares vo-
"cabant ad imitationem nostrorum Im-
"pera-

N

Cap. XI. peratorum. Dixeruntque mihi fabri-
,,cam hanc esse celebrem, tam in hi-
,,storiis, quàm in *geographiis Persicis*,
,,quas aliquando conabor adipisci & in-
,,telligere. Ex quibus manifestò colli-
,,gitur, ibi fuisse civitatem *Ctesiphontem*,
,,frequentem in historiis de bellis Impe-
,,ratorum nostrorum cum *Persis*, vel
,,cum *Parthis*. Ego verò amplius addo,
,,quod consequenter ibi etiam fuerit *Se-*
,,*leucia*, quia *Strabo* disertè dicit, *Ctesi-*
,,*phontem* non fuisse nisi suburbium *Se-*
,,*leuciæ*, fabricatum à Regibus Parthi-
,,cis, ne huic civitati cum numerosa sua
,,familia graves essent, & cum agmini-
,,bus Scythicis, quæ secum ducebant,
,,cum eò in hyberna tenderent, quia
,,regio illa calida est, quemadmodum
,,æstatem transegerant vel in *Hyrcania*,
,,vel in *Ecbatana*, sed *Ctesiphontem* tan-
,,dem ob frequentem sedem familiæ il-
,,lorum, ipsam crevisse in insignem ci-
,,vitatem. Quod si verum sit, utique &
,,*Seleucia* & *Ctesiphon* sitæ fuerint in eo-
,,dem loco, quam propterea *Arabes* re-
,,ctissimè appellaverint *Medain*, id est,
,,*Dipolim*, ex utraque quasi unam faci-
,,entes civitatem. *Agathias* etiam, ubi
,,agit de magno illo *Cosroë*, ex despera-
,,tione propter cladem sui exercitûs ibi
,,acceptam, morbo occupato, illuc mo-
,,ribundum eundem manibus fuisse de-
,,portatum ait, adeoque & hinc liquet
,,eum utramque civitatem, *Seleuciam* &
,,*Ctesiphontem* in unam confundere. *Stra-*
,,*bo* tamen *lib.* XVI. valdè congruit obser-
,,tioni *Petri de Valle*. Sic enim dicit citato loco : πάλαι μὲν οὖν ἡ βαβυλὼν
ἦν μητρόπολις τ̃ ἀσσυρίας, νῦν δὲ σε-
λεύκεια ἡ ἐπὶ τῷ τίγρῃ λεγομένη
πλησίον δ' ἐστὶ κώμη κτησιφῶν λεγομένη μεγάλη· ταύτην δ' ἐποιεῦντο
χειμάδιον οἱ τῶν παρθυαίων βασιλεῖς,
φειδόμενοι τῶν σελευκέων, ἵνα μὴ
κατασταθμεύοιντο ὑπὸ τ̃ σκυθικῦ φύ-
λυ κ̀ ς ρατιωτικῦ. Pergit : *Hic pa-*
gus urbis potentia & magnitudine est, cùm

Parthorum *multitudinem & apparatum Sect*.III.
omnem recipiat, quinimo & necessaria ad
vivendum illis suppeditet. Ibi Parthorum
Reges in hyeme propter aëris temperiem de-
gere solebant : æstate verò in Hircania *&*
Ecbatanis, (quæ hodie *Tauris* dicitur)
propter antiquam loci adhuc durantem fa-
mam. Hæc ad *Vallæi* observationem
confirmandam jungenda censui. Pergit porro *Petrus à Valle*.

Nel martirologio Romano ancora à 21
di Aprile si fà memoria di un Santo Simeo-
ne, che fù Vescovo de amendue queste città Seleucia e Tesifonte insieme, onde il
medesimo si viene à confermare. Medain
poi degli Arabi in una Geografia Persia-
na, che è stimata frà di loro, & è di buon
autore, per quanto intendo, viene à punto
interpretata Tesifonte, perduto già forse
affatto, co'l crescimento di Tesifonte, e'l
nome & ogni memoria di Seleucia. E perche di queste due città tanto vicine, che facevano un sol corpo, Seleucia si attribuisce
alla Mesopotamia, come nel Epitome
Geografica anche è notato, m' imagino però, che stesse nella sponda destra, e più Occidentale del Tigre, e Tesifonte all' in-
contro nella sinistra all' Oriente, dove è l'
Aiuan Kesra, la quale è i Re Parthi, che
di là venivano, senza dubbio era la più commoda. Tutte queste cose sono andato io rac-
cogliendo, e confrontando dalla veduta de
i luoghi, da quello che hò inteso esserne scritto ne' libri buoni de' Mahomettani habi-
tatori hoggidì del paese, e dalle note, che
hò appreso di me di qualche cosa già da me
letta, se confrontino poi con tutte le altre historie nostre, mi rimetto à chiarirlo
meglio con più commodità, dove haurò libri, che qui non ne hò, nè la memoria de'
già letti mi serve più che tanto, e per hora
mi contentarò di referir solo quel che vidi.
id est:

,,In Martyrologio Romano etiam
,,die 21 *Aprilis*, celebratur memoria san-
,,cti cujusdam *Simeonis*, qui utriusque
,,civitatis *Seleuciæ* & *Ctesiphontis* simul e-
,,piscopus fuit, unde idem confirmatur.
,,Deinde

*Cap.*XI. Deinde *Medain Arabum* in quadam *Geo-* „ *graphia Persica*, quæ inter eos magno „ in pretio est, & à præstante viro con- „ scripta dicitur, ut audio, vertitur *Cte-* „ *siphon*, forte quia jam tum cum incre- „ mento *Ctesiphontis, Seleucia* penitus cum „ nomine omnem memoriam perdide- „ rat. Et quia ex his duabus civitatibus „ tam vicinis, ut unum corpus constitue- „ rent, *Seleucia* attribuitur *Mesopotamiæ*, „ quomodo etiam in *Epitome Geographicâ* „ notatum est, iccircò arbitror, eam si- „ tam fuisse ad dextram & occidentalem „ partem *Tigris*, & *Ctesiphontem* è regio- „ ne sinistræ ad Orientem, ubi est *Aiuan* „ *Kesra*, quæ Regibus *Parthorum*, ex illâ „ parte venientibus, dubio procul com- „ modior erat. Hæc omnia ego ipse suis „ in locis conspexi, & annotavi ea quæ „ audivi de eâ re scripta esse in bonis li- bris *Muhammedanorum* incolarum ho- diernorum istius regionis, cumque iis contuli annotationes quascunque antehac à me observatas, quas semper penes me habeo. Cæterùm si conve- niunt cum omnibus aliis historiis no- stris, spero me aliâ occasione ea cla- riùs expositurum, quando ad manus habebo libros, quos hîc non habeo ; neque verò memoria librorum jam le- ctorum huc multum facit, & propterea mihi nunc sufficiet ea duntaxat referre quæ vidi. Pergit postea describendo magnum illud templum adhuc *Ctesi- phonte* superstes, etsi nonnihil successu temporum labefactatum ; & hodie vocatur à *Mahometanis* ديوان الكسرا *divan al chesra*, id est, prima curia *Parthorum*, deinde & *Romanorum*.

L' Aiuan Kesra *adunque*, come dico- no i *Mahometani*, overo l' *Arco di Soli-* man Pac, come più alla grossa, per la vi- cinanza di una cosa all' altra, lo chiamano *alcuni*

Cap. XI. alcuni de' nostri, è una fabrica grande fatta tutta di mattoni cotti, e buona calce, con muraglie grossissime, e rivolta con la faccia all' Oriente, e la sua facciata, che è lavorata d' alto à basso con mille scompartimenti de i medesimi mattoni, è lunga da cento e quattordici passi de' miei. Haveva come apparisce tre navi, all' uso delle Chiese nostre, delle quali quella di mezo sola resta in piedi, & è lunga sessanta due passi de' miei, e larga trenta tre, mà misurai allo peggio, in quel modo che si poteva, per la disugualità, & impacci del terreno ingombrato. Dinanzi in mezo non hà porta grande, come si usa, mà tutta in nave di mezo, quanto è larga & alta, è aperta, di maniera che di fuori si vede tutta dentro fin' in cima, la qual cosa ha dato occasione à i paesani di chiamar questa fabrica l' Arco, perche con la sua gran volta, aperta dinanzi, rapresenta à punto la figura di un grande, arco. In faccia dentro nella parte di dietro, vi è una piccola porta in mezo fatta pur ad arco, & dalle bande vicino alla facciata da piedi, vi sono due altre porte piccole, che entravano nelle altre due navi minori, le quali sono rouinate del tutto come anche è rouinata parte della volta, e del muro dietro. Mà non occorre che io mi affatichi in descriverla, il mio pittore la dissegnò con diligenza tutta in prospettiva, e nel quadro, che ne sarà, la vedrà V. S. ritratta assai del naturale; id est:

„ Aiuan Kesra itaque, ut vocant Mu-
„ hammedani, vel Arcus Soliman Pàc, ut
„ vulgò malè quidam nostrum appellant,
„ propter harum rerum propinquitatem,
„ est ingens fabrica tota exstructa ex la-
„ teribus coctis, & bona calce, cum cras-
„ sissimis muris, frontispicio vergente ad
„ Orientem, quod à fastigio usque ad
„ fundamenta multiplici ornatu dicto-
„ rum laterum conspicuum, & centum
„ ac quatuordecim passus meos longum
„ est. Tres, ut apparebat, in eo fuerunt
„ naves, (quo nomine vocantur cellę me-
„ diæ,) non secus ac in templis nostris,
„ quarum media tantum superstes est, ac

„ sexaginta duos passus meos longa est, Sect. III.
„ & ampla triginta tres. Mensuravi au-
„ tem summa cura, quantum mihi licuit
„ per obstacula & gibbositates ruderum
„ humi sitorum. In medio partis ante-
„ rioris non est magna porta, qualis esse
„ solet, sed navis media, quantæcunque
„ latitudinis & altitudinis sit, aperta est,
„ ita ut ab extra omnia intrò perspician-
„ tur usque ad fastigium: unde incolæ
„ acceperunt rationem, ob quam hanc
„ fabricam vocaverint Arcum, quia per
„ suum magnum fornicem anterius a-
„ pertum, speciem præbet magni ar-
„ cus. In postica parte interiore est par-
„ va porta in medio facta etiam arcua-
„ ta, & à lateribus prope fundamentum
„ aliæ duæ parvæ portæ sunt; quà in-
„ tratur in alias duas naves minores, quæ
„ sunt penitus collapsæ, prout etiam col-
„ lapsa est pars fornicis & muri postici.
„ Verùm nolui operam impendere in eà
„ describenda, sed pictor meus eam de-
„ lineavit sciagraphicè cum omni dili-
„ gentià, & in figura quadrata, quam
„ videbis hîc naturaliter depictam. Per-
„ git Vallæus.

Vicino à questa fabrica monstrano un luogo pieno di rouine, che dicono pur gli Hebrei, che fosse il lago de i Leoni, ò luogo da tenerli le fiere, dove fù gittato Daniele, io le hò tutte per cose poco fondate, & in somma, per le historie Persiane sappiamo certo esser quella, la Città di Tesifonte, che come fù assai grande, e magnifica, non è miraviglia, che havesse molte fabriche notabili, che hoggi che sono totalmente distrutte, è molto difficile à poter conoscere che cosa si fossero. Andammo poi più in là à veder la Meschita di Soliman Pàc, che è fabrica di Mori fatta di mattoni antichi, con qualche garbo, ma piccola, e girando un pezzo per quelle campagne, oltra molte rouine, che trovammo sparse in quà & in là, di fabrica simile à quella di Babel, di mattoni crudi e cannuccie. Vedemmo ancora le rouine della muraglia della città, che si vede esser stata molto grande, e si

cono-

Cap. XI. conoscono ancora i muri ridotti come in monticelli di terra, & mattoni, che con continuato giro circondano un spatio molto grande di quelle campagne, tanto da quella banda del fiume, dove noi eravamo, che era la riva Orientale, quanto dall' altra, talche il fiume veniva à passare in mezo alla città, overo alle due città, secondo io diceva di sopra, se pur all' hora non correva per altra strada, come dicono alcuni paesani, à i quali per essere ignoranti, io dò poca fede.

E la città, comunque fosse, chiara cosa è, che fù principale, e non ordinaria, perche così dimostrano le sue rouine, e 'l sito. Sopra 'l fiume, vi trovai anche muraglie di buoni mattoni cotti, murati con bitume in vece di calce, come si scrive, che fossero quelli della mura di Semiramide (quod verum esse Diodori supra adducti verba confirmant) de' quali mattoni pur co'l bitume attaccato, conforme al mio solito ne presi, e li porto meco dentro una scatola molto ben servati con bombagia, cosa che più di quattro volte hà fatto veder diversi di questi paesani ignoranti, che non sanno che cosa siano le nostre curiosità. Veduto che havemmo tutte queste cose, ritornammo in barca, e tirandola i barcaiuoli contro acqua con la corda, tornammo indietro verso Baghdad, e quella sera alloggiammo sotto la medesima villa Kierd Haggi Curdì, dove havevamo alloggiato la sera precedente; id est:

,, Proximè hanc fabricam monstrant
,, locum plenum ruderum, quem dicunt
,, Judæi fuisse fossam leonum, vel lo-
,, cum ad detinendas feras, in quem de-
,, jectus fuit Daniel; ego verò id minùs
,, verisimile duco; & quia ex historiis
,, Persicis certò scimus eam fuisse civita-
,, tem Ctesiphontem, quæ cùm fuerit val-
,, de magna & magnifica, non mirum
,, videri debet fuisse ibi multa ædificia
,, magni momenti, quæ siquidem sunt o-
,, mnino destructa, difficillimum est di-
,, scernere quid fuerint. Deinde ulteriùs
,, progressi sumus ad videndum fanum

Soliman Pàc, quæ est fabrica *Maurorum Sect.* III. facta ex antiquis lateribus, cum quadam pulchritudine, licet parva; & perambulantes hos campos, præter multa rudera, quæ invenimus passim dispersa, quorum fabrica non est diversa à fabrica *Babel*, ex lateribus crudis & parvis cannis, vidimus etiam rudera mœnium civitatis, unde animadvertere potuimus eam fuisse valde magnam, & discernuntur adhuc muri redacti tanquam in colliculos terrestres, & lateres, qui continuo ambitu circumdant spatium maximum horum camporum, tam ex hac parte amnis, ubi eramus, quæ erat ripa orientalis, quàm ex altera, ita ut amnis mediam civitatem interflueret, vel potiùs inter ambas civitates, uti suprà dixi, nisi forte tum alio alveo fluxerit, ut incolæ quidam dicunt, quibus tamen ob eorundem ignorantiam non multum fidei tribuo.

Et manifestum est civitatem, qualiscunque fuit olim, præcipuam & non vulgarem fuisse, quia id demonstrant ejus rudera & situs. Juxta amnem inveni etiam muros ex bonis lateribus coctis, cæmentatis bono bitumine loco calcis, quales scribuntur fuisse in muris *Semiramidis* (quod verum esse Diodori supra adducti verba confirmant:) ex quibus lateribus cum bitumine tamen adhærente, pro more meo, quosdam accepi, eosque mecum portavi in cistâ optimè munitos gossypio, quapropter sæpiùs plurimi horum rudium incolarum ridebant, ignorantes causam nostræ curiositatis. Ut hæc omnia vidimus, denuo ascendimus in navigium, quo à nautis ope cordæ adverso amne protracto, rediimus *Bagdadum*, & eodem vespere pernoctabamus in eodem pago *Kierd Haggi Curdi*, ubi nocte præcedente fueramus commorati. Pergit *Vallæus* civitatem, quam *Hella* vocant, quæ haud dubiè fuit una ex illis urbibus, quas ad *Euphratis* littora *Semiramidem*

Cap. XI. midem ædificasse supra ostendimus; non ipsam, sed posterioribus seculis ex ruinis veterum urbium extructam; ubi & mentionem facit sepulchri *Ezechielis* Prophetæ, & fluminis *Chobar*. Sed audiamus ejus verba.

Dimorammo in Hella tutto 'l giorno seguente per vederla bene, & in poche parole dirò à V.S. che è situata Hella sopra l' Eufrate, la metà di quà, e la metà di là, e da una parte all' altra si passa per un ponte di barche, come quel di Baghdad, mà le barche, quando io le hò vedute, non erano più di venti quattro, se bene in tempo di acqua grossa, vene bisognava più. Le case, son pur come quelle di Baghdad, fabricate di buoni mattoni vecchii, ma bassissime, che non hanno se non il primo piano al terreno, e tutte hanno giardino con quantità d' alberi di varii frutti, e sopra tutto palme in tanta copia, e così alte, che sopravanzando di gran lunga, e ricoprendo, per dir così, co'i rami tutte le case, quando si vede la città di lontano, non pare di veder una città, mà una folta selva di dattili, che certo in quelle pianure, e sopra quel fiume, è cosa assai vaga à vedere. E città honestamente grande, hà dentro un *Castello* piccolo, mà competentemente forte sopra 'l fiume, case assai buone, & alcuni di bella fabrica, fatti con architettura, mà troppo scuri.

Vi risiede un Sangiacco, & è sottoposto al *Bascia* di Baghdad. Frà i giardini vene sono alcuni galanti con agrumi, e simili galanterie, come uno, che io ne vidi, che è di certe donne, figliuole di un *Bascia* morto. Fabriche notabili non vi sono, ne reliquie di antichità, tutta via si può credere, che anche in tempi antichi tutto quel paese intorno all' Eufrate, e tanto vicino à Babilonia, fosse strettamente habitato e facilmente può essere che Hella dalle stesse rouine di Babilonia in quel luogo nascesse. E mi fù accennato in Hella, mà per la poca intelligenza, che io hò in fin' hora della lingua Arabica non l' intesi all' hora bene, e perciò non andai à vederlo, e quando dopo di esserne partito, l' ho saputo meglio, mi è dispiaciuto assai di non esservi andato, e Sect. III. non l' haver veduto, cioè, che vicino ad Hella meza giornata, per altra via diversa, da quelle che io feci, si vede infin' hoggi la sepoltura di Ezechiel Profeta, dove bene spesso vanno molti Hebrei per divotione, e stà à punto sopra quell' istesso fiume Chobar, ò Chabor, come dicono hoggi gli Arabi nominato dalla sacra scrittura nelle visioni di lui, il qual fiume nascendo nella Mesopotamia da una grande e famosa fontana chiamata راس العين Ras-el-ain, e cresciuto poi in lungo corso, finalmente verso queste parti viene à metter nel l' Eufrate. Era in vero questa cosa molto degna di vedersi, tanto per Ezechiel, che fù sì gran Profeta, quanto perche nel Martirologio si dice, con l' autorità, come io credo di santo Epifanio che l' hà scritto, che Ezechiel fù sepellito nel sepolcro di Sem e di Arphaxad, progenitori di Abrahamo, che è una grande antichità, mà in somma la mia disgratia, ò trascuragine che fosse, mi privò di questo gusto. Veduto del resto che hebbi ogni cosa, e notato quanto mi parve ne' miei scartafacci la matina di 25 di Novemb. al tardi parti di Hella, e la sera andai à dormire nel medesimo luogo chiamato Biz-serchàn, dove havevamo pur' alloggiato nell' andare. Hæc latinè sic sonant.

Totum diem sequentem morabamur in civitate *Hella*, ut eam probè perspiceremus, brevibusque tibi dicam, eam sitam esse ad *Euphratem*, mediam interfluentem, & ponte scapharum junctum, in modum pontis Bagdadensis; verùm scaphæ, quo tempore eas videbam, non superabant numerum viginti quatùor, utut flumine alto longè pluribus opus sit. Ædes similes sunt Bagdadensibus, extructæ ex bonis lateribus vetustis, sed humillimis, altitudine saltem æquantibus primum planum telluris, omnesque adjunctos habent hortos cum plurimis arboribus variorum fructuum, & inprimis palmarum tanta copià, adeoque
pro-

TURRIS BABEL LIB. II.

*Cap.*XI. procerarum, ut altitudine longè supe-
„rent, & quodammodo cooperiant cum
„ramis omnia tecta. Quando civitas
„procul adspicitur, non præbet speci-
„em civitatis, sed densissimi palmeti,
„quod sane in his planis campis, & jux-
„ta hunc amnem jucundissimum præ-
„bet spectaculum. Civitas hæc utcun-
„que magna est, interiùs munita parvo
„castello, sed satis valido ad amnem.
„Ædes omnino bonæ, & quædam pul-
„crè extructæ, secundum leges archite-
„cturæ, sed nimis obscuræ.
„ Sedem ibi suam habet quidam San-
„giaccus, estque subdita Bassæ *Bagda-*
„*densi*. Inter hortos quidam gaudent
„pomis citreis acidisque auraïcis ac aliis
„deliciis, quorum unum vidi spectan-
„tem ad quasdam fœminas, filias alicu-
„jus Bassæ mortui. Ædificia alicujus
„momenti nulla sunt, nec reliquiæ an-
„tiquitatis, tamen credibile est, olim
„omnem hanc regionem circa *Euphra-*
„*tem*, adeoque vicinam *Babyloniæ*, fuis-
„se populosissimam, & facilè fieri po-
„tuit, ut *Hella* in hoc loco ex ipsis rude-
„ribus *Babyloniæ* ortum suum traxerit.
„Dictum quoque mihi fuit in civitate
„*Hella*, quod ad iter dimidiæ diei ab
„eadem civitate, sed diversâ viâ ab eâ
„quam fueram ingressus, hodieque
„conspiciatur sepulchrum *Ezechielis*
„Prophetæ; sed quia tum nondum satis
„peritus eram *linguæ Arabicæ*, utique id
„non satis intellexi, & propterea non ivi
„eò ad id videndum; deinde verò post-
„quam abieram, meliùs intellectâ re
„valdè me pœnituit, quod non eò ive-
„rim & sepulchrum dictum viderim.
„Quò frequentes vadunt plurimi *Judæi*
„devotionis causâ, situmque est ad ri-
„pam ejusdem fluminis *Chobar*, seu *Cha-*
„*bor*, ut vocant *Arabes* hodierni, quod
„nominatur à Sacra Scriptura in visio-
„nibus hujus Prophetæ: qui amnis ori-
„tur in *Mesopotamia* ex grandi & famo-
„so fonte appellato راس العين *Ras-el-*
„*ain*, & postea longo tractu augetur,

tandemque circa hæc loca exoneratur
in *Euphratem*. Hoc profectò omnino
visu dignum fuerat, tam propter *Eze-*
chielem, qui fuit tantus Propheta, quàm
quia in Martyrologio dicitur, ex auto-
ritate, ut credo, S. *Epiphanii*, qui id
scripsit, quòd *Ezechiel* fuerit sepultus
in sepulchro *Semi* & *Arphaxadi*, pro-
genitorum *Abrahami*: quæ sanè est insignis antiquitas. Verùm ut dixi, seu
infortunium meum, seu negligentia,
me privarunt isto aspectu. Postquam
omnia reliqua videram & notaveram,
quæ digna visa fuerant, mane die 25
Novembris, sed aliquanto seriùs profectus sum *Hellâ* & vesperi pernoctatum
ivi in eundem locum appellatum *Biz-*
ferchàn, ubi etiam diverteramus cum
illuc iremus.

Atque hæc sunt quæ de priscis *Ba-*
byloniæ fabricis dicenda existimavi; certè sanè inde concludere possum, tanta & tam innumerabili hominum multitudine fuisse inhabitatam tum terram
Sennaar, tum *Mesopotamiam*, tum universam illam terram ad *Sinum* usque
Persicum, ubi *Euphrates* magna aquarum mole in id sese evolvit, ut vix passum progrediare, ubi non restent ve-
tustorum temporum, urbiumque vestigia. Totum itaque *Euphratis*, *Ti-*
grisque littus, excultum fuit urbibus,
oppidis, turribus, vicis; ita ut vel u-
niversa *Babyloniæ* regio usque ad *Sinum*
Persicum versus Austrum, & versus Bo-
ream in *Mesopotamiam* se extendens u-
nica non immeritò civitas dici potuerit. Quod vel ex ore istius *Petri à Valle*
curiosissimi exploratoris omnium me
audisse memini: sic enim dicit: *E ben*
vero, che è fabricata Bagdad, come tut-
te le altre terre vicine da i mattoni buoni,
e vecchi dalla Babilonia antica, e dalle al-
tre fabriche, ch'erano all' hora in questi
paese, nel quale, benche non si vedono ve-
stigie alcune restate in piedi di muraglia,
se non quelle poche, che appresso raccon-
tarò, tuttavia sotto terra in qual si voglia
luogo

Cap. XI. *luogo che si cavi, per molte giornate intorno, si trova per tutto quantità grande di mattoni buoni & di muraglie antiche, donde e nata una favola, che si conta hoggidì fra* Mori *che questo paese fosse tanto habitato, che una volta essendosi perduto in* Bagdad *un gallo, fù ritrovato in* Bassora *città sopra'l mare nel* Seno Persico, *lontana di* Bagdad *à* 12 *giornate, sin dove dicono che fosse andato saltando sempre di tetto in tetto. Questa continuata quantità di rovine sotto terra in tutte le paese della provincia di* Babylonia, *tanto di quà, e di là, quanto in mezzo à i due fiumi, come anche un piccolo ramo o canale tirato dal'* Eufrate, *che appresso à* Bagadat *viene à mettersi nel* Tigre. id est:

„ Verum quidem est, *Bagdadum* fuis-
„ se extructum, ut & alias terras vicinas
„ ex lateribus bonis & vetustis *Babyloniæ*
„ veteris, & ex aliis fabricis, quæ tum
„ erant in istis regionibus, in quibus, ut
„ ut non appareant ulla vestigia muro-
„ rum reliqua, nisi pauca illa, de qui-

bus postea agam, nihilominus sub ter- "Sect. III.
ra, ubicunque foditur, usque ad mul- "
torum dierum itinera circumcirca, in- "
venitur ubique insignis copia laterum "
bonorum, & murorum antiquorum, "
unde nata est fabula, quæ hodie inter "
Mauros narratur, quod regio illa tam "
frequens fuerit habitatoribus, ut ali- "
quando amissus gallus in *Bagdado* de- "
nuò fuerit inventus in *Bassora*, civita- "
te juxta littus maris *Sinûs Persici*, sita à "
Bagdado ad 12 dierum itinera: eousque "
dicunt eum progressum semper saltan- "
do de tecto in tectum. Hæc continua "
quantitas ruderum sub terra in omni- "
bus regionibus provinciæ *Babyloniæ*, & "
ultra, & citra, & in medio duorum illo- "
rum fluviorum, ut & parvus rivulus seu "
alveus derivatus ex *Euphrate*, qui pro- "
pè *Bagdadum* se evolvit in *Tigrim*. Sed
hisce jam præmissis, jam ordine filiorum *Noë* gesta prosequamur.

CAPUT XII.

Genealogia *Noë, Japheth, Cham, Sem,* filiorumque.

De ortu Phaleg, *& divisione linguarum & gentium.*

C. XII.
Ortus Phaleg & confusio linguarum.

Cæterum nonnullæ rationes demonstrant quidem divisionem linguarum accidisse multò post nativitatem *Phaleg* (quod & nos credimus) verùm non ideo consequitur eam anno post diluvium trecentesimo quadragesimo contigisse, ut putant *Hebræi*, qui annus, secundum ipsos, fuit postremus vitæ *Phaleg*. Nam si verum est, quod asserunt *Eusebius* in sui Chronici initio, & B. *Hieronymus* in *Oseæ* cap. 2 & S. *Augustinus lib.* XVI. *de Civit. Dei cap.* 17. quos sequuntur omnes penè alii doctores ecclesiastici, nimirum *Nembrod* fuisse illum, quem gentilitas appellavit *Belum*, eundemque regnas-

se annis sexaginta quinque post conditam *Babylonem* & ei successisse *Ninum*, in cujus regni anno 43, natus est *Abra-* *Errores* *in computa tempo-* ham. Procul dubio si prædictis annis *rum occur-* 340 à diluvio, ad linguarum divisio- *rente.* nem elapsis, addantur anni 65 regni *Beli*, & 43 *Nini*, necessarium erit ponere, *Abrahamum* esse natum anno post diluvium 448, quod manifestè adversaretur Scripturæ Sacræ, ex qua *Genes.* cap. XI. *vers.* 10. usque ad 27, ubi describitur genealogia *Sem* filii *Noë*, à diluvio ad ortum *Abrahæ* juxta computum in hac adjuncta tabula expressum, colliguntur tantummodo anni 383. Si verò sequamur eos, qui putant *Abraham* natum

XII. natum esse anno vitæ patris sui 60, & generationem *Cainan* minimè computandam censent, invenies à diluvio ad ortum *Abrahæ* longè minorem summam, nimirum annos duntaxat 293. Aliud huic simile absurdum ex priori opinione consequi necesse est. Nam si ponamus divisionem linguarum (quæ procul dubio facta est, quando *Babylon* ædificabatur) contigisse in ipso ortu *Phaleg*, qui ut colligitur loco *Genes.* proximè adducto, natus est anno post diluvium (præterita generatione *Cainan*) 102. quod pariter ex suprascriptis certum est, Scripturæ Sacræ plurimum adversari. Quocirca probare nullo modo possumus, id quod magnæ famæ auctor, vir alioqui in expendenda temporum præsertim antiquissimorum ratione accuratissimus *libr. in Genes.* XV. *num* 148, asserere non dubitavit, dicens, nullam afferri posse rationem, quæ necessariò concludat, vel etiam probabiliter demonstret divisionem linguarum non potuisse fieri, quando natus est *Phaleg*, qua in re fortassis, ut fit, memoriæ lapsu, videtur sibi non constare, quandoquidem ipse pluribus in locis & præsertim *libr.* XV. *in Genes. num.* 61. 67 & 148. & *lib.* XVI. *num.* 236. approbat, recipitque communem, quam citavimus, horum temporum historiam, asserentem *Nembrod* eundem esse cum eo, quem gentiles *Belum* dixerunt, & eundem à divisione linguarum regnasse 65 annis in *Babylone*, quæ fuit initium regni ejus, ut dicitur *Genes. cap.* X. *vers.* 10. Et *Abrahamum* natum esse anno 43 regni *Nini*, qui immediatè successerat dicto *Nembrod*. Ex quibus profectò (positâ divisione linguarum in anno primo vitæ *Phaleg*) sequeretur ipsum *Abrahamum* natum esse 108 vitæ ipsius *Phaleg*, quod quàm falsum sit, dignosci potest ex *Genes. cap.* XI. *vers.* 16. usque ad 25; ubi ab ortu *Phaleg*, ad ortum *Tharæ* Patris *Abrahæ*, evidenter col-

liguntur anni plus quam centum viginti, siquidem ipse *Thare* natus est anno vitæ *Phaleg* 122, ut patet ex Tabula Chronologica. Quis igitur non videt, contra asserentes divisionem linguarum incidisse in ortum *Phaleg*, posse afferri argumentum valdè firmum, nimirum, quia hac positâ sententia, necesse est probabiliorem ac magis receptam horum temporum chronologiam, à probatissimis auctoribus editam, funditus interire, & nullatenus posse cum sacro textu conciliari? Itaque relictis hisce duabus opinionibus, dicimus, quòd si vera est, ut credimus, nuper à nobis relata, & communi doctorum consensu firmata horum temporum historia de *Nembrod*, quod fuerit idem cum *Belo*, quemadmodum nos quoque infra comprobabimus, & quod regnaverit annis 65. & de *Abrahamo*, quod natus sit anno 43 *Nini*, qui immediatè post prædictum *Nembrod* regnasse dicitur, necessarium est fateri id, quod ab exordio hujus operis proposuimus: videlicet divisionem linguarum anno post diluvium 275 contigisse, qui annus in nostris tabulis cum anno vitæ *Phaleg* 144 contigit. Et hac positâ opinione, *Torniello* teste, multa quæ ex aliis duabus sequi dicebamus, devitantur absurda, & horum temporum historia ab ethnicis, atque item ab ecclesiasticis scriptoribus tradita, ac probatâ optimè cum sacris annalibus congruere deprehendetur, ut quilibet in præsenti præcipuè tabulâ breviter, facilèque poterit experiri.

Sect.III.

Vera sententia de ortu Phaleg. Torniellus.

Sit ergò positum divisionem linguarum & populorum factam sub medium vitæ *Phaleg*, id est 144 anno ipsius, diluvii autem 275, multis rationibus, quas passim hinc inde insertas reperies, confirmavimus, quibus positis de re ipsa dicendum est. Cum autem de constructione civitatis & *Turris*, quæ proxima causa fuit divisionis linguarum, in primo anno *Tharæ* dictum

TABULA CHRONOGRAPHICA à diluvio usque ad tempora Abrahæ.	Ab orbe condito.	Vitæ Noë.	A diluvio.	Regni Nembrod, sive Beli.	Regni Nini.	Monarchiæ Assyriorum.	Regni Semiramidis super Assyrios.	Regni Zameis in Ninive.
Noe vinum bibens inebriatus est an. Post annos 28	1666 28	610 28	10 28					
Arphaxad genuit Cainan inch. an. Post annos 30	1694 30	638 30	38 30					
Cainan genuit Sale inch. an. Post annos 30	1724 30	668 30	68 30					
Sale genuit Heber inch. an. Post annos 2	1754 2	698 2	98 2					
Noë dicitur genuisse Jonithun an. Post annos 32	1756 32	700 32	100 32					
Heber genuit Phaleg inch. an. Post annos 30	1788 30	732 30	132 30					
Phaleg genuit Rheu inch. an. Post annos 113	1818 113	762 113	162 113					
Facta est linguarum, gentiumque divisio, an.	1931	875	275					
Regnat Nembrod, qui & Belus in Babylone, an. Post annos 24	1932 24	876 24	276 24					
Noe fertur misisse Jonithun in Ethan, an. Post annos 40	1956 40	900 40	300 40					
Arphaxad & Nembrod, qui & Belus, mortui sunt in fine an.	1996	940	340	66				
Ninus regnat in Babylone inch. an. Post annos 9	1997 9	941 9	341 9		1 9			
Noe moritur sub finem, an. Post annos 10	2006 10	950 10	350 10		10 10			
Ninus Monarchiam inchoat Assyriorum, an.	2016		360		20	1		
Moritur Phaleg sub finem an.	2026		370		30	11		
Moritur Nachor Tharæ pater sub fin. an. Post annos 12	2027 12		371 12		31 12	12 12		
Abraham nascitur inch. an. Post annos 9	2039 9		383 9		43 9	24 9		
Ninus Assyriorum Rex moritur sub fin. an.	2048		392		52	33		
Semiramis regnat in Ninive, & Sarai nascitur in Chaldæa inch. an. Post annos 41	2049 41		393 41			34 41	1 41	
Semiramis Assyriorum Regina decessit.	2090		434			75	42	
Regnat Zameis in Assyria inch. an.	2091		435			76		1
Jupiter à nonnullis creditur natus. Post annos 13	2092 13		436 13			77 13		2 13
Chodorlahomor subegit Sodomitas. Post annos 3	2105 3		449 3			90 3		15 3

XII. ctum fuerit, restat ut ex confusione ipsa & hominum dispersione in universas terras, qui est ejusdem confusionis effectus, dicamus.

Et primùm quàm justa fuit hæc pœna architectis istis inflicta, & quàm consentanea divinæ bonitati ac sapientiæ. Quæ enim à parente pœna suavior expectari possit in liberos minus dictis suis audientes, quam sine cædibus, sine mutilatione & plagis, sine iracunda dissipatione laboriosi operis, atque ideò sine objurgatione & querela adigere ad obtemperandum, novasque colonias deducendas, quæ coloniæ essent, si volentes abibant; aut varia exilia ac deportationes, si inviti. Quod si hæc eorum culpa vanitas fuit, non enim satis probabilia narrant, qui hanc substructionis insaniam à culpa purgare moliuntur, ut videre est apud *Tostatum*. Sciebant enim jam pridem sibi à communi parente *Noë* divinitùs impetratum, ut in destinatas sibi provincias proficiscerentur. Itaque in mora erant, & in culpa, quæ ex diuturna ista civitatis & turris DEO non grata molitione crescebat. Si ergo hæc culpa vanitas fuit, nonne sapienter opus vanitatis & inops solidæ gloriæ, præter DEI voluntatem susceptum, infirmitate sua, DEO non sustentante contabescit. Si superbæ mentis elatio? nonne confusione expianda fuit, ne superbè unquam gloriosi isti jactare possent opus, quod imperfectum irrisi, confusique reliquissent. *Quoniam dominatio imperantis in lingua est*, inquit Augustinus, *ibi damnata est superbia, ut non intelligeretur jubens homini, qui noluit intelligere, ut obediret* DEO *jubenti*. Si odium DEI *hanc arcem erigebat adversus* DEUM, *nonne exarmandi erant inimici, nonne ex ipsa arce exigendi, & impia conjuratio animorum, justa linguarum dissensione castiganda?* Unde Claudius Marius Victor:

Ut quod peccarunt concordis crimine Sect. III. *mentis*
Confusæ damnet melior discordia linguæ.

Vide *Prosper. Aquit. de Vocat. gentium.*

Sed age, quæ fuit ista linguarum confusio? quomodo facta? quàm multiplex? Nam *Philo in libro de confusione linguarum*, dum historiam suo more in tropologiam conatur vertere, negat confusionem ullam contigisse linguarum, sed divisionem. Nam *Hebræa*, quæ jam erat, in sua puritate & integritate perstitit, aliæ quæ tum primum natæ sunt, confusæ non fuerunt, antequam essent. An in linguis confusio non fuit, sed in hominibus propter repentinam exorientium linguarum varietatem, ut *Pererio* placet? An confusio linguarum sive permixtio idiomatum fuit, dum in eodem opere diversarum familiarum homines versarentur, & mutatis repentè linguis, unus sermo vel dialogus efficeretur, in quo *Hebræa, Græca, Latina, Germanica, Polonica* vocabula mixta, confusaque reperirentur, quorum nonnulla singuli intelligerent, nemo universa? Sicque fieret, *ut nemo intelligeret vocem proximi sui*, id est, alter alterum intelligere non posset, ut *Lyrano* quoque videtur. An non etiam divisio linguarum rectè dicitur, quandoquidem pro ratione diversarum linguarum à se invicem divisi sunt homines, qui lingua utebantur?

Quomodo facta sit, explicat *Tostatus* cap. II. *Genes.* ex quo *Pererius*. Dico breviter inductam primùm divinitus in omnibus familiis oblivionem nativæ linguæ, id est, *Hebraicæ* præterquam in *Heber* & *Phaleg*, in quibus illa inviolata permansit, tum insertam infusamque novam linguam omnibus familiis, prout olim infusa fuerat *Adamo*, & uxori ejus, adeò ut illam non minùs haberent in promptu, quàm si eam cum nutricis lacte didicissent. Ministerio porrò

C. XII. porrò Angelorum id factum fuisse scribit *Origenes*, eorum scilicet, qui illorum populorum rectores futuri erant, ad quos illa DEI dirigatur oratio: *Venite descendamus & confundamus ibi linguam eorum*. Non tamen ait, Ite, descendite & confundite, ut præsens intelligatur angelis operantibus, tanquam præcipuus operans, ut observavit *Cajetanus*. S. quoque *Epiphanius* hanc linguarum multiplicationem divinæ inspirationi semel iterumque attribuit. Nec sanè humanâ industria fieri potuisse, quodlibet integrum idioma, ex iis etiam, quæ de *Adami* lingua supra cum *Abulensi* diximus, facilè intelligi potest. Sed audi Claud. Marium hanc rem eleganti carmine concinentem:

Dixit & intentos operi, molemque levantes

Mentibus attonitis subjecta oblivio primum

Intrat, & ignotæ subit imperfectio linguæ,

Increpitant operis, studio cessante, magistri.

Cunctantes socios, sed vocem nemo remittit

Non intellectis, quod si quis tentat, inane

Sibilat, aut rupti fremitu sermonis anhelat.

Sic vanum prava susceptum mente laborem

Destituit frustrata manus ; jam nemo propinquum,

Nemo patrem sequitur, quem quisque intelligit, addit

Agglomeratque sibi, sociumque adjungere curat.

Dumque perit divisa hujus cognatio gentis,

Gentem lingua facit, sparguntur classibus æquis,

Diductasque petunt vario sub sidere terras:

Ita *Marius* Poëta, in cujus carmine illud non satis probabile, ignotæ linguæ imperfectionem subiisse, perfectam quippe infusam ab eo, cujus perfecta

Claudius Marius.

sunt opera, credibilius est, neque enim eam humana industria paulatim compararunt. Nec enim item, quod ait, *Gentem lingua facit*; & quod eodem redit; *Nemo propinquum, nemo patrem sequitur*. Communis enim sententia est linguas secundum familias à Domino fuisse distributas, non ex linguis familias. Idque docet Moses cum agit de filiis *Japheth*. *Ab his*, inquit, *divisæ sunt insulæ gentium in regionibus suis, unusquisque secundum linguam suam & familias suas in nationibus suis*, quasi dicat, non solum secundum linguas, sed etiam secundum familias. Ita etiam de filiis *Cham* ait. *Hi sunt filii* Cham *in cognationibus & linguis, & generationibus, terrisque & gentibus suis*. Eodem denique modo filios *Sem* secundum cognationes & linguas, & non tantùm secundum linguas distribuit. Quod si nemo patrem sequeretur, quomodo posset ulla familia coalescere? quanquam facile est explicare Poëtam : *Nemo patrem sequitur*, quatenus scilicet patrem, sed quatenus ejusdem linguæ societate conjunctum. Quod porro dictum est, *Confundamus ibi linguam eorum, ut non audiat unusquisque vocem proximi sui*: absurdum esset de singulis interpretari; quasi quisque linguam hujusmodi loqueretur, quam nemo omnium præter ipsum intelligeret. Id enim esset non septuaginta duas linguas, sed quinquaginta millia linguarum introducere, idque valuisset non ad multiplicandos hominum cœtus, & civitates, sed ad omnes à se invicem distrahendos. Mens ergo *Mosis* est, factum esse, ut unusquisque non intelligat omnes, ut ante solebat, sed alii alios intelligant, puta qui sunt ejusdem familiæ ; alios non intelligant, qui fuerint diversæ. Per familias ergò distinctæ sunt linguæ, ut inter eos maneret societas inter quos linguæ communicatio servata esset.

Sequitur ut aliquid de numero linguarum dicamus. Quem scriptura nusquam

Sect. III.

Decisio litis.

Numerus linguarum.

XII. quam prodit, sed eum D. *Augustinus*, S. *Epiphanius*, aliique SS. Patres ex numero familiarum *Noë* à *Mose* commemoratarum colligunt. Sic autem dicit Augustinus: *Ex familia* Japheth, *quindecim. Ex progenie* Cham, *unam & triginta. Ex stirpe* Sem, *viginti septem. In summa igitur*, inquit, *omnes progeniti de tribus filiis* Noë *fiunt septuaginta tres*, vel potius, quod postea demonstrabitur, septuaginta duas gentes tunc fuisse colligitur, non homines. Quod se demonstraturum promittit, exequitur cap. II. sequenti, ubi, *unam tantum fuisse linguam* Heberis *&* Phaleg, *licet omittantur qui gentium & linguarum principes non fuerunt, propter tempus insigni eventu notatum. Quia in diebus ejus terra divisa est.* Priore autem illo loco subdit. *Propterea ergo multorum filii non sunt commemorati, quia gentibus aliis nascendo accesserunt, ipsi autem gentes facere nequiverunt. Nam qua alia de causa, cùm filii* Japheth *octo numerentur, ex duobus eorum tantum filii nati commemorantur? Et cùm filii* Cham *quatuor nominentur, ex tribus tantùm qui nati sunt, adjiciuntur. Et cum filii* Sem *nominentur sex, duorum tantùm posteritas adtexitur; numquid cæteri sine filiis remanserunt? Absit hoc credere, sed gentes propter quas commemorari digni essent, non utique fecerunt, quia sicut nascebantur, aliis gentibus addebantur.* Ita D. Augustinus.

Eundem numerum agnoscit *Eusebius* lib. I. *Chronol. Græcæ*, ubi enumeratis omnibus provinciis filiorum *Noë*, ὁμῶ, inquit, ἔβνη (οἱ) ἑβδομήκοντα δύο. Et Epiphanius, *Ergo illi*, inquit, Turrim & Babylonem *ædificant. Sed divino numini de insana illa molitione displicuit, ideoque dissipatis illorum linguis, septuaginta duas ex una fecit, pro hominum numero, qui illo tempore repertus est, unde & Meropes à vocis divisione nuncupati.*

Cave putes non fuisse tunc nisi duos & septuaginta viros, sed tot numerosarum familiarum principes, quos pau-

facile 2 linguæ pra- nære.

lo ante ἀρχηγέτας & κεφαλαίοντας Sect. III. appellarat.

Idemque repetit *hæresi* 39, ubi de genere *Cham* ponit duces 32, de stirpe *Sem* quindecim, de *Japheth* viginti quinque, ubi totus numerus idem est, partiales non iidem. Nec item existimes unam linguam, materiam & quasi semen fuisse, ex qua corrupta septuaginta duæ nascerentur. Nam *Hebræa*, ut diximus, integra mansit, aliæ novæ natæ sunt; sed perinde est, ac si diceret, pro una natas esse septuaginta duas. Vide etiam *Chron. Alexandrinum* Græco-latin. quod cum *Epiphanio* sentit.

Addam & *Prosperum Aquitanicum*, qui etiam eleganter causam hujus confusionis & multiplicationis linguarum depingit. *Jam verò*, inquit, *procurrente humanæ propagationis augmento, cùm ipsa mortalium numerositas de suis multiplicationibus superbiret, & secundum elationis suæ altitudinem cælo cuperet molem immodicæ constructionis inserere, quàm mirabilis ad cohibendam hanc insolentiam fuit divinæ censura justitiæ! quæ omnem illorum populorum loquelam, notis sibi invicem significationibus consonantem, septuaginta, & duarum linguarum varietate confudit, ut & inter dissonas voces operantium pereunte concordia, insanæ molitionis machina solveretur, & habitando orbi terrarum incolas malæ congregationis opportuna fieret dispersio.* Denique in eundem numerum plerique omnes antiqui consentiunt. Vide *Pererium*, qui in hanc sententiam etiam *Hieronymum, Arnobium, & Origenem* citat, quibus *Beda de sex ætat. Marianus Scotus*, aliique addi possunt, præsertim *Chronicon Alexandrinum*, quia eas omnes enumerat.

Cæterum contra hunc numerum dubia movet *Pererius* partim ex dispari personarum numero, qui in græcis, latinisque codicibus reperitur. *Græci* enim *Latinos* tribus personis, sive familiis excedunt, & addendo *Canaan*, etiam

Prosper Aquitanicus.

Pererius.

C. XII. etiam quatuor. Partim quia non videntur plures Patres seorsim à filiis numerandi, quasi diversas ab iis linguas habuerint, quoniam patres non potuerunt habere familias, nisi per filios.

Quod si patres seorsim à filiis numerentur, quasi linguas suas seorsim ac familias habuerint, prædicto numero addendi erunt *Sem*, *Cham* & *Japheth*, imò & ipse *Noë*, & sic numerus linguarum ad sex & septuaginta excrescet. Partim denique quia aliquorum filiorum *Sem*, *Cham* & *Japheth* nulli filii sive posteri recensentur. In progenie *Japheth* quinque; in *Cham* duo; in *Sem* quatuor omittuntur, de quibus nihil certi dici possit, unicamque singuli gentem, an nullam, ac plures produxerint, & cum gentibus linguas distinctas. Et sic numerus hic multum semper variabitur, & incertus reddetur.

Defenditur 72 linguarum numerus.
Nihilominus septuaginta duarum linguarum numerus retinendus videtur, qui non leve habet in *Mosis* narratione fundamentum, cùm in singulis familiis trium filiorum *Noë*, semper linguæ cum familiis distinctæ reperiantur, familias autem tam multi antiqui, recentioresque Doctores septuaginta duas agnoverint, & hæ objectiones facilè solvi posse videntur. Dicemus enim diversum quidem reperiri numerum in hebraicis, græcisque libris; sed eorum qui adduntur à *Græcis* neque linguas, neque familias fuisse diversas, proptereaque à *Mose* hoc loco prætermissos. Secundæ objectioni satisfieri potest, si dixerimus, patres quidem non potuisse habere familias, nisi per filios, potuisse tamen habere per alios ab iis, qui in textu decimi cap. recensentur, & per eos diversas constituere familias.

Tertiæ non improbabiliter respondetur, quatuor istos quasi segregatos à cæteris, & eximios, non habuisse singulares linguas, sed præter communem, quam retinuerunt, etiam iis linguis donatos fuisse, quæ in familiis à se ortis reperiebantur, ut singulis monita salutis dare possent, & ad quam liberet familiam se transferre. Quod sentit etiam *Torniellus*. Ad postremum dicimus eos, quibus filii non attribuuntur, singulas duntaxat fecisse familias, quibus singulæ datæ sunt linguæ, ideoque postremorum peculiarem distinctionem necessariam non fuisse. Quæ mens est D. *Augustini*, cujus verba paulò ante retulimus.

Sect. II.

Hac ergo linguarum confusione & hominum perturbatione inducta:

Non cœptæ assurgunt turres, non arma juventus
Exercet, portusve aut propugnacula bello
Tuta parant, pendent opera interrupta, minæque
Murorum ingentes, æquataque machina cœlo.

Nominatim autem *Turrim*, non solùm ab Architectis relictam, sed divinitus etiam disjectam plerique antiqui prodidere. *Josephus* ex *Sibylla* refert deos *Turrim* procellis immissis subvertisse, & suam cuique linguam dedisse; verùm libro tertio Sibyllinorum versuum hæc leguntur inter alia:

Flatibus aut venti magnam sublime ferentes
Turrim jecerunt, & litem conciliarunt
Inter eos, urbemque ideo Babylona *vocarunt.*
Sed postquam cecidit Turris, *linguæque fuerunt*
Vocibus inter se diversis, terra deinceps
Tota replebatur divisis regibus. &c.

Quot scilicet coloniis *Nembrodo* auspice, ut dicetur, in sequentibus, *Epiphanius* quoque *initio Panarii* ait, DEUM non solùm hominum divisisse linguas, unde & *Meropes* dicti fuerint, sed *Turrim* etiam ventorum impetu evertisse. *Abydenus*, qui res *Medorum* & *Assyrias* scripsit, apud *Eusebium* de præparatione hæc habet. *Primos homines ferunt è terra natos, robore & magnitudine confisos, diis*

Epiphanius.

Abydenus.

XII. *diis affuisse, quâ super eos diruta* Turris *cecidit. Et infra apud eundem hæc ex* Eupolemone. *Civitas, inquit,* Babylon *ab iis condita primùm fuerat, qui à diluvio evaserunt, quos omnes gigantes fuisse constat, sparsos per universam terram, postquam* Turris *quam ædificabant, divinitùs concussa decidit.* Et hinc fortè Tertullianus contra Praxean: *Filius itaque est, qui ab initio judicavit,* Turrim *superbissimam elidens, linguasque disperdens.*

Verùm hæc parùm firma sunt, hoc ipso quod à *Mose* non confirmantur; unus aliquis eorum, quos retuli, eam eversionem, ut videatur, admodum justam atque probabilem excogitavit, quem reliqui posteà sunt secuti. Cùm tamen hæc nisi à *Mose* scire non potuissent. In cujus scriptis obscurè tantum significatur eos ab opere destitisse, impedimento linguarum injecto. *Cœperunt,* inquiebat Dominus, *hoc facere, nec desistent à cogitationibus suis, donec eas opere compleant*; nimirum nisi impediero, sicut & fecit.

Quòd si quæras, cur *Nembrod*, qui post dispersas reliquas gentes *Babylone* substitit, cum popularibus suis, intermissum opus non redintegravit? Respondeo cum *Pererio*, aut opus fuisse majus, quàm ut à tam paucis hominibus perfici posset, aut potius homines præsentis prodigii magnitudine atque insolentia deterritos, ausos non fuisse opus imperfectum absolvere, ne divinitùs graviori aliqua pœna mulctarentur. Vacasse autem ædificationem per annos ferè centum, videlicet usque ad *Semiramidem*, quæ inchoatam civitatem *Babel* incredibili magnificentia ac magnitudine absolvit. *Turrim* verò illam nequaquam altius extulit, sed aliam mirificè ornatam, in templo, quod *Belo* consecrabat, inclusit, ut ex *Herodoti Clio* paulò ante retulimus. Cùm itaque templum *Beli* in ipsa urbe *Babel* à *Semiramide* exstructum fuerit, certè *Turrim Babel* utpote à *Babylone* remotam, in ea urbe exstructam fuisse, ex iis quæ in præcedentibus dixi, patet esse quàm falsissimum.

Sequitur ut de dispersione mortalium in varias terras agamus, quas non temerè aditas aut usurpatas, sed ex sortibus divina voluntate distributas, ex primo anno *Phaleg* intelligitur. Hoc autem tempore inductâ confusione linguarum, quò quemque sors & DEUS tulit, eam terram familiarum principes cum suis occuparunt, ut ait *Josephus*: *Japheth Europam, & quæ illi ex Asia adjecta sunt; Cham Africam & Syriam; Sem reliquam Asiam,* juxta generalem distributionem, quam eodem loco ex *Josepho* retulimus. Quod hoc loco exactiùs ex scriptura intelligetur. Spinosam porro in barbaris vocabulis disputationem, & magna ex parte corruptis, utilitas, DEO favente, compensabit. Multa enim scripturæ loca præsertim apud Prophetas, hinc nonnullam lucem accipere possunt, cui ut serviamus, ordinem familiarum à *Mose* positum, ipsorumque principum ab eo nominatorum sequemur.

*Sect.*III.

Dispersio gentium.

CAPUT XIII.

Quando cœperit regnum Nembrod, *& divisio gentium.*

XIII. AB anno divisionum linguarum, ac discessionum gentium de terra *Sennaar*, anno inquam ab orbe condito 1931, & post diluvium 276 circiter insequente, credimus auspicandos esse annos regni *Nembrod* in *Babylone*, & urbibus proximis, super gentem linguæ suæ, quæ sola illi remanserat, ac deinde etiam super alias finitimas à se occupatas, ut in præcedenti-

C. XIII. dentibus comprobavimus. Porrò iste Nembrod, qui idem cum *Belo*, ut loco proximè citato docuimus, regnavit in *Babylone* annis sexaginta quinque, ut tradunt *Eusebius in Chronico*, & B. *Augustinus lib.* XVI. *de Civit. Dei cap.* 17, & alii. Quis autem vir fuerit iste *Nembrod*, sive *Bel*, satis passim in præcedentibus suis locis à nobis dictum fuit.

Nembrod Tyrannus.
Per idem quoque tempus, credibile est, cæterarum quoque linguarum principes regnare cœpisse (non tamen tyrannicè ut *Nembrod*) in gente sua, & in singulis regionibus, ad quas primò incolendas pervenerunt. Puto autem eas non admodum à *Babylonia* fuisse remotas, rationabile namque est credere priùs proximiores, quàm remotiores à priscis illis gentibus terras fuisse cultas. Quanquam non multo post, ad declinandam nimis molestam ipsius *Nembrod* tyrannidem, qui non contentus imperare *Babyloniis*, alias quoque finitimas gentes infestare, ac sibi violenter subjugare nitebatur, plurimos longiùs recessisse credimus. Quare, quemadmodum postea in primitiva Ecclesia, prima illa persecutio quæ facta est *Hierosolymis* adversus *Christi* fideles, in causa fuit, ut ipsi ad fidem latiùs propagandam dispergerentur in varias orbis provincias, quibus deinde scripsit B. Petrus primam suam epistolam, nimirum, *Dilectis advenis dispersionis Ponti, Galatiæ, Cappadociæ, Asiæ & Bithyniæ*: ita priscis illis temporibus divinâ providentiâ factum est, ut tyrannica invasio ipsius *Nembrod*, divinæ ordinationi deserviret, ad populis replendas etiam alias terrarum regiones, à prioribus illis valde admodum remotas. In quibus deinceps varia regna surrexisse, dubitandum non est, præcipuè verò apud *Ægyptios*, & item apud *Sicyonios* in *Græcia*, de quibus aliquid suis locis ex *Eusebio* tangemus. Nam de regno *Italiæ*, quod *Jo. Lucidus in*

Regnorum variarum origo.

suis tabulis, ponit cœpisse viginti quatuor annis ante *Nembrod* primum Regem *Babylonis*, adeò irrationabile est, ut figmento simile videatur. De cunctis autem priscorum illorum temporum regnis, sicut nullum aliud tempore præcessit regnum *Babylonis*, ita nullum illo majus fuit. Nam non multo post, nempe temporibus *Nini*, qui sedem ejus transtulit in *Assyriam*, usque adeò excrevit, ut Monarchiæ *Assyriorum* nomen acceperit. Quare nos aliqua quidem certiora quorundam Ethnicorum regnorum initia suis locis commemorare non negligemus; veruntamen successivam Regum seriem, tantummodo hujus, & aliarum monarchiarum, quarum Scriptura Sacra meminit, hic adnotabimus.

Sect. II

Ab hoc quoque circiter tempore, uti sentit *Torniellus*, & non priùs, sed potius aliquanto post, oportet inchoatas esse dynastias, seu potentatus *Ægyptiorum*, certum est enim ex supradictis, & irrefragabili ipsiusmet Sacræ Scripturæ testimonio, ante divisionem linguarum gentes non esse divisas; sed post, neque ullas alias orbis regiones, præter *Armeniam & Babyloniam*, & loca ad Orientem illis proxima, ab hominibus post diluvium fuisse inhabitatas, nisi ut diximus, post divisionem linguarum. Quod verò nos in *Oedipo Tom.* I. etiam mentionem dynastiarum *Ægyptiorum* amplam fecerimus, etiam ante diluvium, id non factum est, quod ita sentiremus, sed secundum *Ægyptiorum, Arabum & Manethonis* opinionem, ubi & mentem meam de dynastiis fusiùs apertam reperiet Lector. Quamobrem benè *Jo. Lucidus lib.* V. *de emendatione temporum cap.* I. & *in suis tabulis* primam *Ægyptiorum* dynastiam inchoat ab initio regni *Nembrod* & *Chaldæorum*. Unde necessarium videtur asserere, sexdecim illas priores dynastias, quas *Eusebius in Chronico* ponit præcessisse ortum *Abrahæ*, aut fuisse multo pau-

Ægyptiaci regni initium.

TURRIS BABEL LIB. II.

C. XIII. pauciores, aut admodum breves. Etenim hinc ad nativitatem *Abrahæ* computantur tantummodo anni centum septem, ut patet in tabulis, nimirum sexaginta quinque regni ipsius *Nembrod*, seu *Beli*, qui fuit primus Rex *Chaldæorum*, & quadraginta duo regni *Nini*, qui immediatè successit *Belo*; natum enim esse *Abrahamum* anno quadragesimo tertio regni ipsius *Nini*. Unde sequitur non potuisse singulas dynastias septem annos explevisse. Nam uti jam paulò ante ex *Torniello* tradidimus, si dynastiæ *Ægyptiorum* in tempus ædificationis *Turris* inciderunt, quomodo textus S. Scripturæ verificabitur? Cùm id temporis totum genus humanum in terra *Sennaar*, & vicinis *Mesopotamiæ* locis congregatum fuerit? Aut quomodo *Cham*, *Chus* & *Nembrod*, qui *Turris* fabricæ omnes præsentes fuerunt, necdum transmigrationem orsi, *Ægypti* dynastias instituere & administrare potuerint, cùm nullus tunc temporis vivens homo extra *Babyloniam* sive *Assyriam* reperiri potuerit, quis est, qui capere possit? Dicere igitur cogemur illas post *Chami* in *Ægyptum*, quæ enim sorte contingebat, adventum, per filium *Mesraim*, primum institutas fuisse. Sed de hisce quàm fusissimè actum vide in I. *Tom. Oedipi Ægyptiaci lib.* I. ubi per totum omnia amplè prosecuti sumus.

Sect. III.
Ante divisionem & confusionem linguarum Ægyptus non fuit habitata.

CAPUT XIV.

De Progenie Chus, & utrum fuerit verè colore nigro imbutus.

C.XIV. Verùm, quia *Chus* primus *Æthiops*, sive niger fuisse creditur, saltem post diluvium, nam antea an fuerint *Æthiopes* incertum est, libet hoc loco inquirere, num universa progenies ejus nigra fuerit, vel saltem omnes, qui postea nigri nati sunt, ab ipso prodierint? Et primum quidem certum est probari non posse, cùm potius appareat oppositum; constat enim *Nembrod* filium *Chus* habitasse cum prosapia sua in terra *Sennaar*, hoc est, in *Babylonia*, seu *Chaldæa*, ubi nusquam legimus incolas fuisse nigros. Quod si verum est, etiam consequitur, illam cutis nigredinem non semper necessariò ex propagatione generari, ita ut niger vir non possit non nisi nigrum filium gignere, cùm jam dictum sit nigredinem *Chus* non fuisse in omnes ejus posteros diffusam. An verò omnes nigri ab ipso *Chus* originem duxerint non facile est definire, quoniam videtur esse communis opinio, atrum illum cutis colorem potius ex loci ariditate, & solis adustione, quàm ex aliqua alia causa produci; communiter namque videmus in aridissimis, calidissimisque terrarum plagis nigros, aut saltem subnigros homines reperiri; contra verò, in humidioribus frigidioribusque, admodum albos. Sed huic opinioni officere videntur, quæ refert *Abrahamus Ortelius*, in tabulæ quartæ sui theatri commentariolo, nempe in calidioribus quibusdam locis, sub eodem parallelo, atque sub eadem cœli constitutione, alibi nasci homines albos, ut in *America*; alicubi subfusci coloris, ut in *Abyssinorum* regionibus, alicubi nigerrimos, uti in regno *Congo*, *Guinea*, cæterisque nonnullis *Africæ* regionibus, uti *Monomotapa*, *Sofala*, & qui ad flumen *Cuama* habitant. In *Abyssinorum* tamen regno non omnes nigri, sed subfusci coloris, non obstante meditullio *Africæ* sub æquinoctiali constituto & immensis caloribus æstuante, nascuntur. Rursus in *Indiæ Orientalis Malabarico* re-

Non omnes sub zona torrida nati nigri coloris sunt.

C.XIV. regno nigri quoque, uti *Calecuthi* celebri emporio. Cur verò in *America* nigerrimi coloni non nascantur, etiamsi calidis & siccis, etiamsi æquatori subjectis regionibus, mirum cuipiam videri possit. Constat demum eos qui incolunt Australes *Cretæ*, *Siciliæ*, *Hispaniæ*que partes, candidi esse coloris, cùm tamen certum sit eosdem non minus ab æquinoctiali distare, in nostro hoc hemisphærio Arctico, quàm in Antarctico distet ab eodem Æquatore extremum illud *Africæ* promontorium, quod *Caput Bonæ spei* dicitur, cujus habitatores esse nigerrimos testantur *Lusitani*, qui in suis ad *Indias Orientales* navigationibus frequenter admodum per illas oras pertransire coguntur, uti paulò ante de incolis *Monomotapæ* diximus.

Ex quibus omnibus tria satis probabiliter colligi posse videntur. Primò solis propinquitatem seu adustionem, terræque ariditatem simul concurrentes esse quidem causas valde appositas ad conservandam, vel etiam augendam cutis nigredinem, præsertim in facie, aliisque partibus minimè opertis, ut quotidie fieri videmus in rusticis, aliisque, qui æstivo tempore sub radiis solaribus commorari diutius solent; veruntamen non sufficere ad producendos homines naturaliter nigros, alioqui in omnibus calidissimis, siccissimisque regionibus nascerentur homines nigri, quod non ita esse probant superius narrata. Unde certissimum puto, quemadmodum etiam *Torniellus* hoc loco sentit in corporibus humanis originem nigredinis non propriè à regionum qualitate, sed ex alia causa provenire, nimirum primariò à stirpe, seu generatione & sanguine parentum: cui ego junxerim naturalem alicujus loci constitutionem unà cum respectu ad solem.

Nigredo in Chus naturalis. Secundò probabile admodum esse, quod naturalis humanorum corporum nigredo primò omnium appa-

ruit & à nativitate ingenita sit in ipso *Sect.*III. *Chus*, tametsi is in terra *Sennaar*, vel potius in *Armenia* natus credatur, quæ nimiam solis ustionem non patitur. Et hoc ex divina dispositione factum credimus, non quidem in pœnam paternæ impietatis, & avitæ maledictionis, quandoquidem ex supradictis apparet ipsum *Chus* multò antè fuisse genitum, quàm pater ejus *Cham* in præmium suæ impietatis Noëticam maledictionem in filio *Canaan* accepisset, sed aliqua alia de causa soli DEO cognita. Quod si propinquiores causas nigredinis *Chus* indagare velimus, dicere possumus id contingere potuisse vel ex vehementi quadam & fixa matris imaginatione cujusdam rei nigerrimæ in ipso conceptionis tempore occasionaliter excitata, ad similitudinem ejus, quod in gregibus *Jacob* accidisse legimus *Genes. cap.* XXX. *vers.* 37. *Lycosthenes* sanè in suo *de Prodigiis libro*, fœminæ cujusdam meminit, quæ uterum gerens dum in pictura trium Regum, quam cubiculo suo affixam tenebat, *Gasparem* ex tribus nigerrimum, anxiè quàm sæpissimè vehementi imaginationis vi considerans, oculos dentesque in nigerrimo vultu miraretur, mox deposito utero infantem genuisse *Æthiopi* simillimum. Sic accidere potuisse dico ex repentino quodam ac vehementissimo appetitu materno rei nigerrimæ, quem adimplere non valuit, quando ipsum *Chus* gestabat in utero, ut videmus contingere in mulieribus, quæ maculosos fœtus pariunt, quodammodò exprimentes in ipsa macula colorem rei concupitæ, quam *Græci* κίτταν, *Picam Latini*, *Itali* la *voglia*, dicunt, de qua in *Arte magnetica*, de magnetismo imaginationis muliebris fusè & curiosè actum vide. Nam si levior causa in aliqua cutis parte, v. g. nigram atque indebitam efficere potest, quemadmodum ipsa docet experientia, utique videtur hujuscemodi

Nigredo in Chus causari potuit ex imaginatione matris in ipso conceptionis tempore.

C.XIV. cemodi vehementissima causa, tanquam multò magis humores commovere atque alterare valens, totam prolis cutem, eodem colore quemadmodum naturaliter inficere potuisse. Neque incongruum videri debet, quod procedentibus postea temporibus ex *Chus* nigro, & uxore ejus alba procreati sint filii alii nigri, alii albi, quidam verò subfusci, quandoquidem videmus filios aliquando magis assimilari patri, aliquando matri, & interdum, veluti *Altera causa.* ex æquo, utrique. Tertiò demum credibile esse, quod de filiis *Chus*, qui erant nigri aut subfusci, postea plures delegerint sibi ad habitandum regiones valdè calidas & siccas, tanquam ipsorum naturæ magis accommodatas, & quandocunque (ut aliis quoque nationibus sæpius contigisse certissimum est) de propriis sedibus pulsi sunt, ad alias non valdè dissimilis temperamenti commigrarint. Atque hinc factum esse puto, quòd, tametsi omnes *Æthiopes* à *Chus* originem traxisse credantur, non tamen in eadem orbis plaga, sed in diversis hodie, calidis nimirum & siccis, nigro colore imbuti reperiantur. Utrum autem, quod diximus accidisse ipsi *Chus*, postea unquam alicui alteri contigerit, ut scilicet ex utroque parente albo niger aliquis sit genitus, neque negare, neque affirmare audemus: nam licet, quod semel accidit, aliàs etiam, ni DEUS prohibeat, accidere posse videatur, veruntamen quod id de facto acciderit, incompertum habemus. Si verò id aliàs contigisset, certum esset, quod non omnes *Æthiopes* de posteritate *Chus* descendisse affirmari possit.

Genealogia filiorum Chus. Sed jam ad filios ipsius *Chus* deveniamus, de quibus *Torniellus* in suis *Annalibus* ita ratiocinatur, quem nos uti *Saba 1. filius Chus.* scriptorem fide dignum sequemur. *Saba* primus inter filios *Chus* recensitus, & alter *Saba*, qui Hebraicè potiùs *Schaba* dicitur filius *Regmæ*, nomen originem que dedere *Sabæis*, gentibus *Felicis Sect.* III. *Arabiæ* propter thus, quod inde ubique deferri solet communiter admodum notis. Hi inter *Sinum Persicum* & *Arabicum*, quod *Mare Rubrum* vocant, hoc, est, *Arabiam* incoluerunt; quamquam *Schabæi* sive *Sabæi*, qui ex *Schaba* filio *Regma* descenderunt, magis ad Orientem & prope *Sinum Persicum*: *Sabæi* verò, qui ex *Saba* filio *Chus*, magis ad Occidentem, & ad *Mare Rubrum* seu *Arabicum* inhabitasse credantur. De *Sabæorum* divitiis & odoribus vide *Pomponium Melam lib.* III. *cap.* 8. & *Strabonem lib.* XVI. quamvis id quoque satis conjici possit, ex auro, aromatibus ac gemmis pretiosissimis, quas attulit Regina *Saba Salomoni*, ut habetur 3 *Reg. cap.* X. *vers.* 10. & 2. *Paralipom.* c. IX. *v.* 9.

Hevila alter filius *Chus*, *Hevilæos* *Hevila alter.* protulit, quos in confinio *Ismaëlitarum* & *Amalecitarum* prius habitasse colligimus, ex *Gen. cap.* XXV. *vers.* 18. Ubi dicitur *Ismaëlitas* percussisse *Amalecitas* ab *Hevila*, donec venias ad *Sur*. Oportebat autem de *Hevilæis* postea plurimos transisse in *Getuliam*, quæ erat *Africæ* interioris regio, eremo cohærens, si verum est, quod ajunt *Josephus* & Beatus *Hieronymus*, nimirum *Hevilæos* esse *Getulos*.

De *Sabatha* tertio filio *Chus* exisse a- *Sabatha 3.* junt *Sabathæos*, quos putant *Arabiam Felicem* primùm insedisse. Siquidem illius regionis metropolis *Ptolemæo* teste, *Geographiæ lib.* VI. *cap.* 7. *Sabatha* dicta est: deinde transisse creduntur in *Africam*, ac prope *Meroen* clarissimam *Nili* insulam inhabitasse, propterea que à *Josepho* & B. *Hieronymo* dici *Astabaros*.

Regma quoque, quartus filius *Chus* *Regma 4.* *Regmæos* genuit, qui pariter in *Arabia* *fil. Chus.* *Felici* habitasse censentur cùm *Sabathæis* & *Sabæis*, cujus rei signum est, quod *Ezechiæ cap.* XXVII. *vers.* 22. inter negotiatores *Tyri* afferentes aromata, lapides pretiosos & aurum, junguntur *Saba* & *Regma*, id est, *Sabæi* & *Regmæi*.

P 2 Qui-

C.XIV. Quidam putant *Regmæos* postea eam regionem incoluisse, quæ *Carmania* dicta est. Sanè de *Dadan* altero filio *Regmæ* (nam de primo nomine *Saba* seu *Schaba* jam dictum est) ajunt descendisse *Dedanæos*, quos fuisse finitimos *Idumæis*, conjici potest ex *Jerem. cap.* XLIX. *vers.* 8. & *Ezech. cap.* XXV. *vers.* 13. ubi progredientes contra *Idumæam*, videntur eandem cladem communem facere *Dedanæis*. Et *Ezech. cap.* XXVII. *vers.* 15. filii *Dedan* appellantur negotiatores *Tyri*, & inter alias nationes non longè à *Tyro* distantes, collocari videntur. Quare quidam putârunt eos fuisse primos cultores illius *Syriæ* regionis, quam *Ptolemæus libr.* V. suæ *Geographiæ cap.* 15. *Palmirinam* vocat. *Josephus* & B. *Hieron. Dadanæos* dicunt esse *Æthiopes* occidentales, quod ut verum sit, oportet ipsos posterioribus temporibus de *Asia* trajecto *Mari Rubro*, transisse in *Africam*, atque ad occidentalem pervenisse *Æthiopiam*.

Qui autem fuerint *Sabathachæi* ex *Sabathaca* quinto filio *Chus* progeniti, & ubi habitaverint, incertum est, quoniam ut ait B. *Hieronymus*, *Regma* & *Sabathacha*, paulatim antiqua vocabula perdidere, & quæ nunc pro veteribus habeant, ignoratur.

Sabathaca 5. filius Chus.

CAPUT XV.

De regno Nembrod *& impietate ejus, & cur* Belus *vocatus sit.*

C. XV.
Nembrod sextus filius Chus.

CÆterùm de *Nembrod* sexto filio *Chus* & *Chami* nepote Scriptura Sacra seorsum loquitur ut ait S. *August. libr.* XVI. *de Civit. Dei, cap.* 3. vel quia post prænominatos filios ac nepotes ipsius *Chus* genitus fuerit aut (quod credibilius est) propter ejus eminentiam supra cæteros. Nam & de ipso dicitur: *Ipse cæpit esse potens in terra*: & post pauca: *Fuit autem principium regni ejus* Babylon *&* Arach *&* Achad *&* Callanne, *in terra* Sennaar: Genes. cap. X. vers. 10. Ex quibus verbis tria videntur posse colligi ad historiam nostram pertinentia. Primum est annos regni *Nembrod* numerari debere ab ædificatione *Babylonis* jam aliquatenus expedita, nimirum post divisionem linguarum ac discessionem gentium in varias terræ regiones, tunc enim cessaverunt ædificare civitatem, inquit *Genes. cap.* XI. *vers.* 8. Quare oportet ipsum *Nembrod* tunc aut paulo post regnare cœpisse in *Babylone*. Alterum est Scripturam Sacram, cum dicit, *Babylon* & alias memoratas urbes terræ *Sennaar* fuisse principium regni ejus, tacitè indicare, ipsum postea etiam regnasse super plures alias urbes: ita enim textus habent. Tertium est, Scripturam Sacram cum de nullius alio regno ante meminerit, quodammodo insinuare ipsum *Nembrod* fuisse primum qui regnare cœperit. Nam, ut *Hebræus* textus habet. ראשית ממלכתו בבל וארך ואכד

וכלנה. *Et fuit initium regni ejus inter* Babel *&* Arach *&* Achad, *&* Chalanne. Cum itaque dico regnum ejus; utique *Nembrod* Regem ejus fuisse quis negarit? Tametsi post diluvium credibile sit, singulos illos Principes, qui fuerunt veluti capita variarum nationum & linguarum, regnasse in urbibus à se conditis eodem tempore, quo regnabat in terra *Sennaar* ipse *Nembrod*. Verùm si loquamur de Rege, non quasi de naturali Principe, sed ut etiam communiter accipitur, pro Tyranno, qui per vim occupando alienas urbes, nil aliud curat, nisi per fas nefasque suum augere imperium, procul dubio dicere possumus *Nembrod* primum fuisse

Nembrod primus tyrannicam vitam professus est.

TURRIS BABEL LIB. II. 117

C. XV. isse Regem tyrannum, qui sic regnaverit in hoc mundo, saltem post diluvium. Ipse enim cum esset potens, cœpit potentiam suam in subjiciendis sibi populis, etiam ad se nihil pertinentibus exercere. Et primò quidem dominium arripuit super eos, qui secum in terra *Sennaar* remanserant: nimirum in *Babylone*, & in aliis tribus civitatibus paulo ante commemoratis, *Achad, Arach* & *Chalanne*. pro quibus interpretatur B. *Hieronymus, Edessam, Nisibim* & *Seleuciam* vel certe *Ctesiphontem*, de qua suprà. Deinde his non contentus, finitimas nationes invasit, ac subegit: postremò etiam remotiores populos, puta *Persas* & fortè item *Assyrios*, ita ut non solum super plurimas urbes, sed super varias quoque provincias ac linguas, ipse magnus Rex seu tyrannus evaserit. *Rectè igitur* (inquit S. Isidorus lib. VII. Etymologiarum) *appellatus est Nembrod, qui interpretatur tyrannus, quia prior omnium ipse insuetam arripuit in populis tyrannidem.* Et hoc idem priùs etiam asseruerat B. *Hieron. in traditionibus Hebraicis in Genes.* Oportet itaque ipsum *Nembrod* non solum fuisse robustum viribus, sed etiam ingenio audacem, ac dominandi cupidissimum, & consequenter, ut esse solent hujusmodi homines, virum crudelissimum, sanguinarium, impium atque rapacem, ut ex typo corporis ejus hic apposito sat patet. Hinc est quod posteà ipsius imitatores, qui omnia divina humanaque jura pervertere ac violare non verentur, regnandi gratia, ex illius nomine, tyranni, non Reges nuncupari cœperunt. Quod insuper *Nembrod* fuerit idololatra & gentes sibi subditas ad idololatriam, ne à se deficerent, adegerit, affirmat *Hugo de S. Victore in suis annotationibus in Genes.* ubi ait. *Nembrod* mole corporis & viribus alios superans, dominium cœpit exercere per violentiam, & induxit homines ad idololatriam, ut ignem ac Solem, qui igneus est, quasi *Deum* colerent, quem errorem posteà *Persæ* & *Chaldæi* secuti sunt. Itaque DEO & homini injuriam fecit. DEO, qui ei debitum cultum ademit; homini verò, quia eum dominio injusto oppressit, & in errorem decipiendo induxit. *Isidorus* item *lib*. XIV. *Etymologiarum* scribit eundem *Nembrod* abiisse in *Persidem*, ibique *Persas* ignem colere docuisse, *Nam omnes* (inquit) *in illis partibus Solem colunt, qui ipsorum lingua* אל *id est,* DEUS *dicitur.* Se & *Persas* eum *Mythram* vocasse, id est Lapidem ignitum, sive Solem, in I. *Tom. Oedipi, cap. de Mythra* Persarum deastro, *ejusque sacrificiis* fusè docuimus. Ex quibus omnibus dignosci potest, quàm procul à veritate aberraverint *Annius* & ejus asseclæ, dicentes, *Nembrod* magis studuisse paci, religionique deorum, quàm opulentiæ, ideoque translatum à diis, subitò non comparuisse. Sed hanc imposturam Annianam alibi refutavimus.

Quæri hoc loco potest, num iste *Nembrod* sit ille primus Rex, quem *Belum*, seu *Bel* ethnici appellarunt; an quem gentilitas vocat *Ninum*? vel fuerit diversus ab istis? Certè *Berosus* ille ab *Annio* confictus, tradit *Nembrod* fuisse illum, quem *Saturnum* prophani dixere scriptores, eundemque extitisse patrem *Beli*, avumque *Nini*, perperam. At *Gerardus Mercator* in sua *Chronologia* affirmat *Nembrod* fuisse *Ninum*, refellitque prædictam *Berosi Anniani* sententiam, dicens eam nullo modo posse subsistere; cum ipse falsissimam amplexus sit: nimirum opinionem omnino singularem, & omnibus ferè præcipuis scriptoribus contrariam. Vide *Pererium* qui *lib*. XV. *Commentariorum* suorum *in Genes. num*. 64. ejus argumenta optimè dissolvit. Nam ad id, quod ait *Mercator* ea quæ de *Nembrod* ecclesiastici scribunt auctores, & *Josephus*; nimirum quod fuerit vir valde bellicosus, at impius & primus qui per vim regnare cœperit,

Mores Nembrod.

Idololatriam primus induxit in orbem.

Sect. III.

Nembrod Bel dictus.

C. XV. & urbes expugnare, ac sibi subditas facere, & hujusmodi alia, prorsus cum his, quæ de *Nino* habentur in gentilium historiis, convenire: responderi potest hæc multò magis congruere cum his quæ de *Belo* iidem auctores prodiderunt. Sententiamque *Mercatori* contrariam comprobat auctoritate B. *Hieron. super cap. II. Oseæ*, & *Eusebii in Chronico*. Quorum duo posteriores apertè asserunt, *Belum* fuisse primum Regem *Assyriorum* in *Babylone*; & plerique Rabbini *Nembrod* vocant נמרות שמו בעל והוא אב נינוס שבנה נינוה. *Nembrod Bel, patrem Nini, qui ædificavit* Ninive. His adde quod idem *Eusebius lib. IX. de præparatione euangelica c. 4.* non procul ab initio, refert ex *Alexandro Historico* & *Eupolemo*, primum in *Babylone Belum* regnasse. Ergo idem fuit *Belus* cum *Nembrod*, quem vel ipsa Scriptura Sacra primò omnium regnasse in *Babylonia* testatur. Cum igitur in hac veritate, tum sacri, tum ecclesiastici, tum etiam prophani, antiquissimique scriptores convenire videantur, libenter nos quoque eandem sequi, amplectique debemus sententiam, præsertim cùm jam in *Obelisco Pamphilio*, *Saturnum* & *Belum* & *Nembrod*, unum & eundem esse ostenderimus. Unde fit consequens, *Nembrod* à *Belo* non fuisse diversum. Cur autem *Nembrod* à gentilibus dictus sit בַּעַל *Bel*, non penitus exploratum videtur. Forsan ab impuro coitu, quo sine discrimine utebatur. Vide *Guidonem Fabricium in Dictionario Syro-Chaldaico ad vocem* בְּעַל. Nam etsi non sit improbabile, ut quidam putarunt, ipsum fuisse binominem, ac primò quidem quando natus est vocatum fuisse *Nembrod* ob corporis robur, posteà verò ex quo factus vir, cœpit exercere tyrannidem, & ob profusam libidinem dici cœpisse בעל *Bel*. Hinc mihi proba-

Cur Bel dictus.

bilius videtur, ei primò nomen *Nembrod* à proprio patre fuisse impositum, qui prophetiæ dono (quod interdum etiam malis concessum constat) futura prospiciens, nominaverit filium suum *Nembrod*, eò quod tunc prævidisset, ab eo tyrannidem in mundo esse introducendam, quemadmodum de quibusdam aliis hujusmodi priscorum patrum prædictionibus non semel dictum est. Nam ut rectè *Baal Hatturim* dicit, *Et fuit* Nimrod *vocatus Baal, eò quod ipse primò instituisset cultum deorum quos* בעלים Baalim *vocant*. Quicquid sit: quod verò à suæ linguæ gentibus *Bel* ei postea inditum fuit, quod apud *Syros*, *Hebræos* & reliquos orientales, *Bel*, dominum, id est, in omnia dominium sonet. An ideo primum ejus nomen, *Nembrod*, apud *Hebræos* tantum; *Belis* autem vocabulum in universa etiam gentilitate deinceps diffusum est? Certè, quemadmodum ipsi nomen à *Bel* impositum fuit, sic apud *Syros Baltis* nomen *Veneri* impositum fuit, quod Amoris esset domina, ut *in Genealogia Deorum. I. Tom. Oedipi* expositum fuit. Quod verò juxta nonnullos ei à *Babel* civitate ab eo condita nomen *Bel* impositum sit, neutiquam approbare possum, cùm urbis *Babel* etymon à confusione linguarum inditum fuisse unanimi interpretum opinione constet. Sed ne inutilibus ratiociniis tempus teramus, sufficiat nobis annos regni ejus ab ædificata *Babylone*, seu à divisione linguarum esse auspicandos; hæc enim duo eodem circiter tempore accidisse ex sacra *Genesi* satis apertè colligi potest. Videlicet à diluvio anno ducentesimo septuagesimo sexto, annos regni *Nembrod* sive *Belis* dinumerare incipiemus. De Regno & Imperio *Nini* vide in *Arca Noë* à nobis edita.

Sect. III.

בַּעַל

CAPUT XVI.

De Coloniis filiorum Sem, Elam & Assur.

Redeamus nunc ad id, unde digressi sumus, nimirum ad filios Sem, & ad regiones à singulis primò cultas ac denominatas. Primus, qui inter ipsos in sacris libris denominatur, fuit *Helam*, à quo postea prodierunt ac denominati sunt populi, quos prophani scriptores *Elimæos*, ecclesiastici autem vocant *Elamitas*, quorum etiam fit mentio *Actorum cap.* II. *vers.* 9. Hos ajunt incoluisse eam Persidis partem, quæ magis vergit ad meridiem. Iidem, *Abrahæ* temporibus, Regem habebant nomine *Codorlahomor* sub quo, usque ad Sodomiticam regionem excurrentes, eam sibi subditam tenuerunt annis duodecim, ut habetur *Genes. cap.* XIV. *vers.* 4. Ab *Elamitis* postmodum exisse *Persas*, qui mox erecta monarchia, universam illam regionem, ex ipsorum nomine, ob equorum, qui in ea generabantur, præstantiam, *Persidem* appellarunt; tradit *Josephus* I. *Antiquit. cap.* 7. & ab aliis omnibus penè historicis jam receptum est; & ex *Daniel. cap.* VIII. *vers.* 2. etiam non obscurè colligi potest; ubi legimus *Susan* castrum (quod deinde fuit sedes Regum *Persicorum*, ut patet in exordio libri *Hester*) fuisse in regione *Helam*.

Ab Elam primo filio Semi Elamitæ, hodieque dicuntur Persæ.

A פרש *Paras, id est E-quus, Persia dicta fuit.*

DID. Sus *equus: hinc Susan urbs dicta fuit.*

Alter filius *Sem* fuit *Assur*, à quo postea *Assyriorum* populi propagati sunt, & eorum regio *Assyria*, nunc corrupto vocabulo *Azimia* dicta est, *Asiæ* majoris provincia, quæ olim hisce terminis continebatur; à Septentrione *Armeniæ* majoris parte; ab Occasu *Mesopotamiæ* finibus, medio *Tygride fluvio*, cincta erat: à Meridie *Susianam* habebat; & ab Oriente *Mediam*, ut docet *Ptolemæus suæ Geographiæ* lib. VI. *cap*. I. Et distabat, uti *Torniellus* vult, *Assyria* ab *Jerusalem*, versus Aquilonem, quinque gradibus, unde valde diversa erat à provincia *Syriæ*, quæ nunc italicè *Soria* appellatur, & inter alias partiales provincias, etiam *Hierosolymiticam* continebat regionem, sicut *Italia Lombardiam*. Utrum autem prædictus *Assur* idem fuerit cum illo, de quo dicitur *Genes. cap.* X. *vers.* 11. De terra illa (id est de *Sennaar*, quæ est *Babylon*) egressus est *Assur*, qui ædificavit *Ninivem*; apud multos controversum est, nobis tamen videtur absolutè responderi posse, fuisse diversum. Nam certum est omnium consensu *Ninivem* à *Nino* fuisse conditam & denominatam. Sanè *Ninus*, quem loco citato Scriptura Sacra, ob causas inferius dicendas vocat *Assur*, fuit filius *Beli*, id est ipsius *Nembrod*, qui regnaverat in terra *Sennaar*, & consequenter erat non de stirpe *Sem*, sed de progenie *Cham*, neque habitabat cum posteris *Sem* in *Assyria*, sed cum posteris *Cham* in terra *Sennaar*: ideoque signanter dicit Scriptura, conditorem *Ninive* exivisse de terra *Sennaar*, id est de propria provincia, quæ familiæ *Nembrod* obtigerat tempore divisionis linguarum, & transisse in *Assyriam*, ibique ædificasse *Ninivem* (constat enim *Ninivem* in *Assyria* extitisse.) Alioqui ineptè videretur dici de *Assur* filio *Sem*, quod esset egressus de terra *Sennaar*. Nam, ut rectè *Torniellus* sentit, siquidem ea non fuerat patria ejus propria, sed communis omnibus, & ab ea, non ipse solùm, sed & omnes alii cæterarum urbium conditores exierant, excepta sola familia *Nembrod*, quæ ibidem remanserat, & propterea tanquam quid singulare notatum fuit de *Nino*, quod non, ut cæteri de familia sua, remanserit in terra *Sennaar*, sed inde exiens ædificaverit *Ninivem*, hoc est

Assur filius Semi secundus.

Num Assur, egressus de Babylonia idem sit cum Assur filio Sem.

C.XVI. est mortuo patre *Belo* in *Babylone*, ipse subactis *Assyriis*, transtulerit ibi sedem regni sui, in civitate à se ædificata, ac denominata *Ninive*. Dicitur autem *Ninus Assur*, vel quia, sicuti dictum est de patre suo, qui *Nembrod* & *Belus* appellabatur, ipse quoque erat binominis, ut videntur sensisse B. *Hieronymus*, & S. *Cyrillus* super loco *Genes.* citato; vel quia post devictos *Assyrios, Assur* nuncupari voluit, quemadmodum *Scipio* subactis *Afris, Africanus* dici cœpit; vel denique, quia constat Scripturam Sacram appellatione *Assur*, significare consuevisse Regem *Assyriorum*, quocunque alio nomine is vocetur. Ita legimus in Psal. LXXXII. *vers.* 9. Etenim Assur *venit cum illis*. Et Esaiæ cap. X. vers. 5. *Væ* Assur *virga furoris mei* & Oseæ cap. V. vers. 13. Et abiit *Ephraim* ad *Assur*, hoc est, ut peteret auxilium à Rege *Assyriorum*, & alibi non semel. Atque hoc pacto potest intelligi, quod dictum est. De terra illa egressus est *Assur*, qui ædificavit *Ninivem*, id est ille Rex *Assyriorum*, qui condidit *Ninivem*, ut qui proprio nomine vocabatur *Ninus*. Quamvis etiam non incongruè dici possit, *Assur* filium *Sem* ob impiam progeniem *Chami*, & tyrannidem *Nembrod*, discessisse ex terra *Sennaar*, ubi tunc omnes filii *Noë* congregati erant, & in *Mesopotamiæ* vicina regione ad flumen *Euphratem*, vel ut aliqui volunt verius ad *Tigrim*, tum amœnitate, tum ubertate loci invitatum, civitatem qualemcunque tandem ædificasse; quam post multos annos *Ninus* post mortem patris *Nembrod*, veluti ab *Assur* filio *Sem*, aliis coloniis instituendis occupato, derelictam, subjugata sibi *Assyria*, in amplissimam formam & magnificentissimam redactam, sedem imperii sui constituerit, ab eo *Assur*, id est *Assyriorum* Rex & Imperator nominatus.

Cur Ninus fuerit dictus Assur.

Arphaxad tertius filius Semi. Tertius filius *Semi* fuit *Arphaxad*, à *Sem* duobus post diluvium annis genitus, à quo *Josephus* & B. *Hieronymus*, Sect. III. ille *in Antiquitatibus*, hic *in Hebraicis locis*, asserunt prodiisse *Chaldæos*. Quod si verum est, oportet olim *Chaldæam* fuisse distinctam à *Babylonia*, quam diximus obtigisse filiis *Nembrod*, posterioribus autem temporibus *Babyloniam* in *Chaldæa* extitisse perhibent. *Tornielllus* & *Pererius* putant de *Arphaxad* descendisse eos, qui postea *Susii* dicti sunt: unde *Susiana Provincia* nomen accepit, quæ inter *Chaldæam* & *Persidem* posita dicitur. Quinam verò de *Cainan* filio *Arphaxad*, & de *Sale* filio *Cainan*, populi prodierint, ignotum est. De *Heber* autem filio *Sale* descendisse *Hebræos* per lineam *Phaleg*, satis apertè colligitur ex *Gen.* cap. XI. *vers.* 17. usque ad finem capitis. Et infra probabimus ipsos *Hebræos* ab ipso *Heber* fuisse denominatos. Porrò *Hebræos* usque ad *Abrahami* tempora habitasse in *Chaldæa*, colligi potest ex *Genes.* cap. XV. *vers.* 7. & clarius habetur *Judith* cap. V. *vers.* 6. & 7. Et præterea certum est, quod *Thare*, qui fuit quintus de posteris dicti *Heber*, venit cum filio suo *Abrahamo* & *Loth* filio alterius filii sui *Aran* in *Mesopotamiæ* urbem nomine *Haran*, sive *Charam*, Gen. cap. XII. vers. 5. Ubi non multò post venit etiam *Nachor*, alter *Abrahæ* frater, à quo postea denominata est illa urbs *Nachor*, ad quam deinde post multos annos *Abraham* misit servum suum, ut ibi acciperet uxorem filio suo *Isaac*, quemadmodum patet legenti cap. *Genes.* XXIV. & XXIX. Ibidem namque ipse *Nachor* genuerat de *Melcha* uxore sua octo filios, & de *Roma* concubina sua quatuor, quorum nomina recensentur *Genes.* cap. XXII. *vers.* 20. Inter quos nominatur *Camuel* pater *Syrorum*. Unde apparet filios *Nachor* habitatoribus replevisse non solùm partem *Mesopotamiæ*, sed etiam *Syriæ*. *Abraham* autem de dicta urbe *Haran*, cum *Loth* nepote suo, venit habitavitque in terra *Chanaan*

Ab Arphaxad Susiani descendunt.

Populi qui ex Abrahæ semine prodierunt.

C. XVI. *naan* ipse, & postea filius ejus *Isaac*, & nepos *Jacob*, qui licet deinde cum filiis suis profectus sit in *Ægyptum*, inde tamen post multa tempora redierunt posteri ejus in terram *Chanaan*, ubi deinceps sub nomine populi *Israëlitici* & *Judaïci*, diu admodum floruerunt, ut videre est in *libris Josue, Judicum & Regum*. De *Heber* quoque per eandem lineam *Phaleg*, succedentibus temporibus propagati sunt *Pelasgi Græciæ* populi, & alii populi, nimirum ex duobus filiis memorati *Loth*, *Moab* scilicet & *Ammon*, *Moabitæ* & *Ammonitæ*. Et de *Ismaële* filio *Abrahæ* ex *Agar* ancilla, *Ismaëlitæ* & *Agareni*. Item de *Madian* pariter filio *Abrahæ*, & aliis ex *Cetura* genitis *Madianitæ*, aliique plures, qui breviter recensentur initio capit. XXV. *Genes.* & 1. *Paralipom.* cap. I. *vers.* 29. *usque ad* 34. De *Esau* quoque, qui & *Edom*, fratre dicti *Jacob* prodiere *Idumæi*. Et de *Amalech* filio *Eliphaz* filii *Esau*, *Amalecitæ*, & de aliis filiis *Esau*,alii populi, ut colligi potest ex *Gen. cap.*XXXVI. *vers.* 15. usque ad finem capitis, quæ cuncta summa confusione intricata sunt. Nam non multo post, sicuti primas linguas, ita etiam hujusmodi regionum distributiones, confundi cœptas esse certissimum est. Etenim inordinata regnandi ac dominandi cupido, quæ primò, ut diximus, excelluit in *Nembrod*, deinde ad posteros suos, nec non & ad alios, per cuncta ferè sæcula pertransiit, innumeras bellorum causas excitavit, & multos populos de propriis sedibus pulsos, ad alias commigrare coëgit, & colonias transmittere docuit, urbes destruere, alias ædificare, regna transferre, linguas miscere, & paulatim inusitatas introducere consuetudines, provinciarum terminos immutare, atque regionibus ipsis, nec non & civitatibus ac locis nova nomina imponere,& ut uno verbo dicam, omnia confundere, ita ut brevi primæ illius distributionis terrarum, pauca admodum vestigia remanserint. Etenim certum est terram *Sennaàr* mox *Babyloniam* fuisse nuncupatam, &*Babylonis* Reges regni sedem in *Assyrios* transtulisse, ac deinceps multo tempore appellari voluisse *Assyrios*, & terram à *Chananæis*, qui erant de stirpe *Cham*, vi occupatam ac diu possessam, tandem ad *Hebræos*, qui de *Sem* descenderant, rediisse, ac mutato sæpius nomine aliquando terram *Israël, Judæam, Palæstinam, terram sanctam* esse vocatam. Item terram *Cham Ægypti* nomen accepisse. Posterioribus verò temporibus universas penè Australes *Asiæ* regiones, quæ prius à filiis *Sem* cultæ, habitatoribusque repletæ fuerant, ab *Alexandro Magno*, *Græcisque* qui de *Japheth* prodierant, fuisse occupatas ac possessas, græcamque in eis linguam esse introductam. Et idem ferè factum fuisse per oras *Africæ* Aquilonares, præsertim verò in tota *Ægypto*, quam tamen à filiis *Cham* primò inhabitatam esse, jam supra ostendimus. E converso autem in *Peloponneso*, quæ *Græciæ* pars est, nunc italicè *Morea* vulgò nuncupata, ad quam olim primò incolendam diximus pervenisse filios, seu posteros *Japheth*, constat mox floruisse *Lacedæmonios*, qui & *Spartiatæ* sive *Spartani* dicuntur, & à *Lycurgo* pariter *Spartiatæ*, leges acceperunt, ut videre est in ejusdem *Lycurgi vita apud Plutarchum*. Hos enim de *Abrahami* semine, & consequenter de *Sem* prodiisse, apertè traditur 1 *Machab.* cap. XII. *vers.* 21. & apud *Josephum lib.* XII. *Antiquit.* cap. 5. & *lib.* XIII. cap. 9. appellantur cognati, seu de cognatione *Judæorum*. Sed nimis longum esset, innumeras ejusmodi alias, nominum, populorum, linguarum, regnorum ac provinciarum, urbiumque mutationes prosequi. Conferat prudens lector veterum libros, tabulasque geographorum & priscorum historias, cum modernis ac recentioribus, & inveniet non solùm nomina urbium &

Sect.III.
Successu temporum, magna regnorum, populorum, urbium nominumque corruptorum mutatio.

C.XVI. provinciarum ac regnorum; sed etiam ipsorum terminos, & interdum situs quoque prorsus fuisse immutatos. Et quandoque de pluribus parvis regnis provinciisque facta esse pauciora & ampliora; quandoque verò è contrario magna regna, ingentesque provincias in plures parvas esse divisas, ita ut (quantum ad hoc spectat) tota penè terrarum facies videatur variata, & succedentibus temporibus assiduè variari. Sect. III.

CAPUT XVII.

Utrum & quomodo post confusionem linguarum, lingua hebræa in domo Heber *permanserit.*

C.XVII. EX eo autem quod *Heber* & *Phaleg* primam linguam retinuisse credantur, deducunt etiam nonnulli, ipsos non fuisse ipsius ædificationis participes; alioqui, inquiunt, eadem & ipsa pœna mutationis linguæ plecti debuissent. Sed hic advertere oportet, quod *Heber* & *Phaleg*, tametsi retenta priori lingua videantur & ipsi quoquo modo puniti in hoc, quod alia idiomata, ut creditur, non intelligerent, id tamen eis pœnam non intulit, sicut cæteris, quoniam divina illa in ædificantes animadversio, non propriè in ipsa linguarum mutatione posita fuit, (quod enim quis uno magis, quàm altero loquatur idiomate, nullam adfert pœnam) sed in eo; quòd cum cæteros intelligere non possent, in suscepto ædificandi consilio & executione persistere non valerent, quod memoratis *Heber* & *Phaleg*, ne dum molestiam ullam, quin magnam adferre poterat consolationem. Exultabant enim videntes cœlitùs impeditam, quam ipsi graviter aversabantur ædificationem, & jam tandem impleri (vellent, nollent) divinam jussionem, de gentium habitatione varias per orbis partes disseminanda, quod ipsi, & sanctus omnium tunc parens *Noë*, tantopere exoptaverant, præsertim cùm illa sermonum discretio ipsis insuper, ad vitanda, declinandaque impiorum consortia, admodum commoda esset. Et hæc communiter creditur esse causa, cur prima illa omnium antiquissima pariter ac nobilissima locutio in *Heber* transfusa fuerit. Unde etiam colligit S. *Augustin. lib.* XVI. *de civit. Dei, cap.* 11. quod tametsi evidenter in sacro eloquio expressum non sit, non obscurè tamen elici potest, fuisse aliquod pium genus hominum, quando ab impiis *Babylonia* condebatur. Quamquam & alia adferri possit causa, cur potius in *Heber* per lineam *Phaleg*, propagandi erant patriarchæ & prophetæ, & gens à DEO electa in populum sibi peculiarem, de quo nasciturus erat *Christus* secundum carnem, ut eadem prima omnium lingua esset illa, quam deinceps patriarcharum & prophetarum non solùm in sermonibus suis, verùm etiam in sacris litteris, custodiret auctoritas, quemadmodum tradit S. *Augustin.* loco proximè *citato.* Cujus rei signum est, quod lingua illa, non in omni progenie ipsius *Heber* diffusa est, sed in ea solùm, quæ linea recta descendit ad *Abraham*, cui repromissiones de *Christo* venturo faciendæ erant. Nec ipse *Abraham* potuit eandem linguam in omnes filios ac posteros suos transmittere, sed tantùm in *Isaac* & *Jacob*, & eos, qui de ipso postea descenderunt, duodecim patriachas, ex quibus duodecim tribus *Israël* ortæ sunt, quæ populum DEI electum constituerunt. Neque obstat, quòd *Abraham* in *Chaldæa* natus sit, ibique ultra septuagesimum vitæ annum manserit, ac deinde in terra *Chanaan* habitaverit, quia nihilominus potuit linguam à majoribus suis acceptam, in

Hebræa lingua ab Heber ad Abraham, ex cujus semine Christus nasci debebat, continuata serie propagata fuit.

C.XVII. in domo saltem sua retinere, sicuti nunc faciunt *Hebræi* ubique terrarum degentes, & aliæ quoque nationes extra proprias regiones habitantes.

Advertendum tamen est, uti benè notat ut supra *Abulensis*, linguam Hebraicam antiquitus fuisse multo, quàm nunc sit, perfectiorem atque uberiorem. Nam ex quo *Hebræi* in captivitatem ducti sunt, exterisque linguis admisti, propriæ quodammodò usum amiserunt, vel saltem magna ex parte adulterarunt. Unde post reditum de *Babylonia*, necessarium fuit constituere, qui populo verba legis, quæ Hebræo sermone puro atque incorrupto tradita fuerat, interpretarentur. Quare non mirum est, si tempore Salvatoris *Hebraica lingua* valde mista erat & vocabulis *Syriacis* atque *Chaldaicis* referta, ut aliàs ex ipsomet *Euangelio* patet. Et hodie de puris & antiquis, penè illa tantum remanserint, quæ in legis codice servata sunt. Quo fit ut vera ac legitima *Hebraica lingua* hodie admodum inops, & manca esse videatur, quippe quæ non nisi ex sacris legalibus libris addisci possit. Credimus item cum B. *August. libr.* XVIII. *de Civit. Dei, cap.* 39. non vocabula solùm, sed etiam literas, & characteres *Hebraicos* ante divisionem linguarum, communiter apud omnes fuisse in usu, & pariter cum idiomate per ipsum *Heber* & posteros ejus, successivè ad populum *Israëliticum* pervenisse. Quare non est recipiendus *Philo Judæus*, eo quod inventionem literarum Hebraïcarum *Abrahamo* tribuit. Neque item probari debet, quod *Eupolemius* & *Artapanus* apud *Eusebium lib.* IX. *de præparatione euangelica, cap.* 4. circa medium relati scripserunt, nempe *Mosem* literarum inventorem fuisse, easque primum *Judæis* tradidisse, à quibus vicini *Phœnices* acceperunt, & à *Phœnicibus Græci*, subaudi per *Cadmum*; quin & *Ægyptiis* quoque eundem *Mosem* literas dedisse ac propterea ab ipsis *Mercurium* appellatum, ac pro DEO habitum. Hæc enim & si quæ hujusmodi alia ab ethnicis scriptoribus tradita inveniantur, omnino rejicienda sunt tanquam falsa. Et omnino tenendum est *Hebraicas literas* ab ipso penè mundi initio fuisse inventas, non ab alio ut arbitror, quàm ab ipso *Adamo* omnium sapientissimo. Quod autem prisci illi literarum characteres, posterioribus postea temporibus ab *Esdra* eruditissimo scriba nonnihil fuerint immutati; ac deinde post multa quoque alia tempora à quibusdam Rabbinis, addita eisdem fuerint puncta, & notulæ illæ, quibus hodie vocalium vice utuntur *Judæi*, ad majorem legentium facilitatem; de hisce & similibus in 3. *libro* quam uberrime disceptabitur. Atque hæc de familiarum transmigratione sufficiant. Quibus quidem propositis nihil restat, nisi ut jam magnum illud linguarum idiomatumque argumentum ex sua confusione in ordinem redigamus.

Sect. III.

ATHA-

Athanasii Kircheri è Societ. Jesu
TURRIS BABEL,
LIBER TERTIUS,
SIVE
PRODROMUS IN ATLANTEM POLYGLOSSUM,
QUO

Per prælusiones quasdam, de varietate linguarum & idiomatum disparatissima genera, quæ unà cum idololatriâ in orbem terrarum occasione primævæ confusionis irrepserunt, potissimum agitur.

PRÆFATIUNCULA.

Nosse te velim, lector, nos sacræ Genesis historiæ de Turri Babylonicâ argumentum ob infinitam penè explicandarum rerum multitudinem & varietatem in tres tomos digessisse, quorum primus pariter in tres libros distinctus est. Primus & secundus continent solummodo Turris fabricam, aliarumque rerum à posteris Nembrod tum in Babylonia & Assyria, tum in Ægypto gestarum exegesim. In libro vero tertio hujus primi tomi, quem Prodromum in Atlantem Polyglossum inscripsimus, per prælusiones quasdam προλεγομένας de primâ linguarum origine, primævorumque idiomatum fontibus, eorumque ortu, declinatione & interitu totali dicendum censuimus, uti sequitur.

PRÆLUSIO I.

Prælusio I.

Onstat ex *præcedenti libro*, ante *Turris* exstructionem terram fuisse labii unius, eundemque sermonem, eandemque linguam omnibus; ex linguæ verò hujus unitate, justo DEI judicio de hujusmodi primævorum hominum superbia DEO se vindicante, confusionem esse natam, juxta sacri textus verba: *Venite & confundamus ibi linguam eorum.* Justa profectò, & digna tam impiæ eorum hominum superbiæ, atque ad obediendum contumaciæ, hæc pœna fuit, conveniensque culpæ supplicium; nam uti rectè Divus Augustinus: *quemadmodum imperantis dominatio in lingua est, ita quoque ibidem superbia damnata est, ut non intelligeretur jubens homini, qui noluit intelligere, ut obediret DEO jubenti.* Hoc pacto

D. Augustinus.

Prælusio I.

Jurgia & rixæ in linguarum confusione.

Causæ mutationis linguarum.

&c̄to illa conspiratio dissoluta fuit, cum quisque ab eo, quem non intelligeret, abscederet, nec se, nisi cum quo loqui poterat, aggregaret, & per linguas divisio gentium exorta, dispersionem in universam terræ faciem effecit, sicuti DEO placuit, qui hoc modis occultis, nobisque incomprehensis operatus est. Quis enim sibi imaginari poterit, ex adeò repentino casu hominum consternationem, & inexspectatum rei eventum. Haud dubiè erant, qui dum sermonem proximi non intelligerent, se illudi putantes, non verbis, sed verberibus pugnisque responderent; ex rixis enim ortis, dum pro bitumine lateres, lateres pro cæmento, scalas pro lintribus, instrumenta ferrea pro fœno & paleis, carnes pro caseo, caseum pro fructibus porrigerent, in indignationem versi, quà fustibus, quà utensilibus instrumentis egregiè sibi capita pertunderent, ut proinde hac prodigiosa oborta confusione, sacrilegos hominum, nefandosque ausus, DEUS justè compescuerit; ut qui contra DEI voluntatem ædificium illud extruere conarentur, illi confusione linguæ, à cœpti operis molimine desistere cogerentur.

Causæ verò, de quibus sermo variatur, multæ sunt. Divisionis quidem universalis, ut una lingua toti mortalium generi communis par annos MDCC. & ampliùs à primordio rerum ad extructionem *Babylonis* scinderetur in tot sermones discretos, auctor est DEUS, ut historiæ probatæ monstrant,& ratio facilè deprehendit. Nulla enim causa idonea apparet in functionibus, & in toto ingenio hominis, ob quam voluerunt homines post inundationem reparari per tres filios *Noë*, deditâ operâ sermonem usitatum, & seculis aliquot inter ipsos probatum, totque nominibus utilem & necessarium mutare, factoque schismate gravissimo sese privare vitæ commercio.

Deinde si maximè voluissent, plurimi ex illis mutare sermonem tot seculis confirmatum, & rationi, atque adeò naturæ ipsi maximè consentaneum, non potuissent tamen consentire, vel in præformata quædam jam idiomata, puta, ut *Nembrod* & *Babylonici* caperent ex illa veluti sortitione linguarum, *Chaldaicam, Ion* cum sua prole *Ionicam* dialectum, *Chanaan Punicam* linguam, itemque alii aliam. Nam 72 patriarchæ omnium gentium, & populorum, filii aut nepotes, aut pronepotes *Noë* enumerantur. Est enim cernere studium,& acrem contentionem in populis imperiosis dilatandi suam linguam unà cum potentia & legibus, & rursum in alienas linguas in arctum contrahendi; aut penitus abolendi, si fieri possit. Angeli autem mali non potuerunt sua vi eam vicissitudinem rebus humanis adeoque animis invehere, ut tot tamque dissonis vocibus hactenùs cohabitantes, & membra unius populi, ac civitatis, mentem suam exprimerent. Boni quidem angeli nec potuerunt, nec voluerunt sine jussu, atque imperio DEI, hominibus cladem illam inferre: de cæteris autem naturis, tam præditis animâ, quàm expertibus, quid attinet dicere, quæ nullum habent accessum ad mentem hominis, nisi quatenùs forma earum per sensus accipitur? Conditor igitur, atque rerum opifex, & architectus vel nutu simplici, vel angelorum operâ, ut *Origeni* visum est, effecit sermonis humani varietatem, utque historia sacra loquitur, confudit labium ædificantium *Babylonem*. Oportet autem, magnam fuisse causam, ob quam DEUS sapientissimus, idemque optimus, qui omnia verbo suæ potentiæ produxit, & formavit, ut essent perfecta, post annos MDCC, aliquid mutare voluerit in opere longè præstantissimo, in homine condito ad imaginem, & similitudinem DEI parentis omnium.

Solus DEUS auctor fuit hujus confusionis, non homines.

Cacodæmones non poterant variare unam linguam in tot alias.

Q 3

Prælu- omnium. Audiamus igitur, quid in
sio I. campis *Sennaar* inter se loquantur ore
uno mutuum exhortantes ad ingens o-
pus aggrediendum, & perficiendum
collatis viribus, & omnibus facultati-
bus: *Venite* inquiunt, *agite, faciamus nobis civitatem, & Turrim, cujus culmen
attingat cœlum, & celebre reddamus nostrum nomen, antequam dividamur in u-
niversam terram.* At quid Dominus
DEUS dixerat in rerum primordio?
quæ fuit ipsius voluntas? quod consilium? quod imperium? *Crescite*, ait, *&
multiplicamini, & replete terram, & sub-
jicite eam, & dominamini piscibus maris,
& volatilibus cœli, & universis animantibus, quæ moventur super terram.* Et post
diluvium eadem repetit, renovatque
Dominus *Genesis* IX. *Vos autem crescite,
& multiplicamini, & ingredimini super
terram, & implete eam.* At postquam
Maledi- *Chanaan* minimus natu ex filiis *Noë*,
ctio Noe summâ contumeliâ parentem affecis-
in Cha-
naan filium set, *Sem* autem & *Japheth* dedecus il-
Cham ra-
dix confu- lius operuissent, cœlesti afflatu excita-
sionis lin- tus *Noë*, reparator humani generis sen-
guarum. tentiam divinam tulit in filios, & præ-
saga mente, fata eis sua præcinuit ad
hunc modum: *Maledictus* Chanaan, *servus servorum erit fratribus suis. Benedictus Dominus DEUS Sem: sit Chanaan
servus ejus. Dilatet DEUS Japheth,
& habitet in tabernaculis Sem: sitque
Chanaan servus ejus.* Huic fato, & decreto Numinis præpotentis reluctan-
tur Babylonicæ molis conditores, suas
rationes, consilia, voluntates, opem, &
omnem operam conjungentes adversus perfectissimam, & supremam rationem divinæ voluntatis, ac verbi.
Sed nequicquam repugnant consilio
Domini exercituum, qui omnia inspi-
cit, omnia exaudit, omnia judicat, o-
mnia justissimis modis gubernat. Quid
enim in historia Beati Mosis sequitur?
*Descendit Dominus, ut videret civitatem,
& Turrim, quam ædificabant filii Adam,
& dixit: Ecce, unus est populus, & unum
est labium omnibus: cœperuntque hoc facere, nec desistent à cogitationibus suis, donec eas opere compleant. Venite igitur, descendamus, & confundamus ibi linguam
eorum, ut non audiat unusquisque vocem
proximi sui. Atque ita divisit eos Dominus
ex illo loco in universam terram, & cessaverunt ædificare civitatem; & idcircò vocatum est nomen ejus Babel, quia ibi dispersit eos Dominus super faciem cunctarum regionum;* DEUS ergò justissimus
& æquissimus judex orbis universi, ne-
fando sceleri non unius hominis, sed
plurimorum, sed omnium hominum,
paucis exceptis pœnam gravem quidem illam, sed maximè dignam infli-
xit, & immanem præsumptionem, in-
justam, superbam, audacissimam con-
spirationem edomuit, modum interim *Maxima*
clementiæ adhibens in vindicta maxi- *Dei cle-
mi sceleris.* Non enim fulmine dejicit *mentia in*
insanam juxta & impiè meditatam ex- *hujusmodi*
structionem: non terræ hiatu absorberi *punitione.*
jubet: non terræmotu evertit: non materiam lapidis & bituminis præripuit:
non mutavit illius rei naturam; sed tantùm rationi, cujus vis amplissima est,
quaque homines admiranda opera perficiunt, etiam maria, & aërem supe-
rantes, & in orbes cœlestes penetrantes, vincula, & impedimenta injecit,
ut facultas percipiendi & dijudicandi
res cujusque generis, eaque communis, & unica inter omnes populos, di-
verso tamen modo, alii præstantior,
alii verò imbecillior integra remanserit, relictus sit etiam sermo, quo mens,
& cogitationes, & voluntas exprimun-
tur vicissim, & percipiuntur. Cæterùm sermo fusus, & derivatus est in
multiplices formas loquendi, & singulares dialectos, ut voces eædem variè compositæ non idem omnibus significent. Ita quidem *Babylonici* ædi-
ficatores coacti sunt opus inchoatum
adversante DEO, sinistroque auspicio, deserere: & sempiterna justæ
damnationis nota impressa est hominibus

TURRIS BABEL LIB. III.

Prælusio I.

Sapientia & clementia Dei in confusione linguarum.

nibus in ea parte, quâ cæteras animantes longè antecellunt, quâ res suas omnes perficiunt, quâ ad cognitionem spiritualis naturæ pertinent. In quo judicio insigniter conspicitur divina tum potentia, tum sapientia, tum bonitas & justitia. Quia eripiendo facultatem hominibus, conjungendi rationes, consilia, judicia, & voluntates suas, DEUS summam rationem adhibuit, ut simul homines mulctaverit pœnâ gravi, quam meriti fuerunt, & opus manibus suis rectissimè formatum non destruxerit, aut transformaverit, sed in minima portione hominis, vim Numinis sui insuperabilem declaraverit, & remedium, atque mitigationem, & solatium pœnæ concesserit. Quantum

Linguæ idiomatumque utilitas.

enim sit boni positum in linguæ communione, docet experientia: quum nihil sit efficacius ad conciliandos homines comitate, & affabilitate. Rursum videmus silentio dirimi amicitias, quæ sempiternæ fore existimabantur. In veteri quoque proverbio perspicitur, quod memorat *Amyclas* tacendo periisse. Et alio proverbio dicuntur homines obsurdescere in aliena lingua. Oratores etiam divini metum hostilem exaggerant, minitantes hostem, cum quo non sit commercium sermonis, sapienter omninò Apostolus *Paulus* pronunciavit in Epistola priori ad Corinthios, *Si per linguam non significantem sermonem edideritis, quomodo intelligetur, quod dicitur? eritis enim in aërem loquentes. Tam multa genera vocum sunt in mundo, & nihil horum est mutum. Itaque si nesciero vim vocis, ero ei, qui loquitur, barbarus; & qui loquitur, in me barbarus.* Non prætereundum est si-

S. Aug. l. de civ. Dei.

lentio etiam Aurelii Augustini judicium, quod profert c. 7. lib. XIX. de civitate Dei, de sociali vita loquens: *Post civitatem, vel urbem sequitur orbis terræ, in quo tertium agrum ponunt societatis humanæ, incipientes à domo, atque inde ad urbem, deinde ad orbem terræ progrediendo venientes. In quo primùm linguarum diversitas hominem alienat ab homine: nam si duo sibimet invicem fiant obviam, neque præterire, sed simul esse aliquâ necessitate cogantur, quorum neuter nôrit linguam alterius, faciliùs sibi animalia muta etiam diversi generis, quàm illi, cùm sint homines ambo, sociantur. Quando enim*

Alienantur ab invicem homines ignorantia linguarum.

quæ sentiunt, inter se communicare non possunt, propter solam linguarum diversitatem; nihil prodest ad consociandos homines tanta similitudo naturæ, ita ut libentiùs homo sit cum cane suo, quàm cum homine alieno. Cui adstipulatur Plinius de vocis usu loquens: *Tanta,* inquit, *loquendi varietas est, ut externus alieno non sit hominis vice.* Cæterùm ea pœna divinæ justitiæ ita est irrogata, ut animus retinuerit suas facultates, & potentias omnes, intelligendi vim, rationem, memoriam, voluntatem, relicta sit etiam facultas derivandi rationem, & foras emittendi: relicta sunt organa vocis, & sermonis pulmo, latera & musculi, arteria, palatum, guttur, lingua, dentes, labia, & spiritus. In spiritu autem formando, & velut in articulos distinguendo varietas vocum, & discrepantia significationum inflicta est. Cui rei Dominus remedium concessit, ut unus plures discat linguas, duce & magistrâ ratione, quam nova subinde gratia, inexhaustus fons omnium bonorum rigat, & perfundit, ut medio sermone interprete adhibito rursus jungantur, qui Babylonicâ istâ confusione longissimè separati fuerant; idque commodiùs etiam fit beneficio scripturæ, non tam invento humano, quàm munere divino. Qua ratione *Moses* fons omnis sapientiæ & scripta prophetarum hebraicorum, non per solos LXX interpretes pervenerunt ad *Græcos*, sed multo tempore antea per alios interpretes divina scripta pervenerunt tum ad *Græcos*, tum ad alias nationes etiam barbaras, hodieque libri sacrosancti leguntur in omnium

Mira Dei providentia in reconciliandis hominibus ex diversitate linguarum.

Prælu- omnium propè nationum linguis.
sio I. Quod munus divinissimum velle impedire, quid aliud est, quàm odisse divinas dotes, & persequi, & bellum gerere cum DEO plusquàm Babylonicum, & Gygantæum? Etenim *Messias* expectatio universarum gentium veniens in mundum, ut restitueret omnia, omniaque reconciliaret, *Judæos*, *Græcos*, *Romanos*, *Scythas*, aliosque populos inter se, & cum DEO Patre universos spiritus sacri vinculo glutinaret; utque gentes junctas in unum populum sanctum, in unum regnum, civitatem, domum contraheret, suo sibi cruore linguam Græcæ gentis, & Romanæ, quæ sapientiâ, & imperio alias præcelluerunt, cum lingua veteri *Hebræorum* in ara crucis litans pro universo mundo consecravit. Quando imposito titulo, & causæ inscriptione in caput Domini *Jesu Nazareni* declaratum est, illum ipsum esse omnium gentium promissum, & exspectatum servatorem, atque monarcham, & summum, æternum, sanctissimum, optimum, maximumque pontificem; de quo Sophonias luculento vaticinio præmonuit dicens; *Expecta me, dicit Dominus, in die resurrectionis meæ in futurum, quia judicium meum, ut congregem gentes, & colligam regna, & effundam super eos indignationem meam, omnem iram furoris mei; in igne enim zeli mei devorabitur omnis terra: quia tunc reddam populis labium electum, ut invocent omnes nomen Domini, & serviant ei humero uno.* Porrò Dominus *Christus* pollicetur *Marc.* XVI. credentibus in nomen ipsius, ut loquantur linguis novis; ejusque rei fidem implevit amplissimè Spiritu sancto misso in discipulorum cœtum. Namque legatos missurus ad Reges & populos omnium linguarum & nationum, qui non *Babylonas* conderent, aut caperent sibi regnorum & imperiorum sedes, aut aliquid molirentur, aut machinarentur adversus scientiam DEI: sed pertraherent orbem totum in confessionem religionis catholicæ, utque conderent civitatem viventis, verique DEI, cujus fundamentum, & caput, & lapis angularis, & princeps, est ipse *Christus* Dominus gloriæ, instruxit eos ad eam rem percommodè: non malleis, trullâ, perpendiculo, securi, serrâ; non gladio, pilo, sarissa, æneo tormento, sed Spiritu sancto, sed rerum divinarum cognitione, sed vitæ sanctimonia, sed omnigenis virtutibus, sed linguarum peritiâ. Itaque dictu mirabile, & stupendum jure merito videri debet; antea rudes & illiteratos homines, quique in vernaculo sermone propemodum infantes erant, subitò loquutos omnium populorum, & gentium sermone, apud quos facturi erant evangelii præconium; initioque facto *Hierosolymis*, urbe sita in Monte *Sion*, ut *Esaias*, & *Michæas* prædixerunt, II. & IV. *Christum* annunciant DEI Filium, & Verbum, & Sapientiam, & Potentiam, & Justitiam venisse in terras, conceptum è Spiritu sancto, natum ex virgine de domo *David*, mortuum in cruce, & resurrexisse, & ascendisse in cœlos, unde venturus sit judex vivorum & mortuorum, quemque Israëlitica ecclesia audivit concionantem in monte *Sinai*, totus mundus velut in compendium contractus in *Hierosolyma*, jam carne verâ hominis indutum audit concionantem in monte *Sion* per apostolos, ut in illa multitudine, quæ ex orbe universo confluxerat, quisque audiret legatos *Christi* patrio ipsorum, & vernaculo sermone differentes. Poposcerunt quidem prima ecclesiæ Christianæ tempora opus illud admiratione & stupore confertum; quod abundè convincit linguarum notitiam, organum esse tum utile, tum necessarium Christianæ Reipublicæ conservandæ & amplificandæ, & donum esse minimè leve otiosumque divinæ munificentiæ. Quod Apostolus *Paulus in Epi-*

Christus per titulum crucis, reduxit per varias linguas, populos in unitatem, die pentecostes misso Spiritu sancto super apostolos.

Linguarum varietatis emolumentum.

Prælu- Epist. 1. *ad Corinthios* docet: Ecclesia
sio I. verò in solenni precatione confitetur ad hunc modum orans: *Veni sancte Spiritus, reple tuorum corda fidelium, & tui amoris ignem in eis accende. Qui per diversitatem linguarum cunctarum gentes in unitatem fidei congregâsti.* Quod primò ac præcipuè sanctis votis petendum est à cœlesti parente, à quo proficiscitur, quicquid jure censetur titulo boni, & non contemnenda est doctrina, & institutio, sed adjungendum studium acre, diligensque exercitatio, quæ tria si conveniant, & conspirent, ingenium vel mediocre, & natura non prorsùs distorta, deinde ars, & præceptio, præterea usus, & exercitatio perficietur in linguarum cognitione, quàntum nemo credat ante experimenta. Quod universum solidè referendum est ad suum auctorem, qui donavit ingenium, animum, occasionem, vires tolerandi laborem, & omnia, ut uno verbo dicam. Unde jure nihil vindicare nobis liceat, quàm rectum usum, si studeamus, ut filius *Mariæ* Virginis, & DEI vivi, in quo habitat omnis plenitudo sapientiæ, & divinitatis corporaliter voce clarissimâ prædicetur ubique gentium, & cognitus apprehendatur sincera fide, & sanctitate, omnibusque officiis Christianæ charitatis exprimatur, ut sapientia & vera cognitio rerum invulgetur, ut valeant bonæ leges, ut vigeat justitia, ut constet inter homines alma sanctaque pax, & humanitas. Quænam ista est dementia? quis furor? ferro, & innumeris propè instrumentis ad perniciem generis humani excogitatis, si verum dicere oportet, à Satana & malo genio agitatis hominibus, mutuò se perdere, idque ob res leviculas plerumque? Habemus rationem effectricem operum verè humanorum & cœlestium; habemus sermonem quo res, atque rationes moderatè inter nos pertractemus, habemus linguam, organum excellens, si ad finem suum aptetur; habemus calamum, stylum, chartam, quæ linguæ & sermonis vicem impleant. Illis conferamus mutuam sapientiam DEI, & accipiamus oblatam candidè: *Christus* enim suffecerit omnibus abundè. Omnes ditare, omnes beare, omnes reges, & pontifices, denique omnes cohæredes, & consortes regni sui æterni, & filios DEI efficere potest, & ut ab eo accipiamus, unicè in votis habet. Perspectâ itaque tantæ confusionis causâ, nil restat, nisi ut jam in hoc libro, de origine transmigrationis gentium, de primatu linguarum, & deinde de linguarum, & idiomatum multitudine, & varietate, atque de characterum, variorumque alphabetorum origine, & scriptionis inventione, ea, quâ par est, ἀκριβείᾳ agamus. DEUS adsit ausibus nostris, cujus proprium est, linguas infantium facere disertas.

SECTIO I.
De inclinatione, corruptione, & interitu linguarum.

CAPUT I.

De occasionibus, & multiplici causarum serie, quâ linguæ variorum regnorum florentes, tandem omnimodæ corruptionis, oblivionisque damnum passæ sunt.

TA est rerum humanarum inconstans fortunæ rota, ut nihil sub sole stabile, nihil solidum, & firmum permittat, quin versatilis, cui innititur, sphæræ lubricitate, jam ex alto in imum, modò ex imo in summum, paulò post ex dextro in sinistrum, & ex sinistro in dextrum, susque deque verset omnia, ut proinde aptè huic instabilitati rerum quadrare videatur illud Poëtæ:

Omnia sunt hominum tenui pendentia filo,
Et subito casu, quæ valuere, ruunt.

Quod & in linguarum varietate, & interitu, maximè ex ingenti seculorum vicissitudine completum, ut olim factum cum admiratione legimus, & præsenti tempore, adhuc heri spectamus: cujus rei causas demonstrare aggredior; quarum

Causa corruptionis linguarum.
1. Prima est, diversarum gentium, populorumque commixtio; unde una gens ab altera, hæc etiam ab illa, dum mutuos loquendi modos sibi communicant, ex duabus mediam quandam linguam resultare necesse est; hæc verò cum aliis nationum confiniis commercia exercens, in alias, & alias cum tempore linguas degenerat.

2. Altera causa mutationis linguarum est, imperiorum, monarchiarumque mutatio; quâ factum est, ut quilibet monarcha desideret suam vernaculam linguam ubique vigere ex omnibus in unam reductam, ne varietate linguarum quam sibi quælibet natio peculiarem habebat, sub occultis idiomatum machinis in rebelliones motæ, magnum monarchico statui damnum, unitatis vinculo destructo, inferrent.

3. Tertia causa est, calamitates publicæ regnorum, quibus sæpè bello, peste, fame integræ nationes ita destruuntur, ut non nisi paucæ mortalium reliquiæ superesse comperiantur; atque hisce conjunctæ aliæ confines nationes, linguas novas reciprocâ loquendi varietate fundent.

4. Quarta est, varia in differentia regna, coloniarum introductio, quo fit, ut nativa lingua differentibus populis communicata, adeò ingentem mutationem acquirat, ut pristinæ linguæ dialectum vix agnoscas: talis est Boëmorum lingua, quæ unà cum colonia ex *Illyrico* traducta, ex commistione linguæ *Germanicæ*, & *Polonicæ* eam mutationem passa fuit, ut nec *Dalmata*, nec *Polonus* eam prorsùs intelligat; talis est lingua *Græca*, quæ in nonnullis *Calabriæ* oppidis hodie adhuc in usu est, sed ita transformata, ut Græcam dialectum non nisi ex paucis verbis intelligas; talis est quorundam in *Andaluzia* & *Melitensi insula*, lingua *Arabica*, quarum illa *Latinis*, *Arabicis*que, hæc *Italicis*, *Arabicis*que commixta vocabulis, non exiguam corruptionem passa est.

Quin-

TURRIS BABEL LIB. III.

Cap. I. Quinta causa est, cœli soli que incertis nationibus constitutio, quæ ex organorum alteratione, uti diversam linguæ alicujus pronunciationem sortiuntur, ita quoque ex differenti pronunciatione novam linguam condere videntur; cujusmodi in sequentibus varia exempla producemus. Atque hæ sunt causæ universales, quibus hucusque primævæ linguæ, corruptionis damnum passæ sunt. Sed hæc omnia fusiùs deducemus.

Quintuplex linguarum universalium genus. Quintuplex linguæ genus apud chronographos legimus, quas & non immeritò autogenas dicere possumus, & semper post Babylonicæ confusionis tempus hucusque illibatæ manserunt; videlicet *Hebræa, Græca, Latina, Teutonica, Illyrica*; ex quibus, quæcunque linguæ in universa *Europa, Asia* & *Africa*, exceptis omninò barbaris idiomatis, de quibus postea, veluti ex equo Trojano prodeuntes, mundum linguarum dialectorumque varietate replerunt.

Hebræa. Prima itaque lingua, quæ in domo *Heber* semper mansit, successu temporum primo in *Chaldaicam* deflexit; secundo in *Arabicam*, seu *Madianiticam*; tertiò in *Samaritanam*; quartò in *Æthiopicam*; quintò in *Syriacam*, veluti ex *Græca* & *Hebræa* mixtam declinavit; quantum verò deflexerit, suo loco dicetur.

Græca. Secunda fuit *Græca*, quam nepotes *Phaleg* à confusione linguarum secum in *Græciam* detulerunt; unde & posteri à *Phalechi* familia *Pelasgi*, & lingua *Pelasga* nomen suum sortiti sunt, uti fusè in *Latii* descriptione ostendimus, & in *Hetruriæ* descriptione porrò ostendemus; quæ iterum varias decursu seculorum dialectos, *Atticam, Ionicam, Æolicam, Phrygiam*, aliasque diversas pro constitutione populorum, tot linguas, quot gentes, in *Græcia* fuerunt, pepererunt.

Latina. Porrò *Latina* αὐτόχθης, sive ex primogenitis una, ex ruditate sua ad perfectionem perducta, tandem ex adventu *Gothorum, Alanorum, Vandalorum* ingentem corruptionem passa, quaternas alias peperit, *Italicam, Gallicam, Hispanicam, Lusitanicam*, & ex hisce alias, ex *Italicæ* & *Latinæ* commistione, insulares, *Sardam* & *Siculam*; tot autem vel unius *Italicæ* linguæ idiomate differentes dialecti tandem exurrexere, quot provinciæ in *Italia* constituuntur; quod idem me in *Galliæ* & *Hispaniæ* provinciis observâsse memini.

Teutonica. *Teutonica* lingua, quemadmodum probatissimi auctores referunt, à *Tuiscone Japhethi* filio, *Noë* pronepote nomen suum obtinuit; quæ ex ruditate in perfectionem summam, imperatorum curâ reducta, tandem varias filias, videlicet *Belgicam, Danicam, Suecicam, Anglicam, Scoticam* peperit, quæ duæ posteriores occasione *Saxonum* natæ sunt, qui pulsis *Pictonibus* universæ insulæ se indigenas fecerunt, unde & *Anglo-Saxones* postea dicti fuerunt. Qualis verò *Saxonica* lingua, qualis modò *Anglica* sit, in sequentibus aperiemus.

Illyrica. Restat *Illyrica* lingua vetustissima, quæ ramos suos in *Poloniam, Litvaniam, Moscoviam, Tartariam* usque in ultimos Orientis terminos, innumerabili linguarum fœtu traduxit; ex hac enim postea *Turcica, Bulgarica, Bosnica, Tartarica* nata maximam *Tartariæ* magnæ portionem replevit. Ita tamen illæ corruptæ sunt, ut vix ullum primitivæ vestigium retineant.

Indicæ linguæ. Ad *Indicas* porrò linguas quod attinet, prorsus barbaras, & quæ nullam ad dictas jam linguas affinitatem habent, illarum pariter ingens multitudo & diversitas reperitur; uti sunt, *Malaica, Commorina, Brachmanica, Peguana, Tunchinensis, Tibettana, Insularum Philippinarum, Japonica, Chinica*, ex qua ferè omnes originem suam traxerunt, uti ex

Lexicis

Cap. I.
Americanæ.
Lexicis & Grammaticis eorum in sequentibus patebit. In *Americæ* verò *Indiæ* occiduæ regionibus, tanta est diversitas idiomatum, ut nostri patres, ea ad quingenta facilè diversissima idiomata reduci posse tradiderint; inter illas tamen præcipuæ sunt *Mexicana*, *Peruana*, *Brasilica*, *Magellanica*, *Chilensis* & septentrionalis *Americæ* populorum variæ linguæ, de quibus pluribus in sequentibus.

Africanæ.
In *Africa* denique, tametsi *Abyssina*, & *Arabica lingua* potissimùm dominentur, habet tamen & ipsa immensam idiomatum varietatem, quæ nullam ad invicem affinitatem obtinent; uti *Quineana*, *Congana*, *Angolana*, & eorum populorum, qui meridianam plagam *Africæ* possident, uti sunt *Monomotapæ*, *Cafrariæ*, & quæ ad flumen *Cuama* & littus *Sinus Persici* inhabitant; quæ si ad calculum reducere velimus omnia linguarum neophytarum genera, non ut sacri textus interpretes putant, ad *Sect.* I. septuaginta duas, sed vel ad mille septuaginta facilè reduci possunt. Quæ omnes, qualescunque tandem fuerint, corruptionem & ultimam ruinam passæ sunt, ob causas paulò antè adductas; vel ex nominatione diversarum gentium, vel ex communi populorum unitorum suffragio & consensu; dum enim successu temporis primævæ linguæ, nominum, verborum, appellationumque vel non ampliùs recordarentur, accidit, ut obliviosæ memoriæ vitio, propria nomina singulis rebus, prout ipsis variæ phantasmatum species dictabant, imposuerint; eodem prorsus modo, quo in hunc usque diem imponuntur nomina novis illis rebus, quæ primò non extiterunt, & ex novis variorum instrumentorum, vasorum, herbarum, plantarum, florum, mineralium appellationibus introductis patet.

CAPUT II.

De origine & introductione idololatriæ in mundum ratione diversitatis linguarum, morumque qui apud gentes, differentesque nationes vigeant.

Cap. II.

Hominem primum *Adamum*, protoplastum, divinis manibus ex limo terræ fictum, factum, juxta sacræ *Genesis* verba, de fide est; sed enim cum post diluvium, verisimile sit, innumerabilem hominum multitudinem, qui omnes cùm longa vita, & ingenio præstantes unius linguæ elogio uterentur, sub unius quoque religionis cultu, quantum perversa *Chami* progenies, jam à vera disciplina degener illis permisit, vixisse: attamen post linguarum confusionem, quemadmodum linguarum idiomatumque diversitate divisi fuére, ita quoque primævæ religionis à *Noëmo* ante separationem gentium edoctæ immemores, paulatim à vero DEI unius cultu, &
Religio primæva perstitit sub unius linguæ dominio usque ad confusionem.
religione deflexerunt, dum quisque ex ducibus gentium eam sibi religionem finxerit, quæ sibi maximè congrua videretur, innumerisque fabulosarum narrationum commentis, de DEO, mundo, sideribus, de hominibus gestarum rerum gloriâ illustribus, confictis, introducto apotheoseos honore colentes, paulatim occultis machinis, sese eorum actionibus insinuante Satana, infatuati, dementatique universum mundum idololatriæ abominatione replerunt. Et tametsi hæc quàm fusissimè *in secundo Tomo Oedipi* demonstraverimus; operæ pretium me facturum existimavi, si nonnulla ex his hoc loco insererem.

CAPUT III.

De varietate & multitudine Numinum quæ ex confusione linguarum & divisione gentium natæ sunt.

ANte mare & terras (& quod tegit omnia cœlum)
Cum unus adhuc esset naturæ vultus in orbe,
Quem dixere chaos: rudis indigestaque moles
Nec quicquam nisi pondus iners, congestaque eodem
Non bene junctarum discordia semina rerum,
Obstaretque aliis aliud; cum corpore in uno
Frigida pugnarent calidis, humentia siccis,
Mollia cum duris, sine pondere habentia pondus.

Cùm, inquam, supremum & immortale Numen in profunda æternitatis abysso propriâ felicitate contentum, nullâ adhuc rerum mundialium curâ tangeretur, ecce post secula tandem felix illa illuxit dies, quo, ut *Platonis* verbis utar, in divino DEI immortalis consilio conclusum est, ut mundus ille indigestus, atque incompositus ab informi illa rerum omnium promiscuâ תהו ובהו confusione squalentium *tohu*, *vabohu* vindicatus, lucem aspiceret, formis splendesceret omnigenis, atque in varias rerum facies abiens; propriæ felicitatis gaudio perfrueretur. Conclusum est, & in opus deductum. Mundus itaque conditur, atque à rerum commixtarum confusione solutus, mox in formam exurgit liberaliorem, virium, proprietatum aliarumque qualitatum, quæ singulis creatis debebantur, distributionis officium providentissimo committitur *Prometheo*. *Prometheus* seu providentia divina, uti omnia debitis suis formis instruit, ita omnes sapientissimi provisoris partes explevit. Mox cœlo terras, & terris abscidit undas, Et liquidum spisso secrevit ab aëre cœlum,

Quæ postquam evolvit, cæcoque exemit acervo,
Dissociata locis concordi pace ligavit.
Ignea convexi vis, & sine pondere cœli
Emicuit, summâque locum sibi legit in arce;
Proximus est aër illi levitate, locoque;
Densior his tellus, elementaque grandia traxit,
Et pressa est gravitate sui circumfluus humor.
Ultima possedit, solidumque coërcuit orbem,
Tùm freta diffudit, rapidisque tumescere ventis,
Jussit & ambitæ circundare littora terræ,
Fluminaque obliquis cinxit declivia ripis,
Jussit & extendi campos, subsidere valles,
Fronde tegi sylvas, lapidosos surgere montes,
Vix ita limitibus discreverat omnia certis,
Cùm quæ pressa diu massâ latuere sub ipsa,
Sydera cœperunt toto fulgescere cœlo,
Ne regio foret ulla suis animalibus orba,
Astra tenent cœleste solum, formæque deorum.
Cesserunt nitidis habitandæ piscibus undæ,
Terra feras cepit, volucres habitabilis aër.

Cœlo itaque terraque formis debitis jam imbutis, cæterisque omnibus prudentissimè dispositis
Sanctius his animal, mentisque capacius altæ
Deerat adhuc, & quod dominari in cætera posset,
Natus homo est, sive hunc divino semine fecit
Ille opifex rerum, mundi melioris origo,
Sive recens tellus, seductaque nuper ab alto

Æthe-

Cap. III.

Æthere cognati retinebat semina cœli,
Quam satus Iapeto mistam fluvialibus un-
dis
Finxit in effigiem moderantûm cuncta deo-
rum.
Pronaque cùm spectent animalia cætera
terram,
Os homini sublime dedit, cœlumque tueri
Jussit, & erectos ad sidera tollere vultus.

Homo itaque solus ore sublimi, ad cœlumque erecto intuitu præditus, divinum animal naturæ juxta mortalis & immortalis confinium; ceu sola cœlestis planta in terris constituta (cujus radicem conditor hisce infernis sedibus junxit, comam verò atque perpetuò frondentem verticem supra anni & solis viam, supra ultimum cœli ambitum ad nunquam interituros ambitus relegavit) hic, inquam, homo cùm lucidissima illa mundi lumina, ad quæ contemplanda, atque in iis factorem laudandum creatus erat, curiosiùs intueretur, pulchritudine eorum paulatim illectus, verâ & rectâ religionis semitâ derelictâ, eo dementiæ devenit, ut ea, quæ sui gratiâ condita essent, sui veluti conditores crederet, & sanctè veneraretur. Auxit dementiam hanc traditionum salubrium de mundi origine à prædecessoribus factarum oblivio, quâ invalescente novas de DEO, de mundo, de hominum productione, aliisque rebus opiniones imbibit, cùmque cœlestis ille ignis præcipua humanæ mentis portio ingens, ad Numinis alicujus cultum eum instigaret; mox verò derelicto DEO ad falsorum Numinum, unoquoque ex ejus familia sibi novas idolatriæ rationes comminiscente cultum prolapsus est; factumque ut corruptibilia simulachra pro DEO incorruptibili adorârit, rebusque externis contentus, cùm insensibile Numen intueri deberet, ad sensibilia, & terrena fuerit diffusus. Atque hujusmodi prævaricationem erroremque primùm *Hebræi* tribuunt

Origo idololatriæ.

nepotibus *Chami*, *Misraim* videlicet, *Chusio*, *Phuth* & *Canaano*, qui per *Asiam* & *Africam* universam in novas colonias diffusi, novas passim deorum colonias introducentes, nova & ridicula dogmata mundo pepererunt; cujusmodi sunt, *Adamum è Luna prodiisse*. Prophetam inibi ex masculo & fœmina procreatum, atque in hunc mundum venientem primum cultum *Lunæ* docuisse. Verùm quoniam hæc opinio non ita obvia forsan multis est, visum est, eam hic ex R. Mose Ægyptio, vulgò Rambam, depromptam adducere, sic enim dicit in More nebuchim.

Sect. I.
Auctores idololatriæ Chami progenies.

Isti siquidem reliquiæ sunt gentis Zabæorum (à Zaba, è progenie Chami orto, & filio Chusii, qui secundum Jam Suph, id est, Maris Rubri sinum ad ortum, & occasum, atque ad dexteram & Aquilonem littora coluit sic dicta) quia ista gens totam replevit terram. Finis autem & perfectio illius eâ ratione istis temporibus philosophantis fuit, quod putaret creatorem esse cœli spiritum seu animam; stellas verò corpora esse ipsa DEI substantia informatas. Meminit hujus pravæ opinionis quoque Abubacer Arabs in expositione de auditu. *Et ideo quoque credit tota gens Zabæorum mundi antiquitatem (seu, quod idem est, æternitatem) quoniam cœlum est DEUS juxta opinionem eorum. Et dicunt, quod Adam primò natus est ex masculo & fœmina sicuti cæteri homines, sed honorabant eum multum, & dicebant, quoniam è Luna egressus, propheta & apostolus Lunæ fuit, & quod prædicavit gentibus, ut servirent Lunæ, & quod composuit libros de cultu terræ. Dixerunt etiam quod Seth contraxit opinionem patris sui in servitio Lunæ; narraverunt etiam de Adam, quod quando egressus est de Luna, & de climate vicino Indiæ, ad clima Babylonis profecturus, multa mirabilia secum tulerit, scilicet arborem auri, quæ crescebat cum ramis, & foliis, & arborem lapidum, & folia cujusdam arboris viridis, quæ*

Dogmata falsa Zabæorum.

Ridicula fabula de Adamo.

Cap. III. *quæ non comburebantur ab igne, & dixerunt, quod sub ipsius arboris umbra decem millia hominum continebantur, & altitudo arboris ipsius ad similitudinem staturæ humanæ. Attulit secum etiam duo folia, quorum utrunque duos homines cooperiebat. Intentio verò eorum in loquendo de* Adam *primo, & de hominibus, quæ attribuuntur ei, fuit, credulitatem suam de antiquitate mundi stabilire, & quod inde provenit, cœlos & stellas esse deos.*

Atque hæc est de primævâ hominum origine & idololatriâ *Zabæorum* digna lunaticis hominibus opinio, ex quâ velut ex equo quodam Trojano omnia antiquorum philosophorum de æternitate mundi, de mundorum pluralitate, de astrorum vita & divinitate, de metempsychosi denique ac animarum revolutione absurda dogmata, ad omnem impietatem fenestram aperientia, prodiisse videntur. Hinc *Adamum* ejusque progeniem, & nepotes filiorum DEI nomine veluti astrorum æternorum, quæ ipsi deos appellabant, filios indigitabant, quæ omnia confirmat *Chronicon Alexandrinum.*

Causa hujusmodi fabulosarum narrationum.

Horum porrò commentorum & inanium deliramentorum causam ego arbitror esse, quod primi illi homines cum proprio arbitrio relicti nullâ certâ lege scriptâ ante *Mosis* tempora tenerentur, cùmque proinde certæ quædam sententiæ de DEO, de creatione mundi, de diluvio, & similibus rebus ac mutationibus gravioribus, inter primos tantum humani generis patriarchas referrentur, factum est, ut ab eis veluti à primis hominibus acceptas, posteri per manus aliis alii tradiderint, quibus posteriora secula & homines, uti quique à primis remotiores fuere, ita subinde alia atque alia quoque haud absurda affinxerint, donec res ipsæ totæ in fabularum commenta abierint. Hinc diversitas illa opinionum originem habebat, inde maxima & relationum confusio propè inextricabilis.

Æthiopes enim, teste *Diodoro*, primos homines in *Æthiopia* veluti in medio terrarum natos asserebant: causam in vicinitatem Solis omnium generabilium parentis conjicientes. *Theodoretus* ex relatione antiquorum primos homines in *Arcadiâ* natos asserit, juxta illud,

Ante Jovem *genitum terras habuisse feruntur*

Arcades, *& Lunâ gens prior illa fuit.* *Cælius* verò & *Mercator* ex *Aristide* primam hominum genetricem terram ajunt fuisse solum *Atheniense.* *Arabes,* quemadmodum videre est in eorum *Geographiâ,* hanc prærogativam *Arabiæ felicis* solo attribuebant.

Sect. I.

Ægyptii denique firmiter credebant, primos homines in *Ægypto* natos; causam hujus assignabant, tum aëris temperiem bonitatemque undequaque perfectissimam, tum *Nili* fœcunditatem multas res naturaliter, & suâpte sponte producentis, productasque benignissimè conservantis; auxit opinionem eorum monstrosus ille soricum seu agrestium murium in Thebano territorio proventus, quorum aliqui superiori suâ parte murium speciem referentes; & ὁμόχθονες adhuc reperiebantur. *Herodotus* narrat, *Psammeticum Ægyptiorum* Regem, cùm ingenti desiderio teneretur ad cognoscendum, quænam mundi provincia primos homines produxisset, illum sequenti industriâ id investigare attentasse. Duos infantes recens natos ab omni humanæ vitæ consuetudine remotos, certo loco inclusos, & à caprâ alendos pastori cuidam commendavit, cum eâ claustri custodiâ, ut omni eos accedendi aditu intercluso, nec videre, nec humanâ voce loquentem quenquam mortalium audire possent; sibi indubitanter persuadens futurum, ut ætatem congruam nacti, ejus provinciæ, quæ primos homines mundo dedisset, linguâ loquerentur; itaque post certam

In quâ provinciâ primo homines nati putentur.

Cap.III. certam annorum revolutionem infantes de cavea extracti, mox exporrectis brachiis identidem in hæc verba prorupere, *Bec, Bec* : quas voces, utpote peregrinas, cùm nullus adstantium intelligeret, investigatione tandem factâ deprehensum est, *Bec* in *Phrygum* lingua nihil aliud sonare, quàm panem, conclusit itaque Rex *Psammeticus*, in *Phrygia* primos homines fuisse productos.

Tempus me deficeret, si singularum gentium, de hujusmodi prima hominum origine deliria hîc adducenda forent; quare, qui plura desiderat, consulat *Berosum, Varronem, Eusebium, Hieronymum, Polydorum, Aristophanem, Pererium, Postellum,* aliosque : nos his relictis ad ea nos, quæ primam idolatriæ originem concernunt, postliminio conferamus.

Primum rerum principium semper a nimis hominum fuit insculptum.
Certum itaque & indubitatum est, nullo unquam tempore in hoc mundo extitisse populum adeò barbarum, nationem tam peregrinam, clima tam rude & impolitum, quempiam denique hominem adeò ferum, sylvestrem, qui non, vel naturæ lege, seu rectæ rationis dictante lumine, unum a-*Sect.*I. liquod rerum omnium principium; Numen dico universam rerum obtinens moderationem, certo & peculiari religionis ritu ceremoniisque colendum agnôrit. Certum quoque statui debet, nullo unquam tempore, aut sine DEO sacrificium, aut sine sacrificio religionem fuisse, omnibus, cum sacerdotio veluti nexu quodam inseparabili in unum coëuntibus, adeò ut hominem religio, religionem sacrificium, sacrificium sacerdotium ἀναχωρείσως comitari videantur, quod apparet tum ex innumera propè religionum statim ab ipso nascentis mundi primordio, ad nostra usque tempora deducta multitudine, tùm ex falsorum simulacrorum cultu, diversis temporibus, diversisque gentibus ac populis nullo non tempore, consueto, tum denique ipsa *Ægyptus* maximè ostendit, quam præ cæteris omnibus ejusmodi falsorum deorum cultui addictiorem fuisse, monstrant infinita propè pantamorphorum numinum multitudo & varietas; uti ex sequenti analogia patet.

ANALOGIA
Rerum à primis mundi patriarchis gestarum, gestis Osiridis, Isidis, Typhonis, Hori *parallela.*

Conjuges.		Fratres contrariis moribus.		
Adamus. Jared. Henoch. Noëmus.	Eva. Tellus seu Nioba.	Abel. Sem.	Cain. Cham. Nimbrod.	Seth. Japheth seu Prometheus.
Cœlus.	Vesta.	Saturnus.	Mars. Vulcanus.	Sol.
Osiris.	Isis.	Osiris secundus.	Typhon.	Horus.
Fuerunt hi habiti				
Urbium conditores. Agrorum cultores. primi Artium inventores. Legislatores.	Matres viventium. Hominum propagatrices. primæ Deorum matres. Bonorum largitrices.	Filii Deorum. Justitiam appetentes. Sanctitatem sectantes. Religionem propagantes.	Malorum inventores. Idololatriæ autores. Bellorum amatores. Cædem spirantes.	E sancto germine. Paternarum virtutum æmuli. Justitiæ amantes. Divinitatem meriti.

Cùm

*Cap.*III. Cùm porrò *Ægyptii* hæc & similia de primis parentibus perciperent,& vehementer veluti gesta humanarum actionum metam longè excedentia suspicerent, nil facilius fuit superstitiosæ genti,quàm eos apotheosi quâdam exoticâ cohonestare,præsertim cùm ut hæc facerent, magnum pondus in animis eorum habuerit, egregia illa primorum patrum sapientia,& rerum naturalium, quâ pollebant, cognitio, longaque vitæ productio. *Enochi* quoque de hoc mundo miraculosa translatio, similiaque quæ ipsis fabularum condendarum occasionem præbere poterant, quę omnia confirmabantur incantationibus frequentibus, ac magicis miraculis, quæ impia *Chami* progenies divinitatem per se affectans ubique passim edebat, queis ita Ægyptiorum animi percellebantur, ut eos veluti cœlestes deos adorarent, ac rerum omnium moderatores sanctè venerarentur. Atqui hinc prima illa architecturæ deorum fundamenta. Hinc origo *Jovis*, *Herculis*, *Æsculapii*, *Bacchi*, *Neptuni*, *Jani*, aliorumque deorum, de quibus in 1 *tomo Oedipi* fusè disceptatum fuit. Verùm ne quisquam hanc nominum analogiam, seu æquivocationem à nobis confictam arbitretur, testes adduco *Lactantium Firmianum* & *Eusebium*, qui eandem nobiscum asserunt, queis subscribit *Archilochus* græcus chronologus. Verùm inter alios maxime nobis astipulatur *Xenophon*, quisquis ille fuerit, *libro de æquivocis*, cujus verba cum consideratione (ut quæ nos ex summis tricis eruere possint) dignissima reperissem, ea hîc ad longum apponere placuit.

Æquivocatio nominum deorum.

Saturni, inquit, *dicuntur familiarum nobilium regum, qui urbes condiderunt, antiquissimi.* Primogeniti eorum Joves *&* Junones ; Hercules *verò nepotes eorum fortissimi ; patres* Saturnorum Cœli, *uxores* Rheæ, Cœlorum, Vestæ, *quot ergò* Saturni, *tot* Cœli, Vestæ, Rheæ, Junones, Hercules ; *idem quoque, qui u-nis populis est* Hercules, *aliis est* Jupiter ; *nam* Ninus, *qui* Chaldæis *extitit* Hercules, *aliis est* Jupiter, *& idem quod* Ninus, *qui nomine proprio* Assyrius *est dictus, à quo &* Assyrii *appellati sunt.* Ex quibus patet, Cœlum dictum esse patrem *Saturni*, & *Terram* matrem, unde *Ægyptiorum* fabulæ de *Osiride* & *Iside*, promanasse verisimile est, ut bene notat *Minutius Felix*. Nam illi, qui vel virtute, ac rerum gestarum gloria in hoc mundo eminent, aut qui subitò ex ignotis parentibus in sublime emergunt, solemus è cœlo cecidisse, dicere, quod & probat *Lactantius Firmianus* auctoritate antiquissimi *Trismegisti*, qui cùm diceret, admodum paucos extitisse, quibus esset perfecta doctrina, in his *Cœlum*, *Saturnum* & *Mercurium* nominavit. Confirmat eadem *Ennius in Euhemero*, qui ait, primum in terris imperium habuisse *Cœlum*, stellarumque nominibus cognominati fuerint, idem *Lactantius* supracitatus ait, ob nominis fulgorem, & ad æternam famam consequendam id contigisse, nam Reges cùm essent potentissimi, parentum suorum memoriam nomine *Cœli*, *Terræ*que celebrabant, cùm hi priùs aliis nominibus appellarentur. Sic *Berosus*, *Noam* ob præclarè gesta, dictum asserit à posteris *Cœlum*, *Janum*, *Chaos*, semen mundi. *Servius* verò ait, antiquos Reges nomina sibi plerumque vendicasse deorum, rationem assignans *Lactantius*, adducit testem *Ciceronem libro de natura Deorum*. Nam cùm ante *Cœlum* & *Saturnum* nulli fuerint Reges ob hominum raritatem, ipsum Regem, totamque posteritatem ejus summis laudibus, ac novis honoribus jactare cœperunt, & deos credere, ob causas superiùs indicatas, & hoc videtur clarissimè demonstrare *Xenophon*, cum dicit Saturnos *dictos, qui nobilium Regum vetustissimi condiderunt urbes & populos, ac*

pro-

*Cap.*III. *proinde non unum, sed plures fuisse Saturnos, quorum patres dicti sunt* Cœli; *filii verò* Joves, &c. Nomina igitur hæc fuerunt dignitatis & deitatis cujusdam apud rudes priscos, ob nominis celebritatem inventa. Deinde notat *Xenophon*, quod nomina ista sunt relativa, ut genitor & genitus, unde *Saturnus* est is, qui à *Cœlo* & *Vestâ* sive *Terrâ* fuit genitus, & qui ex *Rhea* seu *Ope* sorore simul & uxore genuit *Jovem* & *Junonem*. *Jupiter* verò is est, qui è *Saturno* & *Rhea* genitus genuit *Herculem*. Ergo ista nomina sunt magis analoga, quàm æquivoca, quia de pluribus posterioribus dici videntur per habitudinem ad primum *Cœlum*, posteriores *Cœli*; & ad primam *Vestam*, posteriores, & sic de cæteris. Unde ,,subjungit: *Nimbrodus* & *Saturnus*, cujus ,,filius *Belus* est *Jupiter Babylonis*, (quæ & *Diodorus* notat: melius dixisset, cujus filius *Ninus*, *Jupiter Assyrius* est nominatus) similiter *Cameses* apud *Ægyptios* (quem *Hebræi Cham*, *Ægyptii Chem* proprio nomine appellant) est primus *Saturnus*, cujus primogeniti *Osiris* & *Isis*, *Ægyptius* nimirum *Jupiter* & *Juno* (quem nos supra *Misraimum* esse ostendimus, & uxorem ejus *Rheam*, sive *Isin*. Item *Osiridis* filius *Libyus* nomine, teste *Diodoro*, *Ægyptius* fuit *Hercules*, qui robore corporis erat admirabilis, & gradu *Osiridi* genereque proximus. Pari ratione *Apteras Cretensis* fuit primus *Saturnus*, qui *Cœlo* patri testes amputasse dicitur, & filius ejus *Jupiter*, *Junoque* primogenita. *Alcæus* quoque ex *Alcmena* fuit Græcus *Hercules*, & ita de aliis, nam cùm relativa ejus nomina sint, ut possint uni diversa convenire, idem enim est pater & filius respectu diversorum. Idcirco idem esse potest *Cœlus*, *Jupiter*, *Saturnus* & *Hercules*, quorum exempla ponit *Xenophon*. Quemadmodum igitur plures memorantur *Cœli*, *Saturni*, *Joves*, *Hercules*, *Rhea*, *Tellures*, *Vestæ*, *Junones*, qui sic dicti sunt, ob facinorum, quæ perpetrârunt, similitudinem, sic plures *Zoroastres*, *Osirides* plures, plures *Isides*, *Hori* item, ac *Typhones* fuerunt, juxta gestorum analogiam, à fabulosa antiquitate constitutam. Iterum sicuti *M. Portius Cato*, *Janum* & *Saturnum Scytharum*, & *Assyriorum* facit *Noëmum*, & *Chamum* filium; sic *Italorum Janum*, *Saturnumque* constituit *Zapho* filium *Eliphaz*, filii *Esau*, *Josephus Ben Gorion*. Verùm quandoquidem ea historia nullibi apud latinos, quantum quidem cognoscere licuit, extat, visum fuit, eam hîc interserere, ut quâ ratione hic *Janus* cum *Jano Oenotrio*, seu *Aboriginum* conciliari possit, faciliùs elucescat. Verba itaque Josephi Gorionidis sunt, ut sequuntur.

In diebus, inquit, *illis*, Tsapho *filius* Eliphaz, *filii* Esau, *fugit de Ægypto, quem* Joseph, *cùm iret in* Hebron *ad sepeliendum patrem suum, cùm contumaciùs in eum insurgeret, interceptum unà cum sociis in Ægyptum duxit:* Tsapho *verò defuncto* Joseph, *ex Ægypto fugiens, in Africam ad* Aganiam *Regem Carthaginensem se contulit, à quo honorificè exceptus, tandem præses exercitus factus in Italiam penetravit, ubi divinos honores promeruit,* Janus *dictus. Quod* Joseph *historiæ seriem continuando sequentibus verbis ostendit, sic autem dicit.*

Contigit igitur ut Sapho *deperditum quodam die vitulum quærens, audiret in latere montis vocem vaccæ, aut vituli similem, existimans itaque vocem deperditi vituli, eam insecutus est, usque dum ad inferiora montis perventum esset, & ecce sese in pariete montis offert spelunca quædam ingenti circumsepta saxo, quod cum esset amolitus, è vestigio bestia quædam in antro, visu horrenda comparet: bestia verò, eo ipso tempore bove devorando occupata, ex media parte superiori hircum sylvestrem, ex inferiori media, hominis referebat imaginem, quam* Sapho *mox inito prælio interfecit. Homines autem* Cithim *(hoc est* Itali)

Osiris & Isis prima Ægyptiorum numina.

Sect. I.

Fabula de Jano primo Italiæ Numine.

Cap. III. Itali) *opere* Zapho *comperto dixerunt, quid faciemus homini, qui belluam adeo nobis infestam interficiens omnes ab interitu vindicavit? & unanimiter tandem concluserunt, ut dies in anno ejus nomini consecratus, in memoriam facti celebraretur, offerentes ei libamina, & sacrificia, ac in Regem electum, cùm totam* Italiam *ab hostium insultibus liberasset,* Janum *appellarunt ; exercitus verò* Gundelorum *denuò irrumpens in* Italiam *omnem circa regionem prædæ, & spoliis subjicere conatus est.* Janus *verò se ei opponens totum in fugam convertit, ac sic totam terram ab insultibus hostium liberavit. Ob quam causam* Janum *sibi filii* Cithim *in Regem elegerunt, & expeditione novâ factâ intra filios* Thubal, *& insulas circumjacentes, omnes paulatim à* Jano *subjugatæ sunt, eum* Janum Saturnum *appellantes;* Janum *quidem ob interfectam belluam hoc nomine insignitam,* Saturnum *verò ob stellam, quam tunc temporis* Numinis *loco colebant* Cithim Sabthai *nomine, quod idem est ac* Saturnus, *erat autem primò Rex tantum vallis* Campaniæ, *sed* Cethim *postea templo in ejus honorem ædificato toti eum præfecerunt* Italiæ, *regnavit autem Rex* Janus *(unde à* Jano Januenses*)* Saturnus 50 *annos, & mortuus est, & in civitate* Gavanæ *(forsan* Genuæ *) sepultus, regnavit autem post eum* Janus *alter totidem quot prior annos, ædificavitque & ipse in valle* Campaniæ *templum magnum & splendidum. Atque hucusque* Joseph Ben Gorion, *cujus verba ideò hîc ad longum proferre placuit, quia iis, quæ ab* Aboriginibus, *&* Janigenis *primis* Italiæ *colonis* Petrus Leo Castella *asserit, maximè consentiunt.*

Patet igitur ex his, sicuti primi Assyriorum *urbium fundatores dicti sunt* Cœli, Saturni ; *Ægyptiorum* Osirides, *hoc est* Cœli *seu* Saturni *Ægyptii; sic* Italorum *primos Reges* Janos *denominatos esse, sed ad* Osiridem *redeamus.* Osiris *itaque &* Isis, *teste* Diodoro, *à* Saturno Vulcani *ignis inventoris filio, geniti, defuncto parente conjuges facti, toti imperasse feruntur* Ægypto, *eâ prudentia & moderatione, ut omnium in se oculos, animosque converterent, nam præter leges saluberrimas* Ægyptiis *datas, agriculturam, usum instrumentorum mechanicorum, armorum, vinearum item, atque olearum plantationem docuêre, literas quoque cæterasque scientias, uti* Musicam, *Geometriam,* Astrologiam Mercurio *adjutore introduxêre primi, easque summo semper studio coluêre.*

His itaque salubriter inventis, Osiris *ad majorem gloriam aspirans, ingentem comparavit exercitum, omniumque rerum curâ* Isidi *uxori commissâ,* Mercurium *prudentissimum virum ei adjunxit in regno gubernando veluti adjutorem & consiliarium.* Herculem *quoque incomparabilis roboris, ac fortitudinis virum militaribus negotiis præficiens, ipse rebus sic prudenter constitutis, cum* Apolline *fratre lauri repertore, ac duobus filiis* Anube, *&* Macedone *(quorum ille canem, hic lupum insignibus suis ferebant) in expeditionem proficiscens, præter* Pana *(qui postea divinos honores in* Ægypto *consecutus est) secum quoque ducebat* Maronem *&* Triptolemum, *quorum ille vinearum colendarum, hic seminum terræ mandandorum rationem callebat ;* Osiris *etiam cùm Musica summopere recrearetur; novem secum psaltrias, quæ postea à* Græcis *Musæ dictæ sunt, una cum earum instructore* Apolline *assumpsit.* Satyros *verò ad psallendum, cantandum, atque ad animi remissionem conciliandam aptos secum in castris habuit. Non enim bellicosus, aut præliis, periculisque deditus fuit, sed otio, & hominum saluti, quo beneficio pro* DEO *omnes eum gentes habebant; Æthiopibus agriculturam ostendit, insignibus in ea urbibus à se ædificatis.* Nilum *quoque longè latè-*

Sect. I.

שבתי
Saturnus.

Prima
Ægyptiorum nomina Osiris & Isis.

Cap. III. latéque cum maxima hominum pecudumque jactura exundantem, per *Herculem* intra alveum coarctavit, unde & fabula de aquila (sic enim ob velocitatem vocabatur) jecur *Promethei* depascente; erat autem *Prometheus* Rex istius territorii, quod tantopere à *Nilo* exundante devastabatur.

His peractis in *Arabiam* migrans, hinc ad *Indos* usque pervenit, ubi rebus praeclarè gestis in ea aestimatione fuit, ut indigenae divinos honores ei passim offerrent. Hinc discedens per caeteras *Asiae* provincias, ad extremam usque *Europam* penetravit, omnia ea, quae adinvenerat, docendo: tandem in *Ægyptum* remeans, ob facinorum magnitudinem in deorum coetum adscriptus est, factumque est, ut succedentibus temporibus, cùm fama ejus cresceret, nominum quoque cresceret impositio (nam à conditis urbibus *Saturnus*, à supremo rerum dominio *Jupiter*, à vini, oleique inventione *Bacchus* seu *Dionysius*, *Hercules* à summa fortitudine, ab orbis lustratione *Neptunus*, à rebus inventis *Mercurius*, *Apollo* ex Musicae frequenti tractatione, & *Janus* denique à politioris vitae cultu vocitatus πολυονομάιας & πολυθέιας occasionem praebuit,) atque hoc ita se habere vatum antiquorum testimonia ostendunt, qui *Osiridem* cum omnibus dictis nominibus passim confundunt. Ac primò quidem *Saturnum* cum *Oside Orpheus* in suo hymno confundit, quem cum styracis suffimento concinit his verbis.

Omnes qui partes habitas mundique genarcha
Absumis qui cuncta idem, qui rursus adauges.

Virgilius cum *Jano* & *Saturno* eum eundem facit, cùm hisce versibus ludit:
Vitisator curvam servans sub imagine falcem,
Saturnusque senex, Janique bifrontis imago.

Tibullus quoque *Osiridem* cum *Baccho* seu *Dionysio*, eundem esse sequenti carmine manifestum facit.

Sect. I. *Janus & Saturnus sunt iidem si per eos Noè intelligatur, sin aequivocè, diversi.*

Te canit atque suum pubes miratur Osirim,
Barbara Memphitem plangere docta bovem.
Primus aratra manu solerti fecit Osiris,
Et teneram ferro sollicitavit humum.
Primus inexpertae commisit semina terrae,
Pomaque non notis legit ab arboribus.
Hic docuit teneram palis adjungere vitem,
Hic viridem durâ caedere falce comam.
Illi jucundos primùm matura sapores
Expressa incultis una dedit pedibus.
Ille liquor docuit voces inflectere cantu,
Movit & ad certos nescia membra modos.
Bacchus, & agricolae magno confecta dolore
Pectora tristitiae dissoluenda dedit.
Non tibi sunt tristes curae, non luctus Osiri,
Sed chorus, & cantus, sed levis aptus amor.
Sed varii flores, & frons redimita corymbis,
Fusa sed ad teneros lutea palla pedes. &c.

Idem igitur *Dionysius* est & *Osiris*, hinc enim & *Chenosyris* ab hedera dicta est, hoc est *Osiridis* planta. *Herculem* porrò & *Bacchum* elegantissimè consociat in quodam epigrammate *Antipater*, hoc tristicho.

Ambo Thebani, *gnati* Jovis, *ambo strategi,*
Hic clavâ gaudens, Thyrsiger alter ovat.
Ambo triumphantes variis armisque columnisque,
Hic cervi exuvias, ille leonis habet.
Utrique aera crepant; Juno grave Numen utrique
E terra ad superos ignis utrumque tulit.

Mercurium verò aliosque deos unum constituere *Osiridem* supra diximus, & infra dicemus, patet igitur hanc πολυονομάιαν in uno *Osiride* repraesentatam, nil aliud significare, nisi unius Solis multi-

*Cap.*III. multiplicem, & variam virtutem, quam in inferiorem mundum obtinet.

Plerumque enim contingit, ut spretis iis, quæ sensibus invia sunt, ea verò quæ grata, utilia & benefica sunt, omni affectu prosequatur humana conditio. Permolestum cœcæ gentilitati videbatur, intellectu tantummodo pervestigare supramundanum Numen, non etiam visu usurpare. Quapropter, cum Sole & Luna nihil pulchrius, utiliusque in conspectum se daret, Solem ipsum Deum & Lunam conjugem Deam esse arbitrati sunt. *Plinius* cæteroquin fabulosam de diis persuasionem irridens, num tamen præter Solem Deus sit, ambigere videtur, unde non desunt, qui ideò ἥλιΘ- forsan ab אל *el hebræo*, quod Deum significat, derivatum velint. Certe *Macrobius* præ cæteris pluribus argumentis evincere contendit, deos omnes ad Solem referri, idque unum esse numen, quod sub varia nominum appellatione gentes venerentur. Sed ut origo hujus πολυθεΐας penitius intelligatur, de iis paulò altius ordiri visum fuit.

Primis itaque post diluvium seculis, cum supremum illud & invisibile Numen archetypon non caperent, cœlestium verò corporum imperium in omnia vitæ commoda, uti paulò ante diximus, delegatum non sine religione suspicerent, neque ab eo, quod DEO proprie convenit, distinguerent; divinitatem temerè & solo sensu metientes, haud alium DEUM præter illum, qui lucis & tenebrarum, motus & silentii, noctium dierumque, nec non annorum vicissitudines & tempestates dispensare agnoscebant. Ea de causa *Chaldæi* in primis post diluvium temporibus, de vero DEI cultu quem *Noë* ipsos docuerat, uti libro I. hujus operis dictum fuit, hanc ipsam, *Nembrodo* duce cum universa *Chami Chusque* familia, superstitiosam philosophiam amplexabantur; omnium autem, (*Rambam* auctore) maximum Numen Solem, μόνον τῦ ἀξαγῦ Θεὸν. *Phœnices* appellabant ab Ægyptiis sic edocti; planetas, & quæ sunt cætera sidera, nutum ejus observantes, uti & δωδεκαμόρια Zodiaci Ægyptii Θεὸς βυλαίες, id est, *deos consiliarios* vocabant, planetas verò ῥαϐδοφόρες, hoc est *sceptro instructos*, quasi accensos Solis consistorio assidentes censebant. Hinc Ægyptiorum prima in diis commentandis simulacra, quos tamen omnes ad *Osiridem* & *Isidem*, id est ad Solem & Lunam revocabant; qui & virtutes eorum per varias animantium formas hieroglyphico schemate indigitabant. Hoc pacto per accipitrem Solis & Lunæ vim igneam, sive calido-humidam; per hircum fœcundam: humidam per crocodilum notabant: & sic de cæteris, ut lector in hieroglyphicis nostris operibus reperiet. Pari ratione dictis symbolis, apud *Chaldæos* parallela erant symbola Solis & Lunæ. Quod enim apud *Ægyptios* erat *Osiris*, apud *Chaldæos* erat *Uræus* sive *Ignis*, apud *Persas Mythras*, apud *Babylonios Belus*, *Thamuz* apud *Hebræos*, apud *Phœnices Adonis*. Cùm enim ob cœlestium corporum inaccessam intercapedinem, sacra ipsis ad votum fieri haud ita commodè potuerint: symbola hujusmodi, quæ viderentur imprimis congrua, in eorum honorem consecrare æquum esse judicabant. Neque *Philistæorum* Draconem figura ex humana & marina simul mista, nisi *Neptunum, Amphitriten, Oceanum* aut *Thetyn*, aut hosce omnes, id est mare (communis enim unicuique DEO uterque sexus erat) veluti magni in naturæ arcanis Numinis symbolum notabant. Ægyptios, *Hebræos, Chaldæos, Babylonios, Phœnices, Græcos* secuti, iis omnibus complementum dederunt, dum innumeras deorum genealogias texunt, in innumeras unà superstitiones, unde se extricare nequierunt, lapsi sunt: quas tamen omnes

*Cap.*III. omnes ab unius Solis aut Lunæ stirpe deduxere; ita quidem ut, *Macrobio* teste, aliisque paulò antè allegatis, *Saturnus, Jupiter, Pluto, Apollo, Bacchus, Mercurius, Hercules, Æsculapius, Neptunus, Vulcanus, Mars, Pan, Æolus* nil aliud fuerint, quàm diversæ unius Solis virtutes & facultates, quemadmodum in apposita hîc figura apparet. In qua vides Solis orbem in 12 epicyclos, quæ 12 deorum referunt nomina, & unà virtutes uniuscujusque; quos tamen *Hermes* hujus Theosophiæ conditor, nequaquam peculiares deos, sed supramundani & archetypi Numinis ineffabiles virtutes, quas primo in mundum genialem, & ex hoc in siderium mundum, id est in Solem, Lunam, stellas; & tandem ex hoc in hylæum sive elementarem mundum, per vires unicuique mundo congruas influit, significabat. Sol enim in quantum tempora metiebatur, annorumque moderator erat, *Saturnus* dicebatur. Ut cœlestium corporum & totius mundi rector, *Jupiter*; ut radiis omnia illustrat & penetrat, *Apollo*; *Mercurius* in quantum vi sua attractiva omnium meteororum causa est, *Neptunus* est, ob dominium in mare & flumina. *Pluto* ob subterraneæ œconomiæ administrationem. *Bacchus*, quia vini & cæterorum liquorum, sine quibus nil ad maturitatem pervenire potest, præses est. In quantum deinde corroborativa vi pollet, *Hercules* appellatur; *Vulcanus* verò ab ignea Solis vi & efficacia nomen habet; quatenus *Mars*, ob ardorem biliosum, quem in animantibus & hominibus excitat. *Æsculapius* ob salutiferam, quam in plantis & herbis excitat Solis virtutem. *Pan* fœcundam Solis vim, qua genetica sua facultate in omnibus omnia operatur. *Æolus* denique in quantum magna vaporum exhalationumque attractâ copia ventos & tempestates causat, denominatur. Porrò quemadmodum Solem unum substantiâ, virtute multiplicem, ac tanquam rerum omnium principium activum dicebant; ita Lunam, eandem quidem re, vi tamen oppidò variam, tanquam Solis conjugem, & rerum omnium principium passivum innuebant; conjugem inquam Solis, in quam veluti matricem, omnium generabilium rerum semina diffundit; ex quo congressu totius elementaris mundi, infinita prope rerum varietas, quam satis mirari non possumus, enascitur. Ut proinde veteres, quicquid dearum nomine gaudet, ad Lunam matrem omnium revocaverint. Primò siquidem *Rhea* dicitur, eo quod Solis influxui ad generationes rerum perficiendas, subsistet. *Ceres* dicitur, in quantum frugibus præest. *Lucina* dicitur, eo quod discussis tenebris benigno lumine inferiora illustret. *Venus*, seu Ἀφροδίτη, eo quod ex nativa suæ fœcunditatis proprietate omnia ad generationis appetitum excitet. *Juno* seu Ἥρα ab aëris illuminatione, cui præest, ideò denominatur; à plantis & seminibus terræ, quas proserpere facit, *Proserpina* dicitur. *Flora, Diana* ab humectativa vi Lunæ, qua in sylvas & fruticosa loca, & floridos hortos, mirifice influit. *Minerva* verò a calore lunari, qui ingeniis multum prodest, nomen meruit. *Hecate* infera & subterranea Luna, à centenis rerum generibus quas in subterraneis locis producit. *Thetys* à mari & fluminibus, nec non ab humidæ naturæ œconomia, cui præest, nomen invenit. *Bellona* à fervore, quem multiplicata bile in corporibus producit; quorum quidem omnium synopsin, in sequenti figura contemplare: atque adeò omnium hujusmodi deorum dearumque multitudinem, non nisi ex confusione linguarum natam esse cognoscas, dum aliter hosce deos deasque *Chaldæi, Babylonii, Ægyptii*; aliter *Græci* & *Latini* appellaverint. Et *Ægyptii* quidem primi fuerunt qui ad *Osiridem* & *Isidem* omnem monstruo-

Cap.III. Συνωνυμολογία parallela Deorum Dearumque. Sect. I.

Quod inter Deos Ægyptiis est	Babyloniis, Chaldæis & Hebræis est	Græcis est	Latinis est
Osiris	תמוז בעל Thamuz Bel. Remphan	Χρόν⊙, Ζεὺς	Saturnus, vel Jupiter.
Arveris	כמוש Chamos. מות Moth.	Βάκχ⊙, διόνυσ⊙	Bacchus πολυώνυμ⊙.
Chon	Sandes Diodas.	Ἡρακλῆς	Hercules πολυώνυμ⊙.
Βαλλοσιευς	בעל פעור Beelphegor.	Σάτυρ⊙	Priapus.
Anubis	מכבולים	Ἑρμῆς	Mercurius.
Horus	ארונים Adonis.	Φοῖβ⊙	Apollo.
Serapis	מלך Moloch.	Ἡφεςίων Δῖς	Vulcanus, Pluto.
Canopus, Nilus	דגון Dagon.	Ποσειδῶν	Neptunus.
Typhon	רפא מידראס Midras.	Ἄρης	Mars.
Isiacæ statuæ geniorum	תרפים Theraphim חמנים Chamanim.	Ἀπότροπαῖοι	Averrunci lares, & similia.

Synonyma Dearum.

Quod verò inter Deas Ægyptiorum est	Id est Hebræis & Orientalibus	Id Græcis est	Id est Latinis
Isis superna.	עשתרות Astaroth, Astarte.	Ἀφροδίτη	Venus.
Nephthe.	דרכיתיס Derceto.	Τέθυς	Tethys.
Isis inferna.	דגון אתרנאתי Dagon Atargata.	Ῥοῖα	Proserpina.
Illythia.	מלידת לילא Militta, Lila.	Ἡκάτη τρίμορφ⊙	Hecate triceps.
Isis cœlestis.	בעלשמא Beelsama, domina cœli.	Ἀράτης	Luna supramundana.
Isis multimammia.	סוכות בנות Succoth Benoth, כבר Kabar.	Μήτηρ τῶν Θεῶν, Mater Deorum.	Cybele.

Atque hæc de multitudine deorum dearumque qui ex confusione linguarum prodierunt, dicta sufficiant; jam ad alia nostri argumenti propria.
Sequitur modò Speculum Geneatheologicum, quo quæcunque huc usque dicta sunt, exhibentur.

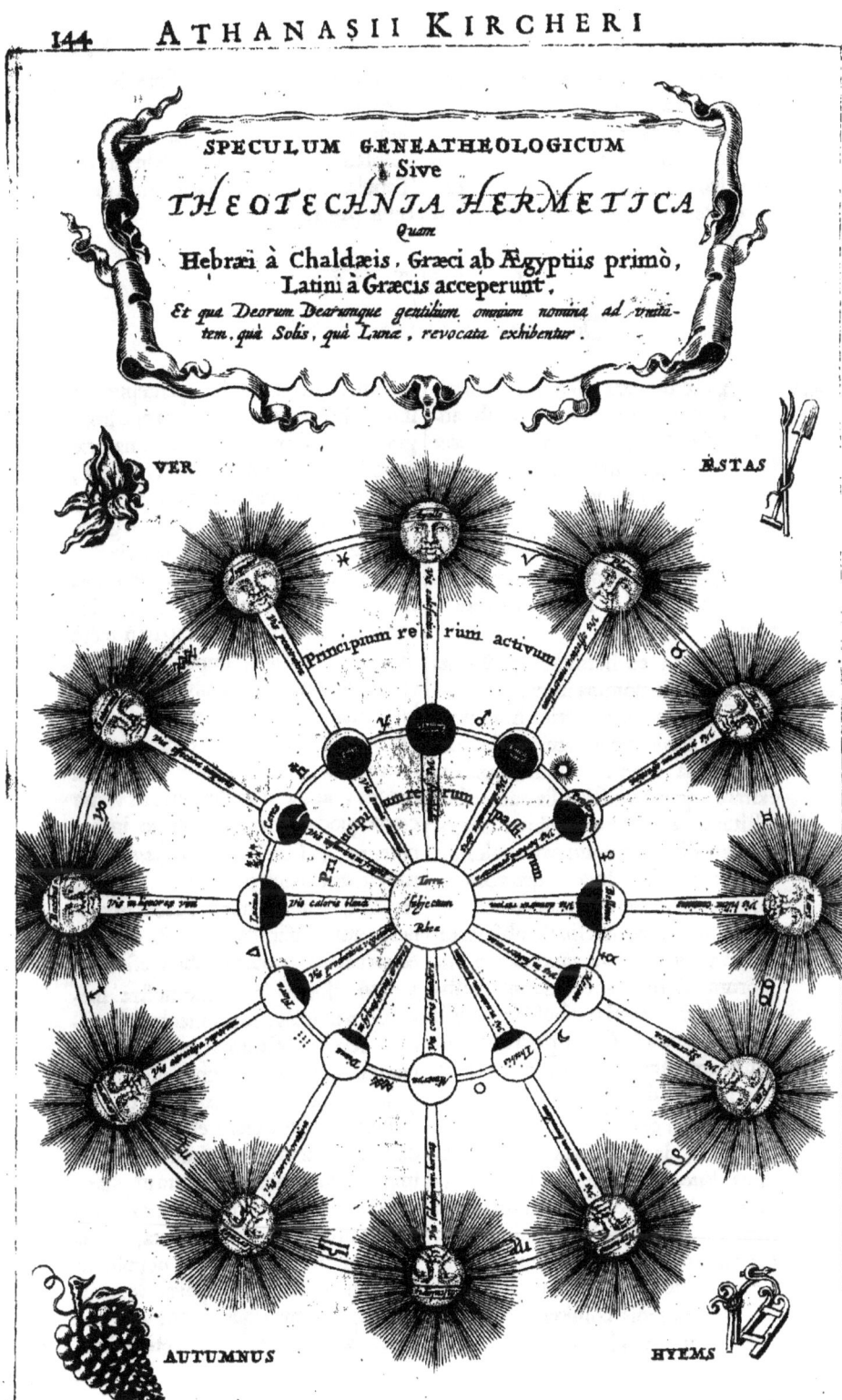

*Cap.*III. struosorum deastrorum, deastrarumque fanaticam turbam revocarunt; ut in *Obelisco Pamphilio* & *Oedipo* quam diffusissime demonstravimus, quem consulat lector; quos *Chaldæi*, *Syri*, *Hebræi*, *Græci* & *Latini* secuti, quæque natio propriis nominibus, singulis nominibus impositis, universum mundum in inextricabilem impietatis idololatricæ confusionem deduxerunt. Tabula Synonymologiæ deorum præcessit pag. 143. — *Sect.* I.

CAPUT IV.

De primæva nominum impositione.

*Cap.*IV. Duæ de vera, sive recta nominum ratione sententiæ ab auctoribus, præsertim à *Platone* in *Cratylo* proponuntur nobis. Prima est, omnibus hominibus naturâ ingenitam esse, insitamque nominum rationem, id est, talia revera esse nomina, qualis fuerit ipsarum rerum natura, non verò ex hominum constitutione.

Nominum impositio primæva. Secunda, ex hominum pactis atque conventis nomina imponi, nec alia esse, quàm quæ fuerint hominum arbitrio atque voluntate constituta. Primigenia autem nomina quædam exstare, quæ à priscis illis auctoribus instituta, & potentiâ quidem majore humanâ cæterorum vocabulorum fundamenta sint. Inde tamen vocabulorum tantam perturbationem extitisse, ut longis annorum spatiis obfuscata, vix ac ne vix quidem agnoscantur primorum illorum vocabulorum vestigia, quæ in barbaris quibusdam linguis melius, quàm in *Græca* perspiciantur. Quænam autem illæ barbaræ linguæ sint, suo loco dicetur.

Porrò in conciliandis duabus istis sententiis, duo substernemus axiomata ex *Platonis* doctrina desumpta, certam nimirum esse ac definitam rerum naturam, ita ut verè res subsistant, licet variè commutari videantur, & orationem homini tributam esse intellectus & rationis comitem sive ministram, ac proinde earum rerum omnium, quæ à sensibus perceptæ ad intellectum deferuntur, verba esse imagines atque simulachra. Hinc naturæ & instituti discrimen perspici potest, alia siquidem verba naturæ decreto, alia hominum institutis atque legibus dicuntur constare, quod tamen à lectore prudenter intelligi velim, rebus enim ita ut sunt constitutis, in hac linguarum perturbatione, scio non rectè dici, verba φύσει imponi, alioquin eadem omnibus hominibus essent verba, idemque ac communis sermo. Dico tamen, primo illo rerum creatarum initio plane fuisse consentaneum rationi, atque necessarium, ut verba certo quodam naturæ decreto imponerentur, sicuti enim νοήματα rerum extra mentem positarum, sunt rerum ipsarum minimè fallaces imagines, atque assimilationes, ita quoque & voces, & scripturæ debent esse νοημάτων illorum in mente nostra hærentium effigies, & simulachra, siquidem rerum ipsarum veræ sunt atque naturales apprehensiones, quibus res ipsæ ut sunt, cognoscuntur, eadem ratione consentaneum est formas easdem in omnium hominum sensibus imprimi atque adumbrari, ita ut phantasiæ ministerio rerum illarum sensibilium imagines, veluti in cera, in animo impressæ relinquantur, ut pulchrè *Plato* in *Theæteto* & *Sophista* deducit. Conceptâ igitur atque mentis vi, atque efficaciâ rerum cognitio rectè & verè,

T

non

*Cap.*IV. non fucatè & imaginariè efformata, in omnibus hominibus omninò eadem est, atque adeò naturalis, quemadmodum res quoque ipsæ, quarum verba sunt simulachra, locis & temporibus speciem suam minimè mutant, cùm ignis & apud nos, & apud omnes homines peræque urat, ita & de reliquis sensibus constituendum est. Ut ergò illa dicantur esse φύσει, quæ semper sui similia, nec ex hominum qualibet opinione alia & alia sunt, sed eandem vim & proprietatem retinent, ita omninò videtur fuisse necessarium, ut primigenia quædam vocabula primordio rerum creatarum ita fuerint instituta, ut rerum ipsarum naturam verè exprimerent, atque repræsenta-

Naturalis nominum impositio, quomodo intelligenda.

rent. Cum præterea DEUS naturæ architectus atque princeps naturam voluerit esse rerum creatarum firmamentum, ac stabile quoddam seu sempiternum principium, non incongruè *Plato* DEO veram causam assignavit, quippe qui uti & res condidit, & virtute suâ conservat, ita & vocabulorum, quibus illarum natura insigniretur, aptè instituendorum rationem hominibus tribuerit. Cùm enim νοήματα rerum cognitarum, *Platone* teste, sint εἰκόνες atque ἐκτυπώματα, efficitur omnes homines iisdem notitiarum ideis, id est, certa & vera causarum in animo conformatione atque cognitione, non temerariâ, & incertâ indicatione fuisse imbutos (ita enim hoc loco ideæ vocabulum intelligimus) cum natura in omnibus hominibus vim, atque efficaciam inserat ad res percipiendas, atque intelligendas, eademque sit νοημάτων illorum effectrix, rerum autem per intellectum perceptarum symbola & tesseræ sunt verba naturæ vi constituta, ex quibus oratio postmodum componitur. Jam verò ἀρχηγὸν primigeniamque illam nominum constitutionem, certè certè ex nullo, nisi ex primo homi-*Sect.* I. ne originem suam habuisse credimus, quem quidem, certissimum est, habuisse efficacissimam vim sensuum omnium, ipsiusque maximè rationis liberrimum atque expeditissimum usum; id est, verè fuisse philosophum, ut in præcedenti scrutinio ostendimus.

Primum igitur hominem, id est, *Adamum* divinâ quâdam facultate, atque virtute ingenii præditum, primum fuisse ὀνοματοθέτην, minimè dubium, atque adeò de fide esse paulò post videbitur. Quod cùm ignoraverit *Plato* (aut certè si quid ex libris *Moysis* resciscere potuit, nec purè satis cognovit, nec satis liberè protulit) ex ipso videlicet *Moyse* verarum originum seu antiquitatum auctore, illud solidè & germanè percipiendum est. Ille enim testatur *Adamum* primum hominem omnibus animalibus vera & propria nomina imposuisse, eamque facultatem à DEO accepisse. Verba ejus cito ex Genes. cap. II. vers. 19. *Et formavit Dominus* DEUS *ex terra omne animal agri, & omne volatile cœli, & adduxit ea ad* Adam; *ut videret, quid vocaret ea, & omne quod vocavit* Adam *animæ viventis, ipsum est nomen ejus, appellavitque* Adam *nominibus suis omnia animantia, & volatilia cœli, & omnem bestiam agri.*

Effecit igitur DEUS, ut omnium animalium naturæ quasi præsentes oculis *Adami* obversarentur, ut illi essent perspectæ & cognitæ, aut certè miraculosâ quâdam ratione omnes animantes illius oculis reverâ subjecit, ita ut expedito sensuum ministerio rerum naturas perspiceret. Ex qua solida atque explorata cognitione, opportuna extitit in *Adamo* ὀνοματοθεσίας facultas, sic enim intelligo illa verba: *Et quodcunque nomen indidit illi* Adam, *illi*, inquam, *animæ viventi*,

Cap. IV. *venti, fuit nomen ejus*, id est, fuerunt illis vera, & germana nomina, & rerum naturis propriè accommodata, non secundum extrinsecam denominationem, sed essentialem quandam rationem, ita ut proprietates singulorum animalium singulis nominibus perfectè responderent, atque adeò ex ipsis nominibus solis in intrinsecam cujusque rei naturam facilè pervenire quispiam posset, quibus consentit R. Abram Balmis his verbis, quæ ex hebraïco in latinam linguam à me translata sic sonant. *Est autem differentia magna inter linguam sanctam, & alias linguas, cùm enim DEUS benedictus sit auctor linguæ sanctæ, necessariò nominum impositio debet ipsis rerum naturis respondere, quia secundum eorum naturas conveniebat eas appellare.* Quæ confirmantur R. Abenezra, Ralbag, Rambam, Becchai, Rabboth, aliisque in *Genesin* commentatoribus, quos hoc loco consule.

Meminit quoque hujus impositionis nominum in principio *Alfurcani* sui Mahumed impostor, ubi dicitur DEUM dictasse *Adæ* nomina rebus aptè imponenda, his verbis: *Creatisque animantibus omnibus, venire fecit illa DEUS ad Adam benedictæ memoriæ, & docuit ipsum oretenus nomina uniuscujusque, & vocavit Adam omnia nominibus respondentibus proprietatibus eorum.*

Moses Barcepha Syrus in libro de Paradiso, dicit Adamum *editorem Paradisi loco insidentem, augustaque authoritate & majestate, ac tali vultus splendore, qualem emicuisse ex facie Mosis scriptura testatur, voce, quæ sensu excipi posset, pronunciata, singulis animantium generibus nomina indidisse, unumquodque nominatim appellando, illa verò submissis capitibus prona, nec præ nimio decore, quo ille resplendebat, intueri ipsum audentia singulatim præteribant, & suis ab illo appellabantur ex ordine nominibus: v. g. cùm taurum ille nomine appellaret, continuò is audito nomine suo transibat coram ipso, capite submisso, similiter nominatim citatus equus, præteribat dejectâ cervice, neque Adami aspectum sustinens, idemque cæteris contigit.* Quæ non ita intelligenda sunt, ut nomina, quæ animalibus imposuit *Adamus*, ea tum primùm à DEO ipsum accepisse putetur, sic enim non *Adamus*, sed DEUS ipse imposuisse eis nomina diceretur, sed *Adamum* accepisse linguam à DEO, quantum ad alia omnia perfectam, præter eam partem, quæ animalium nomina continet, quam scilicet integram reliquit DEUS solertiæ & sapientiæ *Adami*, videlicet, ut ipse per scientiam, quam habebat, animalium, & per notitiam plurimarum vocum, quam acceperat, nomina conderet, atque imponeret animalibus, singulorum naturis ritè congruentia, nec ea quidem uno modo formata, sed diversis è causis petita, vel ex propria differentia specifica, vel ex naturali proprietate, vel ex motu, vel ex figura, vel ex peculiari aliqua operatione, vel ex aliquo singulari ac proprio accidente. Atque hæc prima fuit nominum ὀϱθότης à DEO naturæ auctore instituta, ministerio *Adami*. Licet autem & uni rei plura vocabula imponerentur, & contra, unum vocabulum rebus multis significandis aptaretur, id tamen eatenus factum est, ut rei naturæ ratio postulabat.

Atque etiam nomina ex variarum χίσεων circumstantiis ita sunt imposita, ut convenirent ipsarum naturę. Naturæ enim appellatione non tantùm rei substantia significatur, sed accidentium etiam ὕπαρξις, quæ suo quidem modo dicitur πεφυκίναι quatenus videlicet accidentia rem σημαϱτόν, id est, notant, atque designant. Prima igitur nomina ab *Adamo* rectè fuerunt hunc in modum constituta, & veram rei naturam repræsentarunt, ut minime dubium esse debeat, nomina

Cap.IV. illa veras fuisse rerum definitiones, ac proinde hucusque dici posse, nomina Φύσι fuisse imposita, videlicet à sapientissimo πρωτοπλάστῃ. Nam ut sapienter *Plato in Cratylo*.

Nominum igitur impositio haudquaquam levis & exigua res esse videtur, neque hominum vulgarium humiliumque opus, ac proinde verum dicit *Cratylus* dicens, Natura rebus nomina existere, nec quemlibet hominem nominum esse artificem, sed illum demum, qui ad aliud nomen respicit, quod rerum naturæ exprimendæ, atque repræsentandæ peculiariter quadrat, & qui illius nominis literis, & syllabis imponere atque accommodare potest. Porrò cum orationis ministerio humanæ societatis ratio atque commercium constet, certe humanarum conceptionum diplomata, & symbola quædam sunt, quibus hominum commercium conservetur. Itaque utentium consuetudo atque institutum maximi momenti est, in societate generis humani, hincque duæ existunt nominis definitiones apud *Platonem* scilicet. Nomen est instrumentum rebus docendis aptum, atque accommodatum, & rerum naturæ distinctæ repræsentandæ, & imitatio, quæ vocis fit ministerio, illius rei, quam quis imitandam instituit, voce imitatur. Sunt autem hoc loco consideranda duplicia nomina, quædam prima, quædam secunda ex primis nata (quibus tamen omnibus commune est, ut rei naturam suo modo exprimant) in quorum quidem etymo exquirendo deliramus, si primorum illorum nominum fontes ignoremus, quos tamen adire, vera est nominum ὀρθότης. Prima quidem illa nomina à potentia, ut cum *Platone* loquar, quadam, quàm sit humana, majore imposita, temporis longo usu obsoleta, in barbaris linguis, hoc est, Hebraica, Chaldaica, Ægyptiaca, ut *Plato* vult, conservantur, quarum ignorationem, cùm vel ipse *Plato*, veram quoque nominum rationem se ignorare fateatur, ad illas tamen recurrendum esse ait, cum vocabulorum origines ignorantur. Hujus igitur consilio ducti, jam tandem videamus, quænam fuerit illa primigenia lingua, quæ matrix, ex quâ cæteræ omnes originem traxerunt.

Sect. I.

CAPUT V.

Quænam & qualis fuerit prima omnium linguarum.

Cap. V.

Prima linguarum quænam sit.

Linguam *Hebræam* ipsi orbi condito coævam, à DEO *Optimo Maximo* institutam primoque traditam parenti, nemo est, cui non satis compertum sit. Verùm cùm non desint, qui id impugnare audeant, nostram hanc sententiam variis rationibus stabiliendam duxi.

Prima ratio.

Harum *prima* desumitur ab antiquitate & sanctitate, siquidem eam unà cum natura universi auctor indidit, nec ab impietate ortum cum aliis habuit communem; hac enim *Adam* omnium creaturarum naturas expressit, & omnibus eis nomina vocavit; in hac DEUS ipse sæpius per se, vel per interlocutorem cum suis amicis colloquium instituit; hanc patriarcharum, & prophetarum, ut verbis *Augustini* loquar, non solùm in sermonibus suis, verùm etiam in sacris scripturis custodivit auctoritas. Porrò cum *Chaldæis* omnibus superstitionum peste contaminatis, in unà *Thare* domo, de qua natus est *Abraham*, veri DEI cultum Dominus servârit, in ea etiam simul cum sui observantia linguam hanc sanctam tueri voluit. Hæc est, ad quam verus & genuinus

Lingua Hebræa in domo Thare conservata fuit.

TURRIS BABEL LIB. III. 149

Cap. V. nuinus sacræ scripturæ textus veluti ad Lydium lapidem comprobaretur, omnium aliarum matrix, quæ omnia comprobantur ab auctoribus probis & sensatis, ita quoque sentiunt SS. PP. *Irenæus*, *Tertullianus*, *Origenes*, *Cyprianus*, *Eusebius*, *Athanasius*, *Hieronymus*, *Augustinus*, cæterique horum astipulatores. Ita post Rabbi *Judam*, omnes Rabbini, *Eliezer*, *Rassi*, *Ralbag*, *Radak*, *Reccanati*, *Abarbanel*, *Ramban*, *Akiba*, innumerique alii, quos libenter hoc loco allegarem, nisi veritatem, vel ipsis sacræ hujus linguæ tyronibus jam innotuisse cognoscerem.

Secunda Ratio. Altera ratio ad rei hujus veritatem comprobandam, est ipsa simplicitas linguæ, siquidem omnes vocum hujus linguæ radices triliteræ sunt, quod in nulla alia lingua accidit.

Quemadmodum igitur composita & mixta posteriora sunt, communi philosophorum consensu, ipsis ex quibus sunt, & constant, videlicet simplicibus elementis, ita cùm cæteræ omnium linguarum voces sint compositæ, solius autem linguæ *Hebrææ* voces sint simplices, ut paulò post videbimus, certum est, primam omnium aliarum linguarum ipsam esse *Hebrææam*. Verùm ex nullo clariori signo hæc veritas luculentius quoque patet, quàm vel ex ipsa primæva nominum institutione à protoplasto facta, quæ non *Græca*, *Ægyptiaca*, *Chaldaïca*, aut *Syriaca*, sed purè *Hebræa* esse, non alio, nisi illius linguæ peritorum indigenus testimonio. Nam ut rectè *Abenezra* in VI. Genesis: *Sensus labii unius est, lingua una, quæ est* Hebræa, *ideò ipsa linguarum omnium prima, ut testantur nomina*: Adam, Eva, Kain, Cham, Seth, Phaleg, *aliaque quotquot in sacro textu leguntur*.

Tertia ratio. Tertia ratio sumitur ab arcana, & plena innumeris mysteriis institutione hujus linguæ, in qua quot literæ & apices, tot mysteria, quot syllabæ & voces, tot sacramenta esse etiam ipsi SS. *Sect. I.* PP. testantur, ut non sine causa *Hebræi* dicant: *In lege*, Hebræo videlicet *sermone conscripta*, non esse vel unam literam, ex qua non magni montes dependeant. Quæ vel ipse *Chrysostomus* suo veluti calculo approbare videtur his verbis. *Quemadmodum longè gratius est pomum, quod tuis manibus ex ipsa arbore decerpseris, vinumjucundius, quod ex eo deprompseris dolio, in quo primum conditum fuit; ita divinæ literæ nescio quid habent nativæ fragrantiæ, nescio quid spirant suum & genuinum, si eo sermone legantur, quo scripserunt ii, qui partim ex sacro hauserunt ore, partim ejusdem afflati spiritu nobis tradiderunt. Linguæ autem, quibus divina eloquia* DEUS *nobis concredidit, tres sunt*, Hebræa, Chaldaïca, *&* Græca. Sed præ cæteris contrariæ sententiæ favere reperio celeberrimum *Georgium Amiram* Patriarcham Antiochenum, & Primatem montis *Libani* dignissimum, qui sive patriæ linguæ patrocinio, sive aliquo alio incitamento impulsus, nescio, certè in *Grammatica* sua *Syriaca* sive *Chaldaïca*, nihil intentatum relinquit, quo linguam suam Syriacam linguarum omnium principem constituat, cujus tamen omnia argumenta eò collimant, ut ostendat, linguam Syriacam, quam ille omninò cum *Chaldaïca* confundit, ideo esse primam omnium aliarum, quia à primis hominibus, hoc est, *Chaldæis* processit. Verùm ex ejus argumentis sequitur *Chaldaïcam* linguam ferè fuisse *Hebræam*, quod ita ostendo. *Noë*, & filiis ejus *Sem*, *Cham* & *Japheth* primi post diluvium humani generis duces fuerunt *Chaldæi*, illam enim regionem incoluerunt, quæ jam *Armeniam*, *Syriam*, *Assyriam*, & partem *Arabiæ* comprehendit, olim sub *Chaldæa* nomine comprehensam, ut præter *Ariam Montanum*, *Adrichomium*, *Beroaldum*, plerique alii assentiuntur sacrarum literarum commentatores, sed hi recensiti duces non uteban-

Chaldaïca prima linguarum à nonnullis traditur, sed perperam.

T 3

Cap. V. utebantur aliâ linguâ, nisi illâ, quam à primis mundi patriarchis, *Adamo, Seth, Henoch* hauserant, at illa alia non fuit, quam *Hebræa*, ergo *Chaldæi* isti usi sunt linguâ *Hebræâ*, id est, illâ linguâ, quæ post confusionem cæterarum linguarum singulari D E I providentiâ sola permansit in domo *Heber*, à quo & nomen invenit. Sive igitur illa lingua primogenia vocetur *Chaldaïca* à natione, sive *Hebræa* à transitu *Abrahæ*, aut ab *Hebero*, ut dixi, sive à *Syria Syriaca*, sive à *Mesopotamia Mesopotamica*, certè una & eadem lingua fuit à principio ante confusionem linguarum, diversis solummodo nominibus, à diversis populis, qui eâ utebantur, desumptis differens.

Atque ita intelligenda sunt verba textus Arabici, quæ in favorem suum citat ex Maronitico sacræ scripturę codice deprompta, id est; *Et ab his divisi sunt omnes populi super terram post diluvium, & divisæ sunt linguæ, & varietas linguæ eorum* Syriaca. Præterquam enim quod non omni translatori, nisi approbato, fides habenda sit, certè ipsa verba intelligenda esse, ut dixi, sumendo scilicet *Syriam* pro *Assyria*, quæ cum *Chaldæa* passim confunditur, sicut continens cum contento, luculenter patet. Quod verò *Ephrem* vocet linguam *Syriacam* primam linguarum, & fontem idiomatum, hoc ideo censendus est fecisse, quòd patria ipsi esset, & *Hebræa* maximè vicina, propinquaque. Verùm ut hæ duæ sententiæ tandem concilientur

Conciliantur duæ sententia de primatu linguarum.

Suppono *primò* linguam duplicem esse sacris literis à principio usurpatam. Unam originalem, quam & doctrinalem appellare licet, quod in ea primæva scientiarum tam sacrarum, quam profanarum institutio facta sit, atque talem fuisse *Hebræam* assero, ut postea pluribus probabimus. Alteram idiomaticam, sive usualem, utpote toti alicui nationi communem, atque hanc ajo fuisse à principio *Chaldaïcam*, vel *Assyriacam, Hebræa* vicinam.

Sect. I.

Suppono *secundò*, omnes idiomaticas ab originali, seu doctrinali aliqua descendentes, eâ quoque posteriores esse, ut patet ex linguis *Chaldaïca, Syriaca, Arabica, Æthiopica*, quæ cùm omnes filiæ sint *Hebræa* primogenitæ, tantò majorem quoque corruptionem unaquæque passa est, quantò ab origine sua plus recesserit, quemadmodum & in *Græca* linguæ dialectis, & in filiabus *Latinæ* linguæ, *Italica, Gallica, Hispanica, Lusitanica* videre est. His igitur suppositis, dico *Hebræam* linguam, quam Doctores sanctam vocant, primam omnium linguarum fuisse, eandemque quam DEUS protoplastis primùm infuderat, quæ etsi ab impia stirpe *Cain* aliquam corruptionem passa fuerit, semper tamen ceu sacrum ⚜ divinum munus in domo *Adæ*, verorumque ejus filiorum secundùm traductionem successivam permansit incorrupte, ita ut hæc ab *Adamo* ad *Sethum*, ab hoc ad *Henoch*, ab *Henoch* ad *Noëmum*, & ab hoc per *Arphaxad* ad *Heberum* (à quo nomen invenit) & *Abrahamum*, ab his ad 12 patriarchas & *Mosen*, & deinde ad alios Reges *Israël* successivè fuerit propagata. Si igitur *Chaldaïcam*, sive *Assyriacam* linguam adversarii ita accipiant, ut eandem velint esse cum *Hebræa*, eò quod primi habitatores *Chaldææ* aliâ, ut dictum est, linguâ non sint usi, quàm *Hebræâ*, primævâ illâ & originali, bene dicunt. Si verò *Chaldaïcam* diversam esse velint ab *Hebræa*, eandemque cum idiomatica post linguarum confusionem in *Chaldæa* currentem, dico eandem ita acceptam minimè primam linguarum dici debere, cùm ex corruptione linguæ *Hebræa* promanârit, & ab origine sua jam defecerit, variaque populorum commixtione ac commercio tantò semper majorem corruptelam passa sit, quantò à fonte rivus existit remotior. Dico tamen

Propagatio linguæ Hebræa ad posteros.

Cap. V. tamen, linguam *Chaldaïcam* secundum post *Hebræam* inter linguas vetustatis locum obtinere. Qui hæc penitiùs introspexerit, facilè famosam hanc *Hebrææ* & *Chaldaïcæ* linguarum de primatu contendentium litem exortam dirimet. *Syriacam* autem nequaquam eandem cum *Chaldaïca* esse, sed in literis, & phrasi distinctam, posteris temporibus ortam, non aliâ auctoritate opus est, quàm illa *Eliæ Levitæ Ascenazi*, utriusque magistri peritissimi, quam in præfatione in suum *Meturgeman* sive *Lexicon Chaldaïcum* hisce verbis astruit.

Lingua Chaldæa secundum in primatu linguarum locum habet.

R. Elias in Thisbe.

Dixit Rabbi *Samuel* filius *Nahhmani*: *Ne sit vilis in oculis tuis* Chaldaïca lingua, siquidem invenimus in lege, in prophetis, & hagiographis, quòd DEUS benedictus, cui sit gloria, in lege testimonium præbet in prophetis, sicut visum fuit eis in hagiographis, & locuti sunt Regi linguâ Chaldaïcâ, & hoc ideo, eò quòd hæc vicina sit linguæ sanctæ præ omnibus aliis linguis: atque ita scribit *Eliezer*: Lingua Chaldaïca ipsa est lingua sancta corrupta: fama quoque est, quod olim antequàm corrumperetur, loquebantur in Syria vel Chaldæa linguâ sanctâ simpliciter. Ita R. *Elias* citato loco. Quando verò illa corrupta fuerit, difficilis quæstio est apud auctores, varii varia allegant tempora, ego cum paulo ante citato auctore, uti linguæ utriusque, ita temporum & historiarum peritissimo, sentio, qui in citato loco ita differit. *Quæri igitur posset, quando lingua* Hebraïca, *& an temporibus patrum hæc lingua fuerit usitata, & rationem dubitandi suppeditant hæ voces. Ideò videtur mihi conveniens dicere, quòd adulterata sit, postquam egressus est* Abraham *inde, quoniam absque dubio patres nostri primi locuti fuere, quemadmodum eam acceperunt ab* Adam *usque ad* Noë *oretenus, & primum ejus fundamentum fuit* Sem *filius* Noë, *cum is esset trans flumen, quemadmodum explicatur à* Ramban, *& cùm essent ibi is, & filii ejus, egressus est* Abraham *inde, erant enim omnes idololatræ, tunc corrupta est lingua, & vocata fuit lingua* Aramæa, *juxta nomen* Aram, *qui fuit filius ultimus* Sem, *juxta quod dicitur, filii* Sem, Elam, *&* Assur, *&* Arphaxad, *&* Lud, *&* Aram, *& longiùs is cæteris prolongavit dies vitæ suæ, ideò vocata fuit lingua à nomine suo* Aramæa. *Et ingrediente* Abraham *in terram* Canaan, *sequebatur is, & omnes filii ejus sermonem* Cananæum, *quæ fuit lingua sancta simpliciter, & etiam cùm nostri patres morarentur in* Ægypto, *non reliquerunt eam, sicuti dicunt Rabbini nostri. Tria non mutarunt Israëlitæ in* Ægypto, *nomina sua, vestimenta sua, & linguam suam.* Patet igitur linguam *Hebræam* omnium linguarum sine controversia antiquissimam, imò primam; *Syriacam* autem & *Chaldaïcam* sive *Babylonicam* ejusdem filias esse, omnemque inter auctores controversiam de primatu linguarum motam, solummodo ex æquivocatione quadam nominum ortam esse, ut proinde facilè omnium objectiones soluturus sit, qui nostras rationes hoc loco allatas probè intellexerit.

Sect. I.

Indagatâ igitur primâ mundi linguâ, nil jam aliud restat, nisi ut ejusdem formam characterum, scribendique rationem pari passu discutiamus.

CA-

CAPUT VI.

De linguæ Samaritanæ *charactere, utrum verè* Assyrius *aut* Hebræus *sit.*

DEmonstrato in præcedentibus, & in *Obelisco Pamphilio*, variisque argumentis stabilito Hebraicæ & Ægyptiacæ linguæ primatu, ostensis quoque primævorum scriptorum monumentis, nihil porrò superest, nisi ut, quisnam primævæ istius linguæ vulgaris character fuerit, demonstremus. Magnum fateor, & ab aliis, quod sciam, excepto *Morino* & nonnullis Rabbinis, non tentatum aggredior argumentum; audeo tamen, divini Numinis subsidio tutus. Etsi non dubitem multos *Aristarchos* futuros, qui hosce meos labores severioribus obelis sint notaturi; dum illos interrogantes jam multò antè audire videor, & quomodo tu nôsti hujusmodi literas antiquas fuisse? quis te reddidit certiorem, ejusmodi literas, quas producis, non esse maleseriatorum hominum atque impostorum commentum? Atque hujusmodi non pauca proferre audio, quibus, dum omnia in dubium revocant, auctorumque rationes audire detrectant, omnia improbant, cunctaque eorum qui antiquitatis monumenta perscrutantur, studia reprehendunt, despiciunt, irrident, non aliâ ratione obviandum censeo, (ut jam pridem alius similibus respondebat apud *Villalpandum*) quàm si eadem ipsos, quâ me vellicant *Aristarchi*, reprehensione dignos ostendero, quod credant *Scythas*, & *Garamantas* unquàm extitisse, & fidem habeant referentibus, quod ipsi non viderunt, *Constantinopolim*, *Calecutum*, *Japoniam*, & reliquas celebriores urbes esse, nec minus esse deceptos, si vera esse existiment, quæ *Hebræorum* grammatici tradunt, nimirùm literam א sic scribendam, sic autem ב, &c. At sicuti stultum omninò esset, atque ab omni rationis judicio alienum, hujusmodi rebus fidem non adhibere, quæ ab omnibus sine controversia recepta sunt, usuque ac communi hominum consensu invaluerunt; sic etiam temerarium foret, rebus in medium circa præsentem controversiam adducendis, nullis authoritatibus comprobandis, fidem denegare. Rationes itaque ac momenta expendat rei positæ unusquisque, priusquam levitatis, aut deceptionis arguat eos, qui attentiùs omnia utriusque partis argumenta expenderunt, & omnes quotquot invenerunt dubitandi rationes, aliis firmioribus adhibitis dissolverunt. Hæc autem ideò dixerim, ut nemo arbitretur, demonstratione mathematicâ omnium proponendorum rationes ostendere me posse, sed satis prudenti, atque in omni disciplina reconditiorique literatura exercitato viro, me fecisse existimabo, si quæ à probatis scriptoribus confirmata sunt, proponam, aut animi mei conjecturas, veluti quædam allegatorum consectaria proferam, quibus ductus singulas hujus disputationis partes probaverim. Ut igitur ad propositam quæstionem propiùs accedamus, primò ingentem illam de *charactere Samaritano*, & *Assyrio*, seu *Hebraico* & *Babylonico* agitatam controversiam per partes examinabimus, & tandem utriusque discussis sententiis, quid nos sentiamus, & quomodo dictæ sententiæ conciliari possint, declarabimus.

TURRIS BABEL LIB. III.

Cap. VI.   § I.

Decisio litis circa Assyriacum *seu* Hebræum *&* Samaritanum *charaƈterem.*

Rabbinorum sententiæ de charaƈtere Assyriaco & Samaritano.

Quatuor reperio Rabbinorum circa propositam thesin sententias. Prima eorum est, qui dicunt *Samaritanum* verum illum, & primævum *characterem Hebræum* esse. Ita sentiunt Babylonii Doctores *Zutra* & *Hobka*, tractatu Sanhedrin sect. 2. fol. 21. & 22. Verba allego.

Initio, inquit, *data est lex* Israëli *in scriptura Hebræa, & lingua sancta: restituta est lex, & data iis in diebus Esdræ in scriptura* Assyriaca, *& lingua Syriaca sive* Chaldaïca, *& deinde expurgata ea, elegerunt pro* Israële *scripturam* Assyriacam, *& linguam sanctam, & reliquerunt idiotis scripturam* Hebraïcam, *& linguam* Chaldaïcam. *Qui sunt isti Idiotæ? Respondet R.* Chasda, Cuthæi. *Quæ est scriptura* Hebraïca? *Respondet iterum* Chasda, *scriptura est* Libonæa. *Hujus sententiæ quoque fautor est R.* Jose *in* Thalmud Hierosolymitano sect. 1. tract. Megilla, *quem ibi consule. Rabbi* Juda tract. Megilla c. 1. n. 8. *omnino vult, neotericas* Judæorum *literas* Assyriacas *esse;* Samaritarum *vero* Hebraïcas.

Non est inter libros, & Thephilin, *&* Mezuzoth (id est frontalia illa, in frontibus ligari solita *Hebræis*, phylacteria dicta in *Euangelio*) *alia differentia, nisi quod libri scribantur in omni lingua;* Thephilin *autem &* Mezuzoth *non scribantur nisi in lingua* Assyriaca. *Rabbi* Simon Ben Gamaliel *dicit quoque in libris non esse permissum, ut scribantur nisi* Græcè. Huic sententiæ subscribunt Thalmudici explanatores in Gemara, quam Obadias quoque Bartenora insignis commentator suo veluti calculo approbat, cùm dicit.

Scriptura Hebræa, *scriptura est quæ venit trans flumen, &* Cuthæi *sive* Samaritani *scribunt in ea in hunc diem,* &c. *Scriptura verò, qua nos scribimus libros hodie,* Sect. I. *scriptura* Assyriaca *vocatur.* Iisdem propè verbis eadem affirmat *Rambam*. His adjungimus testimonium tractatuum *Megilla, Thalmud Hierosolymitani,* sect. I. fol. 71. col. 2. lin. 10. ubi de charactere, & lingua, quâ *Esdras* legem scripserat, inter alia multa hæc refert.

Assyriaca *est ipsi (scil.* Esdræ) *scriptura & non lingua,* Hebraïca *est ipsi lingua & non scriptura. Selegerunt sibi scripturam* Assyriacam *& linguam* Hebræam, *& cur vocatur nomen ejus* Assyriaca? *quia ipsa felix est in scriptura sua.* Quæ omnia clarissimè explicat hoc eodem loco fol. 194. col. 3. *R. Samuel* Japhe his verbis.

Puto autem, quod temporibus Danielis *scriptura mutata fuit ex scriptura* Hebraïca, *in qua lex data fuit, in scripturam* Assyriacam, *& scripta fuit lex* Assyriacè *in diebus* Esdræ. Ex quibus omnibus hîc allatis testimoniis satis comprobatur, plerosque Rabbinos *Samaritanum characterem Hebræum* fuisse, existimâsse: etsi inter se cum tanta ambiguitate loquantur, & in negotio sat liquido adeò inconstantes, ut sibi ipsis non infrequenter contradicant, ac proinde quid putent, vix obtineri possit.

Altera sententia est eorum, qui volunt, *Assyriacum characterem* accepisse *Esdram* ab angelo, fuisseque ex antiquo *Hebræo* in *Assyriacum* mutatum. Cùm enim *populus Israëliticus in Babylone* 70 annorum captivitatem sustineret, & paulatim uti legis, ita & characteris obliviseeretur, contigit, inquiunt, ut eodem tempore angelus *Balthasari* in medio convivii apparens, & sententiam à DEO latam in pariete describens, characteris mutationem introduceret, & hunc eundem esse volunt, quo jam *Judæi* ubivis locorum utuntur. Nec desunt Thalmudistæ, qui velint *Danielem* novum illum characterem docuisse *Judæos, Esdramque* relicto *Cuthæis* charactere *Hebræo,* quem ob irreconciliabile odium in *Cuthæos*, veluti pollutum abomi-

V

Cap. VI. minabantur, hunc fibi elegisse, quo legem scriberet; dialectum verò *Hebræam* legi restituisse, *Chaldaica* repudiata, quæ in ipsa captivitate plurimùm apud *Judæos* invaluerat. Ita R. *Japhe*. Et ideò non videtur, quòd mutatio facta sit operâ *Esdræ*, nisi scripturæ solius, etsi enim scriptura angeli fuerit *Aramæa*, id est, *Assyriaca*, & lingua *Aramæa*, nihilominus cùm venit *Esdras* ad describendam legem non mutavit formam legis, sed tantùm scripturam, quæ renovata fuit in diebus *Danielis*, patetque ex hoc quod scriptum est: *& descripsit sibi exemplar, seu* δδυτέρωσιν, id est, *scripturam, quæ debebat mutari*: verùm lingua quâ scripsit, fuit illa *Hebræa*, & sancta, uti *à principio* &c. Veruntamen & hi vacillantes opinantur scripturam illam non *Hebræam*, sed aliam ab omnibus diversam fuisse; in quo tamen ita diversi sunt, ut sibi in omnibus contradicere videantur. Ajunt enim quidam, à *Judæis* in *Babylone* non fuisse intellectam, quòd Gamatricè scripta fuisset, id est sensu Cabalico solis sapientibus noto, quem vocant literarum videlicet combinationem, & permutationem. Verùm auctorem ipsum R. *Simeonem* more Rabbinico de iis differentem audiamus.

Quâ linguâ & charactere scripsit angelus in pariete Balthasaris sententiam ei à Deo *latam.*

Dicit R. Simeon, *scriptura hæc non est immutata. Quid est? non poterant legere scripturam? dicit Rab. per* Gamatriam *ipsis scriptum erat,* Jatheth Jatheth, Adac, pughamet; *quorum interpretatio est:* Man, Tekhil, upharsin. Mane, *numeravit* DEUS *regnum tuum, & perfecit illud;* Tekhil, *positus es in statera, & inventus es deficiens;* upharsin, *divisum est regnum tuum, & datum est* Medis *&* Persis; *&* Samuel ait, Marntom, Nankephi Aaltran. Rabbi quoque Johanam dixit, Anam, Anam, Lakath, Nisrephu. R. Ase dixit. Nema, Nema, Ketal Phursin. Atque hæ sunt subtilitates Rabbinicæ, quas, dum ex difficultatibus emergere non possunt, ne nihil dixisse videantur, com-

miniscuntur, quibus tamen commentis nil insulsius esse potest. Videant plura, quibus placent hujusmodi nugamenta, apud *Morinum Exercitat. in Pentat. Samaritanum*, ex quo hæc ferè desumpsimus.

Tertia sententia eorum est, qui volunt *Assyriacum characterem* verum, & genuinum *characterem Hebræum* fuisse.

Quarta verò sententia ab hac discrepans, sub distinctione loquitur, ait enim duplicem fuisse *characterem Hebræum* verum, sacrum & profanum, hunc (sc. profanum) *Cuthæorum*, videlicet *Samaritanum*, illum verò (sacrum) *Assyriacum* fuisse. De sacro charactere rursus diversa sentiunt diversi. Alii affirmant sacro charactere scriptas tantùm fuisse duas tabulas, librúmque legis, qui in arca conservabatur, reliquos verò profano, id est, *Samaritano*. Nonnulli dicunt sacro charactere libros omnes legis, & prophetarum scriptos fuisse, sicuti & ea, quæ vocant frontalia, sive phylacteria; profano autem omnia reliqua, quæ ad politicam pertinebant. Ita inter alios Rab. *Jomtob Abramides*, & R. *Jacob in libro*, qui intitulatur *fons sive oculus Jacob fol.* 142. col. 1. contra *Amoraim* & *Thanaim* Thalmudicos doctores, ut habet Rab *Joseph Albo*. Atque hanc sententiam præ omnibus aliis rationi, subjectæque materiæ magis consentaneam esse mox dicam, solvit enim omnes difficultates, ut in sequentibus videbitur.

Discussis itaque Rabbinorum plerorúmque de hoc negotio tractantium argumentis & rationibus, jam ut nodus hic Gordius tandem solvatur, quid in negotio adeò lubrico reverà statuendum sit, aperiendum est.

Dico igitur primò, *Samariticum* characterem non essentialiter, sed accidentaliter tantùm ab *Assyriaco* distingui, quòd hic quadratus, elegans, & decorus, alter autem apices ita formet diversos, ut tamen literarum atque

Character Samaritanus quomodo ab Assyriaco differat.

TURRIS BABEL LIB. III. 155

Cap. VI. que characterum lineamenta (quemadmodum in nostra Anatomia characteristica paulo post ponenda fuse declaratur) quoad substantiam non sint diversa : atque eadem ratione se habent, quemadmodum character *Hebræus* modernus ad characterem *Rabbinorum*, quem currentem passim vocant, quorum maxima diversitas est : nam *Saphardæi*, sive *Hebræi Hispani* alio currente scribunt, alio *Askenezim* sive *Germani*, alio *Mizriim* sive *Ægyptii*, *Cithiim* sive *Itali* alio; quos tamen (non obstante quod omnes ex uno & eodem charactere *Hebræo* profluxerint) non omnes, quamtumvis periti, nisi magnâ prævia exercitatione legere possunt; quod etiam in omnibus aliis linguis videmus accidere; ita enim *Gallicus* & *Italicus* character manuscriptus difficulter à *Germanis* legitur, & contra, *Italis*, *Gallis*, *Hispanis*, *Germanicus*, vel *Belgicus* character imperceptibilis est, etiamsi uterque à *Latino* quoad substantiam nullâ ratione differat. Ita, inquam, dico se *Assyriacum* habuisse ad *Samaritanum* characterem. Nam *Esdram*, cùm scripturam unâ cum charactere ferè oblivioni traditam, huncque à primo suo decore multùm successu temporum declinasse videret, ut studium legis promoveret, omnesque ad ei assiduo incumbendum quovis modo incitaret, *Samaritanorum* characterem paulatim degenerem, pristino suo decori, nitorique unà cum lege restituisse omnino existimandum est, neque putare debemus, *Esdram* toto cœlo distinctum characterem populo tradidisse, sed commodiorem, elegantioremque, & primogenio tabularum *Mosaïcarum* characteri, ut postea videbitur, conformiorem; hisce itaque pensiculatius consideratis,

Infero, & dico secundò, characterem *Assyriacum* sive *Esdræum* in sacris scribendis fuisse adhibitum; in profanis verò *Samariticum*. Ita Obadias à

Esdras nun invenit novum charactere rem ad legem describendam; sed veterem non nihil degenerem, in pulchriorem formam adaptavit.

Bartenora Commentario in Misna-*Sect.* I. joth, Mesechet jadaim, perek. 4. numero 5. his verbis.

Scriptura Hebraïca *ea est, quæ venit è regione trans flumen*, Cuthiim *autem, qui sunt* Samaritani, *eam scribunt in hunc usque diem.* Israël *autem utebatur istâ scripturâ in rebus profanis, & moneta argentea, quæ nunc hodie reperitur in manibus nostris, & percussa est tempore Regum* Israël, *& signata eadem scripturâ. Scriptura autem, quâ nos scribimus libros hodie dicitur scriptura* Assyriaca, *estque scriptura tabularum. Vocatur autem* Assyriaca, *quod felix sit & pulchra, juxta illud:* Propter beatitudinem meam beatam me dicent filiæ. *Confirmant hæc omnia alius quidam apud R.* Mosem Alascar *responsionum c.* 24. R. *Jehuda Muscato commentator libri* Cozri *apud* Morinum. *Præ cæteris autem R.* Azarias *in libro intitulato* Lumen oculorum c. 58. *postquam multum ultro citroque disseruit, tandem inquit, consideratis iis, quæ dicuntur, & præcipiuntur de* Thephillin & Mezuzoth, *quæ scriptura tantùm* Assyriaca *scribi debent, iisque quam sollicitè explicantur de virgulis & apiculis literarum, infert.*

Hæc in eam nos opinionem inducunt, ut æstimemus cum veritate & integritate tabulas legis non aliâ scripturâ datas fuisse, quàm Assyriaca. *Imò* Assyriacum *characterem verum illum* Hebræum *antiquum esse, quo lex in tabulis scripta est, eumque nunquam mutatum fuisse.* Esdram *autem jam penè ab hominum librorumque memoria abolitum, ut potuit, restaurasse autumamus. Neque desunt nostræ sententiæ fautores, ex melioris notæ Rabbinis R.* Jacob *in* Oculo *suo; totum negotium ex ipso* Rambam *clarè demonstrat, his verbis:*

Ecce certus sum quod scripsi, quod scriptura tabularum & legis, quæ fuit in arca, nunquam est mutata, & ita scripsit Rambam in com. Misnæ in tract. Jadaim, *quoniam scriptura, quâ nos scribimus, ipsa*

Assyriacus character verus Hebræus character est, quo tabulæ legis scriptæ fuerunt.

V 2   *est*

*Cap.*VI. *est scriptura* Assyriaca, *& scriptura etiam, quâ legem* DEUS *benedictus scripsit, & vocatur* Assyriaca *à magnitudine & gloria, seu pulchritudine juxta illud*: Quoniam beatam me dicent filiæ, *& sic dicta est* Assyriaca, *quod beata sit in suo charactere.* Cui veluti calculo suo subscribit R. *Samuel Japhe*: vult enim hanc scripturam tunc temporis minimè fuisse vulgarem, sed legalem tantùm, & phylacteria ea scribi solita, cætera verò omnia monumenta, cujusmodi erant annales, sive historiæ, & publica monumenta, sicuti & numismata Samaritico charactere, qui tunc temporis quasi vulgaris erat, conscribebantur. Ut vel hinc appareat verum esse quod supra asseruimus de charactere sacro, & profano, hunc (profanum) Samariticum illum; (sacrum) *Assyriacum* fuisse. Verùm verba Auctoris cito, ita enim dicit:

Nihilominus propter perfectionem & sanctitatem scripturæ illius in illis diebus non scribebant eam, etiam in libris, in quibus scribebat Rex, aut unusquisque pro se ipso, sed scribebant eos scriptura Hebraïca, *quia autem abscondita erat arca, obliti sunt literarum (id est, illarum, quæ bis in alphabeto ponuntur, & finales alium ductum habent) cùm migrarunt in* Assyriam; *& noverunt filii* Assur *hanc scripturam, ideò acceperunt eam sibi, vel quod antea apud eos esset, innotuerat enim illis ex libro sacro præter scripturam suam; vel quod illorum fuerat, concupiverunt. Filii autem* Israël *assueverunt ea simul cum illis ab illo tempore & deinceps. Et hoc est, propter quod dicitur, ascendisse cum illis de* Assur, *sed in diebus* Esdræ *datum est illis scribere librum legis, & reliqua hagiographa, charactere videlicet* Assyriaco. Quæ verba ita clara sunt, ut nostram sententiam demonstrare videantur.

Patet igitur denuò characteres hosce nullâ ratione essentialiter fuisse diversos, sed *Samaritanum* characterem Sect. I. *Hebræum* ab *Esdra* in meliorem formam, & elegantiorem, ad studium legis vecordem populum, vel ipsa characteris pulchritudine, ut dictum est, excitandum, mutatum fuisse. Accedit, quod *Assyriacus* character, quo tabulas legis scriptas ostendimus, apicibus constet plenis mysterio, ut & totus character, quemadmodum in sequentibus videbitur, mysticus & symbolicus, quod de *Samaritico* dici nullâ ratione potest, utpote apicibus nimium à prima simplicitate sua declivibus prædito. Addo aliud, si vera sint, quæ referunt *More Zohar*, & *Rassi* in XXIV. caput *Exodi*, tabulas legis fuisse, juxta veterum traditionem, perforatas, & ex utraque parte legi potuisse, unde consequenter intermediæ partes ם finalis, & ס miraculo sustinebantur, ne excavatæ caderent. Unde unicum argumentum sumunt asserendi legem solo *Assyriaco*, videlicet quadrato illo & eleganti charactere fuisse scriptam, non *Samaritano*, cùm ejus *Mem* מ & *Samech* ס facile, & sine ullo miraculo in tabulis consistentes, repugnent miraculosæ scripturæ, quâ veteres constanti traditione tabulas legis scriptas esse volunt.

Legis tabulas quo ad literas per foratas fuisse Rabbini tradunt.

Verùm nos relictis Rabbinorum plerorumque fabulosis traditionibus, ut nostra solidiori fundamento insistant, à solidiori antiquitate incœptam inquisitionis nostræ telam ordiamur: in qua, si characterem *Samaritanum* eundem cum *Assyriaco* demonstraverimus, uti divinâ gratia ex sequenti tabula nos demonstraturos confidimus; certè famosissimæ quæstioni nullo non tempore agitatæ finem tandem nos imposuisse meritò gloriari poterimus. Tabula sequitur.

Expo-

TABULA COMBINATORIA

In qua ex probatissimis Authoribus primævorum Characterum formæ corumque Omnium, qui ab ijs Originem duxerunt successiva temporum propagatione exhibentur; Ex quibus luculenter deducitur Omnia linguarum Alphabeta, nonnulla in sepriscarum literarum vestigia tenere.

Valor Literarum	Character duplex mysticus ab Angelis traditus dicitur	Character temporè transitus summi Authoris Abrahami Babeli	Characterum veterum Samaritanorum formæ variæ ex numnis extractæ alijsque Authoribus	Floridus Character Samaritanorum ex Vilalpando numnisque extractus	Character Mosaïc, quo legem in tabulis scripsit ex varijs Rabbinorū monumentis depromptꝫ	Character Syriacus	Character verus Hebræus sive Assyrius
A	N	אא	א	F F	א F F F	א ן	?	א
B	ℨ	בב	כ	9	9	בב	ס	ב
C	༄	ℐ	ว	7	7	ገ	๖	ג
D	༁	דד	ℱ	ч	ዋ ዋ	ዋ	e	ד
H	П	הה	ɛ	Ǝ	Ǝ	Π	ᖮ	ה
V	ו	ᗡ	3	Ӿ	ⵝ ⵝ ⵝ	ዋ	0	ו
Z	T	ζ	༄	Ӿ	5	ו	J	ז
Ch	Π	⅋	⅂	ᑕ × ×	8 8	Π	ⵜ	ח
T	ʊ	ᛟ	子	ⴹ	ⴹ	ⵯ	ⴳ	ט
I	△	`	ᛟ	∫ᛅ	N	ⵝ ⵝ	וו	,
C	כ	ᗡ	⁊	ᛜ3	ב		כ	4	ך
L	Ԑ	ⲡ	3	L	L	<L	ⵝⵝ	ⵯⵯⵯ	ל
M	Ш	𐤌	△	ⴹ	ⴹ ⴹ	△	𐤌𐤌	מם
N	ⲡ	ᛅ	ⲡ	ⴹⴹ	3	ⴸⲡ	ↄⵝ	ן
S	ᘯ	ⵯ	ⲡ	3	3	·	O	ⴸ	ס
Ayn	ⴸ	ⵝⵝ	࿎	O	ⴸ	OO	∇I	ⲡⲡ	ע
P	ל	ᛅ	ⲡ	コ	コ		Ǝ	ⵝ	פ
Ts	ⵝ	ⵯ	Ш	ᛟᛟ	ᛟ	ᛟ ⵝ	ⵝ	3	צ
QK	T	𐤀	△	P	P		P	ⵝ	P
R	Ꮈ	ᛅ	ɔ	99	9		ⲡ	i	ר
Sch	ⴸ	ⴸ	ⴸ	ⲱ	W	ⴸⴸ	ⴸⴸ	ⵝ	ⴸ	ש
Th	↑	ᛅ	Ɛ	X ~	ʃ	ⵝ X X	ⴸⲡ	L	ת

Cap. VI.   *Expositio Tabulæ præcedentis.*

Tabula continet 8 columnas, quarum singulæ diversas literarum formas continent; prout inscriptiones columnarum notant, quæ quidem formæ ex primigeniæ linguæ, id est, *Hebrææ* alphabeto suam sortiuntur originem, quemadmodum in præcedentibus ubertim ex Rabbinorum sententiis docuimus. Causa verò tantæ mutationis in characteribus factæ multiplex assignari potest; quarum prima est, varia apud priscos orientales scribendi ratio; aliis ex dextra in lævam contextum scripturæ prosequentibus; nonnullis contra ex læva in dextram; quibusdam uti *Syris*, perpendicularem scripturæ progressum servantibus; quo factum est ut literæ nunc inversæ, nunc obliquo ductu transformatæ, paulatim à genuina forma deflexerint. Altera ratio est, varietas populorum & gentium, ad quorum diversa ingenia, usus & consuetudines, diversitas in scribendo quoque nata, insignem literarum varietatem peperit. Quod adeo vel in hunc usque diem verum comperitur; ut quot nationes, tot diversæ existant characterum formæ, sive eæ *Latinæ*, sive *Hebraicæ*, aut *Græcæ*, alteriusque cujusvis linguæ fuerint. Tertia causa fuit, velox & expedita scribendi ratio, ex qua apud Orientales natum est characterum genus, quos currentes vocant, id est, veloci manu, & volante, uti dici solet, calamo exaratos; & maxime in usu est apud *Syros, Arabes, Persas*, qui totum scripturæ aut historiæ alicujus contextum, continuato literarum nexu prosequuntur. Qui modus scribendi, inter Europæos populos pariter usum invenit. Tametsi enim omnes Europæ populi alphabeto utantur, ex latinis literis desumpto; *Germani* tamen, uti & *Galli*, in scribendo, *Arabum* more, singulas literas connectere solent; non alia de causa, nisi ob expeditiorem commodioremque scribendi rationem. *Sect.* I. Ut proinde ex hisce luculenter pateat, literas *Hebrææs à Samaritanis* non nisi accidentaliter differre, ex vario videlicet scribendi usu.

§ II.

De Siclis Hæbræorum, Samaritano *charactere insignitis.*

Examinata paulo penitius prædicta Rabbinorum in decidenda lite, de charactere *Assyriaco & Samaritano*, inconstantia, aliam causam non reperio, nisi summam antiquitatis, veterumque monumentorum ignorantiam, & in eorum investigandorum studio supinam negligentiam, à quorum tamen notitia totius controversiæ ratio dependere videtur. Unde nos, ut solidius huic controversiæ incumberemus, nullum non movimus lapidem, quo in antiquam veterum characterum *Hebraicorum* notitiam deveniremus, atque ita detectis nonnullis vetustatis vestigiis, iisdem veluti solidiori fundamento sententiam nostram tutius, certiusque stabilire possemus. Neque æstuantis ingenii molimina fefellit divina providentia: nam per idem tempus variæ ex Oriente allatæ inscriptiones, partim saxis, partim argenteis impressæ nummis, insignem mihi præbuere in famosissimæ sententiæ lite decidenda occasionem. Nos de argenteis nummis veterum *Hebræorum,* seu Siclis primò, deinde quoque de altero inscriptionum genere tractabimus.

Inveniuntur hîc Romæ passim in musæis, tum Collegii Romani à *Villalpando* olim ex *Hispania* allatæ, tum clarissimorum virorum *Francisci Gualdi, & Francisci Angelomi*, & inclyti viri D. *Francisci Gottifredi,* non doctrina minus rerumque antiquarum notitia, quam nobilitate comprimis spectabilis, monetæ argentæ vetustis characteribus *Hebræorum* inscriptæ, quos Siclos vocant. *Numismata Hebræorum antiquissima docent differentiam characteris Samaritani & Assyriaci.*

*Cap.*VI. cant. Hujusmodi monetas in *Francia* quoque variis in locis me vidisse memini, & postea à *Morino* in exercitatione in Pentateuchum *Samaritanum* excusas deprehendi. Allatæ quoque sunt aliæ ex Oriente à quodam R. *Salomone Azubi*, quæ conjunctæ cum iis, quas ex Siculis & Romanis musæis hinc inde collegeram, insignem præbuére fusè disserendi materiam. Harum aliquæ inscriptæ sunt charactere *Samaritico*, aliquæ *Assyriaco*. Quid autem inscriptio facta significet, quid hieroglyphica in medio characterum posita, quando & ubi impressa numismata, jam tempus est, ut aperiamus.

Duo notanda sunt in his numismatis. Primò character, qui *Samaritanus* est, uti moderni docent *Samaritani*, à quibus vix in ullo discrepat, ut eos examinanti patebit. Secundò hieroglyphica una cum interpretatione characterum quæ est primæ quidem faciei, *Siclus Israël*, secundæ verò faciei *Jerusalem sancta*. Sed ut omnia clarissimè, & cum bona methodo declarentur, primò de Siclo, deinde de significatione hieroglyphicorum dicemus.

Siclorum veterum qualitas. Dicunt *Hebræi* Siclum, hoc est à ponderando, appendendo, librando, eo quod pecuniam veteres *Hebræi, Chaldæi, & Syri*, non ut, nos numerabant discretè, sed ex pondere summam valoremque ejus dijudicabant. Vide XXIII. c. 16. vers. Gen. *Et appendit Abraham Ephron quadringentos* siclos *probatæ monetæ publicæ*, vel ut alii legunt, *pro mercatoribus*; vel ut *Thargum Onkelos* habet, *quod recipiebatur pro mercimoniis in unaquaque provincia.* Vide *Regum* XX. 39. *Esdr.* VIII. 25. *Esai.* XLVI. 6. Et in novo testamento, *Matthæi* XXVI. 15. legimus sacerdotes 30 argenteos nummos Judæ non numerasse, sed appendisse, unde & *Symmachus* illud *Zach.* XI. 12. ἐστάθμισαν vertit, *appenderunt*. *Hebræi* igitur *pecuniam in pondere suo*, & *Chaldæi pecuniam appensionum* vocârunt, quæ consuetudo deinde in usum quoque *Romanorum* devenit, ut doctè *Budæus lib. de asse.* Est autem duplex Siclus *Hebraïcus*, sacer sive ecclesiasticus, & vulgaris. Sacer propriè dicitur Siclus sanctuarii, ad res sacras deputatus, videlicet ad tabernaculi, vel templi structuram, & ornatum, ad sacri ministerii apparatum, & perfectionem, ad Numinis propitiationem, suique cujusque redemptionem. Profitebantur enim hac Sicli pensione DEI peculium se esse, neque alium habere Regem, vel Dominum præter DEUM, cui se ipsos totos obstrinxerant, & ideò etiam *sanctus Israël* dicebatur, ut est *Jer.* L I. v. 5. vel *pecunia redemptionis*, vel *pecunia propitiationis*, seu *expiationum*, aliisque nominibus appellatus fuit. Vulgaris verò in promiscuum usum deputabatur. Cæterum argenteus Siclus Hebræorum, quemadmodum ex voce *Ghera, Exod.* XXX. v. 13. *Lev.* VII. v. 25. colligitur, quasi viginti obolis constabat. Est autem obolus tantum argenti, quantum pendunt sexdecim grana hordei, sive semina siliquæ communis. Unde vigesima sicli pars est, quæ vicenæ partes deinde conjunctim ponderant 320 grana hordei in argento, sive totidem siliquas communes, quæ faciunt 24 obolos Atticos, sive 4 denarios Romanos, seu totidem drachmas Atticas, quas ut plurimùm voce exprimunt. Vide quæ fusè de hisce diximus in *Supplemento ad Prodromum Coptum*. Et confirmat nostra R. *Mose* libro, qui dicitur *Catena Cabalæ*, tract. *de monetis.*

Et cognovimus ex Kabalah, quod Siclus sacer pendet 320 grana hordei in puro argento. Hunc autem æquivalere Josephus his verbis ostendit: *Siclus autem nummus Hebræorum qui est, Atticas capit drachmas quatuor.* Atque hic est celeberrimus ille Siclus *Hebræorum*, quem paulò ante tibi proposuimus *Samaritico* charactere inscriptum.

Habet

Cap. VI.
De Symbolicis numismatum figuris.

Habet nummi facies prima urnam, seu vasis istius figuram, quæ mensuram plenam, sive homer mannæ capiens erecto tabernaculo vel templo ad seculorum monumentum, DEI jussu, & *Mosis* procuratione, ante illius conspectum, in arca asservanda erat proposita, ita habebatur Exodi XVI. v. 33. his verbis. *Et dixit Dominus ad Aharon, accipe vas unum & mitte ibi Man, quantum gomer capere potest, & repone coram Domino ad servandum in generationes vestras:* in *Græco* pro vase habetur ςαμνός, in *Chaldæo* tsheluchith, hoc est lagenula. Litera F, urnæ imposita, idem est quod א Hebræorum, & significat primum, ac integrum Siclum. Ab altera parte virgam illam mirificam intueri licet, quam inter plurimas virgas *Aharonis* nomine in tentorium conventûs illatam, ut sacerdotalis illius vocatio, hoc tanquam publico indicio confirmaretur, commendareturque, postero die populus omnis germen producentem, florem eminentem explicantemque vidit: ita Num. XVII. v. 8.

Et sequenti die regressus est Moyses ad tabernaculum testimonii, & ecce floruit virga Aharon domui Levi, & turgentibus gemmis eruperant flores, qui foliis dilatatis in amygdala deformati sunt. Atque hoc ita esse, & hasce duas figuras hieroglyphicas nihil aliud significare, quam vas *Mannæ* arcæ impositum, & virgam *Aharonis* mirificam, ipsimet Judæi affirmant. Instar omnium sit *Rambam*, qui in *Peruscha Misnæ* hæc inter alia refert.

Inveni in Acco, id est, Ptolemaïde, in manibus seniorum terræ monetam argenteam signatam sculptura sigilli. Ex uno latere erat veluti figura virgæ amygdalinæ, & ex altero veluti urnæ. In utroque autem latere ad marginem scriptura erat insculpta admodum manifestè. Et ostenderunt scripturam Cuthæis usitatam, & legerunt eam statim, quoniam ipsa est scriptura Hebræa, quæ superstes fuit Cuthæis, sicuti commemoratur in Sanhedrin, & legerunt ex uno Sect. I. *latere,* [Siclus Siclorum] *& ex altero* [Jerusalem sancta:] *dicebant quoque figuram esse virgæ Aharonis, figuram verò secundam esse urnæ, in qua erat Manna.* Et fragmentum Samaritanæ historiæ Vaticanæ, ita inter alia habet.

Sunt etiam nobis adhuc reliqua numismata scripta charactere Simron, & ex uno latere quasi figura virgæ amygdalinæ Aharon, & ex altero vas Mannæ, & cuderunt ea Reges Israël.

Dico igitur, hunc nummum seu numisma argenteum, cusum esse à Regibus *Israël*, quo tempore character *Samariticus* vulgaris erat. Cusum autem esse, non excisum, ita certum est, ut qui illud negare conaretur, certo certius probaret, se à numismatum cognitione ita esse alienum, ut percussa numismata à fusis, aut aliâ ratione formatis distinguere, aut secernere nesciret. Vas autem *Mannæ*, & virgam *Aaronis*, una cum hac sententia, veluti impressa quædam, *Siclus Israël* & *Jerusalem Sancta*, puto eâ intentione à Regibus *Israël* esse impressa, ut *Hebræi* hoc usuali numismate inspecto immensa DEI OPT. MAX. beneficia, cùm in deserto quadraginta annis pane cœlesti pascerentur, & tot tantisque miraculis confirmarentur, per vas *Mannæ*, & per virgam *Aaronis* indicata recolerent, seque ipsis inscriptionibus populum electum DEI, à DEO semper singularibus miraculis defensum esse cognoscerent, civesque *Hierusalem* sanctæ istius urbis, quæ loci eminentia, cœli, solique felicitate, cunctas mundi urbes superans, speciali à DEO privilegio ornata esset, ut in ea templum & domus ejus esset, cultusque divinus purè & sincerè exerceretur, ac proinde inspicientes hoc beneficiorum à DEO electo populo nullo non tempore præstitorum veluti mnemosynon quoddam, ut in fervore charitatis, fideique constantia erga tantum benefactorem perpetuò confirmarentur,

Symbola numismatum populum ad beneficia DEI ipsis præstita recognoscenda animabant.

Verùm

TURRIS BABEL LIB. III.

Cap. VI. **Schematismus Siclorum omnis generis**, qui olim apud Hebræos in usu Sect. I. erant, una cum interpretatione Samaritana qua insignitos reperies, una cum mysterii symbolorum sub iis reconditorum expositione.

Siclus primus. I

Expositio.

Samarit. ܉ܡܨ ܐ܆ܨܕ܉ ܕܡܕ܇ܐܡ ܨ܀ܐܡ܉ܨ
Hebr. ירושלם קדושה שקל ישראל
Israël Schekel Kedoscha Irusalem
Israël Siclus Sancta Jerusalem

II. Siclus. II

David. ܐ   W Siclus.

Analysis.

Samarit. ܉ܡܨ ܐ܆ܨܕ܉ ܕܡܕ܇ܐܡ ܨ܀ܐܡ܉ܨ
Hebr. אירושלם הקדושה שקל ישראל
Israël scekel Hakkedoscha Irusalem.
Israël siclus Sancta Jerusalem.
Ad latera W significat initialem literam sicli. Litera vero ܐ indicat initialem literam nominis David.

Tempore Judicum III Num. antiquissimi.

Analysis.

Samarit. ܕ܇ܨܥ ܓ ܇ܕܒ ܘܢܠ
Hebr. עת מול מבו
Mul enghet Menghabo.
Tempore circumcisionis A pinguedine ejus.

IV. Num.

Analysis.

Samarit. ܉ܡܨ ܐ܆ܨܕ܉ ܕܡܕ܇ܐܡ ܨ܀ܐܡ܉ܨܡܡܢ
Hebr. ירושלם קדושה חציה שקל
Siclus medius Sancta Jerusalem.

Literæ vasi impositæ ܐW idem significant ac siclum David quo tempore currebat.

Siclus V.

Analysis.

Samarit. ܨ܀ܐܡ܉ܨ ܨ܆ܨܪ܆܃
Hebr. תחרות אירושלם
Jerusalem Tachruth.
Lyra indicat laudem DEI, cum memoria promissæ terræ quæ botrum notat semper persolvendam.

W. ܉ܡܨ ܨ܀ܐܡ܉ܨ Samarit.
שלמה ירושלם Hebr.
Jerusalem.
ܨ܀ ܉ܥ
Rex Salomon

ירושלם קדושה שקל ישראל
Israël siclus Sancta Jerusalem.
Hic siclus posteriorum temporum est.

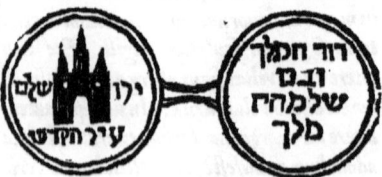

Jerusalem   David Rex & filius ejus
Civitas sancta.   Salomon Rex.

Si lector exactam cognitionem horum siclorum desideret is adeat II. Tom. Oedipi, part. I. claf. 2. fol. 87. & omnia quam fusissime ibidem tractata reperiet.

*Cap.*VI. Verùm uti ea omnia in figura illis contigerunt ita quoque eos noſtrum ſupercœleſte *manna,* noſtrum Sacerdotem JESUM *Chriſtum* Dominum, panem vivum, qui de cœlo deſcendit, ſacerdotem æternum, qui ſemel quinque ſiclorum pretio redemptus in templo, Redemptor noſter, ac noſtræ ſalutis pretium effectus eſt, ſignificaſſe crediderim, neque aliam ob cauſam ſanctuarii ſiclo omnem æſtimationem fieri præcepiſſe Dominum arbitrarer, *Sect.* I. quàm quod hæc, quæ diximus, ejuſmodi Sicli inſignibus referrentur. Verùm ut lector formam ſiclorum penitius cognoſcat Synopſin in præcedenti Schemate, magis uſitatorum, oculis eruditi lectoris exponendam cenſui, in quorum ſingulis *Samaritana* inſcriptio, una cum myſteriorum ſignificatione, *Hebraico-Samaritana* lectione exprimitur.

C. VII.

CAPUT VII.

De origine literarum, & ſcriptionis.

OMnium doctorum ſuffragiis neminem è puris hominibus *Adamo* majori à DEO Opt. Max. perfectione majori animi corporiſque dotibus imbutum fuiſſe, conſtat. Nec rationes ad id oſtendendum deſunt, cùm enim DEUS omnia animalia mundi, quæque in ſuo genere creârit perfecta, ſecundum corporis magnitudinem, robur, membrorum proportionem, atque ſymmetriam, denique ſecundum potentias quoque exequendi & perficiendi omnes actiones ſuas naturales, certè incongruum videbatur ſolum hominem, qui tantâ perfectione conditorum animalium rector, princepſque futurus erat, in imperfectione relictum fuiſſe. Quemadmodum igitur DEUS *Adamum* præ omnibus aliis puris hominibus, qui unquam futuri erant, excellentibus corporis donis, utpote immediatè ſuum opificium exornavit, ita certè non defuit divina providentia in exornando eum raris quibuſdam, & mirificis animæ donis, talentis & perfectionibus; ſunt enim immediata DEI opera perfectiſſima. Cùm autem hæ perfectiones animæ naturales nihil aliud ſint, quàm ſcientiæ, Philoſopho teſte, conſequens eſt, eum omnium mortalium ſcientiſſimum fuiſſe.

Adam primus homo omniumque putorum hominum perfectiſſimus.

Cùm etiam *Adamus* totius humani generis Doctor eſſet futurus, certè congruum erat, ut in ipſo productionis ſuæ exordio, præter infuſos ſcientiarum habitus, etiam mirificâ quâdam docendi alios homines facultate imbueretur.

Infuſatam concreatamque ſcientiam habuit.

Cùm iterum hæc inſtructio fieri non poſſit ſine lingua, certum eſt eum linguâ quâdam divinitùs eidem infuſa uſum eſſe. Cùm autem præterea omnia idiomata ex vocibus, verbis, nominibus & hæc ex ſyllabis conſtent, certum quoque eſt, ut paulò poſt videbitur, *Adam* primo ſuo exordio grammaticum egiſſe, & Lexicon animalium condidiſſe, & auctorem omnis literaturæ extitiſſe. Quænam verò hæc lingua primæva fuerit, quæ voces, qui characteres, qui libri iis conſcripti, tunc in ſequentibus diſquiremus, ubi prius ſcientiam *Adami* paulò fuſiùs excuſſerimus.

Linguam habuit, pariter ſibi infuſam.

Adamus igitur ſupernaturalibus habitibus illuſtratus, primo DEUM & eſſe, & virtute ſuâ omnia condidiſſe, remuneratorem quoque bonorum eſſe, abſque ulla controverſia credidit, eandemque fidem liberis ſuis tradidit. Sacroſanctæ Trinitatis myſterium, æterniq; Verbi humani generis Meſſiæ & Redemptoris futuri incarnationem divinâ

Theologia Adami.

C. VII. divinâ revelatione accepisse, plerique SS. Patres credunt. Unde primæva illa Theologia primordia duxit, & per Cabalam ad posteros translata, ut in *Cabala Hebræorum* docuimus, magnum nullo non tempore incrementum suscepit.

Physiologia Adami.

Secundò *Adamum* omnem rerum naturalium scientiam calluisse, ipsa sacra Scriptura docet, ubi animalibus nomina naturis cujusque apta imposuisse memoratur, quod quidem sine absoluta totius naturæ scientia fieri non potuit, præter abditas enim animalium, plantarum, lapidum, metallorum, mineraliumque virtutes, supernorum quoque corporum influxus perfectè novit, unde & consummatus Philosophus, Medicus, Astronomus fuisse perhibetur. Atque hoc ita esse post SS. PP. plerique profani omnium nationum auctores testantur. *Suidas* præ aliis graphicè *Adami* excellentiam describit his verbis:

Suidas.

Adamus primus homo, DEI *manu effectus, & ad imaginem & similitudinem Opificis, & Conditoris formatus, jure primus sapiens appellari potest, ut primò conditum simulachrum, & imago divinitus picta existens, omnium gratiarum plenus, & omnes animi corporisque sensus puros, & incorruptos circumferens. Radii enim quidam, ut ita loquar, ex illius animo effulgentes, & divinarum cogitationum actionumque pleni, per omnem naturam penetrantes currebant, sagaciter & sine errore proprium, & cujusque naturæ præcipuum commodum antevertentes, & quidquid in unaquaque rerum natura præstantissimum erat, anticipantes: non more hominum, qui judicia sæpè cum lapsu, & cum errore temereque faciunt, sed à* DEO *universitatis auctore, qui de rebus omnibus rectè cognoscit, & judicat, vel priusquàm notiones moveantur ab anima quasi parturiente, & pariente tales cogitationes.* Quibus sanè verbis nihil melius ad institutum nostrum dici potest. Huic adstipulantur plerique Rabbinorum. Loco omnium sit R. *Abarbanel,* qui de *Adamo* in hæc verba erumpit. Omissa *Hebræa* lectione, *Latinam* pono.

Sect. I.

Creavit autem DEUS *hominem in perfectione maxima, eratque Adami corpus instar mundi cujusdam parvi, in quo omnia majoris mundi naturæ miracula expressit; anima verò ejus erat tanquam speculum divinitatis, plenum sapientiæ & scientiæ, ita ut sapientiæ ejus non numerus, nec finis esset.* Et R. *Gerson* in hunc locum vocat *Adamum. Adam sapientissimus & princeps philosophorum, immediatus* DEI *discipulus, gnarus virium animalium, herbarum, lignorumque. Medicus quoque fuit, & astrologus, & ab ipso omnes artes & scientiæ profluxerunt.* Quæ eadem asserit Paraphrastes in Pentateuchum *Samaritanum* his verbis:

R. Abarbanel.

R. Gerson.

Et plasmavit DEUS *Adamum, replevitque ipsum spiritu sapientiæ & scientiæ, ut inde ad posteros omnes artes & scientiæ, tanquam ex primo fonte promanarent.* Quibus astipulans Suidas ait.

Paraphrastes Samaritanus.

Hic enim est, qui invenit singulis & omnibus canones & regulas, finesque præscribens, ultra quos non transirent, adaptavit. Hujus sunt artes & literæ, hujus scientiæ rationales, & non rationales, hujus prophetiæ & oracula, hujus leges scriptæ & non scriptæ, hujus omnes inventiones, & quæcunque ad vitam necessaria sunt. Omnium eorum is inventor est. Mathematicas quoque scientias calluisse, nepotesque suos eas docuisse, pulchrè demonstrat *Genebrardus* in *Chronico,* unde & illud *Ecclesiastici* de ipso dictum videtur.

Ipse enim DEUS *dedit mihi horum, quæ sunt, scientiam veram, ut sciam dispositionem orbis terrarum, & virtutes elementorum, initium, & consummationem, & medietatem temporum, vicissitudinum permutationes, & consummationes temporum, humorum mutationes, & divisiones temporum, anni cursus, & stellarum dispositiones, animalium naturas, & iras bestiarum,*

Adamomnisus.

X 2 *vim*

Cap. VII. *vim ventorum, & cogitationes hominum, differentias virgultorum, virtutes radicum, & quæcunque sunt absconsa, & improvisa didici, omnium enim artifex docuit me sapientia.*

Præterea cùm nihil adeò humano generi necessarium sit, ac elementorum, metallorumque usus, nemini dubium esse debet, *Adamum*, qui reliquum humanum genus de omnibus & singulis naturæ secretis instruere debebat, absolutissimam omnium horum habuisse scientiam divinitùs infusam, ita ut vim & naturam uniuscujusque elementi, omniumque eorundem inter se combinationem, aliorumque ex his orientium mixtorum complexionem, κρᾶσιν ἢ δυσκρασίαν perfectè nosset. Metallicorum quoque corporum naturas, & vires, eorundemque generationes, coagulationesque in terræ visceribus peractas, quemadmodum & eorundem depurationes, fusiones, fixationes, calcinationes, amalgamationes, filtrationes, aliosque chimicarum actionum usus humano generi pernecessarios intimè penetravit, cùm sine his humana vita consistere non posset. Sed de his alibi fusius.

Angelus Adami instructor. Præterea *Adamum* particularis angeli assistentia instructum, multa circa particulares rerum essentias & proprietates comperisse, quæ ad humani *Sect.* I. generis conservationem propagationemque cumprimis utilia forent, plerique Rabbinorum volunt, ita R. Abraham in Jezsira.

Dixerunt Rabbini nostri, benedictæ memoriæ, quod patribus nostris fuerunt præceptores ipsi angeli. Præceptor Adami *fuit* Raziel, Semi *filii* Noë Jophiel, Abrahami Zadkiel, Isaaci Piliel, Mosis *denique* Mitatron. Quidquid sit, *Adamum* sine angelorum assistentia, sive immediato concursu divino, certè mortalium omnium sapientissimum, scientissimumque fuisse, quilibet, qui admirabile illud, immediatumque DEI opificium rectiùs contemplatus fuerit, facilè assentietur. Cum igitur talis, ac tantus fuerit *Adam*, constitutusque sit totius veluti quidam naturæ Secretarius, divini ingenii sui defæcatissimique judicii radio cuncta penetrans, certè tantas ingenii dotes minimè ab auctore naturæ in solum proprium usum concessas credemus, sed & ut participatis iis, & ceu ex fonte quodam longè uberrimo in alios derivatis, totum iis fœcundaretur genus humanum. Quâ ratione igitur hujusmodi divinitùs *Adamo* datæ scientiæ ad posteros fuerint propagatæ, tempus est, ut aperiamus.

CAPUT VIII.

De linguæ Hebrææ *mira vi in rerum significationibus elucescente, quam infusam habuit* Adamus.

C. VIII. Mirum sanè id in linguâ *Hebræâ* videri debet, quòd nomina rebus perfectè conveniant, eundemque quomodocumque transposita, semper sensum efficiant. Quod cùm nulla in alia lingua locum habere comperiamus, meritò ei inter cæteras linguas principatus debetur. Verùm ne quicquam sine ratione asseruisse videamur, hujus rei largissima specimina dabimus, ut lector immensas divinæ sapientiæ hujus primùm institutricis divitias sub illa latentes aspiciat, & miretur. Antequam tamen ulteriùs progrediamur, hîc quædam præsupponenda sunt, veluti regulæ & canones, quibus fulti, & directi licitè in simili veritatis indagatione uti possimus.

Suppono igitur primò, non unicæ *Suppositiones.* tantùm vocis constructionem in *Hebraïcis*

TURRIS BABEL LIB. III.

C. VIII. *braicis* nomenclaturis, sed & multiplicem etiam repetitionem eosdem diversosque sensus, & constructiones usurpari posse.

Secundò, literas חאהעיו, veluti vocales subinde intelligi, & consonantibus subesse, etiamsi non exprimantur; & quod consonantium similis soni subinde inter se fiat transmutatio.

Tertiò, quòd plenæ dictionum determinationes sub verbo etymologicè disposito non requirantur.

Quartò, quòd vis verborum primogeniorum innotescat variè, scilicet in varia literarum metathesi, sive transpositione, per variam verborum acceptionem, vel aliam lectionis distinctionem, & separationem syllabicam, aut vocum repetitionem directam; & hac ratione sensus mystici & arcani alicujus series sub ipsis verborum penetralibus recondita, aliaque scriptura interna expressa esse demonstratur. His igitur ita ritè dispositis, jam videamus, quomodo nomina à primævo eorundem institutore rebus singulis imposita, vim, quam quodvis possidet, initium ducentes ab animalium nominibus, deinde à propriis quorundam hominum eximiorum appellationibus; tertiò denique ænigmaticas quorundam in sacra Scriptura locorum significationes Cabalico-analyticæ artis subsidio enodare conabimur.

Adam primus animalibus nomina imposuit.

Formatis igitur Dominus DEUS de humo cunctis animantibus terræ, & volatilibus cœli, adduxit ea ad Adam, ut videret, quid vocaret ea; omne enim, quod vocavit Adam animæ viventis, hoc est nomen ejus. Ecce prima ὀνοματοθεσίας origo. Nomina igitur rebus non casu, sed summâ ratione imposita patet, ut quod sonarent verba, res ipsæ exprimerent. Adduxit enim DEUS animalia ad *Adam* sapientiâ summâ præditum לראות, *ut videret*, id est, consideratâ cujusque naturâ, inclinatione, & indole, dispiceret, מה יקרא לו, quid vocaret ea. וכל אשר יקרא לו האדם נפש חיה הוא שמו *Et quodcunque appellavit id Adam animæ viventis, id est nomen ejus.* Vel ut pulchrè Onkelos Metargeman Chaldæus hoc loco explicat, *adductis enim animalibus jubet*: למחזיה מה יקרא ליה, *ut speculatetur quomodo vocaret ea.*

Sect. I.

Nunc igitur videamus, utrum aliqua adhuc nomina supersint in lingua *Hebræa*, quæ animantium indolem, quam indicant, verè adhuc exprimant. Certè Rabbini plerique innuunt aliqua, veritatem hujus ὀνοματοθεσίας indicantia; & inter cæteros R. Becchai, qui de hac nominum impositione, suâ in genesin commentatione ita differit: *Dicitur in* Midras, *Fecit DEUS transire ante Adam omnia animalia, & vocavit ea nominibus suis & dixit: nunc huic convenit ut vocetur* אריה*, id est* Leo; *& ad illud, convenit ut hoc vocetur* חמור *id est Asinus; & ad aliud, convenit ut hoc vocetur* סוס *id est Equus; & sic faciebat de singulis animantibus: & ecce in hoc manifestavit maximam suam sapientiam, sicut is, qui esset simulachrum* DEI, *& opus manuum Domini* DEI *excelsi*; *& videtur mihi explicare* Mideas, *quod Adam intellexit in sapientia sua naturam cujusvis animantis, & vocavit unumquodque nomine significante naturam & proprietatem memoratam in eo; literas quoque nominum singulorum nunc conjungendo, nunc separando, nunc permutando ea, variè cum naturis, & proprietatibus animantium combinavit.* Pergit deinde Becchai:

Et ecce fuerunt nomina notionalia juxtà verba sua. Cognoscens Adam in sapientia sua naturam Leonis, *quod nimirum esset fortis, magnus, & rex animalium, adeo ut etiam propheta eum* DEO *comparaverit, cum dicat,* DEUS *sicut Leo rugiet; imposuit ipsi nomen* אריה*, eò quod literæ hujus vocis* אה *sunt respirationis vehementioris; & sic ipsa dictio* אריה Leo *explicat signifi-*

Cur Leoni imposuit Adam hoc nomen Arieh.

C.VIII. gnificationem ejus, & sic Adam cognovit,

Cur Aquilæ Adam hoc nomen Nesra indiderit.

Aquilam in sapientia sua, quod ipsa esset regina omnium avium, volatusque ejus fortior omnibus aliis volucribus, sicuti ex operationibus ejus patet, cum illi fuerit ætas decem annorum, volatu sese extollit usque ad ipsam sphæram ignis, & præ multitudine caloris, se inde demittens præcipitat in mare, ubi decidentibus plumis veteribus, acquirit novas in primam juventutem restituta, & ita singulis decem annis consuevit facere, usque ad centesimum annum, quo more suo sphæram ignis repetit, unde tandem seipsam dejiciens in mare, ibi finem vitæ suæ ponit. Ita scribit R. Saadia Gaun. Et hac ratione Adam cognoscendo naturam Aquilæ, ipsi nomen congruum invenit, vocando eam נשר, quoniam prima litera נ, נפילה, id est casum significat, secunda ש, אש, id est ignem, tertia ר, רוח, id est spiritum, ut sequitur, נ.נפילה.ש.אש. ר,רוח, id est, casus, ignis, spiritus, & sic nomen ejus declarat mores, & naturam ejus. Pergit ulterius:

Hæc vox Chamor quomodo exprimat naturam Asini.

Et sic in nomine חמור, Chamor, id est Asinus, cognovit per sapientiam suam, quod is esset fatuus, & bajulus præ omnibus cæteris animantibus, & quod aptus esset ad portanda onera proventuum, juxta proprietatem nominis Chamor, & ideo vocavit nomen ejus Chamor. Non aliter cognovit in sapientia sua naturam Equi, quod is nimirum esset levis, & mobilis & hilaris, promptusque ad bellum, vocavitque eum nomine סוס, à voce שישה, vel שש, gaudere, quod se sua alacritate exhilaret; scriptum quoque est, quod à longè olfaciat bellum. Et sic unamquamque rem vocavit nomine convenienti naturæ suæ. Et peractâ ὀνομαθεσία omnium, dixit & sibi: & ego, quo nomine appellabor? dixit ei DEUS, אדון Adon, eò quod dominus omnium creaturarum sit, juxta quod scriptum est, Ego Dominus, hoc nomen meum; & vocatus est hoc nomine usque in hunc diem.

Sect. I.

Hæc vox Sus, quomodo exprimat naturam Equi.

Alii alia in commentariis suis referunt; nos excepto *Thalmud*, quæcunque in Rabbinorum commentariis circa hoc negotium reperire potuimus, hîc collecta proponemus, ut ex illis proposito suo magis apta lector excerpere possit; inveniet enim multa quæ admirandam *Hebraicæ* linguæ proprietatem commendare poterunt.

Nomen Leonis in lingua sancta est אריה Arieh, quod resolutum cabalicâ methodo, quam *Themuram* vocant, semper aliquid Leoni congruum profert; continentur enim in hac proposita voce sequentes sensus: הראה בראי יראה, id est, *monstrans, seu incutiens aspectu suo formidinem intuentibus*: מאיר בראיו, id est, *illuminans aspectu suo, quia ignes suo vultu quasi lucem jaculatur*: ראיו בראי, id est *visus ejus sicuti speculum*: מראה, מראיו ראי יראה, id est *projiciens ex oculis suis fulgorem timoris*. Quæ omnia hac paraphrasi continentur, ut sequitur:

Significationes hujus nominis Arich.

אריה		Leo.
הראה בראי יראה		Incutiens visu suo formidinem.
מאיר בראיו	id est,	Luce oculorum suorum illustrat videntes se.
ראיו כראי		Visus ejus sicut speculum.
מראה מראיו ראו יראה		Projiciens ex eo aspectum horroris.

כלב		Canis.
מכל חיות לב לך		Præ omnibus animantibus cor tibi, vel etiam, tibi animus.
כל-בכלב כלב	id est,	Canis idem ac cor & animus, id est, natura illius est, esse robustum, generosum, mobilem, vivacem, & cordialem.

Legi-

C.VIII.

כלב לך } id est, { Legitur recto, & retrogrado ordine, Sect. I.
& significat idem, ac si dixisset A-
dam: *est quasi intellectus tibi.* לב enim
nunc *cor*, nunc *animum*, modò *intel-*
lectum sonat.

שור
שור שרה בראשו
אשר שר הראש (בעל קרנים) } id est, { Bos.
Bos dominatur capite suo.
Qui est princeps capitis, cornibus enim,
& capite præ cæteris animalibus e-
minet.

אדם   Homo.
אדם א׳ אדם דם א מד א׳ מאד א׳ ומאד מה
איש   Homo vir.
איש אש י׳ שיאש ישא ו׳י אשה:

Homo ignis, sive virtus DEI, *cùm ceciderit*, *elevabitur*, *& DEUS virtus*
& fortitudo ejus.

Atque ut ad nomen *Adami* revertamur, secundum alios significat id quoque rationalem æstimationem, vel as-
similationem rerum, quæ habentur per
discursum: est enim אר *ratio*, vel *ra-*
tionalis, דם verò *æstimatio*, vel *assimi-*
latio; omnis enim actus judicii humani, vel est de aliqua quidditate rei, vel
similitudine ejus, nam ut rectè *Alaba-*
strus ostendit, est in Græco quoque
ἄνθρωπος, quasi ἀναθρέων, id
est, *considerans cum ratione*, vel, *quomodo*
se res habeat; nam sub ratione tam causa rei, quàm similitudo ejus compre-
henditur. Sic ergò omnia animalia adduxit DEUS ad hominem, id est, *ratio-*
nabiliter judicantem, & quicquid hic prædicavit de re qualibet, hoc est nomen
ejus, vel definitio; שם enim significat
& *nomen*, & *positionem*, & *definitionem*.
ויקרא האדם שם אשתו חוה כי הוא היתה
אם כל חי: *Et vocavit Adam nomen*
uxoris suæ חוה *Heva*, *quia ipsa est mater*
omnium viventium. Sicut אדם *Adam*
vocem idem significare diximus, ac
generalem æstimationem rei per discursum,
ita חוה *Heva*, nihil aliud est quàm *si-*
gnificatio, enunciatio, propositio: וה enim
est idem ac *indeterminata* ה vero *prædi-*
catio & *indicatio rei.* Hinc *Heva* mater
omnium viventium dicitur, quia quicquid ab intellectu per assensum producitur, fit necessariò per propositionem
aliquam; nihil enim perfectum ab intellectu generatur, nisi per assensum
vel tacitum, vel expressum enuncietur.
Quicquid autem verisimile videtur esse intellectui, & per assensum enuncia-
tur, dicitur mysticè vivere. Itaque sicuti propositio indefinitè sumpta continet in se omnes propositionum modos determinabiles, sic *Heva* fuit mater omnium viventium. Vides igitur,
quomodo nomina *Hebraica* non tantùm varios sensus secundùm literas ac-
ceptos, sed & parabolicos, allegoricos-
que includat. Infinita hujus generis
hîc adducere possem, verùm ut & Lectori inveniendi materiam relinquamus, hîc plerorumque animalium nomina varia metatheseos combinatione
resoluta proponere voluimus, ut &
methodum resolutionis discat curiosus
Lector, & simul ex nominibus varios
sensus, dictorum animalium naturis
congruos, elicere possit.

Com-

Combinationes sensuum, qui sub nominibus animalium latent.

	Bos.		Hircus.		Elephas.		Aquila.		Servus.		Pardus.
	שור	תיש		פיל		נשר		איל		זמר	
	שרו *domino suo*	תשי		פלי		נרש		אלי		זרם	Omnia hæc nomina in 6 spatiis contenta significativa sunt.
	ושר *solutus*	ישת		ילפ		שרן		ילא		מרז	
	ורש *operatur*	יתש		יפל		שנר		יאל		מזר	
	רוש *vertice*	שית		לפי		רשן		לאי		רזם	
	רשו *capitis sui & sic de cæteris.*	שתי		ליפ		רנש		ליא		רמז	

	Locusta.		Vitulus.		Monoceros.		Ursa.		Camelus.	
	חגב	עגל		ראם		דוב		גמל			
	חבג	עלג		רמא		דבו		גלם			
	גחב	גלע		אמר		וכד		מלג		Omnia significativa.
	גבח	גער		ארם		ודב		מגל			
	בחג	לעג		מרא		כדו		לגם			
	בגח	לגע		מאר		בוד		למג			

Nomina 4 literarum, animantibus imposita ab *Adamo*.

	Leo.		Asinus.		Sus.		Ciconia.		Scorpius.
	אריה	חמור		חזיר		חסידה		עקרב		
	אריחי	חמרו		חזרי		חסהדי		עקבר		
	אירה	חורם		חרזי		חריהם		ערבק		Omnia significativa.
	אדיר	חומר		הריז		חרסה		שרקב		
	אחיר	חרטו		חירז		חורסה		עבקר		
	אחור	חרום		חיזר		חיסדה		עברק		
	ראיה	מורח		זריח		סריחה		קברע		Combinationes nominis עקרב, id est, Scorpionis.
	ראהי	מומר		זרחי		סריוח		קבער		
	ריאה	פחור		ירדח		סילדחה		קרעב		
	ריהא	מחור		דוחר		סידהח		קרבע		
	רהיא	מרוח		זחיר		סהירה		קעבר		
	רואי	מרחו		דחרי		סחריה		קערב		
	יראה	חטמר		יורח		יסחדה		ברקע		
	יהרא	ותרם		ידתי		יסדחה		ברעק		
	יארה	וטחר		יחרז		יחדסה		בערק		
	יאדר	וטרח		יחזור		יחסדה		בעקר		
	יהאר	וחרם		ירדחז		ידוחם		בקרע		
	יהרא	וחרם		ירחז		ידסחה		בקער		
	חריא	רחטו		רחזי		דסחיה		רבקע		
	הראי	רחום		רחזי		דהסיה		רבעק		
	הארי	רמוח		רוחז		דחסה		רעקב		
	האיר	רמחו		רוחזי		דסוחה		רעבק		
	הירא	רוחם		רוזח		דיחסה		רקבע		
	היאר	רוחם		ריחז		דיסתח		רקעב		

Atque

C. VIII. Atque hæc sunt paradigmata metatheseos nominum quorundam animalium, quæ curioso lectori proponenda duximus, ut artificium cabalicum videret; ut cùm literæ nominis alicujus quomodocunque transpositæ significationem suam sortiantur, quàm multa & magna, cùm circa nomina, tùm circa integros sensus, erui possint, ex hoc veluti ex ungue leonem intelligeret. Significationem singulorum nominum datâ operâ non posuimus, ut lectori aliquid ad inveniendum relinqueremus; ut lector quoque videret, quanta sub *Hebraïcis* nominibus vis lateat, & quàm varia, & multiplex significatio, ut proinde hîc quoque quædam nomina propria, unà cum mystica significatione eorundem explicanda censuimus. In Genesi ita legitur de nomine *Seth*: *Et Adam cognovit uxorem suam, & peperit filium, & vocavit nomen ejus* שת, *quia posuit mihi DEUS aliud semen pro* Abel, *quem occidit* Kain. Nomen שת derivatur à verbo שוא, id est *descendit*; significat quoque שת *plantam*, & *ponere*, & (pro) את& תש retrogradè, *revellere, dissolvere*, & שות *schavat*, *æquale* significat, ita ut combinatio metatheseos hujus nominis totam hanc sub se reducat sententiam.

Sect. I.

שתי יה שת תש ש תשה שות:

Posuit mihi DEUS *aliam plantationem pro* Abel, *quem evulsit* Kain.

Hoc loco accipimus תש pro *Abel*; est enim *Tosch* idem quod *evulsor*, cujusmodi *Abelem* fuisse, nomen ejus ostendit; siquidem DEO intentus novit omnium rerum, præter DEUM, vanitatem. *Schavat* autem pro *Kain* sumimus, quia hic umbris, & similitudinibus rerum caducarum, dum venatus est verum bonum perdidit; cujus loco *Seth* substitutus est. Vides igitur, quàm in nomine *Seth* pulchrè totus contextus citatus contineatur. Porrò Gen. XVIII. vers. 6. de nomine *Abraham* ita legitur: ולא יקרא שר את שמך אברם והיה שמך אברהם כי אב המן גוים נתתיך: ומלכים ממך יצאו: ושרי אשתך לא תקרא את שמה שרי כי שרה שמה. *Nec ultra vocabitur nomen tuum* Abram, *sed diceris* Abraham, *quia patrem multitudinis gentium dedi te, & Reges exient ex te*; Sarai *quoque uxor tua non vocabitur* Sarai, *sed* Sara *erit nomen ejus*. Nomen *Abram* significat *patrem excelsum, patrem credentium*, cujus nomen varie combinatum, ac cabalico artificio resolutum, præter innumeros alios sensus, hunc sequentem reddit.

אברהם אברם

ראה חבורא	*Respexit* DEUS	ברו רב ורם	scilicet *filius ejus magnus, & excelsus*
באברהם	*in* Abraham	בר הבורא	*filius Creatoris*, scilicet Christus
והוראה בו	*& ostendit in eo*	והוא יברהם	*& ipse liberavit eos*, scil. filios hominum
אב רב ורם	*Patre magno & alto*	ממרא	*ab amaritudine* (peccati)
כבמראה	*sicuti in speculo*	מארב	*ab insidiis* (scil. diaboli)
במהרה	*quòd brevi* (citò)	מהרמה	*à maledicto*.
יבוא מאור רב	*veniet lux magna*	באמרת	*in fide*
מרום בארת	*de excelso in* Syriam	אברהם	Abraham.

Anagogicâ quoque translatione ita exponi potest ex *Alabastro*. Quia sicuti אב significat *centrum*, & *principium omnis expansionis*, sive corporeæ, sive intellectualis; sic *Abraham* centrum est multitudinis nationum, vel catholicarum

C. VIII. rum gentium, quia המון id valet; est enim המ multorum hominum conferta, & totalis denotatio, unde המון quasi אמון, id est fidelis multitudo catholica sub uno complexu apprehensa, quia fuit *Abraham* pater omnium. Et dignum est observatu, quod patriarcha *Abraham* figura fuit non solùm Christi, verùm etiam *Petri* apostolorum principis: sicut enim *Abraham* jussus est à DEO patriam & cognationem relinquere, sic imperavit Christus *Petro*, ut relictis omnibus sequeretur se; & quemadmodùm diu sterilis fuerat *Sara* uxor *Abrahami*, sic etiam ecclesia gentium, quæ *Petro* in conjugium destinabatur, nondum filios pepererat, & veluti nomen *Abrami* mutatum est in *Abraham*, id est, centrum multitudinis catholicæ gentium, sic *Simeoni* indita est appellatio *Cephas*; id est, *cardo expansionis*, sive centrum universæ diffusionis. Significat quoque *Abraham* אב רום scil. *Patrem Romanum*: sicuti enim ei promissum, quod in semine ejus benedicerentur omnes nationes terræ; ita in *Petro*, quod super illum, & sedem suam ædificaretur domus omnium, qui benedictionem in Christo consequerentur. Et quemadmodum *Saræ* ablatum est opprobrium sterilitatis, per nominis mutationem, & interpositionem literæ ה; ita Ecclesiæ dempta est immunditiæ ignominia per crucis interpositæ contactum, quando omnes nationes sub unius lintei velamine ad *Petrum* demissæ sunt, & à DEO sanctificatæ, & pro ecclesia gentilium appellata est ecclesia catholica. Qui Cabalicum artificium propositum penitiùs rimatus fuerit, percipiet quoque in nominibus, אשמעאל יצחק, *Ismaël* & *Isaac*, rationem utriusque testamenti, veteris & novi; sub nominibus autem duorum fratrum *Jacob* & *Esau* clarè repræsentatum videbit statum ecclesiæ catholicæ in hoc mundo, & initium triumphantis. Nam quemadmodum synagoga se habuit ad ecclesiam, ut *Ismaël* ad *Isaac*, ita ecclesia præsens ad futuram in consummatione hujus mundi se habet, ut *Esau* ad *Jacob*: ita *Alabast*. Itaque synagoga dicitur habuisse umbram rerum futurarum, non ipsam imaginem: ecclesia habet imaginem, non autem ipsam speciem veritatis, sed sub Christianæ religionis cæremoniis, & totius catholicæ doctrinæ velamento, adhuc reconditur, donec veniat *Jacob*, qui appellatur תם, *simplex* & *perfectus*, qui dicitur apud *Esdram* finis hujus sæculi, & initium sequentis immortalitatis, ut sequitur.

Sect. I.

אשמעאל *Lex vetus.*
אל שמע שלא *Qui non audivit* DEUM.
אלא במשל *Nisi per umbras & similitudines.*

יצחק *Lex nova.*
יצחק יה *Fecit mihi risum* DEUS, id est, lege gratiæ lætificavit.
יצחק *Corridebit mecum*, id est, conversabitur DEUS incarnatus.
צחקה *Pura veritas hæc est.*

Pari ratione deprehendemus in ipsis nominibus duodecim filiorum *Jacob*, *Cabalico* resolutis artificio, rationes ipsas, ob quas nomina ipsis imposita, ut sequitur.

ראובן

TURRIS BABEL LIB. III.

C.VIII.   Sect. I.

ראובן Reuben.		שמעון Simeon.		לוי Levi.		יהודה Juda.	
ראה ה'	vidit DEUS	שמע ה'	audivit DEUS	ילו	copulabitur	יה	DEUM
בעני	humilitatem meam	ששנאה	quod exosa	ו	vir meus	הודה	laudo,
		אני	ego,	אלי	ad me,	יה	Domino
ודא	& vir	ושם לי	& posuit mihi		quia produxi ei	אודה	confitebor.
אהבני	diliget me.	חה	etiam hunc.	לב	filios.		

דן Dan.		נפתלי Nephtali.		גד Gad.		אשר Aser.	
דני	judicavit me	יה	luctata sum	בגד בא	feliciter venit	אשרי	Beata ego,
יה	DEUS	נפתלתי	contendique			שאשריני	quia beatam me dicent
ויעני	& exaudivit	בנפתלי	cum æmula,	נידו	opera ejus		
בעני	in afflictione mea,	ונפתלתי	& prævalui.	גדי	victrix ego		
ויתן לי	& dedit mihi			בגרי	in forore mea.	אשרות	mulieres.
ם	filium.						

יששכר Issachar.		זבלון Zabulon.		יוסף Joseph.		בנימן Benjamin.	
יש	dedit mihi	בזה לון	in hac lite	אספו	abstulit mihi	בן	filius
ה'	DEUS	יזבלני	manebit mecum	ה	DEUS	ימין	dexteræ
שכרי	mercedem meam	מלוני	vir meus	ספת	defectum	בני	filius meus
שש	quia dedi ego	יכל	quia produxi	יספי	addat mihi	מי'	à Domino.
שכרי	ancillam meam	לו ו'	ei sex	יה	DEUS		
אישי	viro meo.	בנים	filios.	מוסף	addens alium		
				יוסף	Joseph.		

Hæc ferè ex *Alabastro*. Multa hoc loco similia adducere possemus, verùm quia de illis in Cabala *Hebræorum* fusè tractavimus, hîc iis diutiùs inhærere noluimus. Sufficiat hoc loco, quod nobis propositum erat, demonstrasse, in nulla aliarum linguarum præterquàm in *Hebræa*, nomina rebus perfectè convenire, & literis eorum quomodolibet transpositis accepta, sensus suos rei, quam denotant, convenientes aperire; quod sanè si ullum aliud, ingens tum antiquitatis, tum præstantiæ dictæ linguæ argumentum est.

CAPUT IX.

De literis Coptitarum *mysticis, quorum lingua est una ex linguis primigeniis.*

Habent *Coptitæ* in universum literas XXXII. quarum figuras, nomina, potestates, in fronte hujus operis præfixas contemplare, atque hisce alphabetum suum conflant, quod quidem cum veterum *Ægyptiorum* alphabeto idem, si paucas literas dempseris, esse in *Prodromo* ostensum est. Quemadmodum verò prisci *Hebræi* alphabetum suum disponere solebant, ut ipsæ literæ, sua mysticâ constarent significatione, & elementa literarum, rerum omnium ostenderent elementa, uti in *Hebræorum Cabala* fusè explanavit *Oedipus*, ita *Ægyptii* veteres degeneres cæteroquin à vera *Hebræorum* propagine, proavorum tamen, unde descenderant, veluti simiæ, eo suas literas ordine disposuerunt, ut literarum, characterumque figuræ diversæ quidem essent, significatio autem cum *Hebræis* in omnibus esset arcanorum prorsus analoga. Hosce veteres mystagogos secuti sunt posteriores *Coptitæ*, qui retento alphabeto veterum parallelâ quadam ratione multa sanè, quæ sacrosanctæ fidei nostræ mysteria concernunt, sub hujusmodi literarum figuris, numeris, & mysticis significationibus ita abdiderunt, ut hoc ipso priscam illam hierophanticam sapientiam in omnibus se affectasse innuerint, quod & magnus ille *Dionysius Areopagita*, *in mysticis suis libris de Divin. nom. cap. 9.* hisce & similibus verbis passim indicat: Mentem scilicet respondere capiti, opinionem cervici, pectori animum, cupiditatem ventri, crura verò & pedes naturam denotare. Quæ omnia ex mente *Ægyptiorum* hierophantarum dicta in *Oedipo Tract. de hieroglyphicis partium humani corporis symbolis* fusè ostendimus.

Quid aliud baculus ille Tauticus S. *Antonii* Ægyptii manibus in similitudinem T literæ efformatus denotat, nisi ansatam illam *Serapidis* crucem, salutis normam, rectitudinis symbolum, & futuræ veluti vitæ mysticam tesseram, de quibus *Prodromum* fusius tractantem consule.

Siquidem characteres mysticos veterum, cum primi illi Ægypt. Patres insigni rerum divinarum notitia instructi considerantes magnam cum nostris fidei mysteriis affinitatem habere deprehenderent, eos in usum quoque sacris suis studiis, quibus unicè incumbebant, transtulisse. Epistolæ quædam S. *Pachomii* & *Theodori* ejus discipuli, quorum meminit *Gennadius* Massiliensis scriptor pervetustus, ad diversa *Ægypti* monasteria exaratæ, quas non ita pridem detectas, pro suo erga Rempublicam literariam affectu, mecum communicavit insignis ille *Lucas Holstenius* philologus clarissimus: in quibus veterum scribendi rationem prorsus observare videtur, dum nunc latentis arcana divinitatis, nunc occultum animorum cum DEO nexum, nunc vitæ sanctè, beatèque instituendæ rationem abstrusissimis sanè metaphoris, parabolisque intricatissimis, nunc ex forma, & figura literarum, jam ex numeris sub eo latentibus, subinde ex ipsa literarum significatione desumptis, ita appositè describit, ut Ægyptiorum hierophantam, seu *Pythagoram* quendam Samium, sua eructantem symbola te legere diceres. Meminit hujus arcanæ scribendi rationis S. *Cyrillus* in quadam epist. ad S. *Leonem Papam*, & *Sozomenus libro 3. hist. Eccles. c. 23.* ubi ait in tabula *Pachomii*, quam ab angelo accepisse fertur, scriptum

Monachi Ægyptii sequebantur hieroglyphicam doctrinam veterum Ægyptiorum.

TURRIS BABEL LIB. III. 173

Cap.IX. ptum fuisse: Totum conventum in 24. classes jussu angeli distinctum esse, & singulas classes singulis literis græcis vocatas, jussisse quoque, ut v. g. simpliciores vocarentur α vel *ι*, vafri autem seu versipelles ζ vel ξ, ut alii aliarum literarum notis appellarentur, prout forma literæ rationem vitæ classis cujusvis aptè videretur exprimere. In vita S. Pachomii ita legitur. *Præceptum quoque erat, ut juxta numerum elementorum, & græcarum literarum, viginti quatuor monachorum turmæ constituerentur, ita ut singulis turmis imponerentur singularum nomina literarum, id est ab α, & deinceps usque ad ω, ut cùm interrogaret quis Archimandritam de aliquo, in multitudine tanta facili responsione cognosceret v.g. cum diceret qualis esset α, vel ζ, & rursus λ, vel σ, proprio quodam signo nominis literæ, uniuscuiusque turmæ mores exprimeret, simplicioribus, & innocentioribus α, ι. nomen imponens, difficilioribus autem ξ competenter accommodans, ita ut pro modo conversationis, & præcepti, singulis turmis, literarum elementa concinnarent, solis spiritualibus hæc ipsa quæ significarentur scire valentibus.* Verùm ut lector aliquod saltem hujus reconditæ scriptionis, ejusque solutionis specimen videat, visum fuit hîc unicum tantùm paradigma proponere: quod ex prima *S. Pachomii epistola* decerpsimus, sic enim in quadam epistola ad Cornelium Archimandritam monasterii Mochanzæ scribit Pachomius. *Fac opus Jauda. Pone Delda ante oculos tuos, ut benè sit animæ tuæ. Cane* χω, *ne forte sæculum tibi cantet* ιω. *Ne obliviscaris Kalendarum &c. Numquid Kalendæ sunt Pascha? & sic de aliis, quæ nos subsidio linguæ Coptæ ita interpretamur.*

Dum igitur in epistolis suis dicit Abbas Pachomius *Opus fac Jauda*, vir sanctus nihil aliud intelligit, nisi quod ei, qui ad eminentem vitæ religiosæ statum vocatus est, omnia in simplicitate, & sinceritate, cum intentione recta sine ullo ad proprium commodum, utilitatemque respectu peragenda sint. Quod enim μόνας inter numeros, id Jota inter literas Ægyptiacas, è qua, veluti omnium minima, cæteræ omnes literæ componuntur, ita sincera & recta intentio humilisque coram DEO conversatio, cæterarum actionum, operationumque altissimarum in spirituali ædificio adhibendarum primum veluti fundamentum est, cætera omnia componens. Unde non immeritò pueris id sanctus vir applicabat, qui cum impolluti ab hoc sæculo, nihil adhuc ex falsis mundanarum rerum illecebris gustaverint, puro naturæ instinctu, sine ullo dolo, fuco, ac præposteræ intentionis versutia peragere solent, cùm præterea Jota lingua Ægyptiaca, nihil aliud, quam parvulum denotet, an non appositè ad illud cœlestis magistri, epiphonema, *nisi efficiamini ut parvuli, non intrabitis in regnum cœlorum*, alludit? Atque hoc primum est, quod tamen fusius aliis enodandum relinquo.

Cum porro in eadem epistola dicit pone Δ ante oculos tuos, ut bene sit animæ tuæ, nihil aliud denotare videtur, nisi perfectam divinarum virtutum imitationem, juxta illud: *Estote perfecti, sicuti pater vester cœlestis perfectus est*, quod fit per unionem illam, conformitatemque intellectus, voluntatisque nostræ cum divina. Cùm enim Platone teste Δ figurarum omnium prima sit, quod reliquas omnes figuras, id est, omnium entium perfectiones, quæ sunt veluti numeri quidam, & figuræ, componat, & in quam omnes resolvantur, certè summa ratione à priscis patribus id pro divinæ essentiæ symbolo, divinarumque perfectionum emanationumque archetypo assumptum fuit, uti fusùs in nostra *Geometria hieroglyphica* ostendimus.

Sect. I.

Jauda seu Jota.

Alleg. 2. Pone Δ ante oculos tuos, ut bene sit animæ tuæ.

Specimen Asceticæ disciplinæ ab Ægypti monachis Hieromystarum ad modum accommodatum.

Alleg. 1. Fac opus Jauda.

Expositio Allegoriæ.

Δ igi-

Cap. IX. Δ igitur ante oculos ponendum est, id est, divinarum perfectionum speculum, & juxta id reliquæ omnes operationes ordinandæ, ut benè sit animæ, ut nimirum per continuam ejus contemplationem mereantur fieri conformes imaginis filii sui. Siquidem nihil dignius esse potest, quàm ut homo conditoris sui sit imitator, & secundum modum propriæ facultatis executor: ut pulchre demonstrat Angelicus Doctor opusc. 65.

Alleg. 3. Canendum χω quid significet? Cum porrò sinceris DEI servis corruptibilis carnis pondere pressis nec dum ad stabilem illam æternæ beatitudinis, perfectæque unionis cum DEO connexionem ascendere liceat, hinc canendum χω suadet, ne sæculum impudentissimum ιω ipsis canat, est autem χω in lingua Ægyptiaca nihil aliud nisi vox lugentis, sicuti *Ioh* vox intensè gaudentis, dum per continuos gemitus, & lachrymas ad dilecti præsentiam, & intuitivam fruitionem aspirant, dum omnia hujus mundi arbitrantur ut stercora, dummodo Christum lucrifaciant, juxta illud cœlestis magistri. *Sed quia hæc locutus sum vobis, tristitia implevit cor vestrum, sed tristitia vestra convertetur in gaudium*, videlicet ubi post ærumnosam hujus vitæ usuram veræ, & æternæ beatitudinis centrum fueritis consecuti.

Kalendæ. Per *Kalendas* intelligit vocationem ad statum religiosum ex sæculari conversatione: dicebatur autem *Kalenda*, eò quod *Kalendis* mensium, sive prima die uniuscujusque mensis memoria hujus tam insignis beneficii celebraretur, quam consuetudinem adhuc in Ægyptiacis monasteriis vigere audio, vocatque T, eò quod hujusmodi vocatio, salutis, quam T notat, pignus quoddam, & signaculum sit, quo filii DEI, & commensales Christi distinguerentur à filiis tenebrarum mundi hujus. Per H *beta* autem Pascha illud intelligit, quo in regno cœlorum amici DEI edent, & bibent super mensam Christi, replebunturque ab ubertate domus DEI, & torrente voluptatis potabuntur, videlicet in beatissimis illis æternitatis atriis.

Sect. I.

Atque hæc sunt, quæ breviter lectori circa mysticas literas S. *Pachomii* indicare volui, certè ipsa genuina verba libenter hoc loco apponerem. Verùm cum plura ea præsupponant ad mysticum alphabetum, characterumque arcanorum rationes spectantia, quam ut hoc loco, ubi quantum fieri potest succincti esse conamur, pro temporis angustia tractari queant, ne res ex se, & sua natura obscuras coactâ quâdam brevitate majori caligine involveremus, ea consultius Oedipo illi nostro fido ænigmatum interpreti reservare visum est, ubi absconditos harum epistolarum thesauros DEI gratia non integrè eruturos confidimus.

Lingua Coptæ origo. De literis igitur nunc ad ipsam linguam *Coptitarum* transeamus, de cujus etymo cum satis superque in *Prodromo* tractatum sit, id tantùm breviter hoc loco discutiendum restat. Utrum lingua Græca ab ipsis *Ægyptiis* processerit, utrum non? Certe literas ab *Ægyptiis* primum per *Cadmum* ad *Græcos* translatas, ex *Herodoto* in *Terpsichore* & *Timone* patet, unde & consensus ille vetustissimus totius *Græciæ* satis convincit literas à *Cadmo Græcos* accepisse, neque causa est, cur rem tam manifestam, aut negemus, aut *Tzetzæ* neganti assentiamur, qui duplici argumento probare nititur, *Græcos* ante *Cadmum* literas habuisse priores, quod oraculum redditum fuerit *Cadmo*. Altero argumento, quod *Bellerophon* antiquior *Cadmo* scriptas tabellas de sua cæde attulit, utrumque argumentum futile est, & à Poëtis utrumque fictum.

Quare Cadmææ literæ vocatæ, si *Cadmo* auctori acceptæ non referuntur? Et si *Cadmus* auctor est, aut saltem primus doctor, & index earum in *Græcia*, quo-

Cap. IX. quomodo ante *Cadmum* literas habuere *Græci*,

Quo tempore Cadmææ literæ græcis traditæ sint.

cùm vetustiores nusquam repertæ sint in veterum monumentis, quam ea, quæ καδμεῖα γράμματα vocabantur, quibus omnibus subscribit *Clemens Alexandrinus libr. I. Strom.* Unde etiam *Herodotus* scribit litteras fuisse vocatas *Phœnicias*: fuisse autem *Cadmum* & *Phœnicem Ægyptios* S. *Hieronymus* testatur temporibus videlicet *Josue*, *Cadmum*, una cum fratre *Phœnice Thebis Ægyptiorum*, unde oriundi erant, in *Syriam* profectum fuisse, ut verisimile sit tempore *Othonielis* è *Phœnicia* in *Græciam* venisse, atque ibi in memoriam *Thebarum Ægyptiarum*, *Thebas Bœotias* condidisse, relicta fratri *Phœnici Phœnicia*, à quo & nomen obtinuit. *Ægyptii* autem viri literas alias, quàm quas à puero in *Ægypto* didicerant tradere non potuere. *Cadmum* igitur fuisse primum illum, qui *Græcos* literis *Ægyptiis* perfectè imbuit, nulli dubium esse debet. Fuisse autem ante *Cadmum* semen quoddam, seu rudimentum aliquod harum literarum, non tamen à *Palamede*, aut *Bellerophonte*, ut multi perperam conjiciunt, sed à primo *Atheniensium Rege Cecrope* jactum (unde fabula postea emerserit literas *Græcos* habuisse ante *Cadmum*) verisimile est, siquidem *Cecrops* & ipse *Ægyptius*, *Cadmo* uno ferè sæculo antiquior & *Moysi*, teste *Eusebio*, σύγχρον©, ideo *Tzetza* teste διφυὴς dictus fuit, quod *Græcam* & *Ægyptiacam* linguam ex æquo calleret, hunc etiam βυλατρείαν ex *Ægypto* in *Græciam*, una cum aliis ceremoniis transtulisse, auctor est *Pausanias*, de quo & *Tzetzes* ita canit.

Cecrops ϝεῖλμωτος & altitudo ejus.

Primus omnium in Attica Cecrops Rex, & primus qui vocatur διφυὴς, eò quod magnitudinem virorum duorum in longum haberet, & quod Græcæ, & Ægyptiacæ linguæ peritus esset.

Literas igitur *Græcas* ab *Ægyptiis* primùm profectas, ex dictis patet, de quibus in *Oedipo* fusissimè. Utrum autem lingua *Græca* quoque ab *Ægyptia* processerit, meritò quispiam dubitare posset, affirmativam in *Prodromo* capite 4 asserueram. Verùm quotidiana experientia instructior tandem comperi, linguam Ægyptiacam ex matribus unam αὐτόχθυν, cùm nulla alia affinitatem, quantum quidem ex idiotismo, conjugatione, & inclinatione nominum colligere licuit, habere, neque nos movere debent vocabula ἑλληνισμὸν redolentia, vocesque Græcanicæ passim in lexico occurrentes. Siquidem hujusmodi vocum cum Copticis vocabulis commistionem primum *Alexandri Magni*, & reliquorum ex *Ptolemaica* stirpe prodeuntium *Regum Ægypto* potiuntium temporibus, ex frequenti, quod ipsis cum Græcis ultrò, citroque commeantibus trecentorum & amplius annorum spatio intercedebat commercio contigisse, in *Oedipo* fusè docemus, & *Coptitæ* circa id à me consulti id ipsum affirmant.

Sect. I.

Lingua Copta, exceptis literis nullam alioquin cum Græca affinitatem habent.

Non itaque verba mea in *Prodromo Copto* hoc sensu intelligi velim, quasi asseram, *Græcam* linguam ad *Ægyptiam* eâ se ratione habere, ut *Chaldæa*. v. g. lingua ad *Hebræam*, aut *Italica* ad *Latinam*, sicuti quidam opinati sunt, quarum hanc *Latinæ*, illam *Hebraicæ* linguæ filiam esse, nemo nisi dictarum linguarum imperitus inficiabitur: non enim sentio *Græcam* ab *Ægyptia* originem suam immediatè traxisse, multò minus *Græcam* linguam, *Ægyptiam* corruptam dicendam arbitror. Sed totam similitudinem utriusque ad invicem ex vocum commistione, ut dixi contigisse, is noverit, qui unam cum altera ἀκριβεςέρως contulerit. Possunt enim aliquæ linguæ iisdem vocibus alteri linguæ applicatis uti, etiamsi ipsæ quoad substantiam toto, ut aiunt, cœlo discrepent: ita *Germanica* multas voces *Latinas*, *Italicas*, *Gallicas* suis interserit. *Latina* quoque *Græca* vocabula libens suscipit,

Cap.IX. cipit, cum tamen utraque diversissima sit ab iis linguis, à quibus mutuatur, quæ fusiùs alibi tractata reperies. Quin & lingua *Copta* non *Græcis* tantum vocabulis, sed & *Latinis*, & *Arabicis*, *Hebraïcis*, *Samaritanisque*, ex vicinarum, ut reor, nationum consortio utitur, quæ omnia Lexicon hoc nostrum per sequentia paradigmata declarat.

Ab Hebræis *mutuatæ hæ* Coptæ *voces.*

חמר	*Ghomer.*	ⲡⲓⲕⲟⲗⲉⲟⲣ
שפל	*Siclus.*	ⲥⲉⲕⲗⲟⲥ
כר	*Corus,*	ⲡⲓⲕⲟⲣⲟⲥ
כור	*Regio.*	ⲭⲱⲣⲁ
תימן	*Auster.*	ⲧⲉⲓⲉⲉⲓⲛ

A Samaritanis *hæ mutuo acceptæ.*

ࠁࠓࠀ	*Creavit.*	ⲧⲁⲙⲉϥ
ࠍࠁࠋ	*Nablum.*	ⲛⲁⲃⲗⲁ
ࠌࠀࠆࠍ	*Libra.*	ⲗⲩⲧⲣⲁ
ࠁࠕ	*Bathus.*	ⲡⲓⲃⲁⲧⲟⲥ

A Latinis *sequentes.*

ⲡⲓⲇⲟⲩⲝ	*Dux.*
ⲡⲓⲡⲣⲉⲧⲱⲣⲓⲟⲛ	*Prætorium.*
ⲡⲓⲕⲟⲩⲣⲁⲧⲱⲣ	*Procurator.*
ϯⲕⲉⲗⲗⲁ	*Cella.*
ⲕⲁⲥⲧⲣⲟⲛ	*Castrum.*
ⲡⲓⲥⲕⲁⲗⲁ	*Scala.*
ⲡⲓⲧⲟⲙⲟⲥ	*Tomus.*
ⲡⲓⲭⲁⲣⲧⲟⲥ	*Charta.*
ⲉⲡⲣⲁⲛⲁⲓⲣⲁ	*Centenarius.*
ⲟⲩⲕⲁⲣⲧⲁⲗⲗⲟⲥ	*Cartallus.*
ⲧⲁⲃⲟⲟ	*Pavo.*
ⲡⲓⲧⲟⲙⲉⲁⲣⲓⲟⲛ	*Codex rationum.*

Et sic de cæteris quam plurimis, quæ in hoc opere passim occurrerunt, statuendum est. Manet igitur, linguam Ægyptiam excepto charactere toto cœlo à *Græca* diversam esse. Restat hoc *Sect*.I loco dilucidandum, quomodo hæc lingua apud solos *Coptitas* manserit, contigit id eâ, quæ sequitur, relatione *Coptitarum*. Linguam *Coptam* videlicet maximè floruisse tempore *Sestris*, id est *Sesostris* Regis Ægypti, eam verò declinasse in occasum post *Cambysis*, uti in universam Ægyptum sibi subjugatam, ita & in antiquitatum, literarumque monumenta sævientis, tyrannidem, atque hanc fuisse primam cladem. Altera clades, quæ ab hominum memoria eam pænè abolevit, fuit *Græcorum* in *Ægyptios* imperium, nobilissimæque bibliothecæ *Alexandrinæ* per incendium omnibus sæculis deplorandum interitus, quo præstantissimorum lingua *Copta* conscriptorum codicum, innumera perierunt exemplaria, nec quicquam remansit deinde, nisi paucula inter sacerdotes, & patriorum rituum sectatores quædam veluti assumenta ex tam celebri naufragio relicta. Deficientibus verò paulatim sacerdotibus, ritibusque Ægyptiis, ita quoque hæc lingua paulatim defecit, ut vix ejusdem vestigium amplius superesse videretur, donec post salutiferum Christi adventum gentiles Ægyptii luce sacri euangelii illustrati, relictas veluti tabulas, patriæ inquam linguæ fragmenta colligentes, ut potuerunt in integrum, ne lingua primæva, ac tot, tantisque sapientiæ notis insignita prorsus pessum iret, restituere conati sunt, quam & in album doctrinalium idiomatum referentes, ea in sacris ecclesiasticisque codicibus conscribendis imposterum usi sunt. Cur verò solam *Coptam*, non *Arabicam*, aut *Græcam* in sacrorum usum reservaverint, causa fuit, partim summa erga patrium idioma affectio partim ut hac lingua nativa ecclesia Ægyptiaca à cæteris ecclesiis Orientalium veluti notâ quâdam distingueretur, neve Christianæ fidei mysteria, ab infidelibus contaminaren-

TURRIS BABEL LIB. III.

Cap. IX. narentur, ea sub lingua propria consultò abdere visum fuit. Quod & Syros Maronitas in hunc diem charactere suo *Karsuni* facere notius est, quam dici debeat. Porrò utrum hodiernâ die priscorum adhuc codices, veteri hac lingua de profana literatura tractantes supersint, meritò quispiam dubitare posset, certè uti nulla res me tam dubium perplexumque tenuit, quam hoc ipsum, ita nihil majori quoque curâ, & diligentia inquisivisse me memini, quo æstuantis ingenii fluctuatione id tandem consecutus videor, ut curioso lectori aliquid jam certi me adferre posse confidam. Nam hujusmodi veterum vetere linguâ conscriptorum codicum exemplaria in *Ægypto* adhuc superesse, præterquam quod frequenti cum *Ægyptiis* commercio mihi innotuerit, vel ipsa Scala magna sat superque testatur, in quo omnium rerum ad Theologiam, Medicinam, Physicam, Metaphysicam, aliarûmque artium, ac scientiarum professionem spectantes nomenclaturæ scitissime uti proponuntur, ita eos non ab *Coptitis* excogitatas, sed ex ipsis veterum auctorum authographis excerptas certius est, quàm dici debeat. Quin & catalogus paucorum quorundam, una cum catalogo patriarcharum, è celebrioribus *Ægypti* potissimum ex *Medrase Cayri* Bibliophylacio, extractus, & *Romam* à *Peirescio* ante 7 circiter annos transmissus sufficienter declarat. Verùm ut curiosis antiquitatum studiosis aliquam ad inaccessos hujusmodi librorum thesauros inquirendos occasionem præberem, eorum titulos à me è *Copto* traductos in *Prodromo Copto* consideret. Auctorum ut plerumque in Orientalium monumentis fieri consuevit (est enim proprium *Coptitarum* prophanorum auctorum nomina silere) nomina non inveni adjuncta, sed librorum titulos tantùm, ut de quibus singuli tractant, lectori innotesceret, excerptos, quos citato loco vide. Jam *Coptiticum* alphabetum, commune & mysticum describamus.

Primæva literarum Ægyptiarum fabrica, & institutio facta à Tauto *sive* Mercurio Trismegisto.

	Character Zoographus.	Figura literarum vulgaris.	Græcorum ad eas affinitas.
I.		ⲁ ⲁⲅⲁⲑⲟⲥ ⲇⲉⲙⲱⲛ dicitur, id est, Bonus Dæmon.	A
II.		ⲅ ⲅⲁⲙⲁ dicitur, id est, Norma.	Γ
III.		ⲇ ⲇⲁⲗⲇⲁ dicitur, id est, Bonus ager.	Δ

Cap. IX.　　　　　　　　　　　　　　　　　　　　　　　　*Sect.* I.

IV.		ϒ Processus inferiorum ad superiora symbolum est.	ϒ
V.		O ⲟⲫⲧ *dicitur, id est* Mundi Dominus.	☉
VI.		λ λεβαε *dicitur,* Processus superiorum ad inferiora.	Λ
VII.		X Processus animæ mundi ἄνω ὃ κάτω.	X
VIII. IX.		C Lunæ symbolum. ◻ ☌ O magnum.	Σ Ω
X.		σ σιεεε *dicitur, id est* Visio.	σ Σ
XI.		B βαεεν *dicitur, id est,* Fœcunditas.	B βαξ̃
XII.		ζ ζεϝϝε *dicitur, id est,* Vita.	Z
XIII.		ϛ ϐεϝϯ *dicitur, id est,* Litera Thoth.	Θ⊙ Thita.

XIV.

TURRIS BABEL LIB. III.

XIV.		Φ Φ∊λυ dicitur, id est, Amor.	Φ φ
XV.		⸮⸮ ⸮⸮⸮⸮ Aqua, litera est Κυριολογικὴ ϛ̄ ὕδαϯ⊙.	M μι
XVI.		Ξ ξαλετι dicitur, id est, Catena.	Ξ ξι
XVII.	N	N. Litera, idem est, ac processus rerum elementarium, ἄνω & κάτω, sive vegetabilium processus.	N νι
XVIII.	P	P κυριολογικὴ ἅρπαγ⊙ Figura desumpta ex harpagone, quo Osiridis corpus ex undis extractum.	P ρω̃
XIX. XX.		☉ Sol. ☽ Luna. Signa κυριολογικὰ.	O Σ
XXI.	T ☥ †	T Litera Thoth sive Tauti DEI, id est Mercurii. Thau Hebræorum.	T

Primus itaque character seu litera, ex divaricatione pedum *Ibidis*, & rostro ejusdem transversim inserto, inventa, Ἀγαθὸς Δαίμων dicebatur, id est, *bonus dæmon*, initialibus literis sub una comprehensis : hic enim præter dictarum vocum capitales, ut dixi, literas ejus quoque portionis figuram, quam Δ passim sive ⲁⲅⲗⲉⲧⲓ *Coptice*, hoc est, *bonum agrum* vocant, exprimit; atque hujus generis literarum, ut plurimum ex tribus, vel perseæ, vel papyri ramusculis sive thyrsis, in figuram primæ literæ alphabeticæ, quam sic exhibebant, adaptatis compositam in solemnitatibus Comasiarum *Deorum* statutis, ac potissimum *Mercurio* Ἰβιμόρφῳ, ex cujus avis figura inventa erat, præferebatur, quam & Hieralpham vocabant, sed jam singulas alphabeti hieroglyphici literas subjungamus.

I. Hic

Cap. IX.   I.

Hic character idem significat, quod Ἀγαθὸς Δαί- *Sect.* I. μων, id est, *bonus genius*, & componitur ex initialibus literis A & Δ. Si enim producitur Δ litera, fiet A, quod in se monogrammaticè continet A & Δ, invenitur autem hæc litera hieroglyphica in omnibus ferè Ægyptiacis inscriptionibus, potissimum in *Obelisco Barberino, Lateranensi, Flaminio, Mahutæo, Medicæo*, ut infrà suis locis dicetur, quam & Hieralpham imposterum vocabimus.

II.

Hic character Ægyptiacè ⲅⲁⲙⲙⲁ, id est *Norma*, dicitur, & propriè *gamma* Græcorum literam exprimit, quo quidem hieroglyphicè nihil aliud indicatur, quam symmetria rerum hujus universi; unde mundi sensibilis moderatoris Hori manibus passim insertus spectatur: quemadmodum enim *normâ*, sive *gnomone*, omnia justâ mensurâ & proportione disponuntur in *Architectonicis* operationibus, ita universi genius in mundi sensibilis fabrica, omnibus justam dat proportionem, mensuram, pondus.

III.

Character hic ⲁⲅⲗⲉⲧⲓ dicitur, id est, *bonus ager*, & eam Ægypti partem, quam Δέλτα vocant, indicat; quia ea regio præ omnibus aliis Ægypti provinciis, tum maximè salubris, tum rerum omnium humano generi necessariarum ferax est, ex *Ibidis* ibidem passim stabulantis incessu inventus: quia verò bonorum omnium ubertas à supremis potentiis influitur in hæc inferiora, aptè eam per pyramidalem, elementum ex divaricatione *Ibidis* pedum inventum, exprimebant.

IV.

Ibis aperturâ rostri, quam instrumentum circini dixerunt, occasionem ipsis præbuit inveniendi literam Y, quo charactere processum inferiorum ad superiora rectè indicabant, à centro nimirum ad circumferentiam; *Ibis* enim dum unâ rostri parte in arena infixa, alterius circumductione nescio quid circulare in arena relinqueret, uti in animalium observandis actionibus studiosissimi, ita & circini instrumentum, & centri ad circumferentiam motus occasionem inde ipsos reperisse, mirum non est.

V.

Character hic ⲟⲩⲱⲧ dicitur, quod Ægyptiacè idem est, ac *Dominus Orbis*, æquivalet Græcorum O micron: ex *Ibide* pariter emanavit. *Ibis* siquidem subinde collum ita torquet, ut circulum imitari videatur; quod cùm notarent Ægyptii, à *Mercurio* in *Ibin* transformato, de insigni quopiam mysterio se moneri, superstitiosiùs persuadebant, ac proinde ipsi ⲟⲩⲱⲧ nomen imposuerunt, quod idem est, ac *Mundi Dominus*: alludit ad hoc *Plutarchus lib. de Osiride & Iside*, dum nomen *Omphis* (verius dices *Ophta*) explicat.

VI. Hæc

TURRIS BABEL LIB. III. 181

Cap. IX.

VI.

Hæc litera Ægyptiis λαβαὶ dicitur, & præcedenti Sect. I. opposita est, sicut enim præcedens processum inferiorum ad superiora, ita hæc superiorum ad inferiora processum indicat. Constituitur autem ex divaricatione pedum *Ibidis*, ex qua Ægyptii primùm Ægyptiaci cubiti, uti in *Mechanica* diximus, mensuram in arena progressu *Ibidis* impressam invenerunt, quæ suo loco pulchrè ex variis auctoribus probavimus. Invenitur autem passim hoc signum inter hieroglyphica, ut suo loco dicetur, respondetque hæc litera τῷ λάμβδα *Græcorum* & *Coptitarum.*

VII.

Ex binis præcedentibus literis nascitur composita litera decadica, sive veriùs decussis, quâ Ægyptii processum animæ Mundi ἄνω & κάτω expresserunt, ex *Ibidis* gestibus pariter inventa; Ibis enim divaricatis pedibus consistens, & aperto rostro, & collo dorso innitente, dum aperto ore crepitat, hanc figuram exprimit. Vide quæ de hoc numerico hieroglyphico fusiùs disseruimus in *Arithmetica hieroglyphica.* Respondet autem hæc litera τῷ χ *Græcorum* aut *Latinorum* X.

VIII.

Bovis caput exprimit hic character, & Ægyptiis idem significat ac litera ⛎, quamquam nonnulli quoque hanc literam pro ω vel ȣ accipiant; Ægpytiorum tamen sententiæ veriùs standum existimo, cum ad caput *Bovis* cornutum litera ⛎ propiùs accedat. Notat autem conjunctionem *Solis* & *Lunæ*, ita quidem, ut caput *Bovis Solem*, cornua verò *Lunam* significent. Verùm cùm de his passim toto hoc opere dictum sit, ad loca propria lectorem remittimus.

IX.

Hic character ὅσεε dicitur, id est, *Visio*, & respondet literæ *Coptitarum* ϭ, & τῷ Σ *Græcorum* ex capite Accipitris fuit inventus, qui cum acutissimi visus sit, rectè literam hanc isti Numini, quod visu omnia mundi receptacula penetraret, id est, *Soli* consecrarunt. Sol enim diffusione radiorum omnia fovet, animat, conservat juxta illud: ἥλιος δὲ πάντ' ἐφορᾷς, καὶ πάντ' ἐπακούεις.

Z 3   X. Cha-

Cap. IX.

X.

Character hic Ægyptiacè ⲁⲉⲉⲣⲏ dicitur, id est, Fœ-Sect. I. cunditas; est enim ex *Arietis* capite, quod *Amun* vocabant, deductus, qui cum fœcunditatis symbolum sit, rectè is capite *Arietis* cornibus in β literam tortis exhibetur. Unde & colligo hoc nomen β ⲁⲉⲉⲣⲏ compositum esse, ex β videlicet & ⲁⲉⲉⲣⲏ, quasi diceres, B litera Ammonis. Verum de hisce vide, quæ in proprio Hierogrammatismo *Obelisci Pamphilii* fusius egimus.

XI.

Hic character Ægyptiacè ⲍⲉⲧⲧⲁ, id est, *Vita* dicitur, nam uti in Hierogrammatismo Serpentis docuimus, fuit Ægyptiis Serpens symbolum vitæ: unde mirum non est, ex Serpentis tortuoso corpore hanc originem suam traxisse; sed de hoc vide citatum locum.

XII.

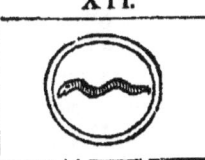

Hic character Ægyptiis ⲟⲁⲧⲩϯ id est, litera *Tauti* dicitur, & hieroglyphicè nihil aliud significat, quàm vitam mundi, quam Serpens circulo inclusus notat. Spectatur autem hujusmodi hieroglyphicum passim in *Obeliscis*, cæterisque monumentis Ægyptiacis, uti suis locis ostendemus.

XIII.

Ex præcedenti charactere natus est præsens character, quem Ægyptii ⲫⲧⲗⲟ id est, *Amorem* vocant, ostendit enim, omnia mundi membra, per vitam universalem, amore connecti; unde & Sphæra amoris indigitatur, de qua pluribus tum in *Obelisco Pamphilio*, tum in *Prodromo*, aliisque hujus Operis locis egimus.

XIV.

Hic character Ægyptiis ⲁⲉⲩⲏ id est, *Aqua* dicitur, quia fluxum aquæ exprimit, atque adeo κυριολογικὸν τῦ ὕδατ(ος) σύμβολον est, respondetque M *Coptitarum, Græcorum, Latinorumque*, quo inter hieroglyphica nihil occurrit frequentius.

XV.

Hic character Ægyptiis ⳉⲁⲛⲧⲧⲏ id est, *Catena* dicitur, eo quod *Catenam* circulis connexam exprimat, & est κυριολογικὸν τῶν σειρῶν τῶν Θεῶν σύμβολον, uti *Psellus* in *Zoroastreæ Philosophiæ* expositione docet, & respondet Græcorum ξ.

XVI.

Cap. IX.　XVI.　　Hæc litera idem eſt ac rerum elementarium proceſſus ἄνω & κάτω, quam figuram, cùm folio 387 *Obel. Pamph.* amplè expoſuerimus, ſupervacaneum eſſe ratus ſum, iis hic diutiùs immorari. Sect. I.

N

XVII.

P

Κυριολογικὸν τῦ ἅρπαγ۞ σύμβολον eſt, ideò & harpagonis figura deſcripta fuit, quo *Oſiridis* corpus à *Typhone* in fluenta Nili conjectum, ab *Iſi* extractum fuit, frequentiſſimumque eſt inter hieroglyphica, & ⲣ *Coptum, Græcum*que exprimit. Quare hæc de eo pauca ſufficiant.

XVIII.

Hæ duæ literæ κυριολογικὰ τῦ ἡλίυ, & τ σελήνης σύμβολα, quid repræſentent, ex ipſorum figuris cognoſcitur, nimirum *Solem* & *Lunam*, & eadem ſunt, ac ⲟ & ⲥ *Copticæ* literæ. Videntur hæ literæ in pervetuſto fragmento ab immortalis memoriæ viro *Nicolao Pereiſcio* transmiſſo, quod hic apponam, ubi vides quatuor ſtatuas ſerpenti in circulum contorto incluſas, cum characteribus ⲫ, & figura in medio |ⲟⲥ| quæ tametſi in *Supplemento Prodromi*, & *Obeliſco Pamphilio* expoſuerimus, ea tamen hoc loco veluti proprio uberiùs exponenda duximus.

XIX.

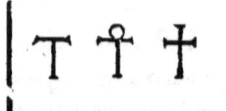

Litera ⲧⲁⲩ id eſt, *Thoth* ſeu *Mercurii* dicitur, & T *Hebræorum, Græcorum*que T exactè reſpondet, de quo integro tractatu vide *Obeliſcum Pamphilium*; ut proinde ſuperfluum ſit de eodem fuſius hîc agere.

Atque hæ ſunt 22 literæ, quarum in conſcribendis, conſignandiſque rebus ad commune hominum commercium pertinentibus uſus erat, quæ & ſimul hieroglyphicis inſcriptionibus ſerviebant. Ex quibus manifeſtè patet, literas has, utpote quæ myſterioſâ quâdam ſtructurâ conſtabant, hieroglyphicorum quoque uſum habuiſſe, atque iiſdem nomina integra concinnata hieroglyphicis inſcriptionibus inſervifſe, quæ uti in *Obeliſco Pamphilio* fol. 147 ubertim probata ſunt, & in ſequentibus interpretationibus ſuo loco, & tempore demonſtraturi ſumus, ſic eadem hoc loco iterare ſupervacaneum duximus.

CAPUT X.

De lingua Phœnicia, una ex linguis primigeniis.

Phœnicia regio fuit, & nunc est, quæ montis *Libani* occiduam plagam, *Tripolim, Sidonem, Tyrum, Berrhœam*, comprehendit. Dicta fuit *Phœnicia* à *Phœnice*, fratre *Cadmi*, qui colonias novas quæsituri, in hunc maris tractum ex *Ægypto*, (erant enim natione *Ægyptii*, ut in præcedentibus docuimus) appulerunt : & *Phœnix* quidem, operum magnitudine clarus, & ingenii perspicacissimi sagacitate, uti omnium *Aramæorum, Chananæorum*que oculos in admirationem trahebat, ita quoque rerum potitus dominio, principem se totius nationis constituit; à cujus nomine regio postea *Phœnicia* appellationem apud posteros sortita fuit. *Cadmus* verò frater ejus, relicto dominio fratri suo *Phœnici*, novam in *Ioniam*, sive *Græciam*, coloniam molitus, iis characteres, literasque, quas secum ex *Ægypto* attulerat, primus communicavit, quæ deinde *Copticæ* nominatæ sunt, vel ut *Græci* dicunt, καδμαία γράμματα. Sed hæc uti in aliis operibus meis, *Supplemento Prodromi, Oedipo*, & *Obelisco Pamphilio*, uti & in hoc præsenti opere ubertim egimus, ita ea diffusiùs describere, supervacaneum censui. Restat itaque solùm hoc loco demonstranda differentia inter *Phœnicias, Coptas, Græcas*, & *Samaritanas* literas; etsi enim paucos me legisse meminerim, qui de hujusmodi abstruso literaturæ negotio nodum difficultatis attigerint, atque adeò confusi in tanto antiquitatis labyrintho, veritati non congrua protulerint; mearum partium esse ratus sum, difficultatem dissolvere, & quoad fieri potest, rem dilucidare. Difficultas itaque in hoc consistit, quod nonnulli *Phœnicias*, & *Samaritanas* literas, easdem prorsus esse sibi persuadeant, atque unà easdem cum *Chananæorum* lingua & literis confundant; atque adeò ex multiplici auctoritate veterum id comprobare se posse putant, in quibus utrum punctum difficultatis tangant, tum videbitur, ubi priùs dictas veterum scriptorum auctoritates, ad veritatem confirmandam ab iis adductas, ad incudem reduxerimus.

Josephi, inquiunt, & S. *Hieronymi* sententiæ maximè favet *Græcorum* celeberrima illa traditio, *Cadmum* è *Phœnicia* literas primùm in *Græciam* attulisse, literasque *Græcas* majusculas, quibus solis olim utebantur tam *Græci*, quàm *Latini*, esse *Phœnicias*, quibus postmodum *Græci* quasdam addiderunt, ut linguæ suæ naturalem pronunciationem iis exprimerent, atque excolerent. Id lib. 2. testatur *Herodotus* græcorum historicorum antiquissimus, dum *Phœnices*, inquit, *qui cum* Cadmo *advenerunt*, &c. *cum alias multas doctrinas in* Græciam *introduxere, tum verò literas, quæ apud Græcos, ut mihi videtur, antea non fuerant: prima quidem illæ extiterunt, quibus omnes* Phœnices *utuntur: progressu verò temporis unà cum sono mutaverunt modulum pristinum.* Hoc autem potissimùm probat ex antiquis inscriptionibus superstitibus. *Quin ipse vidi apud* Thebas Bœotias *in Ismenii* Apollinis *templo literas Cadmæas in tripodibus quibusdam incisas, magna ex parte consimiles Ionicis.* Refert *Herodotus* eodem loco tres ejusmodi inscriptiones. Eadem *Plinii* sententia *lib.* VII. *cap.* 56. & *Aristotelis* referente *Plinio*. Idem etiam paucis verbis lib. V. cap. 12. *Ipsa gens* Phœnicum *in gloria magna literarum in-*

ven-

TURRIS BABEL LIB. III.

Cap. X. *ventionis, & syderum, navaliumque, & bellicarum artium.* Tacitus Annal. lib. II. *Fama est,* Cadmum *classe Phœnicum vectum, rudibus adhuc Græcorum populis artis ejus* (literarum) *auctorem fuisse.*

Josephus initio *lib.* I. *contra Appionem* testatur, Græcorum historicos, qui sibimetipsis literarum usum quàm vetustissimum vendicare volunt, eum à *Phœnicibus* & *Cadmo* repetere. Hoc refert *Eusebius,* & probat *lib.* X. *cap.* 7. *de præparat.* Euangelica. Idem quoque testatur *Appion* Grammaticus, acerrimus Judæorum hostis : *Qui literarum,* inquit, *formam, & rationem tradidit* Cadmus, *non nisi multis post ætatibus pervenit in Bœotiam,* ut ex eo refert idem *Eusebius,* ejusdem *libri cap.* 11. & 12. Aliud citat ex eodem *Appione* testimonium S. *Irenæus lib.* I. *cap.* 12. *Græci se à* Cadmo *primùm sex & decem literas accepisse confitentur, ac postea temporis progressu nunc aspiratas, nunc duplices invenisse. Postremum verò omnium* Palamedem *longas adjecisse tradunt.* Clemens Alexand. Stromat. lib. I. paulò ante medium : Cadmus *literarum apud Græcos* inventor, Phœnicius *erat* ὅθεν ἢ Φοινίκεια τὰ γεάμματα Ἡρόδοτ(ος) κέκληκα γεάφει. Hoc *Ephori* testimonio confirmat *Diodorus Siculus,* initio, *lib.* 3. dum ex quodam antiquo historico refert, *Cadmum primùm literas in Græciam è Phœnicia detulisse,* & hinc vulgò dictas esse *Phœnicias,* atque etiam *Pelasgicas,* eò quod primi *Pelasgi* iis sint usi. Hinc *Timon* antiquus Poëta Φοινικικὰ σήματα κάδμου. Idem *Hesychius* in voce Φοινίκι(ος), & Suidas in eadem dictione, & in *Cadmo* Quintus Curtius lib. 4. de Tyriis : *Hæc gens literas prima, aut docuit, aut didicit.* Hisce astipulatur Morinus in opusculo Hebræo-Samaritico. *Si sileret,* inquit, *historia, idem evidenter demonstraretur tam ex ipsis literarum nominibus, quæ* Syriaca *sunt, quàm ex ipso literarum ordine, qui est utrisque unus & idem. Hoc autem de literis majoribus intelligendum est, quæ antiquitùs tantùm usurpabantur, non autem de minoribus, quæ celeris scriptionis causa postmodùm inventæ sunt. Quidquid sit, de istius inventionis tempore, experientiâ certum est, omnes marmoreas inscriptiones literis majusculis esse insculptas : præterea codices omnes ante mille annos iisdem quoque characteribus esse descriptos, inveniri quoque nonnullos hoc tempore posteriores. Hoc passim testantur Antiquarii viri docti,* Muret. in Epist. 40. Senecæ; Lipsius cap. de pronunciat : Linguæ Latinæ ; Leo Allatius, animadvers. in Antiquit. Etruscas. *Vidimus ejusmodi nonnullos* Romæ *in bibliotheca* Vaticana, Parisiis *in* Regia, *aliisque bibliothecis.*

Verùm *Josephus Scaliger Animadversionibus in Chronicon Eusebii* post notam M DC XVII. ulteriùs progreditur. Scribit enim alphabetum *Samaritanum* idem esse quod *Phœnicium*; ideò assumit antiquas *Ionum* literas, *Samaritanas* fuisse, idque demonstrat ex duabus antiquis columnis in Via Appia effossis, indeque in hortos Farnesianos deportatis, in quibus literæ *Ionicæ* veteres sunt incisæ, anno Urbis conditæ 441. Ex illa inscriptione alphabetum construit, quod columnatim opponit alphabeto *Samaritano, Græco* hodierno, & *Latino,* ut loco citato quisque conspicere potest. Ex literarum istarum oculari comparatione colligit, *Græcas ex Samaritanis ortas,* & *è Græcis Latinas. Latinas* literas *è Græcis* ortas esse, planè certum est. Hoc affirmat Tacitus Annal. II. *Forma literis latinis quæ veterrimis Græcorum, sive Etruscos eas* Demaratus Corinthius *docuerit, sive* Evander Aborigenes ; *ambo enim Græci erant.* Plinius id ἀυτοψίᾳ demonstrat lib. VII. cap. 58. *Veteres literas græcas fuisse easdem penè, quæ nunc*

Sect. I.

185

Aa   *sunt*

Cap. X. *sunt latinæ, indicio erit* Delphica *tabula antiqui æris, quæ est hodie in palatio, dono principum* Minervæ *dicata.* Ideo paulò antè dixerat: *Gentium consensus tacitus primus omnium conspiravit, ut* Ionum *literis uterentur.* Nec quis hoc diffiteri potest, cùm oculi sint hujus rei testes. Majusculæ enim *Latinorum* literæ *Græcis* majusculis sunt simillimæ. Hisce respondet *Morinus*, plurimum dubius, & anceps, *Scaligeri* tamen placito perperam adhærere videtur, sic enim dicit. At non ita certum est, characteres *Samaritanos* esse *Phœnicios*, neque tanta est similitudo *Græcorum* cum *Samaritanis*, ut ex ea sola colligi possit, ut vult *Scaliger*, characterem *Samariticum*, & *Phœnicium* esse eundem; ea tamen est, quæ meo judicio rem probabilem reddit, & multò probabiliorem, si consideremus id, quod omnes confitentur, ante primum templi excidium, *Israëlitarum* omnium, hoc est, *Judæorum*, & *Samaritanorum* eundem fuisse characterem, eumque fuisse, qui nunc dicitur *Samaritanus*. Nam cum undique *Tyrii* & *Sidonii* ab *Israëlitis* circumdarentur, angustumque admodum esset eorum territorium, nec ex eo, nisi per *Israëlitarum* regionem excedere possent, nec illud ingredi, probabile est, omnes eorum charactere usos, sive ab *Israëlitis Phœnices*, & *Chananæi*, illum acceperint docente eos *Abrahamo*, sive *Israëlitæ* à *Chananæis*, quod multò probabilius existimo. Hoc etiam suaderi potest *Chœrilli* antiquissimi *Poëtæ* testimonio, quod referunt *Josephus lib.* I. *contra Appionem*, & *Eusebius lib.* IX. *de præparat. Euangel.* qui de *Judæis* verba faciens, ait, eos linguâ loqui *Phœniciâ*.

Γλῶσαν μὲν Φοίνισσαν ἀπο σομάτων
ἀφιέντες.

Hoc admodum probabiliter confirmari potest ex eo, quod scribit S. Augustin. in expositione inchoata Epist. ad Rom. ante medium: *Interrogati rustici nostri, quid sint, Punicè respondentes* Chanani, *corruptâ scilicet, sicut in talibus solet, unâ literâ, quid aliud respondent, quàm* Chananæi. *Phœnices se Chananæos indigitabant, hocque erat ipsis tam consuetum, ut Phœnices rustici se ipsos non aliter vocarent, quàm Chananæos.* Qui igitur erant *Græcis* & *Latinis Phœnices*, sibi erant *Chananæi*. Unde ibidem S. *August.* Chananæa *enim, hoc est,* Punica *mulier de finibus* Tyri & Sidonis *egressa* &c.

Sect. I.

Testimonio S. *Augustini* planè conforme est, quod refert *Procopius lib.* II. *de Bello Vandalico*, duas suo tempore superfuisse columnas in urbe *Tingitana*, quibus inscriptum erat linguâ, & charactere *Phœniciis*. *Nos fugimus à facie Jesu prædonis filii* Nave. *Phœnices* igitur erant, & regione, & linguâ & nomine *Chananæi*: quis dubitabit & charactere? Videtur *Morinus* in eadem sententia esse cum *Scaligero*, sed fallitur.

In opusculo Hebræo-Samaritano.

Sed dimissa hac quæstione *Phœnicios* characteres fuisse *Samaritanos*, quam præcedentia testimonia certò confirmare videntur, assumamus quod tam efficacibus & antiquis argumentis demonstratum est, quodque communis fama ab ultima antiquitate in hunc usque diem invariata nobis tradidit: *Græcos* scilicet à *Phœnicibus* literas suas accepisse, ex eo necessariò consequitur alphabetum *Hebraïcum*, seu *Phœnicium* non secus ac *Græcum* ex literis, consonantibus, & vocalibus esse compositum. Quemadmodum enim *Latini*, *Russi*, *Dalmatæ*, *Servii*, aliique populi literas suas à *Græcis* mutuantes, *Græcam* scribendi rationem secuti sunt: quemadmodum iterum *Itali*, *Galli*, *Hispani*, *Germani*, cæterique *Europæi* literas suas à *Latinis* mutuati, *Latinam* scri-

Cap. X. scribendi rationem amplectuntur; ita Græci literis acceptis à *Phœnicibus, Cadmo* & *Phœnice Ægyptiis* acceptis, quam nos *Coptam* dicimus, non à *Samaritanis*, sive *Hebræis* literis, sive literarum formam spectes, sive scribendi contrariam rationem, eorum procul dubio scribendi rationem à *Phœnicibus* acceptam imitati sunt. Itaque à posteriori licet argumentari, *Cadmus*, qui literas *Phœnicias* in *Græciam* detulit, vocales literas *Græcis* dedit, erant ergò *Phœnicibus* vocales literæ, quibus junctis cum consonantibus syllabæ, & dictiones componebantur. Insuper eidem argumento innixus colliget *Phœnices* præter vicinorum morem vocales literas ubique consonantibus adjunxisse, non solùm ut *Hebræi*, cùm dictiones incipiebant, aut finiebant, vel cùm radicales erant, aut nominum formativæ, vel pronominum vicem sustinebant. Unde enim ita completè scribere didicissent *Græci*, nisi à *Phœnicibus*, à quibus & literas, & vocales, & eorum nomina acceperant?

Consimili exemplo, contrariâ tamen ratione id illustrabo: *Turcæ, Persæ, Tartari*, ab *Arabibus* literas cum superstitione acceperunt: ideo eodem modo, quo *Arabes* scribunt. Tres tantùm vocales præter literas agnoscunt; figuras habent 28, quas inter nullam agnoscunt vocalem, licet iis non secùs quàm *Hebræi* non sint destituti. Vocales istas literas in mediis dictionibus rarò collocant. Unde hoc? quia ab *Arabibus* ita sunt edocti, à quibus literas acceperunt. Valida est igitur consequentia, cùm è *Græco* scribendi modo *Phœnicius* colligitur. His accedit vocalium eadem utrobique sedes, & eadem figura duarum præsertim, de quibus ambigi posset: E, ut Π quinto loco posita est, nihilque aliud est E *Samaritanum*, quàm E *Græcum* seu nostrum, à dextera in sinistram scriptum. Si paginam inversam respicias nihil prorsùs ab E *Græco* & *Latino*, quod hîc vides, *Sect.* I. differet. Eadem ratio quartæ vocalis ע *Ain* o illius figura *Samaritana* ad vocalem o proximè accedit, locus illius in alphabeto *Hebraïco*, *Samaritano*, & *Syriaco* est 16, in *Græco* 15. Sed si post *Epsilon* inseras ς, quod vocat Scaliger ἐπίσημον βαῦ, vultque esse antiquum *Æolum* digamma, seu f, erit ejus eadem propriè sedes in alphabeto *Græco*, quæ in *Hebraïco*, & *Samaritano*. De tribus cæteris nihil necesse est dicere.

Hunc *Phœnicum* scribendi morem confirmare videtur *Polybius* histor. lib. 3. cùm enim quas copias *Hannibal* in *Hispaniis* reliquisset in *Italiam* profecturus, multaque alia minutè admodum descripsisset, sibi objicit: Neminem ita sigillatim ista describere potuisse, nisi aut ipse ea fecisset, aut finxisset. Respondet se ea collegisse ex *Æneæ* fabula ab *Hannibale* eo tempore descripta, quando erat in *Italia*. Hinc apparet *Polybium* linguam *Punicam* sive *Phœniciam* non ignorasse; *Phœnicum* enim colonia erant *Carthaginenses*. Nusquam autem *Polybius* maximæ istius à *Latinis*, & *Græcis* in scribendo varietatis, nec hoc loco, qui huic commemorandæ erat idoneus, nec alibi, mentionem facit. Undè sanè colligere est, nullum inter *Græcos*, *Latinosque*, & *Carthaginenses*, seu *Phœnices* in scribendi ratione discrimen fuisse. Si enim hujusmodi aliquod fuisset, silentio rem tam notabilem datâ hâc occasione non involvisset *Polybius*, cùm Historiæ suæ magna pars in rerum à *Romanis* cum *Carthaginensibus* gestarum enarratione consistat. Sanè *Plautus* poëta comicus hinc occasionem aliquam illudendi Pœnulo suo, aut aliquod scomma in eum ejaculandi ad plebis risum commovendum captasset.

Denique id colligi potest ex S. *Augustino*. *Punicè* saltem mediocriter intelligebat, ut ex multis scriptorum ejus locis probatur, sed præsertim ex serm.

Cap. X. serm. 24. de verbis Apostoli, ubi relaturus proverbium *Punicum* præfatur. se *latinè* relaturum, eò quod, inquit, *non omnes punicè nostis*, deinde dicit, proverbium esse apud eos antiquum. Quæ loquendi forma manifestè arguit, eum *punicè* intellexisse; *Punica* enim lingua erat vernacula pagis & oppidis regionis, in qua natus & educatus fuit, & cujus tandem episcopus renunciatus est: At nullibi S. *Augustinus* mentionem facit scriptionis *Punicæ* à dextra ad sinistram, & propter vocalium absentiam tam ancipitis.

Ecce lector, hæ sunt rationes, quibus paulò antè citati auctores putant se demonstrare posse, characterem *Samaritanum* & *Ionium*, sive *Græcum* eundem esse; quam sententiam nulla ratione subsistere posse, sic ostendo.

Dico enim primò, certum esse & indubitatum, linguam *Samaritanam* eandem esse cum *Hebræa* & *Assyria* lingua, solummodò dialecto differentem; characterem verò *Samaritanum*, & *Assyrium* non specie quidem à lingua *Hebræa*, sed tantùm characteribus ex differenti manu scribendo & dictas literas formando, natis differre. Quæ omnia cùm in præcedentibus uberrimè ex universis Rabbinorum monumentis demonstraverimus, iis hîc immorari nolumus.

Dico secundò. Si lingua *Græca* ab *Hebræa*, & *Samaritana* originem suam invenit, id ostendi deberet; attamen cùm in universæ linguæ *Græcæ* ambitu, ne quidem unicum *Samaritanæ* linguæ vestigium reperiatur, clarè patet, linguam *Græcam* ad linguam *Samaritanam* affinitatem non habere.

Dico tertiò, Neque characteres *Samaritanos* ullum ad linguæ *Græcæ* characteres indicium præbere, quod ita ostendo si characteres *Græci* à *Samaritanuis* descenderunt, deberent utique eundem scribendi modum tenere *Græci*; sed nunc totum contrarium nos docet experientia; nam *Hebræa*, ejusque filiæ *Samaritana*, *Chaldaica*, *Syriaca*, seu *Aramæa* à dextra ad lævam scribunt, *Græci* verò contrario motu, ex læva ad dextram scriptitare solent & inde sat patet, *Samaritanum* characterem cum *Ionio Græco* eundem esse non posse. Quod verò urgent, *Phœnices Samaritanam*, seu *Chananæam* linguam calluisse, quamque postea in *Carthaginem Africæ* sub nomine *Punicæ* linguæ propagarint, id quoque libenter, uti postea demonstrabitur, ipsis concedimus; sed & characteres *Samaritanos*, cum *Græcis*, & *Carthagine* usitatis, eosdem esse, doleo me in hoc ipsis subscribere non posse. Verumtamen ut veritas quàm luculentissimè pateat, quinam sint characteres illi *Cadmæi*, quibus *Græci Iones* ex *Phœnicia* adductis primò usi sunt, restat demonstrandum.

Omnes auctoritates paulò antè ex veterum monumentis adductæ apertissimè monstrant, literas à *Cadmo Phœnicis* fratre in *Græciam* primùm allatas fuisse, quod nos ubique passim docuimus, & adversariis in hoc consentimus, sed Cadmæos hosce characteres, quos totius antiquitatis consensus exinde καδμαῖα γράμματα dicit, eosdem cum *Samaritanis* esse ob causas jam prædictas, constanter nego, & hoc pacto ostendo.

In præcedentibus docuimus, *Cadmum* & *Phœnicem* fratres fuisse *Ægypto* oriundos, qui novas colonias fundaturi, in *Phœniciam*, quæ tunc temporis terra *Aram*, sive *Aramæa*, pars terræ *Canaan* dicebatur, à *Phœnice*, postea ab *Aramæis* in Regem assumpto, *Phœniciæ* nomen obtinuit: *Cadmus* itaque regno fratri relicto unà cum literis & characteribus *Ægyptiacis*, quas addidicerat, in *Ioniam Græciæ* profectus, dictas literas primus indigenis communicavit; characteres itaque *Græcos* docuit, non *Samaritanos*, non *Phœnices*, sed *Ægyptios*, quos nos *Coptos* vocamus,

TURRIS BABEL LIB. III.

Cap. X. camus, à *Copto* urbe prima, à qua Ægyptus nomen meruit, uti in Prodromo ostendimus. Qualesnam hi characteres fuerint, si quæres, dico, Ægyptios priscos, uti ex se, & suâ naturâ ad abstrusiora proni erant, ita quoque ea quæ scribebant, per symbolicas literas denotasse; unde duplex alphabetum in usu habebant; unum mysticum ex animalium ipsis sacrorum motibus, membrorumque agitatione, sagaci industriâ compositum, quod & hieroglyphicum appellabant; alterum vulgare, quo in rebus publicis utebantur, cujus tamen literæ ab Hieroglyphicis, seu mystici Alphabeti literis non discrepabant, prout lector ex utroque alphabeto in præcedentibus posito videre poterit. Atque hujusmodi literæ fuerunt illæ, quas veteres καδμαῖα γράμματα dicebant; quæ uti mysteriis conserta existimabantur, ita quoque *Cadmus* ea, veluti literarum novam, & insolitam formam, dignam judicabat, quæ *Græcis* curiosioribus communicarentur. Neque quisquam sibi persuadeat, uti nonnulli, qui priscæ literaturæ haud periti, ex similitudine literarum, non *Græcos* ab Ægyptiis, sed Ægyptios à *Græcis* literas primùm accepisse sentiunt; quod, uti omnium Veterum consensui contradicit, ita quoque explodendi sunt. Sed hisce propositis, utrum alphabetum *Samaritanum Ionico* alphabeto respondeat, videamus.

Josephus Scaliger utrumque in suis *animadversionibus in Eusebium* ponit, atque operosè nimis ostendere conatur, literas *Samaritanas Ioniis* omninò respondere, quod ut probet, dici vix potest, quàm coactè, quàm anxiè omnia ex antiquis inscriptionibus, præsertim ex inscriptione in Via Appia repertâ, comprobare nitatur; sed non aliud, nisi aërem verberat: primò enim, uti comparanti literas cum literis patet, nihil quod exactè similitudinem ali-quam habeat, sed coactis auctoritati-*Sect.* I. bus omnia se probare posse putat. Falsa omnia; cum ex prædictis clarè pateat, *Samaritanos* characteres, præterquàm quod à dextra ad lævam formentur, è contrariâ parte *Græci*, uti Hebræorum alphabetum, non nisi 22 literis constare, solis consonantibus, sine vocalibus; *Græci* vero 28 characteribus, quibus *Ionicum* alphabetum constat, utuntur, unà cum consonantibus, vocalibus ei insertis: accedit, quod ordo literarum *Samaritanarum*, ab ordine literarum *Ionicarum*, plurimùm differat; deberet autem concordare, si *Ioniæ literæ* à *Samaritanis*, sive *Phœniciis* desumptæ fuissent; putat enim *Phœnicias* literas easdem fuisse cum *Samaritanis*, quod tametsi concedi possit, non exiguam tamen difficultatem patitur placitum *Scaligeri*; cùm enim *Phœnix* non *Aramæus*, *Chananæus*, aut *Samaritanus* fuerit, sed Ægyptius natione; multo vero similius est, eum nec *Aramæam*, aut *Samaritanam* linguam, multò minùs characteres novisse; unde non tam à *Phœnicia*, cui dominabatur, *Phœnicii*, quàm à *Cadmo Cadmæi*, cum uterque *Ægyptius* fuerit, dicti fuerunt. Verùm, ut quæcunque hucusque dicta sunt, luculentiùs cognoscantur, hîc alphabetum utrumque; *Samaritanum* & *Græcum Ionium*, prout *Scaliger* in suis animadversionibus describit, apponendum censui, queis & alphabetum *Cadmæum*, id est, *Ægyptio-Coptum* unà exhibemus, ut ex comparatione literarum unius Alphabeti, cum alterius factâ, quænam ad Alphabeti *Ionici* literas maximè concordent, æquus lector cognoscat, & inveniet, non *Samaritanum*, sed *Cadmæum*, sive Ægyptium, & ordine, & numero, literarumque similitudine, *Ionio* exactè respondere, exceptis paucis, quæ posteris temporibus alphabeto *Copto* acciderunt.

TA-

190 ATHANASII KIRCHERI
Cap. X. Sect. I.

TABULA,

Qua characterum Samaritanorum *cum* Ionicis *&* Copticis *sive Ægyptiis comparatio instituitur.*

Literæ Samaritanæ ex nummis	Literæ Ionicæ	Literæ Copticæ seu Ægyptiæ		Literæ Samaritanæ usitatæ	Valor Literarū
N	A A A α	A	Alpha	᚛	A
9	B β	B B	Vida	ᚚ	V
˥	Γ Λ γ	Γ Γ	Gamma	ᚌ	G
ᛘ	D Δ δ	Δ Δ	Dalda	᚛	D
ᚠ	E E ε	Є Э	επίσημον Epsylon	Ӡ	E
X	S F C	Ƹ Π	So	ᚱ	S
ᚼ	Z ?	ᴣ ᴣ	Zyda	ᛖ	Hh
m	H η	H	Hida	m	I
ᛠ	Θ ⊕ ⊟ θ	Θ Ə	Thita	ᚴ	T
m	I ι	I I	Ita	ᛒ	ch
ᛃ	K χ	K K	Kabba	ʒ	V
∠	Λ L λ	λ λ	Lauda	Ƨ	L
ᛖ	M M ᴍ	υ ell	Mi	ᛜ	M
ᚦ	N N v	N N	Ni	ᚱ	N
ȝ	Ξ Ʒ ξ	ᴣ	exi	ᛇ	S
D	O ☐ o	O O	o	∇	A
ᛃ	I Π	Π Π π		ᛃ	Ph
m	Ɔ Δ	P P	Ro	m	Ts
ᛩ	G G ch	C C	Sima	ᛩ	Q
ᛡ	R P ϱ	P P	Ro	A	R
W	S Σ C ϭ	ⲱ ⲱ	Schi	ᚖ	Sch
N	T τ	T	Tau δει	Λ	Th
	Y V Ψ	Y			
	Φ ⊡ φ	Φ Φ φ	ph		
	Ψ Ψ	Ψ pfi Ψ			

Atque hæc est comparatio characterum *Samaritanorum*, quos *Scaliger* *Phœnicios* vocat, cum *Ionicis* veterum *Græcorum* literis, ex quibus colligit, & demonstrare conatur, *Ionicos* characteres eosdem esse cum *Phœniciis* sive *Samaritanis*; in quo valdè hallucinatur. Quis enim diligenti adhibita comparatione, vel minimum vestigium reperiat characterum *Samaritanorum* cum *Ioni-*

TURRIS BABEL LIB. III. 191

Cap. X. *Ionicis?* Si quis singularum literarum ab eo institutam expositionem penitius examinaverit, is apertè & luculenter inveniet, nihil ad ejus propositum demonstrandum subsistere: neque quoad significationem, neque quoad similitudinem literarum, neque demum quoad modum scribendi *Samaritanis* proprium, uti paulò antè dictum fuit. Verùm ut hæc ad veritatis lineam reducantur, apponam hoc loco inscri- Sect. I. ptionem, quo mirificè triumphat *Scaliger*, quove demonstrare se putat, *Ionicos* characteres, eosdem cum *Samaritanis* seu *Phœniciis* esse. Inscriptio *Ionicarum* literarum, quas *Herodotus* similes esse dixit *Phœniciis*, lapidi incisa, ex via Appia in hortos Farnesianos translata fuit; ubi etiamnum spectatur, atque hæc est:

Exemplum inscriptionis Ionicarum *literarum à priscis* Græcis *lapidi incisæ.*

ODENI. ⊛EMITON. METAKINESAI. EK. TO. TRIO-
ΠΙΟ. HO. ESTIN. EΠI. TO. TRITO. EN. TEI. HODOI.
TEI. AΠΠIAI. EN. TOI. HEPOΔO. AΓPOI. OΛAR. ΛOION.
TOI. KINESANTI. MAPTVS. ΔAIMON. ENHODIA;
KAI. HOI. KIONES. ΔEMETPOC. KAI. KOPEC.
ANA⊛EMA. KAI. X⊛ONION. ⊛EON. KAI.

Id est, *Nemini liceat movere* (transferre) *ex hoc trivio, quod est juxta tertium, scilicet lapidem, in Via Appia, in agro Herodi; melius tamen erit, melius est ei qui moverit, est enim sub protectione dæmonis Viarum. Et canes Cereris, & puellæ anathema, & deorum terrestrium.*

Jam videamus, an hisce literis priscorum *Ionum*, literæ *Samaritanæ*, sive *Phœniciæ* respondeant:

ⲋ⊛ⵏ⸺ ⲋ⊛ⵑⲘⲎⲈⳘ ⸺ⲦⲰⲘⲎⳘ ⲘⲌ⳦Ⲟ
&c. ⲋ⳥Ⲧ⳨ Ⲙⵑ Ⳙⵏ⳨Ⲧ⳨ ⲋⲘⲌⲦⲘⲀⳘ

Ecce hanc inscriptionem *Phœniciis*, seu *Samaritanis* characteribus exaratam, inscriptioni *Ionicis* literis descriptam supponimus, ut lector ex comparatione unius cum altero, colligat, quàm falsum sit, quod *Scaliger* tam audacter de identitate *Ionicarum* literarum cum *Phœniciis* asseruit. Cui enim sufficiet animus, ad legenda ea, quæ toto, ut ajunt, cœlo dissonant?

Primò enim scribendi modus *Samaritanis* usitatus est à dextra ad sinistram, *Hebræorum* more; contra characteres *Ionici*, à lævа ad dextram.

Secundò, *Ionum* alphabetum vocalibus constat & consonantibus; *Samaritanum* solis, sine vocalibus, consonantibus, uti *Hebræorum*, *Syrorumque* alphabetum monstrat, componitur.

Tertiò, uti dicta alphabeta in omnibus essentialibus discrepant, ita nulla quoque literarum utriusque ad invicem collatarum similitudo assignari potest; quod tamen, ut probaret *Scaliger*, alphabetum *Samaritanum*, sive *Phœnicium Ionico* junxit, ut similitudinem characterum evolveret, quam in sequentibus ex variis veterum inscriptionibus, vano labore, & oppidò coactâ similitudine demonstrat. Quid itaque nos de hac controversia sentiamus, partim in præcedentibus diximus, & hoc etiam loco paulò fusiùs dilucidiusque expositurі sumus.

Nota

Cap. X. Nota itaque lector, quando characteres seu literæ *Ionicæ*, καδμαία γράμματα vocantur, ab auctoribus, illa *Phœnicia*, seu *Samaritana* dici minimè posse, ut ex paulò antè dictis luculenter patet, sed *Cadmeæ* literæ propriè vocantur eæ, quas *Ægyptias*, sive *Coptas* vocamus, quas *Cadmus* & *Phœnix* fratres, *Ægyptii*, novas colonias fundaturi, secum ex *Ægypto* in *Phœniciam* attulerant, ubi & *Phœnici* relicta colonia apud *Syros*, seu *Aramæos* fundandæ regioni primum nomen dedit *Phœniciæ*; *Cadmus* verò ad *Ionas* progressus, ibidem primum mysticum *Ægyptiorum* alphabetum, quod unà cum scribendi modo à juventute in *Ægypto* didicerat, tradidit. Atque hæc sunt propriè καδμαία illa γράμματα, quæ per abusum, à fratre *Cadmi*, *Phœnice*, posteri *Phœnicia* dixerunt. Sed hæc meliùs intelligi non poterunt, quàm comparando singulas literas *Ionum* cum *Coptis*, sive *Cadmæis* in præcedenti tabula positis, & invenies, ovum ovo non tam esse simile, quàm *Ionicas Coptis*, singulatim inter se collatas. Si verò quis dixerit, *Ægyptios à Græcis*, non *Græcos* ab *Ægyptiis* accepisse literas, is sibi consequenter contradicit; cùm jam in præcedentibus ex omni antiquitate ostenderimus, *Cadmum Ægyptium Ægyptias* literas *Ionibus* primùm multis ante *Ilium* ætatibus attulisse, & mysticum *Ægyptiorum* alphabetum sat superque demonstrat, quod non nisi ex sacrorum animalium motibus & gestibus desumptum, atque vel ante ipsum *Moysen* in usu fuisse, variis in *Oedipo* locis exposuimus. Restat altera difficultas hoc loco enodanda, quæ est de *Phœniciorum* colonia in *Africam*, & *Carthaginem* traducta, ubi *Phœnicia* linguâ locutos fuisse, ex *Plauto*, *Plinio*, *Divo Augustino*, suprà citatis constat, nec non ex inscriptionibus ad *Gaditanum* littus repertis.

Dico itaque, coloniam *Phœnicum* in *Africam*, & *Carthaginem* traductam nos negare non posse, quamvis de literis, à *Sect.* I. *Phœnicibus* acceptis, nulla prorsus apud veteres fiat mentio. Id itaque intelligendum existimem de linguâ *Phœniciâ*, non de literis; cùm enim lingua communis tempore *Phœnicis Aramæa*, linguæ *Hebraicæ* dialectus fuerit, uti *Syriaca*, *Cananæa*, & *Samaritana*, toti passim terræ *Canaan*, seu *Palæstinæ* usualis; certè colonia *Phœnicum* in *Africam* translata, aliâ linguâ uti non poterant, quàm eâ, quam ab ineunte pueritiæ ætate didicerant. Quemadmodum itaque *Cadmus Ionicos* characteres tantummodò, non verò linguam, quam *Pelasgi*, progenies *Phaleg* in *Græciam* 300 ferè annis post diluvium, introduxerant, ita *Phœnices Afris* non literas, sed linguam solummodò communicârunt; unde & à *Phœnicibus Pœni*, & *Puni*, sicuti & lingua *Penicia* & *Punica* corruptis vocibus postea appellati sunt. Extant apud *Plautum* nonnulla hujus linguæ vestigia, quæ ad sententiæ meæ confirmationem hîc adducta, exponenda censui. Sic autem loquitur *Plautus*. Introducit Pœnum loquentem.

Ny Thalonim valon uth si corathisima consit
Chim Jach chunith mumis thyalmyctabari imischi
Lipho canethyth bymichy ad udin Bynuthi
Byrnarob Syllo homaolinin uby mysistoho
Bythlim mothyn noctothy nelechanti damascon
Issidele brimtysfel yth chilis chon, tem, liph
Uthynim Isdibur thinno cuthnu Agoradocles
Uhe manet ihy chyrs lycoeh sith naso
Binni id chil Jubili gubilim lasibit thim
Bodoalit herain niu nus tim moneoth lusim
Ex anolim volanus.

Quorum interpretationem aliarumque inscriptionum curiosus lector quam amplissimè descriptam reperiet in *Atlante polyglosso*, syntagmate *de Lingua Phœnicum seu Punica*.

SECTIO

TURRIS BABEL LIB. III.

SECTIO II.

De linguis primigeniis, quas matres vocant, quæque post confusionem Babylonicam etiamnum superstites in usu sunt.

PRÆFATIO.

*C*Onstitutum est nobis in hoc tertio libro tantummodo de primigeniis linguis quas doctrinales vocant, agere, & de earum videlicet origine, antiquitate, propagatione, & corruptione, per quasdam scitu necessarias annotationes veluti prodromo quodam rerum in Atlante secuturo exponendarum præludere: Itaque lectorem hîc primo notare velim, tria potißimum linguarum genera à tanta linguarum confusione, & corruptione, utique divino quodam nutu, immunia restitisse, quæ & ea de causa quoque in sacrosanctæ crucis trophæo θεάνθρωπος Christus mundi dominus & redemptor, titulo imposito consecrata fidelibus commendavit; fueruntque Hebræa, seu vernacula Christi Syriaca, Græca, Latina, una cum earundem filiabus, ut videlicet per hasce magnalia Dei, & sacrosancti euangelii veritas, universo mundo patesceret, & sacrosanctæ missæ sacrificium ubique iis veluti privilegio singulari honoratis legeretur. Vocantur præterea doctrinales ob idiomatis distinctionem, eò quod tum in sacris, & profanis conscribendis, à doctoribus tantum ubique locorum usurpentur. Quamvis verò linguæ Hebrææ in catholica ecclesia nullus in sacris sit usus; in filiabus tamen, Chaldaïca, Syriaca, Æthiopica, & Arabica pro ritu, & consuetudine dictarum gentium, earum usus in sacris permittitur, uti Romæ, ubi Maronitæ Syriaca, & Arabica, Chaldæi suâ, Abyssini Æthiopica, solennioribus festis, juxta ritus suos, in hunc usque diem peragunt. Sed jam ad particularia dictarum linguarum exponenda, calamum convertamus.

CAPUT I.
De lingua Hebræa linguarum omnium prima.

HEbræam linguam primigeniam, & à DEO Opt. Max. protoplastis insitam, ac proinde mundo coævam, nec non divino eloquio exornatam, jure uti dixi primigeniam esse, omnium SS. interpretum doctorumque communis sententia est; & vel ex ipsis primævis nominibus, à DEO in sacra sua *Genesi* expositis, quàm luculentissimè patet; ut proinde nimiùm audax, ne dicam temerarius censeri debeat, qui contrarium sentiat. Verùm cùm hæc in præcedenti capite de primatu linguarum fusè tradiderimus, eò

Bb lecto-

Cap. I. lectorem relegamus. Quod verò *Goro-*
Goropius *pius Becanus Belgicam* linguam primam
Becanus omnium linguarum dicat fuisse, is illud
Belgicam
primam non tam verè sensisse, quàm lepido
linguam quodam ingenii lusu asseruisse, exisi-
jocose asse- mandus est; cùm idem & majori jure
rit.
de *Germanico* idiomate, cujus *Belgica* filia quædam est, dici possit, cùm vix
ulla monosyllaba vox appellativa in
Germanica occurrat, quæ non ad aliqua
monosyllaba *Hebraica* reduci possit,
quod & in aliis linguis experientia nos
docet. Prima igitur omnium lingua est
Hebraïca; quæ lingua sancta dicitur,
quia hâc DEUS mundi opifex primus
omnium *Adamum* & *Evam* appropria-
tis nominibus allocutus est, cui eâdem
Protoplastus & *Eva*, DEO interrogan-
ti de lapsu respondere.

Hæc est prima lingua, quâ primi
patriarchæ ab *Adamo* ad *Noëmum*, continuâ successione usi sunt, uti ex nominibus, *Adam, Eva, Caïn, Seth, Enos, Caï-*
nan, Melalael, Jared, Enoch, Mathusalem,
Lamech, Noë, quæ omnia purè Hebraïca nomina sunt, patet. Hâc post diluvium *Noë,* & tres filii, *Sem, Cham, Ja-*
pheth, in ea ante & post diluvium exer-
citati usque ad divisionem linguarum *Sect.* II.
276 annis unâ cum universa generis
humani congregata multitudine usi
sunt; juxta sacræ *Genesis* cap. I. effatum;
Erat enim tunc terra labii unius, eorun-
demque sermonum &c. Duravit itaque
lingua sancta ab orbis origine, usque
ad divisionem linguarum, annis 1932.
Postea verò ex illa à DEO justis de causis immissa confusione, illa pariter in
varia, & differentia idiomata distracta,
maximam confusionem passa fuit, in-
tegrâ tamen in domo *Heber* usque ad
Abraham, Moysen, Judices &c. in synagoga magna Rabbinorum usque ad *Chri-*
stum, & ultra adhuc existente, ad nos
tandem pervenit mysteriis confertissi-
ma, de quibus vide, si placet, *Hebræo-*
rum Cabalam, quam in II *Tomo Oedi-*
pi Ægyptiaci quàm fusissimè descripsi;
de quo, uti supra dixi, nulli dubium
esse debet, nisi ei forsan, qui ex U-
topia quandam linguam delatam,
tunc temporis viguisse, sibi impru-
dentiùs, ne dicam stolidiùs persuase-
rit. Sed jam qua ratione, quave occasione illa in alia idiomata declinarit,
videamus.

CAPUT II.

De lingua Chaldaïca*, una ex primogeniis linguis.*

Cap. II. **B**Abylonia portio *Assyriæ*, ad *Tigris*
& *Euphratis* confluxum, uti su-
periori libro dictum fuit, naturalem in terra situm habet, primorùm
post diluvium hominum, atque adeò
totius humani generis colonia fuit, ibidem unâ congregata, labii unius, ejusdemque linguæ, videlicet ex omnibus
Lingua linguis primogenita; quæ tamen post
Chaldaïca
in 5 prin- confusionem ex simplici *Hebræa,* suc-
cipales ra- cessu temporis in quintuplicem diale-
mos di-
visa. ctum, *Chaldaïcam, Syriacam, Samarita-*
nam, Arabicam, Æthiopicam degeneravit. Et *Nembrodi* quidem soboles in
Babyloniam, & *Assyriam* diffusa, primam subiit *Hebrææ* linguæ corruptionem, uti supra de *Nino* & *Assur* ostendimus, & nomina Regum tum *Assy-*
riorum, quorum sedes in *Ninive,* tum
Regum *Chaldæorum,* quorum sedes
in *Babylonia,* sat demonstrant. Certum itaque est, *Chaldaïcam* sive *Baby-*
lonicam linguam unâ cum *Assyriorum*
monarchia semper, & assidua artium, scientiarumque cultura, legum-
que ac jurium, sine quibus nullum
imperium consistere potest, promul-
gatione excultam longè lateque sua
pomœria protulisse; sic enim naturâ comparatum est, ut is, uti & supra
docui-

Cap. II. docuimus, penes quem est summa imperii orbis terrarum administratio, cum legibus quoque & edictis suam linguam populis sibi subditis tribuat, aut saltem, si non continuò in omnibus provinciis, quibus princeps imperat, ipsius idioma ceu vernaculum omnium ore versari jubeat, & sensim tamen eò irrepsit, ut radicem suam quàm latissimè diffuderit, uti ex *Alexandri Macedonis* actis, *Romanorumque* Cæsarum historia luculentissimè patet. Tametsi verò hodiè tanta librorum copia in chaldaïsmo non extet, quanta in hellenismo, latinoque sermone, credibile tamen est, primæ monarchiæ tam latè patentis idioma, non minori, quàm alia duo, splendoris, elegantiarum, nominum verborumque opulentiâ instructum fuisse; sed quod summopere deplorandum est, injuriâ temporum, maximam veterum monumentorum partem antiquissimæ linguarum, *Chaldaïcæ* thesauros, summo Reipublicæ literariæ damno periisse. Quis enim dubitaret, quin *Medi*, & *Persæ*, qui clavem imperii, quam ab *Assyriis*, ut in præcedenti libro dictum fuit, vi & armis occupaverant, alternis tenuerunt, eorum quoque libros ex archiviis publicis expilaverint? certè *Alexandrum Assyriorum, Medo-Persarum*que literaria monumenta, ad bibliothecam Alexandrinam postea incendio destructam, augendam sustulisse, *Franciscus Picus Mirandulanus* quàm distinctissimè in suo de doctrinæ veritate libro refert. Addit *Aristotelem Alexandri* magistrum in comparata bibliotheca, suppressis auctorum nominibus, quasi mercem interpolatam in proprios usus convertisse, quin vel ipse *Clearchus* Aristotelicæ disciplinæ haud ignobilis alumnus, in *libro de somnis* id claris verbis ostendit; cùm enim Aristoteles *disceptaret cum* Hyperochide Judæo, *qui ab altioribus* Asiæ *locis ad maritimas civitates descendens, philosophiæ amore ad* Aristotelem *venit, ipsemet fateri non sit verecundatus, plura se ab eo accepisse, quàm is à se acceperit*: ita Clearchus. Quin vel ipse *Plato* magni fecit *Chaldæorum* monumenta in suo *Alcibiade*, ac maximopere commendat magiam *Zoroastris*, quam nil aliud esse tradit, nisi divini cultus scientiam, quâ & *Persarum* Reges erudiebantur ut ad Reipublicæ mundanæ exemplar, suam ipsi Rempublicam ritè administrare discerent; succentoresque astrologiæ facit: verùm cùm hæc tum suprà, tum in II. *Tomo Oedipi* fusius descripserimus, eò lectorem ablegamus; ubi & de *Sanchathoniate,* & *Beroso*, priscis *Chaldæorum* sacerdotibus, aliisque plura ex *Josepho, Augustino, Ptolemæo, Lactantio, Justino, Ammonio* traduntur. Quidquid igitur hodie ex lingua *Chaldaïca* restat, id totum partim ex prophetia *Danielis* extractum fuit, partim ex *Thargumim Babylonico* & *Hierosolymitano*, quorum auctores fuerunt *R. Onkelos*, & *Jonathas Ben Uziel*, qui paraphrastica expositione Biblia in linguam *Chaldaïcam* transtulerunt.

Chaldaïcam itaque linguam, secundam post *Hebræam* statuimus, immediatè post confusionem ex *Hebræa* corruptam, ut jam sæpiùs inculcavimus. Tertiam ex Hebraïca filiam constituimus *Chananæam*, sive *Samariticam*, quam alii *Phœniciam* dicunt.

Aristoteles multa ex Chaldaïcis monumentis accepit.

Chaldaïca secunda statuitur post Hebræam.

CAPUT III.

De lingua Samaritana seu Phœnicia.

Differentia inter Hebræos & Samaritanos.

Samaria Ptolemæo, tractus Judææ, & in eo ejusdem nominis urbs, civilibus tumultibus vastata, ab Herode restaurata, tandem Sebaste dicta fuit. De Samaritanorum studio, moribus, ingenio, S. Epiphanius in Panario sic scribit: Samaritæ sive Samaritani à Judæis erant separati, non templum, non sacrificia aut cerimonias cum illis habebant communia; quinque tantùm libros Moysis legebant; prophetas, ac cætera sacræ scripturæ volumina rejiciebant, mortuorum resurrectionem unà cum Spiritu sancto negabant.

Secta Hebræorum triplex.

Erat autem Judæorum gens in tres sectas divisa; primæ sectæ asseclæ Esseni dicebantur; secundæ Sebuæi qui cum Essenis in omnibus concordabant, præterquàm quod tempora solennium festivitatum mutarent; tertiæ sectæ Gortheni, pedissequi appellabantur à Sebusæis in temporum digestione discrepantes; ex quibus posteà orta est quarta secta, quæ fautores Dosithei dicebantur à reliquis sectis prorsùs dissentientes: nam resurrectionem mortuorum profitebantur; ab animatis abstinebant.

Superstitio in observando die sabbathi.

Sabbathum adeò superstitiosè servabant, ut quo in loco & statu reperiebantur, immobiles permanerent, donec diei majestas transisset; uti dicit Origenes l. 4. περὶ ἀρχῶν. Samaritas verò cum Judæis odio incredibili dissedisse, præter eum locum à S. Joanne in Euangelio de muliere Samaritana cum Christo colloquente, allegatum, omnes Hebræorum, Rabbinorumque libri testantur. Dissidium originem inde habuit, quod templum, à Samaritanis in monte Garizim in despectum templi Hierosolymitani ædificatum, Judæi ab Alexandro Magno Macedone, obtenta facultate destruxissent, vel ex eo capite, quod sacra profanis miscentes, juxta gentilium morem, Venerem sub columbæ forma adorarent. Vide, quæ de hisce pluribus in I Tomo Œdipi, de Diis Samaritanorum transegimus.

Lingua & characteres Samaritanorum.

Quibus autem literis scriberent, aut linguam profiterentur, Divus Hieronymus in præfatione ad libros Regum paucis definit; viginti & duas literas, ait, esse apud Hebræos, Syrorum quoque lingua testatur, quæ Hebrææ linguæ magna ex parte confinis est; nam & ipsi viginti duo elementa habent, eodem ferè sono, sed diversis characteribus; Samaritani verò pentateuchum Moysis totidem literis scriptitant, figuris tantùm & apicibus discrepantibus, certumque est Esdram post captam Hierosolymam & instaurationem sub Zorobabele, alias literas reperisse, quibus & nunc utimur, cum ad illud usque tempus iidem Samaritanorum Hebræorumque characteres remanserint. Verùm de hisce vide fusiùs tractatum in II. Tomo Atlantis polyglossi, & in præcedentibus, ubi de lingua Samaritana ampliùs egimus.

Etymon literarum Samaritanarum.

Dixi suprà, linguam Samaritanam esse eandem cum Chananææ, propagatā à Canaan, unde regio Canaan nomen habet, in undecim filios divisa, inter quos & Samaræus nominatur, Samariæ fundator; constat enim Chanaan Chami filium, statim post confusionem eam partem occupasse cum undecim filiis, quæ à nomine suo innumeris ferè locis sacræ scripturæ, terra Canaan, & à posteris Palæstina, sive terra sancta dicta fuit; fueruntque post divisionem primi hujus partis orbis incolæ, siquidem & inde patet, quod Abraham 50. post divisionem gentium annis, ex Chaldæa in terram Canaan profectus dicatur. Quemadmodum igitur illi undecim filii Canaan, quisque sibi locum ad inhabi-

Samaræus Samariæ fundator.

Fundatores urbium in terra Canaan.

Cap. III. habitandum elegit, ita quoque urbibus extructis, quisque nomina ipsis imposuit: *Sidon* urbs à *Sidone* primogenito *Chanaan* extructa nomen dedit populis *Sidoniis*; *Hethæi* urbem *Hebron*; *Jebusæi*, *Jebus*, quæ postea *Jerusalem* dicta fuit; *Amorrhæi* urbem *Cadesbarne* ad *Libanum*, & plures alias in terra *Chanaan*; *Hevæi* montem *Hermon* in *Mespha*; *Aracæi* urbem *Arcas*, postea *Tripolim* dictam ad radices montis Libani, & sic de cæteris; *Samaræus* verò nomen dedit *Samariæ* in tribu *Benjamin*, à quibus lingua, quam *Samariticam* dicimus, nomen assumpsit; quamvis verò una & eadem lingua fuerit *Chananæa* & *Chaldaïca*, hæc tamen tanquam in medio terræ *Canaan* sita, peculiare posteris temporibus dedit nomen linguæ *Samaræa*, occasione dissidii orti inter *Judæos*, & *Samaritanos*, de quo paulò ante. *Sect.* II.

CAPUT IV.

De lingua Syriaca.

Tanta est *Geographorum* de *Syria*, ejusque lingua concertatio, ut cui subscribas vix comperias. Sunt qui universam *Syriam* cum *Assyria*, *Babylonia*, & universa terra *Chanaan* confundunt. Sunt qui cum *Phœnicia* ipsam eandem esse putent. Non desunt qui *Syriam* in *Asiam* minorem extendunt, quorum quidem sententiam referre supervacaneum esse ratus sum, cum illud nihil aliud esset, quàm ingenia incredibilibus errorum nebulis offundere; relictis itaque aliorum sententiis, nos strictè *Syriam* hoc pacto una cum *Syriaca* lingua propriè dicta, describimus.

Syria propriè dicta, quæ & in sacris literis ארם *Aram*; ab *Aram* filio *Sem*, primo ejus possessore, à quo & lingua *Aramæa* dicta fuit, & quamvis illa à *Chaldaïca*, *Chananæa* & *Samaritana*, nisi characteribus, vix in alio differat; ex invasione tamen regni *Græcorum*, sub *Alexandro Macedone*, nonnullam corruptionem passa fuit, uti ex nominibus Græcis, quæ in linguam *Syriacam* irrepserunt, sat superque patet: cæterùm eadem prorsus est cum *Aramæa*, *Chaldaïca*, *Chananæa*, *Phœnicia*, ut suo loco dicetur. Characteribus differt ab *Hebræis*, uti inferiùs patebit, ex quorum tamen forma facilè colligimus, *Syros* ex *Hebræis* characteribus originem sumpsisse. *Aramæa* dicitur, eò quod in sacris literis *Syria* passim ארם *Aram* dicitur, ab *Aram* filio *Sem*, uti dixi, qui primus ejus possessor fuit, sic dicta. Differt igitur lingua *Syriaca* à *Chaldaïca*, *Samaritana*, sive *Chananæa*, tum dialecto, tum literis, haud secus ac lingua *Tusca* in *Italia*, à *Romana*, *Neapolitana*, *Mediolanensi*, *Sicula*; quæ tametsi quoad dialectum different, *Itali* tamen omnes & se intelligunt, & exercent commercia, & sibi ipsis mutua negotia communicant, quamvis una sit purior inter illas, quâ curiæ utuntur, sicuti *Hebræa* inter primævos mortales. Fuit autem lingua *Syriaca* vernacula *Christi* Salvatoris nostri, uti ex variis S. Euangelii nominibus patet.

Lingua Syriaca quomodo distinguatur ab Hebræa, & cæteris ejus dialectis.

Caput V.

De Lingua Arabica.

NOn minor Geographorum de *Arabiæ* situ, controversia est, ut proinde pigeat me, inutili labore, hoc loco recitare insuperabilem nominum, quibus eam appellare solent, confusionem; nos communi sententiæ insistentes, triplicem facimus *Arabiam*; *Desertam*, *Petræam*, & *Felicem*: prima *Palestinæ* confinis est; secunda monti *Sinaï* adjacet: tertia, littus *maris Erythræi*, quod *Hebræi*, סוף ים *Jam suph*, ab arundinum, quibus squalet, copiâ, dicunt. *Turcæ* id بحر قرسم *bachar corsum*, mare clausum vocant, eò quod ad fretum *Aden*, quasi occlusum videatur. In sacris literis *Amalecitica* dicitur, à primis *Amalecitarum* habitatoribus; plerique sacrarum literarum interpretes eam quoque *Ismaëliticam* appellant, eò quod ejus primus possessor fuerit *Ismaël*, filius *Abrahæ* ex serva ejus *Agar* genitus; unde & lingua *Arabica* in hunc usque diem, apud Orientales scriptores lingua *Ismaëlitica*, & *Hagarena* dicitur. Sed hisce paucis præmissis, jam ad linguam ejus enodandam procedamus.

Arabica lingua, uti est filia spuria *Hebrææ*, ita quoque semper linguæ *Chaldaïcæ* coæva fuit, quemadmodum scitè docet D. Hieronymus in præfatione ad lib. Job. *Habitasse*, inquit, Job *in Hus in finibus Idumææ, & Arabiæ fertur, eratque ei antè nomen* Johab; *& accepit uxorem* Arabissam, *quæ genuit ei filium, quem vocavit* Ennon; *erat autem ipse filius quidem* Zaro, *de* Esau *filiis, filius; de matre verò* Bosra, *ita ut sit quintus ab* Abraham. *Et hi sunt* Reges, *qui regnaverunt in* Edom, *in qua & ipse regnavit. Hæc autem translatio nullum de veteribus sequitur interpretem, sed ex ipso* Hebraïco, Arabico*que sermone, & interdum* Syro, *nunc verba, nunc sensus, nunc simul utrumque refert.* Ita D. *Hieron*. Adeò tamen post execrandi *Mahumedis*, impostoris nequissimi datam legem in *Alcorano* præscriptam, culta fuit, ut nulla lingua nec hodiè, nec usquam olim in tot Orbis partibus, illa usum majorem invenerit: irrupit illa in *Africam* universam, præter *Nubianam*, *Abassinam* sive *Æthiopiam*; habet illa *Asiam* totam à nostris littoribus in ultimos usque Orientis terminos diffusa; intravit illa *Archipelagum*, & vel ipsas *insulas Moluccas*, quas *Philippinas* vocant, inter quas *Celebes* insula prægrandis *Mahumedanorum* Regis subest imperio. In *Europa* tenet *Græciam*, *Macedoniam*, *Thraciam*, *Daciam*, partem *Hungariæ*, *Serviam* & *Bosnam*, omnesque hodiè ab *Adriatico* sinu, usque ad *Pontum Euxinum*, interjacentes regiones. Hujus beneficio solius quispiam ex *Europa*, per *Tartariæ*, *Asiæ* utriusque, *Indiæ*que regiones sine interprete in *Chinam* usque iter suscipere potest. Cum enim omnem Orientem Reges, & Imperatores *Persiæ*, *Syriæ*, *Arabiæ*, *Africæ*, partemque *Europæ*, suo subjecissent imperio, ejusdemque semper religionis, videlicet Mahumedanæ sequaces fuerint, cujus leges & statuta cum non nisi *Alcoranus*, quem & *Alphurcan Persæ* vocant, contineret; omnes ejus interpretes, *Arabicam* linguam puram, & elegantem, quâ scriptus fuit ab impostore *Mahumede*, calluisse, & etiamnum præter linguam vulgarem, callere necesse sit, ut proinde sæpe miratus sim, cur DEUS OPT. MAX. doctrinam tam impiam, & prorsus ἄλογον in tantum incrementum excrescere permiserit. Verùm qui novit abscondita DEI judicia, circa multa alia,

Arabica lingua per totum Orientem & Occidentem diffusa.

Job in Arabia natus.

Cap. V. quæ sacræ historiæ nos docent, is mirari cessabit. *Arabica* itaque lingua ita posterioribus seculis floruit, ut semper *Arabes* habuerint scriptores eminentissimos in omni pœne scientiarum genere; quorum monumenta si hoc loco recensere vellem, id esset, librum libro jungere.

Scriptores Arabes celeberrimi. Quis enim nescit celeberrimos scriptores, *Aben Sina* medicorum principem, *Abenrâs*, vulgò *Averroem* Aristotelicorum operum subtilissimum interpretem, *Abenragel*, *Aben Mazar*, *Alpharabium*, *Gebrum* chimicorum coryphæum, & innumeros alios, quos alibi citavimus; & quamvis lingua *Arabica* sit *Hebrææ* quoad inflexiones nominum, & conjugationes verborum, nominumque etymologiam, vicina, habet tamen alia quamplurima nomina, quæ *Chaldaïcam* & *Syriacam* sapiunt; adeóque verborum nominumque opulentiâ fœcunda est, ut linguæ *Græcæ* non cedat, sive elegantiam, sive copiam spectes. Qualis autem fuerit *Phœnicia* lingua, jam supra expositum fuit.

Sect. II.

CAPUT VI.

De Lingua Æthiopica.

Cap. VI.

Descriptio Æthiopiæ.

Æthiopia propriè illa regio *Africæ* est intima, totius *Africæ* meditullium, quam & *Abassiam* vocant geographi, sub dominio Magni *Negusch*, sive Imperatoris Abyssinorum; terminaturque *Montibus Lunæ* à Meridie; à Septentrione *insula Meroe*; ab Oriente *Mari Erythræo*; ab *Ortus Nili, & fluminum quæ efficit.* Occidente, *Congo* & *Angola*; *Nilo*, cujus fons in monte *Bedui* visitur, qui & ex radice ejus ingentem aquarum molem, per flumen sat amplum in *Bed* lacum, quem aliqui perperam *Zaire* dicunt, evomit; & hinc in varias partes divisus, tria maxima flumina generat, quorum prior est *Nilus*, qui ingentibus terrarum ambagibus, tandem ingenti aliorum fluminum augmento ditatus, per *Cataduopa* in *Ægyptum* præcipitatur: alter est *Niger*, qui maximam Occidentalis *Æthiopiæ* partem irrigans, tandem in subterraneos meatus devolutus, deinde post triduani itineris spatium eluctatus, & pristinæ libertati restitutus, in Oceanum occidentalem devolvitur. Tertius fluvius est *Zaire*, qui meridianæ *Africæ* occiduam regionem, per vastam solitudinem in *Angola*, oceano illabitur. De quo vide chartam hîc appositam. In hujus meditullio mons est, *Amara* nomine, in quo Imperator cum aula sua commoratur, viginti septem regnorum dominus; qui tametsi religione semper Christianus extiterit, à pestifera tamen *Dioscori* doctrinâ corruptus, in sua pertinacia perstitit, & pro Imperatorum ingenio, jam Ecclesiæ Catholicæ Romanæ unitus, modò ad vomitum reversus, fidem unicè salutiferam susceptam rejecit. Sed hæc pauca de *Æthiopiæ* situ sufficiant; qui plura nosse cupit, de hisce consulat *Tomum* I *Oedipi* nostri *Ægyptiaci*, ubi de origine *Nili* fusè egimus, & quomodo in ipsius Imperatoris *Zelachristi* præsentia anno 1615, unà cum nostris Patribus, fons *Nili* verus, & hucusque incognitus, detectus fuit.

Ad antiquitatem *Æthiopiæ*, & primos ejus colonos quod attinet, dico *Antiquitas Æthiopiæ.* *Chami* filium *Chus* primum hujus regionis possessorem fuisse, idque vel ex ipsis sacris literis patet, ubi terra *Chus* passim *Æthiopia* dicitur, & terra *Cusim*, terra *Æthiopum* dicitur; nam quod in *Arca Noë* fusius ostendimus, id in hoc præsenti volumine degenerem *Chami* progeniem post divisionem gentium universam *Africam*, suo imperio sibi sub-

Cap. VI. subjecisse clare sed paucis demonstrabimus; ita ut *Misraim, Ægyptum; Chus* Æthiopiam mediterraneam; *Phut* verò totum illum *Africæ* tractum, ab Ægypto ad *Gaditanas* fauces *mari mediterraneo* adjacentem occupaverit; & confirmatur ex historia *Æthiopum Abyssinorum*, quæ refert, sex Reges post *Chus*, regni successores, *Æthiopiæ* præfuisse, & septimum sedem suam in civitate *Caxumo* constituisse, quos referre ob chronologiæ incertitudinem, & confusam historiæ relationem potiùs silentio supprimendum censui, quàm tempus in monstruosis nominibus terere. Certitudinem, quam habere possumus ex archivio *Abyssinorum*, hæc est: quod *Makeda*, vel ut alii volunt, *Nicaula* Regina *Æthiopiæ*, quam & lib. IV Regum *Sabam* vocat, ad sapientiam *Salomonis* tentandam magno cum comitatu pervenerit *Hierosolymam*; atque ex diuturna cum Rege consuetudine susceperit filium, quem *Melich* appellavit; alii *David* nominatum volunt: hic primus in meliorem politici status formam 29 annorum, quibus vixit, spacio, reduxit; post hunc secuti sunt alii 22 Reges, usque ad *Christum*. Referuntur præfuisse regno Æthiopiæ tunc temporis Reginam *Juditham* nomine, eandemque esse, quæ per eunuchum *Candacis* Reginæ *Hierosolymâ* in *Æthiopiam* reducem, & à sancto *Philippo* discipulo *Christi* in via, uti est *Actorum* VII. baptizatum, postea conversa, nec non ardentissimo zelo gloriæ *Christi* accensa primò legem *Christi* Salvatorem, magnificentissimâ ecclesiâ in ejus honorem S. *Mariæ* in *Sion* extructâ, propagaverit; cui postea S. *Matthæus* apostolus succedens universum regnum euangelica prædicatione, & sanguinis effusione *Christo* subjugaverit, qui cum euangelium suâ *Hebraïcâ* linguâ conscripserit; *Æthiopes* id postea magno semper in honore, & veneratione conservârint,

Coloni primi Æthiopiæ quinam?

Regina Nicaula eadem cum Saba.

Juditha Regina Æthiopiæ, quam Candacis dicunt.

usque ad salutis nostræ ortum, quorum nomina, & annos regiminis qui volet, consulat *Marinum Romanum in descriptione Æthiopiæ*. Cæterùm præ omnibus, qui *Æthiopiæ* sive *Abyssinorum* historiam descripserunt, auctoribus, merito suo palmam præfert sapientissimus Patriarcha *Æthiopiæ* è Societate nostra, *Alphonsus Nunnes*, qui opere sanè dignissimo, & reconditis eruditionibus conferto, universam *Æthiopiæ* historiam lingua *Lusitanica* complexus, quæcunque αὐτόπης in *Abassia* vidit, & in vetustissimis archiviorum monumentis legit, scitè sanè conscripsit.

Sect. II.

Historia Alphonsi Nunnez. è Soc. Jesu Patriarcha Æthiopiæ.

Hisce itaque præmissis, jam ad rationem linguæ *Æthiopicæ* exponendam progrediamur: de qua quid ipsemet in eorundem codicum *Abyssinorum* evolutione observârim, candidè lectori proponam. Dico itaque *Æthiopicam* linguam, totam ex *Chaldaïca*, aut *Hebræa* lingua, aut *Syra*, nec non *Arabica*, ob *Arabum Erythræi maris* incolarum confinitatem, compositam esse: ita ut, qui hasce linguas probè calluerit, non adeò magno labore *Æthiopicæ* linguæ notitiam acquirere possit: alphabetum tantummodò toto, ut ajunt, coelo, à characteribus *Hebræis*, *Chaldaïcis*, *Syriacis* & *Arabicis* differt: cæterùm inflexio nominum verborumque conjugationes eædem ferè sunt, ut in *Atlante Polyglosso* suo loco dicetur. Quomodo verò *Hebræa*, *Chaldaïca*, aut *Syriaca* lingua in *Æthiopiam* in principio divisionis gentium pervenerit, enodandum restat. Certum est itaque, *Chami* progeniem, aliam post confusionem linguam, plurimùm ab *Hebræa* & *Chaldaïca* differentem, in *Ægyptum*, & reliquam *Africam* contulisse, cùm *Hebræa* sola in domo *Heber* permanserit. Qui nodus ut solvatur, sciendum est, plurimos ex progenie *Sem* & *Japheth* posteris temporibus *Chamææ* progeniei commixtos fuisse, pro-

Æthiopia characteribus differentibus utitur, id est contrario modo scribendi usitato Hebræis, Syris & Arabibus.

*Cap.*VI. prout ingeniorum similitudo, & affectiones mortalium secum ferre solent, qui *Hebræâ*, & *Chaldaïcâ* linguâ instructi, postea potiti rerum in *Æthiopia* linguam suam ibidem coloniâ institutâ propagarint; nam uti in *Oedipo* ostendimus, habebant *Chamæi* populi, id est, *Ægyptii* linguam *Ægyptiacam*, quam & *Pharaonicam* dicebant, ab omnibus cæteris linguis oppidò differentem, cum enim *Joseph Chaldaïcâ* linguâ instructus in *Ægyptum*, à fratribus suis venditus duceretur, dicit sacra scriptura, *linguam, quam non intellexit audivit*; quamvis postea successu *Sect.*II. temporum alii & alii *Hebræa* & *Chaldaïcæ* linguæ periti illuc concesserint, linguamque propagârint. De linguis verò extra *Æthiopiam*, *Abassina*, barbaris & peregrinis postea loquemur. Atque hæc sunt quæ de *Æthiopiæ* statu & lingua dicenda putavimus. Qui historicas *Æthiopiæ* relationes fusiùs desiderabit, is adeat suprà citatum venerabilem Patriarcham *Alphonsum Nunnez*, P. *Alvarez*, P.*Godignum*, *Marinum Romanum*, *Tenethum*, & innumeros alios, qui de *Æthiopicis* rebus scripserunt.

CAPUT VII.

De lingua Persica*, seu* Ælamitica.

C. VII. *P*Ersia à voce פֿוּס, id est, *equus*, à bonitate equorum, quos producit, sic dicta, olim *Ælam*, à primo ejus possessore *Ælam* filio *Sem*, & nepote *Noë*, nomen obtinuit; unde & *Persæ* tum à sacris, tum profanis scriptoribus *Ælamitarum* nomine claruerunt. *Persia* itaque quondam, sub primævis post divisionem gentium colonis, qui totam penè *Asiam* dispertitis regnorum juribus occuparunt, uti in præcedentibus docuimus, subdita Persiæ fuit. Hodierno verò tempore plurima descriptio. in se regna continet, magno *Sophi* Imperatori *Persarum* subjecta; quorum prior est ipsa *Persia*, & pertingit à *Mari Caspio* ad *Persicum* usque *Sinum*, cujus Metropolis est *Siras*, olim *Persopolis*, vel uti alii volunt, *Cyropolis*, à sede *Cyri* Regis, *Assyriorum* domitoris sic vocitata, & magnificæ ruderum reliquiæ id satis testantur, uti & *Itineraria* per *Persiam* transacta referunt; sequitur hanc *Tauris*, quæ olim *Ecbatena* dicebatur, regni *Mediæ* caput, veterum monumentis celeberrima; tertia *Persiæ* urbs caput Regni *Parthiæ* est *Espahanum*, sedes modò Regis *Persarum*, seque extendit ad regni *Mogoris* usque imperium, continetque regnum *Candahar*, *Indiæ* confine ex parte orientali, ex Occidente *Armeniam* majorem; præterea *Iberiam*, olim *Colchidem*, quam hodiè *Georgiam* vocant, regionem tenet. Sequitur hoc regnum *Ghilon Mari Caspio* adjacens, serico confertissimum; postea *Korasan*, in bina regna, *Margianam*, & *Ariam* divisa. Sunt præterea alia regna huic magno *Sophi* subjecta, uti *Lorestan*, *Turchistan*, insula *Ormus*, nobilissimo emporio, nec non preciosarum mercium ubertate conferta; posteris à *Cyro*, *Dario*, & *Alexandri Magni* temporibus, postea ingentes vicissitudines perpessa, vicinorum dominatorum potentiâ, & viribus devicta, præsertim *Turcarum* violentiâ monarchicum statum perdidit, usque ad *Ismaëlem Sophi* Ismaël filium *Xeque Aidar*, qui vir strenuus, & Sophi instaurator magnanimus, ortus ex *Ardovilla* civi- Imperii tate regni *Ghilon*, videns totam provin- Persici. ciam *Turcarum* tyrannide oppressam, nullum non lapidem movit, ut eam in pristinam libertatem, abjecto *Turcarum* jugo, restitueret; qui uti vir erat zelotes patriæ, & vulpino callidus astu, ita quod fieri posse cogitaverat, confecit; absolutus istius regni dominus;

C. VII.

Cha Abbas Sophi 2 Rex Persiæ imperium ampliavit.

nus; atque adeò primus familiæ Regum *Persiæ*, qui *Sophi* dicuntur. Hic fatis cedens successorem habuit filium suum *Cha Abbas*, qui intra breve tempus ad supremum Persici imperii culmen ascendit, receptis omnibus iis regnis, quæ Regi *Parthorum* priùs à circumjacentibus Regibus violentâ invasione fuerant ablata; sedemque suam incredibili urbis hominumque incremento *Espahani* fixit; & eadem felicitate, vivente adhuc patre in potestatem redactâ *Siras* metropoli *Persiæ*, nec non regno *Loristan*, victricia armorum trophæa à *Mari Caspio* ad usque *Sinum Persicum* extendit; nec hisce contentus in *Mediam* regnum vastissimum movens exercitum, *Tauris*, olim *Ecbatenas*, sui juris fecit; deinde movens in septentrionale regnum *Colchidem* seu *Iberiam Armeniæ* majori junctam, *Babyloniam*, *Mesopotamiam*, aliaque intermedia regna suo subdidit imperio; regnum quoque *Candahar*, quod magni *Mogoris* monarchæ imperio subdebatur, expugnavit; tandem in obsidione *Bassoræ Arabiæ* felicis urbis ad *Euphratis sinum Persicum* sitæ, & ipse mortis obsidione cinctus, vitâ cessit, relicto imperii successore uno ex nepotibus suis; corpus ejus *Arduillam* commune omnium Regum *Persiæ Sophorum* sepulcrum, translatum fuit; urbs est, in qua ob merita *Ismaëlis Sophi*, primi, ut dixi imperii *Persici* fundatoris, Regum *Sophorum* cadavera in hunc usque diem, magnâ solennitate deponi solent. Hisce itaque prolixiùs, quàm par est, prolatis, jam ad linguæ *Persicæ* conditionem exponendam progrediamur.

Lingua Persica qualis olim fuerit.

Duplex hoc loco status *Persidis* considerari potest; vel à primævis post divisionem gentium temporibus, usque ad *Alexandrum Macedonem*; & sub hisce Regibus *Assyriorum* & *Chaldæorum*, *Chaldaïcam* linguam, sive quod idem est, *Assyriorum* viguisse, vel ipsa sacra scriptura in *Danielis* prophetia testatur, ubi ferè nihil, nisi de *Chaldaïca* lingua profertur. Nulli itaque dubium esse debet, de *Chaldaïcæ* linguæ usu, qui tunc temporis vigebat per omnia regna *Chaldæis* Regibus, uti *Nabuchodonosor*, *Balthasari* ejus filio, & posteà *Dario Assuero*, cæterisque subjecta: accidit tamen, ut *Alexander Macedo* vastâ *Græcorum* multitudine, *Dario* interfecto, omnia imperio ejus subjecta, in suam potestatem redigeret, quo facto, *Græci* commixti *Chaldæis*, aliarumque diversarum gentium nationibus, *Chaldæa* corrupta à suo genuino statu paulatim in varias differentium populorum linguas divisa deflexerit: secuti post *Alexandri* obitum *Romani*, & post hosce *Turcæ*, linguas in tot genera mutarunt, quot regna, nationes & provincias *Persarum* tenebat imperium; & hodiernus monarchicus *Persarum* status luculenter docet, siquidem primæva *Chaldæorum* lingua linguâ *Græcâ*, *Latinâ*, *Arabicâ*, *Turcicâ* & *Tartaricâ* variè corrupta fuit; hodierna enim *Persarum* lingua à *Tartaris* regnum *Persiæ* invadentibus, *Tartarica* est, commixtis nominibus *Arabicis*, ob *Alcoranum*, qui uti purè *Arabicâ* linguâ à *Mahumede* conscriptus est, ita quoque nemo pro viro literato & docto habetur in regno *Persidis*, qui eam non calleat, ut posteà ex ejus institutionibus patebit; in reliquis verò regnis, *Tartariæ*, *Candahar*, *Loristan*, *Gorgistan*, *Armenia*, *Corasan*, *Carmania*, *Samarcanda*, omnes ita differentes sunt, ut una gens alteram intelligere non possit. Atque hæc de lingua *Persica* sufficiant.

Sect. II.

Corruptio linguæ Persicæ veteris, ex varia temporum revolutione.

CAPUT VIII.

De lingua Ægyptiaca, seu Copta, quam & veterem Pharaonicam appellamus.

ÆGyptus regio *Africæ* omnium antiquissima est, & in sacris literis non solùm, sed & apud profanos scriptores nullo non tempore, celeberrima fuit, cujus situs, & constitutio uti omnibus nota est, ita quoque ulteriorem ejus descriptionem hîc omittendam censui, præsertim cùm eam in *Oedipo* quàm uberrimè descripserimus. Hodie in *Ægypto* dominatur lingua pura *Arabica*, exceptâ *Coptâ*, quâ monachi, quos *Coptitas* vocant, in sacris utuntur; & ab hac, utpote omnium, ut dixi regionum antiquissima, & à filiis, *Cham, Chus, & Misraim*, à quo *Ægyptus* nomen accepit primùm culta fuit. Nam sacræ literæ quando nominis *Ægypti* faciunt mentionem, illam semper nomine מצרים terram *Misraim* nominant, quam *Arabes, Chaldæi, Syri* sequuntur, post divisionem gentium primùm introductum nomen; *Pharaonicam* appellamus, eo quod primi Reges *Ægypti, Pharaon* primæ dignitatis nomine appellari voluerint; est autem *Pharaon* idem quod moderator rerum, uti hoc tempore omnes Imperatores Romanorum Cæsares, à primo ejus imperii Romani fundatore *Julio Cæsare* denominantur Cæsares, & Reges *Persidis* ab *Ismaële*, primo institutore, *Sophi*. Et tametsi in *Prodromo Copto*, & in *Tomo* integro, quod *Onomasticum Copto - Arabico - Latinum*, sive *Ægyptiacam, seu Pharaonicam* linguam restitutam inscripsimus, de hujus linguæ origine, antiquitate, & corruptione quàm fusissimè egerimus, nonnulla tamen ibidem omissa hîc apponenda censuimus.

Misraim primus Rex Ægypti, quæ & à nomine ejus in sacris literis Misraim dicta.

Certum est, ex nominibus *Ægyptiacis* hanc linguam fuisse unam ex primogeneis linguis, à filiis *Cham, Chus, & Misraim* post divisionem gentium in *Ægyptum* translatam, & propagatam; & quamvis illa nullam prorsus similitudinem ad *Hebræam, Chaldaïcam, Syriacam, Arabicam, & Æthiopicam*, linguæ *Hebrææ* filias habeat, mutuata tamen videtur denominationem literarum alphabeti sui à linguæ *Hebrææ*, aliarumque linguarum confinium alphabeto, quemadmodum ex alphabeto infrà suo loco ponendo patet, literis ab illis, & characteribus toto cœlo differentibus; cum verò dictum alphabetum *Copticum* 32 literas habeat, omnes reliquæ, præter 22 *Hebræis* proprias, successu temporis adjunctæ videntur, vel vocalium loco, vel *Ægyptiacæ* pronunciationis ritè formandæ causâ. Duravit autem lingua *Pharaonica, seu Ægyptiaca, vel Copta*, usque ad *Cambysis* tempora, qui *Ægypto* subjugatâ, devastatâ, sacerdotibus, & hieromanthis occisis, nec non obeliscis, cunctisque sacris hieroglyphicorum monumentis prostratis & diffractis, totam *Ægyptiorum* religionem in nihilum quasi reduxit, usque ad tempora *Alexandri Macedonis*, qui regno potitus *Ægyptiorum*, expulsis *Persarum* superstitibus, totum suæ fecit potestatis, libertate. perampla iis, siqui adhuc reperirentur, hieromystis sacerdotibus, veteris religionis suæ instituta exercendi, relictâ. Hoc pacto, veluti post messem collectis pauculis tritici spicis, lingua *Copta* instaurata quidem fuit, ita tamen, ut perpetuo *Græcorum* commercio, magna ex parte corrupta, loco *Ægyptiorum*, quorum inopiâ laborabant nominum, ex *Græcâ* suppleverint, ita tamen Ægyptiacæ Grammaticæ

Lingua Ægyptiaca nullam

ad alias affinitatem habet.

Duratio linguæ Ægyptiacæ sive Coptæ.

Cambyses regni Ægyptiorum eversor.

adapta-

CAPUT IX.

De lingua Armenica.

Cap. IX. Quemadmodum ab *Asiæ* linguis primævis initium duximus Polyglottias nostræ; ita hîc reliquas in Oriente linguas ordine prosequamur, quæ tametsi toto, ut ajunt, cœlo, ab *Hebraïcæ* linguæ hucusque declarata loquelâ, & characteribus differant, uti sunt *Armenica, Georgiana, Tartarica, Turcica*, quia tamen & hæ magna progenie ex corruptione unius cum altera fœcundæ sunt, illas ordine describemus.

Armeniæ descriptio. *Armenia*, magna *Asiæ* majoris portio, dividitur in *Majorem*, & *Minorem*, quæ prima tunc sub unius regni *Persarum* imperio subdebatur, posteris tamen temporibus à Rege *Persarum* dempta, *Mahumetani*, & *Turcici* juris facta fuit; contingit hæc *Asiæ* minoris, quam *Anatoliam* vocant, terminos ab Occasu, ab Ortu *Armeniam* majorem; à Septentrione *Mecreliam*, sive *Georgiam*, *Iberiam*, olim *Colchidem*; à Meridie *Mesopotamiæ* partem; Major ab Occasu *Asiam* minorem; ab Ortu *Persidem*; à Septentrione *Mare Caspium*, & montem *Ararat*, quem in *Arca Noë* uberrimè descripsimus; à Meridie regiones, & deserta usque ad *Sinum Persicum* conterminata. *Armenia* etymon suum obtinuit ab *Aram* filio *Sem*, primo ejus possessore, quasi diceres, *Arameniam*; quicquid alii dicant tum historici, tum geographi de etymo hujus nominis, infinitis litibus inter se dissidentes, quos consule. Hæc hodie magno *Persarum* Regi paret; regnum quasi totum Christiana religione colitur, per Patriarcham proprium, qui in *Naschevan* urbe, ad radices montis *Ararat*, residet; qui quamvis pluries ecclesiæ Romanæ fuerit unitus, semper tamen ad schisma reversus, sui juris & arbitrii in ecclesia *Armenorum* gubernanda esse maluit, quàm Romanæ ecclesiæ catholicæ, & orthodoxæ legibus humili mentis obsequio se subjicere. Linguam habent prorsus & loquelâ & characteribus à cæteris Orientalibus diversam; & quamvis non exiguam huic operam olim impenderim, ne ullum tamen ejus vestigium in *Hebræa, Chaldaïca, Syriacaque* fundatum, me reperire potuisse fateor, uti in institutionibus ejus secuturis patebit.

Patriarcha Armeniorum.

Lingua *Georgiana* propriè utuntur *Georgiana lingua.* Christianæ legis cultores ii, qui *Mecreliam* seu *Iberiam*, quam *Georgiam*, olim *Colchidem* vocant; estque regio inter *mare Euxinum*, & *Caspium* interjecta, nec non Caucaseis montibus subjecta; *Georgiam* nonnulli appellatam fuisse autumant à *S. Georgio*, glorioso *Christi* martyre, istius regionis apostolo; linguam habent ex *Tartarica*, & *Armenica* compositam, characteribus tamen ab *Armenicis* oppidò differentem, de qua suo loco in sequentibus, ubi institutiones ejus producemus.

Tartarica lingua, universam *Tartariam magnam* occupat, quamvis innumeris idiotismis diversa, pro varia videlicet vicinorum Regum in eam irruptione, eisdemque subjugatione factâ, quâ lingua quoque primæva variè corrupta in diversissimas linguas, in *Indias* usque propagatas abiit. Reges enim *Indostan*, sive *Mogor*, ex *Tartaria* transmigratores semper eam unicè ceu nati-

Lingua Tartarica:

Cap. IX. nativam tenuere; quamvis ea post legem *Mahumetis* in istud imperium introductam ex *Arabicæ* mistura linguæ non exiguam corruptionem passa, à sinceritate sua deflexerit. Verùm de hisce consule *Haitonem Armenum in libro de Tartariæ regionibus, Marcum Paulum Venetum*, & nostram *Chinam illustratam*, in quibus fusè de hisce egimus. Hodie *Tartari* utuntur adhuc veteri suâ linguâ, sed characteres, quos olim obtinuerant à sacerdotibus *Chaldæis*, qui primi in *Tartariam magnam* sub magno *Cham* Imperatore, fidem Christianam introduxerant, in hunc usque diem, quemadmodum in *China* nostra *illustrata* docuimus, conservant. Extat in nostro musæo ingens tabula, ex *China* ad me transmissa, quâ Rex, seu Imperator *Tartariæ*, cum universum *Sinarum* regnum in quindecim regna divisum suo subjecisset dominio & jurisdictioni, sub duplici linguâ *Tartarica*, & *Chinensi*, promulgationem legis Christianæ; templorum, seu ecclesiarum ritu Christiano extruendarum, liberrimam toti suo imperio, quo vastius orbis terrarum hodiè non continet, permissionem quàm clementissimè concedit. Et Tartarica quidem tabula, non aliis, quàm *Chaldaïcis* characteribus, altera *Sinicis*, eo fine inscripta fuit, ut in utroque imperio, & *Tartarico*, & *Sinico*, mentem Imperatoris quisque suâ linguâ intelligere possit. Characteres quidem *Chaldaïcos* sine ulla difficultate legi, sensum tamen Tartaricum sub ipsis latentem, ex linguæ imperitiâ penetrare non licuit; haud secus, ac si quis characteribus latinis scriberet cujuscunque alterius linguæ ignotæ idioma. Innumera hoc loco apponere possem ad hanc materiam pertinentia; verùm qui ea dilucidiùs nosse cupit, is Chinam nostram *Illustratam*, paulò antè citatam consulat.

Turcica lingua, tametsi multis variisque gentium confusionibus corrupta, tota tamen ex *Tartarica* lingua originem invenit. Certum enim est, & omnium geographorum historicorumque testimoniis comprobatum, *Turcas* primos omnium ex *Tartariæ* regione, quam *Turcistan* ex septentrionalis plagæ regione, à quo & nomen obtinuére, profectos, per *Mare Hircanum*, portas Caspias penetrantes in citeriores *Armeniæ*, & *Asiæ* minoris regiones innumerabili hominum multitudine irrumpentes, illud sui fecisse juris; & tandem quoque impiam *Mahometis* legem amplexos fuisse cum magno Christianæ Reipublicæ detrimento; *Turcisque* à Regione *Turchistan*, unde eruperant, impositum nomen in hunc usque diem reliquisse. Vide de hisce *Leonclavium, Jovium, Augustinum Curionem, Lambinum*, libris *de origine Turcarum*. Porrò linguam *Turcicam*, ex *Tartarica, Bosnica*, nec non *Arabica* commixtam, in ejus institutionibus secuturis ostendemus.

Sect. II.

Sidenotes: Hayton Armenus. M. Paulus Venetus. Edictum Regis Sinarum Tartarico-Sinico charactere conscriptum.

SECTIO III.

De linguis *Europæ* primigeniis, earumque proprietatibus.

CAPUT I.
De linguæ Græcæ *origine.*

TEmpus haud dubiè perdam, si de argumento tam vasto, tam celebri, & antiquo novum quidpiam, in quo à magni ingenii viris jam à bis ferè mille annis, affatim desudatum fuit, adferre me posse ὑπερφανεϛέρως mihi persuasero. Tria itaque cumprimis consideranda occurrunt; primum est, linguæ *Græcæ* origo, & antiquitas; secundum, hujus linguæ excellentia & dignitas; tertium est propagatio, cultus, ejusque jam ruinæ vicinæ nova per viros doctos facta, instauratio.

Lingua Græca una ex primigeniis, ejus dignitas & præstantia.

Ad primum quod attinet, nulli dubium esse debet, quin hæc una ex primigeniis linguis, post *Hebræam* filiasque ejus, meritò secundum inter omnes linguas locum possideat; verisimile enim est, post divisionem linguarum, à filiis *Japheth*, qui *Turris* ruinæ præsentes adfuerunt in divisione gentium, hac lingua utique divino nutu beatis eam in primam obviam regionem, quæ postea *Græcia* dicta fuit, translatam fuisse, quæ quidem successu temporis tantos progressus fecit, quos satis in hunc usque diem mirari non possumus.

Et primum quidem hujus linguæ propagatorem fuisse *Ivan*, quem & alii *Ionen* vocant, filium *Japheth*, à cujus nomine *Ionia* posteà *Græcia*, *Ionia* communi *Arabum*, *Hebræorum*, *Chaldæorum*que scriptorum testimonio dicta fuit; cui subscribit *Bibliander* in libro *de linguarum proprietatibus*; centum, inquit, historia sacra *Genesis* facit filios *Japheth*, *Magog*, *Madai*, *Javan*, *Mosoch*, *Thyras*; nepotes verò fuisse ex *Gomero*, *Ascenez*, *Riphat* & *Thogorma*; ex *Javan* autem *Elisa*, *Tharsis*, *Cethim* & *Dodanim*; ab hisce divisæ sunt insulæ gentium in regionibus suis, unusquisque secundum linguam suam, & familiam in nationibus suis. Ab *Ivane* itaque filio *Japheth* Græcos originem suam obtinuisse, *Hecatæus* apud *Strabonem* asserit; confirmat hæc *Plutarchus* in *Theseo*; de hoc igitur nemo dubitet. Secutus fuit *Ivani* successu temporis quidam nomine *Pelasgus*, qui occupata *Peloponneso* nomine ei indito à suo nomine *Pelasgiam* appellavit. Quis verò hic *Pelasgus* fuerit, paucis enodandum duxi. Dico itaque hunc unum fuisse ex domo *Heber*, qui dum felices in regnis occupandis secreta cognatorum *Javan*, nepotumque successus audiret, & ipse heroïco spiritu agitatus, nomine *Phaleg* filii *Heber*, cui divisionis linguarum nomen impositum fuit, insignitus, sive frater *Phaleg*, sive nepos fuerit, perinde est, in *Peloponnesum* abiens, à suo nomine *Pelagiam* vocavit, quasi diceret פלגים id est, *gentem* Phaleg; quæ postea corrupta, *Pelasgia* dicta fuit, & populi *Pelasgæ*, id est, *populares* Phaleg, & *Pausanias*, lib. 8. *de Arcadicis* id haud obscurè innuit: ubi dicit, venisse in *Arcadiam* hominem quendam *Pelasge* dictum, quem postea *Gorici* filium *Jovis*, & *Niobæ*, quæ idem juxta æquivoca *Xenophontis* sunt, ac *Noë*, & uxore *Rhea* prognatum; virum excellentem

tem nobili formâ præditum, ingenio & viribus pollentem, quem *Arcades* ex splendidis corporis, animique talentis impulsi in Ducem Regemque suum assumpserint, qui & eos, cum rudiores essent, nec ingenio, nec industriâ, ad humanam vitam commodè transigendam pollerent, ad politioris vitæ cultum traduxerit; unde memores beneficiorum à nomine ejus *Phalesge*, paulatim universam *Græciam Pelasgiam*, & incolas *Pelasgos* nominarent. Atque hi primi fuerunt, qui coloniam in *Italiam*, ubi *Aborigenes* & *Siccani* dominabantur, traduxerunt. Quæ omnia in *Latio nostro* de *Latini agri* antiquitatibus quàm amplissimè prosecuti sumus, ad quas lectorem remittimus.

Cap. I.

Sect. III.

CAPUT II.

De linguæ Græcæ dignitate & excellentia.

Cap. II. SEd jam de origine linguæ Græcæ satis prolocuti, pergamus ad secundum punctum linguæ Græcæ, quod est hujus linguæ dignitas, & excellentia, quæ ramos suos in tantam celsitudinem, amplitudinemque extendit, ut quotquot in orbe terrarum linguæ viguerunt unquam, sive elegantiam, sive dicendi splendorem, sive denique verborum, nominumque ubertatem spectes, hæc unica meritò palmam præripuerit. Quamvis autem primævi *Græci* corrupto jam ex aliis linguis barbaris idiomate usi fuerint, varia tamen, & ingeniosè excogitata carmina, variis nominibus in unum coagmentatis pangebant, quibus mores hominum miris sarcasmis cavillabantur; cujusmodi est sequens:

Οφρυα να απαϛι) ριϛγ καϛαντξεχυαϛι

Σακκυγμαιοιερϑοι λοπαδαρπαγιδαι

Ιμαϛινω σειφαλλοι τλιποκαι βλεπελαοι

Νυκλιλα ϑραυοφαγοι, νικϛατα ταιπλογιοι

Μειρακυεξ απαϛαι ζ ϛυλλαβοπϛοι λαϐηλαι

Δοξομαιαι ϛοφοι ζηϛαιτοϛια)

Quos aliqui moderni sic vertunt, sed perperam:

Siloni Capesones, *vibrissa asperamenti*
Mantico barbicolæ ex terebro patinæ
Planipedutique lucernitui suffarcinamicti
Noctlatentivori, noctidolostudii
Pullipremopagii, sutelo captiotrica
Rumigeraucupidæ, nugicanoicrepi.

Hosce secutus *Aristophanes* ex *Comœdia latina Plauti*, græcis suis poëmatibus inseruit sequentia:

Nugipolyloquides, argenti extenebronides
Techniloquides, nummorum expalponides.

Ubi vides vel unum nomen ex tribus aliis compositum; uti *Nugipolyloquides*, homines in nugas multùm loquaces; argentum ex tenebris fodientes, dolosè loquentes, & nummos mirâ arte extorquentes. Utrum autem talis fuerit in principio, non ausim dicere, cùm scriptoribus ante bellum *Trojanum* careamus: quamvis plures existiment, *Linum*, *Orphea* & *Musæum* post *Mosem*, multò ante *Ilii* excidium tempore existentes, hymnos suos de Diis, linguâ *Græcâ* quàm elegantissimè scripsisse, quos etiamnum cum admiratione legimus; quos secuti sunt postea temporibus sequentibus *Demodocus*, *Phænius*, *Epimenides Cretensis*, *Aristeus Proconæsius*, *Asbolus*, *Centaurus*, *Isatis*, *Drimon*, *Orus Samiensis*, *Protenidas Atheniensis*, *Philammon*, *Thamire*, *Amphion*, *Oribantius Threcaniensis*, *Syagrius*, *Dares Phryx*, quos omnes Græcos scriptores ante *Homerum* floruisse, *Solinus*, *Tatianus*, & *Sui-*

Scriptores Græci ante excidium Trojanum.

Linus, Orpheus, Musæus.

Cap. II. & *Suidas* testantur; imò *Homerum* poëticam *Ilii* historiam ex quodam *Eueclo* & *Corinno*, quorum hic poëta heroicus, discipulus *Palamedis*, durante adhuc *Trojana* obsidione, historiam ejus conscripsit, quam multùm *Homero* profuisse, *Suidas* asserit. Post hosce itaque surrexit *Homerus*, centum ferè annis post captum *Ilium*, divini ingenii venam tantò altiùs extulit poësi sanè admiranda, quantum ramos altius extollit inter viburna cypressus, de quo plura vide transacta in nostro *Latio*. Secutus hunc *Hesiodus*, aliique, qui *Græcam* linguam ingeniosis operibus egregiè promoverunt. Post hos secutus est *Herodotus*, primus historicorum parens, quo nullus aliorum historicorum veteres & inaccessas *Ægyptiorum*, *Babyloniorum*, *Medorum* & *Persarum* antiquitates scitiùs descripsit, si ei quidem fides habenda sit quam in enneade Musarum *Ionico* stylo posteritati reliquit historiæ; cujus exemplum secuti in Atheniensium polypædias orchestra successerunt in omni scientiarum genere coryphæi, *Socrates*, *Plato*, *Aristoteles*, universæ philosophiæ capita; in mathematum cultu, *Euclides*, *Archimedes*, *Apollonius Pergæus*; ex medicorum athenæo, *Hippocrates*, *Theophrastus*, *Galenus*; ex jurisconsultis, *Lycurgus*, *Solon*, *Critias*; ex historicis *Thucydides*, *Pausanias*, *Diodorus Siculus*; ex rhetoribus, *Demosthenes*, *Isocrates*, *Lucianus*, *Heliodorus*, aliique, uti & ex poëtis, quorum multitudo vix sub numerum cadit; qui omnes stylo Græco elegantissimo, & uberrimo commemoratas scientias, bonarumque artium studia promovêre. Sileo hic sanctorum Patrum, *Justini*, *Athanasii*, *Cyrilli*, *Basilii*, *Chrysostomi*, *Epiphanii*, & *Gregoriorum* in prosequendis stylo græco sanè pereleganti Christianæ fidei dogmatis æquitatem; in interpretandis sacrarum literarum sensibus perspicaciam; in hæresibus extirpandis zelum, & constantiam; quorum quidem sacris, piisque laboribus actum est, ut per universam *Europam Græcæ* linguæ studium; uti in omnibus ardentissimum affectum excitavit, ita longe lateque diffusum innumeros mox invenerit hujus linguæ cultores. Cum enim id *Turcarum Mahumedanorumque* truculentiâ, quâ *Græciam* destructis & templis, & gymnasiis, bibliothecisque exustis, invaserunt, illud mirum in modum debilitasset; non defuerunt tamen eximii viri, qui Reipublicæ literariæ bono impulsi, illud in *Italiam* primò, deinde in cæteras *Europæ* partes transplantârint, cujusmodi inter alios principales fuerunt *Bessarion* Card. *Emanuel Chrysoloras, Lascaris Byzantinus, Georgius* Trapezuntius, *Joannes* Argyropylus, *Chalcondylas*, qui beneficio principum, potissimum magnorum ducum *Hetruriæ*, (de quorum gestis vide nostram *Hetruriam*) advocati magnifisque stipendiis adjuti, non solùm scriptis suis *Italiam* illustrarunt: sed ex *Græcia* libris manuscriptis magno numero asportatis, animos literatorum vehementi desiderio eas in *Latinam* linguam transvertendi, accenderunt, quorum quidem studio accidit, ut considerato emolumento per totam Europam in omnibus passim scholis linguæ *Græcæ* studium publicâ prælectione, innumeros in hunc usque diem excitaverint linguæ *Græcæ* asseclas, & propagatores, ita-ut ut doctorum numero virorum hodie non accenseatur, qui *Græcam* linguam ignorârit. Sed hæc de *Græcæ* linguæ origine sufficiant.

CA-

CAPUT II.

De linguæ Latinæ *origine, antiquitate, corruptione, & restauratione.*

Antiquitas linguæ Latinæ.

Latina lingua à *Latio* sic dicta, indigenæ verò *Latini*, sive *Aborigines*, de cujus situ, & habitatoribus cum integro Tomo, quod LA-TIUM, sive *de Latini Agri antiquitatibus* inscripsimus, jam quàm amplissimè actum sit, supervacaneum esse ratus sum, ea hoc loco reïterare. Quare ad linguæ *Latinæ* originem & antiquitatem describendam, tanquam argumento nobis proposito propriam, calamum convertamus. Et primò quidem ad literas, & characteres quod attinet; non defuerunt *Plinio*, & *Solino* testibus, qui *Nicostratam*, sive *Carmentam Euandri* matrem, characteres & *Latinam* linguam ex *Arcadia* in *Italiam* primò transtulisse, putârint. Alii ex *Phaliscorum* regione ab *Hercule* in *Latium* allatam arbitrantur. *Dionysius Halicarnassæus*, *Euandrum* ait ex *Arcadia* profugum hujus beneficii auctorem fuisse in *Italia*. Alii aliter rem narrant. Quicquid sit, nos posthabitis aliorum opinionibus, quid nobis videatur, & quomodo hujusmodi opinionum congeries concordanda sit, paulò fusiùs exponemus.

Cadmus & Phœnix Græcos literas docuerunt.

Cadmum, & Phœnicem ortu Ægyptios fuisse, S. *Hieronymus* testatur: *Temporibus*, inquit, Josue, Cadmus *unà cum fratre suo* Phœnice Thebis Ægyptiorum, *unde oriundi erant, in* Syriam *profectos esse, & tempore* Othonielis *Judicis Israëlitici è* Phœnicia *in* Græciam *venisse, atque ibi in memoriam* Thebarum Ægyptiarum Thebas Bœotias *condidisse, relictâ fratri* Phœnici Syriâ, *quæ deinde ab ejus nomine* Phœniciæ *nomen obtinuit*. Ægyptias itaque literas, quas in Ægypto à juventute didicerat, Græcis communicavit; nam ut in linguæ *Coptæ* Onomastico docuimus, erat ingenium Ægyptiorum à natura ad omnia sua mysteriosis formis & significationibus obumbranda proclive, quemadmodum ex eorum mystico alphabeto patet; unde verisimile est *Misraim Chus* filium primum Ægypti Regem aut *Trismegistum* ejus consiliarium, notas ipsis literas, & characteres linguæ *Hebrææ*, in alias more ipsis solito, figuras ingeniosè excogitatas transformasse, uti in *Oedipo* fusè exposuimus, hos posteà à *Cadmo*, tanquam singulare quidpiam, in *Græciam* allatos, juris communis fecisse, sunt enim pleræque literæ adeò *Græcis* similes, ut si octo exceperis, posteris temporibus 22 propriis, adjunctas, exactâ similitudine in omnibus, *Græcis* correspondeant. Verùm ad hoc demonstrandum, nihil requiri videtur, nisi ut utriusque alphabetum, quod in præcedentibus exhibuimus, consulas.

Aque hæc est differentia alphabetorum *Copti*, sive *Ægyptiaci*, & *Græci*; ex quo apparet, ab *Ægyptiis*, vel per *Cadmum*, vel etiam per *Inachum*, qui & *Phoroneus* dicitur, aut *Cres* à regno *Cretæ*, cujus primus Rex fuit, utrumque *Ægyptium*, ad *Græcos* translatos fuisse characteres; vixit autem *Inachus* post diluvium anno 2100. *Cadmus* verò post diluvium 2400 anno. Verùm de hisce in præcedentibus uberius.

Cum itaque *Græci* literas ab *Ægyptiis* acceperint, & *Latini à Græcis*, certè latinas literas inde originem sumsisse quam clarissimè suo loco patebit.

CAPUT III.

De varia qualitate, vicissitudine, & augmento linguæ Latinæ.

Varius status Italiæ variavit linguam Latinam.

CErtum est, linguam Latinam ab initio non statim ad ultimam suam perfectionem pertigisse; quare hoc loco triplicem linguæ statum consideramus: priscum, Romanorum, & posterum mixtum. *Priscam* linguam vocamus, quæ tempore *Pelasgorum*, *Euandri*, *Turni*, *Aborigenum* in *Latio*; *Romanam* verò linguam vocamus, quæ paulò post consulatus *Romani* initium usque ad declinationem imperii *Romani*, ejusque monarchiæ ex Occidente in Orientem translatione, usque ad *Gothorum* adventum duravit; posteram, quæ à barbaris corrupta in varias dialectos, Italicam, Gallicam, Hispanicam, quæ sunt *Latinæ* linguæ filiæ, abiit; *Latina* solummodò inter doctos remanente usque ad hæc tempora. Si itaque priscam consideremus, illa utique tempore *Pelasgorum*, *Euandri*, *Turni*, *Faunique* à *Romana* lingua multùm distitit, cujus argumento sunt versus & carmina sacerdotum *Saliorum* numinum; hæc enim teste *Dionysio Halicarnassæo*, vix, ac ne vix quidem suo tempore à quoquam intelligebantur, utpote quæ cum *Græca* & *Latina Aborigenum* commixta, legentibus inextricabilem difficultatem afferebat; idem de versibus deorum, & legibus regni à *Numa Pompilio* compositis, & promulgatis, quæ vix à posteris *Romanis* intelligebantur, & *Tabulæ Rostratæ*, tempore Consulum in *Capitolio Romano* etiamnùm superstes, inscriptio sat testatur.

TABULÆ ROSTRATÆ

Inscriptio prisca lingua Latina *peracta*.

SEd hanc nostram interpretationem genuinam esse, duo magnæ considerationis antiquitatum monumenta quàm luculentissimè demonstrant: quorum primum est *Tabellæ Columnæ Rostratæ* fragmentum, in Capitolio in hunc usque diem superstes, ex quo vera horum numerorum ratio petenda est, quam ad majorem veritatis attestationem hîc apponendam duxi, cujus defectum *Petrus Ciacconius* supplevit in proprio de hujus columnæ interpretatione edito libello.

TURRIS BABEL LIB. III.

Cap. IV.

Columnæ Rostratæ Inscriptio.

Sect. III.

C. Bilios. M. F. aduorsom. Cartacinienseis. en. Siceliad rem. Cerens. ecest.
ANOs. cocnatos. Popli. Romani. artisumad obsedeone D. eXEMET. LE-
CIONeis. Cartacinienseis. omneis mAXIMOSQVE. MAGISTRatOS.
Lucaes bouebous. relicteis noVEM. CASTREIS. EXFOCIONT. MA-
CELam. moenitam. vrbem pVCNANDOD. CEPET. ENQVE. EO-
DEM. MACestratod. prospere rEM. NAVEBOS. MARID. CONSOL.
PRIMOS. Ceset. resmecosque cLASESQVE. NAVALES. PRIMOS.
ORNAVET. PArauetque. diebous. LX. cVMQVE. EIS. NAVE-
BOVS. CLASEIS. POENICAS. OMnis. paratasque. sVMAS. COPI-
AS. CARTACINIENSIS. PRAESENTEd. maxumod DICTATO-
RED. OlorOM. IN. ALTOD. MaRID. PVCnandod uicet. xxxQVE.
NAueis. cepeT. CVM. SOCIEIS. SEPTEm. res momque. ducis quin
res mOSQVE. TRIRESMOSQVE. NAVEIS. Xx. depreset. auroM.
CAPTOM. NVMEI. ⊕· ⊕· ⊕ DCC.

arcenTOM. CAPTOM. PRAEDA. NVMEI. cccIↃↃ. e craue. CAPTOM.
AES. cccIↃↃ cccIↃↃ cccIↃↃ cccIↃↃ cccIↃↃ cccIↃↃ cccIↃↃ cccIↃↃ
cccIↃↃ cccIↃↃ cccIↃↃ cccIↃↃ cccIↃↃ cccIↃↃ cccIↃↃ cccIↃↃ
cccIↃↃ cccIↃↃ cccIↃↃ cccIↃↃ cccIↃↃ pondod triompOQVE
NAVALED. PRAEDAD. POPLOM. romanom. donauet captiuos.
CARTACINIenseis. inceNVOS. Duxet. ante. curom. primosque. Consol. de. sicelEIs. claseque. CARTacinienseom. triompauet. earom. re-
rom. erco. S. P. Q. R. ei hance columnam. p.

In hac priscæ *Latinæ* linguæ barba-
ries una cum exotico numerandi modo clare apparet, dum enim expeditionem *C. Duillii* Consulis contra *Carthaginenses* refert in *Sicilia*, prædam
quoque ex parta victoria reportatam
quam exactissime, tum quoad naves,
tum quoad monetam, aurum, argentum, ænea, describit, ubi & inter
cæteras figuras millenarii hæc nota
⊕ ⊕ ⊕ ter occurrit, una cum DCC,
quæ numerum 3700 constituit. Sed
hujus notæ originem supra vide expositam: deinde vigesies semel repetit
hanc notam cccIↃↃ; & quoniam illa 100000 numerum constituit, hic
in 21 ductus dat 2100000 numerum
in ære, cupro, pondus. Contigit
autem hæc victoria *C. Duillii* contra *Carthaginenses* anno Urbis conditæ CDXCIII. 493.

Primi igitur, qui ad linguam *Latinam* excolendam se accinxerunt, fuerunt *Plautus*, *Accius*, *Pacuvius*, *Ennius*,
Nævius, veteres Poëtæ; quos secuti sunt
Oratores, *Cato*, *Sisennas*, *Quadrigarius*,
Antius, *Varro*, *Quintilianus*, *Julius Cæsar*, *Cicero*; Historici, post *Livium*, *Plinium*, *Florum*, *Solinum*, innumeri alii
jam noti, quorum studio, cura & labore

*Cap.*III. bore veluti exculta *Latina* lingua ad perfectionis apicem pertigit. Verùm uti vicissitudo temporum incerta est, & instabilis, ita quoque tum ex monarchiæ, à *Constantino* in Orientem *Byzantium* translatæ ingenti mutatione, tum ex inundatione barbarorum, *Gothorum*, *Herulorum*, *Vandalorum*, *Hunnorum*, *Longobardorum* in totam quasi *Europam* diffusa, dum *Galliam*, *Hispaniam* violenter irruunt, ex linguarum barbararum cum *Latina*, quæ principem locum in *Italia*, *Gallia*, *Hispania* priùs tenebat, commixtione, à sua prima puritate deflectens, *Italicam*, *Gallicam*, & *Hispanicam* peperit, *Latinâ* linguâ solummodò inter viros doctos remanente. Quomodo verò hæ linguæ inter se differant, in sequentibus patebit. Verùm cum multitudo doctorum, qui de lingua *Latina* scripserunt, vix sub numerum cadat, ad eos lectorem remittimus; nostrum erat, originem ejus, propagationem & corruptionem hîc pro nobis proposito argumento paucis demonstrare.

Prima linguæ Latinæ corruptio.

*Sect.*III.

CAPUT IV.

De linguæ Germanicæ *origine, propagatione, & corruptione.*

Nulli dubium esse debet, Germanos ab *Ascanez* filio *Japheth*, qui in divisione gentium in septentrionales partes se receperat, denominatos fuisse, & unanimi *Hebræorum* opinione stabilitur, qui in hunc usque diem, *Germaniam* אשכנז, & indigenas אשכנזים *Aschenazim*, vocant, uti pluribus testatur in sua *Thisbe Rab. Elias*, ubi se *Askenazi* vocat, id est, ortu *Germanum*; quoniam verò *Tuiscon* pronepos *Noë* unà cum *Askenez*, divisis dominiorum juribus hancce terrarum portionem vastissimam primò inhabitabant, hinc ab ejus nomine *Germania*, *Tuisconia*, seu *Theutonia*, & *Germani Teutones*, in hunc usque diem appellati fuerunt; à robore verò & Martio spiritu, quo vigebant, *Germani*, id est, *Garmanni*, quasi diceres, totos viros, vel *Allemanni*, id est, omnes viri, etymon vocis sortiti sunt, de quibus vide *Bibliandrum*, *Trithemium*, *Aventinum*, Germanos scriptores.

Aschenaz Germania. Ascenazim Germani.

Garmann. Allemann.

& in rebus genuinè exprimendis aptitudinem spectes nulli alteri linguę cedere videatur, idque innumeri auctores, Theologi, Historici, Physici, Chymici, Medici, Mathematici, Poëtæ, Oratores qui omnis generis artes, & scientias, linguâ Germanicâ excultas publicæ luci dederunt, apprimè testantur. Ad dialectos ejus, quod attinet, illæ in *Germania* adeò differentes sunt, totque inveniuntur, quot differentes provinciæ, & regna in ea inveniuntur, quod & *Italiæ*, *Galliæ*, & *Hispaniæ* usu venit.

Filiæ autem, quas peperit, sunt *Belgica*, *Anglica*, *Scotica*, *Danica*, *Suecica*. *Belgica* & *Hollandica* communicat cum proximis *Coloniensibus*, & *Westphalis*. *Anglica* originem suam sumpsit à *Saxonibus*, qui expulsis *Valliis* insulam occuparunt, *Saxonicâ* in *Wallicam* veterem substitutâ: unde & in hunc diem *Anglo-Saxones* dicuntur: vide de hisce *Bedam*. Totus denique Septentrio linguæ Germanicæ usum recipit, qui tamen successu temporis ita deflexit, ut vix tamen, nisi frequenti usu & consuetudine se mutuò intelligant. Sed de hisce suo loco.

Mistura linguæ Germanicæ cum aliis.

Lingua Germanica *Imperialis.*

Hodie ad tantam perfectionem Imperatorum cultu exaltata fuit, ut sive ubertatem, & copiam, sive elegantiam,

Germanicæ linguæ cultus.

Lingua *Hollandica* filia *Germanicæ* adeò hodiè dilatata fuit, ut vel in ultimis

Cap.IV.
Lingua Batavica.

mis finibus terræ, quin & in meditullio *Indiarum*, *Batavia* nova, quam Geographi *Java* vocant, non audias nisi linguâ *Germano-Batavicâ* loquentes, quæ procul dubio successu temporum, barbararum hujusmodi regionum linguis commixta, novas semper & novas spurias parturiet. Constat lingua *Germanica* tot ac tantis monosyllabis, ut nonnullas integras periodos non nisi monosyllabis vocabulis congestas proferre soleat, v. g. 𝕴𝖈𝖍 𝖜𝖎𝖑 𝖒𝖎𝖙 𝖉𝖎𝖗 𝖓𝖆𝖈𝖍 𝖍𝖆𝖚𝖘 𝖌𝖊𝖍𝖓/𝖜𝖔 𝖎𝖈𝖍 𝖒𝖎𝖙 𝖉𝖎𝖗 𝖗𝖊𝖉𝖊𝖓 𝖜𝖎𝖑/𝖜𝖊𝖎𝖑 𝖎𝖈𝖍 𝖎𝖊𝖙𝖟𝖙 𝖐𝖊𝖎𝖓 𝖟𝖊𝖎𝖙 𝖍𝖆𝖇: & similia. Constat & polysyllabis vocibus verborum nominumque, quàm elegantissimè contextis, quæ quidem nulli nisi dictæ linguæ peritis patent. Verùm de elementis, articulis nominum, pronominibusque suo loco amplius.

Cæterùm cæteræ linguæ ex *Germanica*, tanto majorem corruptionem passæ sunt, quanto magis ad Septentrionem accesserunt, *Anglica*, & *Scotica*, uti & *Belgica* ex vicina *Gallia*, plurima verba *Gallica* suæ inseruerunt, adeoque ex *Gallica*, & *Germanica* compositæ videntur, radicali tamen *Germanico* semper retento. *Danica*; *Nortvegica*, *Suecica* adeò deflexerunt, à maternâ indole, ut vix intelligantur, uti suo loco ostendetur. Est & in Septentrione lingua, quam *Runicam* vocant, & verbis, & characteribus differens; de qua pariter in sequentibus.

Linguam *Boëmicam* in meditullio *Germaniæ* usurpatam, *Sclavonicæ* linguæ filiam esse, uti & *Polonicam*, & *Moscoviticam*, non est quod memorem, utpote ex *Dalmatia* illuc introductam: cum omnibus hujusmodi regiones notæ sint, eorumque idioma, instituta, & mores passim explicentur à Geographis; una sanè consideratione digna occurrit *Hungaria*, quæ tametsi inter dictas regiones medium ferè locum, situmque obtineat, linguâ tamen ab omnibus diversissima utitur. Quod ut explicetur; dico *Hungaricam* linguam prorsus esse *Geticam*, seu *Scythicam*, quod innuere videtur *Matthias Michou* in suis de regionibus Septentrionalibus commentariis: *Juhres*, seu *Juhri*, de *Juhra* terra *Scythiæ* Septentrionalissima juxta ac frigidissima, utpote ad *Mare glaciale* sita, 500 milliar. Germanicorum à *Moscua* *Moscoviæ* metropoli dissitâ, descenderunt, & invenerunt terram planam ad Meridiem in regionem *Gothorum* in *Scythia*, ubi modò *Tartari Zavalenses* degunt, qui postea dum *Attila Hunnorum*, & *Pannoniæ* Rex ingentes exercitus ad intentam expeditionem cogeret, & hi è sede suâ moventes, ad ripam *Danubii* consederunt; & cum tota *Pannonia Sclavorum* jurisdictioni subesset, *Juhri* bello moto post abitum *Attilæ Sclavos* omnes ferè trucidarunt, terramque in hunc usque diem possederunt, reliquis *Sclavis* in finibus *Pannoniæ* regiones inhabitantibus. Itaque *Juhri* à regione *Scythiæ* sic dicti, de qua oriundi exierunt, nominati sunt, quos postea *Sclavi Hugros*, & vicinæ nationes *Hungaros* vocarunt; unde profectò diversitas linguæ *Hungaricæ* luculenter patet, quam *Hugri Scythæ* secum, tanquam vernaculam, & nulli alteri permixtam ex *Tartaria* in *Hungariam* transtulêre, in hunc usque diem durantem. Si quis verò meliorem *Hungarorum* originem ostenderit, huic non difficulter subscribemus. Termini verò *Hungariæ* nec non linguarum diversitas à *Georgio Vernero* lib. de *Aquis mineralibus Hungariæ* sic describuntur. *Pannoniæ* appellatione non eam tantùm comprehendo *Danubii* ripam, cùm quâ ea, quæ dicta est secunda *Pannonia*, ab *Arabone* fluvio, qui *Ptolemæo* est *Narabo*, nunc vulgò *Raba*, ad *Savum* excurrit; sed quicquid præterea *Hungari* in altera *Danubii* ripa tenent, quod quidem latissimè patet. Tenet enim totam *Jazygum Metanastarum*

Sect.III.

Cap.IV. rum regionem, quam *Ptolemæus* fluminibus, *Danubio, Tibisco,* ac montibus *Sarmaticis* finit. Sunt autem montes *Sarmatici*, qui *Hungaros* à *Rutenis, Polonis, Moravis, Silesiis*, & eâ *Austriæ* parte, quæ citra *Danubium* est, dirimunt. Ad quos pertinet *Carpathus*, ita ut jam vulgata appellatione, omnis tractus *Sarmaticorum* montium *Carpathus* vocetur, quanquam mihi *Ptolemæi* descriptionem intuenti, *Carpathus* iisdem, quibus *Daciæ* finibus videtur terminari. Porrò extat nunc quoque *Jazygum* natio inter *Hungaros*, quos ipsi voce decurtatâ *Jaz* vocant, ac retinent iidem etiamnum linguam suam avitam, & particularem, *Hungaricæ* dissimillimam, atque eas sedes, quas *Plinii* descriptione quondam tenuerunt, nimirum campos, & plana, *Dacis*, ut idem ait, pulsis ad *Patissum* amnem, quem ego detractâ primâ syllabâ *Tissum*, vel, ut nunc vulgò vocant, *Tizam* accipio. Is verò *Tibiscus* est *Ptolemæo*, limes veteris *Daciæ*, cujus cultissima pars est *Transsylvania*, provincia multis habitatoribus frequens. Nam eam & *Germani*, quos appellant *Saxonas*, & *Hungari*, & *Hungarorum* antiquissimi dicti *Siculi*, qui linguâ suâ sunt *Zekheli*, & ad hujus imitationem à quibusdam vocantur *Ceculi*, incolunt, ut omittam pervetustas *Romanorum* reliquias *Valachos*, qui frequentes ibidem vicos, & pagos habent: potiuntur tamen rerum *Hungari*, & penes eos imperium est: eoque fit, ut *Transsylvani* quoque *Hungarorum* nomine censeantur. Verùm de elementis hujus linguæ in II *Tomo Atlantis Polyglossi*. *Sect.III.*

CAPUT V.

De intimis Septentrionalium regionum linguis.

Cap. V.
Situs harum regionum.
Finlandia.
Schricfinnia.

SEptentrionalis mundi pars, quam Geographi *Scandiam*, sive *Scandinaviam* vocant, in varias regiones dividitur, ut sunt *Finlandia, Suecia, Lappia, Scricfinnia, Finmarchia, Norvegia, Gothia. Finlandia* ex Oriente confinis est *Moscoviæ*; ex Occidente *Sueciæ*; ex Septentrione *Scricfinniam*, & *Lappiam*; ex Meridie *Livoniam* respicit, & à *Suecia* distinguitur Sinu *Bodnico*; à *Finlandia*, cujus metropolis *Viburgum* est, & ex parte Orientali habet emporium *Moscoviticæ* jurisdictionis *Michael* archangelo dictum toto septentrione celeberrimum: & Germanicè Feinland/dicitur, id est pulchra regio; & hæc regio linguam ex *Suecica* & *Moscovitica* compositam tenet. *Scricfinnia* inter *Lappiam* & *Finmarchiam* media est; incolæ *Scricfinni* dicuntur, à calceis ligneis, chalybeata lamina suffultis, quibus celerrimo motu per glaciales, & nive induratos campos, flumina, lacusque congelatos ex uno loco in alterum promoventur, & apud *Batavos, Belgas*que passim Schzitkschoe vocantur; linguâ utuntur *Germanica*, corruptissima tamen. *Finmarchia*, quasi diceres, Feinmarc/ex Oriente respicit *Lappiam*; ex Occidente *Oceanum Septentrionalem*, cujus metropolis est *Nortcap*, estque ultimus terminus habitati Septentrionis; *Norwegiam* respicit ex Meridie; à Septentrione *Veigaz* fretum, & *Novam Zemblam*. *Nortvegia*, quasi diceres, Nortweg/id est, *Via Septentrionis*, *Daniæ* Regis jurisdictioni subest, ejusque metropolis olim *Nidrosia*, *Trunden* vulgò, sedes episcopalis, totius Septentrionis domicilium erat, uti splendidæ ecclesiæ adhuc ibidem superstitis vestigia sat ostendunt: hodiè *Bergen* totius Septentrionis nobilissimum emporium in *Norvegia*, celebris urbs est; & respicit ex Septentrione *Finmarchiam*; ex Oriente *Sueciam*; ex Occasu *Oceanum*; ex Meri-

Finmarchia.
Norvegia.

Cap. V. Meridie, interfluo mari *Daniam*, & *Go-* *Suecia.* thiam. *Suecia* nobilissimum regnum, & rerum gestarum gloriâ celeberrimum, à Septentrione *Lappiam*; ex Ortu *Sinum Bodnicum*; ex Meridie *Mare Balthicum*; ex Occasu *Gothiam.* Atque omnes hæ vastissimæ regiones idiomate utuntur ex *Danico*, *Suecico*, *Anglico* adeò corrupto, ut vix à *Germanis* inteligi possint.

Cæterùm ex aliquibus hisce regionibus pleræque perpetuo damnatæ gelu, nec frumentum, neque fructus ferunt, neque pecoribus alendis aptæ, solo aquæ potu, & piscibus sole exsiccatis, vivunt; exceptis iis partibus, in quibus aliunde panis, vinum, cerevisia, & carnes infumatæ advehuntur. Pecuniam non habent, sed sola commutatione pellium, pisciumque, mercimonia sua exercent.

Rangiferi jumenta, cervorum forma. Habent in *Lappia* certum cervorum genus, quos *Rangiferos* vocant, quibus loco equorum, asinorum, boumque utuntur, & uti velocissimo cursu pol- *Sect.III.* lent, ita quoque trahis alligati longissima itinera brevissimo tempore conficiunt. In nonnullis quoque locis non desunt ursi prægrandes, & albo pilo præditi; item vulpes, & lynces; cætera animalia domestica ob frigoris atrocitatem, ibidem subsistere non possunt; de quibus lege *Itineraria* variorum; *Olaum Magnum*, in multis tamen suspectæ fidei. Scripsit de hisce, dum hæc scribo, librum de Septentrionalium partium natura & proprietate, *Franciscus Nerius* Italus, Ravennas, Sacerdos religione & zelo animarum conspicuus, amicus inter paucos singularis, qui *Sueciam*, *Daniam*, *Norvegiam*, *Lappiam*, *Finmarchiam* usque ad ultimum habitati Septentrionis terminum, *Nordcap* dictum, ipsemet quàm curiosissimè lustravit, & quæ observavit, publicæ luci tradidit. Verùm de hisce fusiùs in sequentibus.

CAPUT VI.

De lingua Illyrica, Dalmatica, Slavonica, *ejusque filiabus.*

*Cap.*VI. *Etymon Thraciæ.* Illyris, hodiè *Slavonia*, vel *Dalmatia*, antiquitus *Thracia*, à *Thyras* nepote *Japheth* dicta, qui primus hujus regionis possessor fuit; quamvis nonnulli *Elisan* fratrem ipsius primum hujus regionis colonum, ex vicina *Græcia* huc motum fuisse existiment. Nos ex Rabinorum sententia, *Thraciam*, à *Thyras*, quasi diceres *Thyraciam*, etymon suum sumpsisse, verisimiliùs credimus. Qualisnam lingua illa à *Thyras* in *Thraciam* traducta fuerit, difficile est conjicere. Hoc constat, hanc posteris temporibus post *Christum* ex *Græco*, *Latino-Italico*, imò & *Germanico* idiomate, tandem in propriam, & naturalem linguam, ab omnibus differentem degenerasse. Habet tamen complures dialectos, diversis nationibus proprias; & quamvis hodiè, quæ olim *Thracia*, vel *Zervia* dicebatur, in innumeras regiones divisa sit, unâ tamen hac linguâ utuntur omnes regiones sub *Thracia*, sive *Illyria* comprehensæ; cujusmodi *Illyricæ lingua dialecti.* sunt *Zervi*, *Dalmatæ*, *Bosni*, *Croatæ*, *Rasci*, *Valdavi*, *Walachi*, *Podoli*, *Daci*, & coloniæ *Boëmorum*, *Moravorum*, *Polonorum*, & *Moscovitarum*; de quibus *Bibliander.* Vide de hisce quàm copiosissimè tractantes, *Gesnerum*, *Sigismundum ab Herberstein*, *Matthiam Michou* Polonum, & *Boëmum* scriptorem *Sigismundum Gelenium.*

Ex hisce patet, linguam *Illyricam*, sive *Sclavonicam*, *Boëmicam*, *Polonicam*, *Lithvanicam*, *Moscoviticam*, & quæ in aula Constantinopolitana maximè in usu est, unam & eandem esse linguam, solum-

Cap. VI. solummodò diversis, pro conditione diversarum regionum, dialectis corruptam, utpote quæ omnibus cæteris linguis communem corruptionis sortem, cum tempore subiit. Sed relictis hisce, ad literas & characteres explicandos progrediamur.

Alphabetum Illyricæ linguæ. Duplex *Illyrici* habent alphabetum literarum iis propriarum, queis in libris conscribendis utuntur. Prius, exceptis aliquibus, *Græcorum* alphabeto ita simile, ut vix sit litera, quæ non Græcum quid sapiat, & hoc dicitur à *Cyrillo* episcopo *Velegradensi* compositum; alterum Divo *Hieronymo* attribuitur; de quo *Bibliander*: verùm de hisce vide amplissimè actum in sequenti libro, *de principiis linguæ Illyricæ*, alphabetisque variis quibus utuntur *Dalmatæ*. Nihil porrò restat, nisi ut ad meliorem lectoris instructionem, apponamus chronologiam annorum post diluvium, ut quo tempore quisque ex citatis hucusque auctoribus *Hebræis, Græcis, Latinis*, vixerit, innotescat.

Sect. III.

TABULA CHRONOLOGICA

Annorum post diluvium, quâ linguarum ortus, & incrementum exponitur.

Anno mundi.	
1656.	Diluvium.

Post diluvium anno

1984.	Divisio linguarum. *Abraham. Cres* Rex *Cretæ*. Incendium Sodomiticum. Regnum Sicyonium in *Græcia*. Regnum *Argivorum*. Regnum *Assyriorum*. Regnum *Ægyptiorum*. *Trismegistus*.
2006.	*Noë* moritur, sub quo jam orbis inhabitabatur, urbes condebantur. *Inachus, Phoroneus Argivorum* Reges.
2158.	*Sem* moritur. Tribus *Israël* dominantur. Deorum regnum fabulosum.
2373.	*Moses* nascitur. *Amenophis* Rex *Ægyptiorum*. *Cecrops* Rex *Atheniensis*. Linguæ *Græcæ* initium.
2493.	*Moses* moritur. *Josue*, & *Judices. Cadmus, Phœnix, Orpheus.*
2600.	*Debora* prophetissa *Judææ. Picus Saturni* filius. *Ilium* conditur. *Sicani, Latii, Aborigines.*
2700.	*Gedeon*, & cæteri Judices. *Faunus* Rex. *Tyrus* conditur. *Pelasgorum* in *Italiam* expeditio, & lingua *Græca* commixta *Latinæ*. *Sicani*, & *Aborigines* expelluntur ex *Italia*.
2800.	Judices. *Jephte* filia mactatur. *Heli* nascitur. Incendium Trojanum. *Æneas. Turnus. Lucumones* in *Hetruria. Sampson* apud *Philistæos*.
2900.	Reges *Hebræi. Saul, David*, & cæteri. *Samuel* obiit. *Homerus* nascitur, anno mundi 2960. & non longè post *Hesiodus*. Templum *Salomonis* absolutum. Cultus linguæ *Græcæ*.
3000.	Reges *Judæ. Achab.* Regni *Assyriorum* finis sub *Sardanapalo*. *Jonas* prædicavit *Ninivitis*. Reges *Albæ. Elias* 3079. *Helisæus. Carthago* conditur 3098. Lingua *Phœnicia* in *Africa* viget.
3100.	Reges *Judæ* & *Israël. Persarum* regnum sub *Cyro*, & *Babylon* sub *Chaldæis* Regibus.
3200.	Reges *Judæ*, & *Israël*. Captivitas *Hebræorum* in *Babylone*. Olympiadum initium anno 3208. *Romulus* nascitur 3214. Roma condita 3230.

3300.

TURRIS BABEL LIB. III. 217

C. VII. 3300. Transmigratio Babylonica. *Nabuchodonosor. Daniel. Albæ* excidium. **Sect. III.** *Thales* Milesius. *Stesichorus. Græcæ* linguæ studium promovetur.

3400. *Salathiel. Zorobabel.* Finis servitutis Babylonicæ, 70 annorum, 3446. *Darius. Cyrus. Tarquinius Superbus.* Consules Romani 3473. *Pherecydes Pythagoræ* præceptor. Poëtæ veteres. *Æschylus. Pindarus. Anaxagoras.* Linguæ *Latinæ* ruditas.

3500. *Xerxes. Furius Camillus. Vejorum* obsidio. *Roma* capta à *Gallis. Herodotus* nascitur 3501. *Thucydides.* Socrates nascitur 3515. *Plato. Melissus. Simonides. Empedocles. Diogenes Cynicus. Aristoteles* nascitur 3565. *Alexander Magnus* nascitur 3595. *Darius. Demosthenes. Calippus. Demetrius Phalereus.*

3600. *Alexander Magnus* moritur 3625. Regnum Ægyptium *Ptolemæorum. Scipio* Africanus. Incipit cultura linguæ Latinæ.

3700. *Ennius* poëta nascitur 3712. *Terentius. Archimedes. Hannibal.* Cannensis pugna 3707.

3800. *Machabæi* pro fide trucidati. *Judas. Machabæus* bella gerit. *Pacuvius. Plotius Gallus*, primus legit Rhetoricam in lingua Latina. *Accius* poëta. *Lucretius. Marius* & *Sylla.* Bella civilia. *Cicero, & Cn. Pompejus* nascitur.

3900. *Joseph, Joachim, Anna*, beatissima Deipara nascitur. JESUS *Christus* filius DEI anno 3984. Bellum Triumvirorum. *M. Tullius Cicero. Julius Cæsar*, & Monarchia Romanorum Cæsarum. *Ovidius. Horatius. Virgilius* florent. Cultus latinæ linguæ magno incremento propagatur.

Anno Christi. Ab anno primo usque ad 100. florent *Tibullus, Catullus, Propertius, Dionysius Halicarnassæus. Philo, Orosius, Lucanus, Cornelius Tacitus, Valerius Flaccus, Juvenalis, Martialis, Plinius, Pedianus*, poëtæ, sub *Augusto* usque ad *Trajanum.*

Ab Anno Christi 100 usque ad 200. sub *Trajano, Adriano, Antonino,* &c. usque ad *Severum* floruerunt, *Plutarchus, Pausanias, Favorinus, Ptolemæus, Galenus, Justinus Martyr, Arrhianus, Max. Tyrius, Lucianus, Athenæus, Apulejus, Gallus.*

Ab anno 200 usque ad 300. sub Imperatore *Caracalla* usque ad *Diocletianum* floruère *Philostratus, Appianus, Cassiodorus, Plotinus, Censorinus, Porphyrius, Lampridius, Tertullianus.*

Ab anno Christi 300 adusque 400. Constantinus Magnus, & Christianæ religionis propagator, floruère *Juvencus* Presbyter, *Libanius, Themistius, Claudianus, Ausonius, Synesius*,

S.S. Patres *Eusebius* Cæsariensis, *Athanasius, Gregorius* Nazianzenus, *Epiphanius, Ambrosius, Chrysostomus, Hieronymus, Augustinus.*

Ab anno 400 usque ad 500. imperium Romanum ex Occidente in Orientem translatum, Barbarorum invasio; atque huc usque *Latina* lingua pura in *Italia* viguit, sed à *Gothis, Alanis, Vandalis, Hunnis, Longobardis* corrupta in varia idiomata *Italicam, Gallicam, Hispanicam*, aliasque degeneravit, *Latina* lingua solummodo inter literatos permansit. Sed hisce sat & in genere quidem expositis, jam ad IV. Librum, præcipuum hujus operis argumentum progrediamur, in quo linguas & idiomata ex primæva illa rerum confusione in ordinem redigere nobis propositum est. DEUS O. M. Spiritus sancti παντοδότε gratia ausibus nostris adsit.

E e Verum

*Cap.*VI. Verum antequam opus *Atlantis polyglossi* arduum ordiamur, hoc loco celebrem illam de universali lingua quæstionem examinabimus; & deinde nostram de universali lingua intentionem in curiosi lectoris gratiam apponemus. — *Sect.*III.

CAPUT VII.

Utrum radices linguarum reperiri queant ad universalem quandam linguam constituendam.

C. VII. COmplures varia quadam persuasione delusi primævarum linguarum radices constitui & assignari posse, ex quibus universalis lingua confici possit, etiamnum credidere. Cum itaque à multis ea de re consultus fuerim, potissimum à *Ferdinando* III. Imperatore Mecœnate munificentissimo, qui uti in aliis ita & de hoc clientis sui judicium more solito experiri non fuit dedignatus: (nam quid de hoc proposito universalis linguæ argumento sentirem, sibi exponi præcepit:) utique Cæsareo perculsus imperio, ut laudabili Cæsaris curiositati quovis modo satisfacerem, à primis principiis propositum mihi dubium, singulari studio & diligentia adhibita, enodandum censui. Sed vix dum cœperam, cum ecce, ut verum fatear, idem mihi accidisse videtur, quod typothetæ, qui plura librorum folia, compositione peracta, jam typis prælo destinata in promptu habet. Verum nescio quo casu dissolutis ligaminibus typi sparsim per terram dissipati, nullum prorsus veri sensus vestigium relinquunt, neque ad pristinam formam prototypi jam perditi reduci queunt. Pari prorsus modo accidit in infinita illa prope linguarum & idiomatum multitudine & varietate, quæ ab origine mundi hucusque ob inaccessam antiquitatis vetustatem, ob tot imperiorum mutationes, tot populorum diversorum conmixtionem, inter tot denique rerum humanarum vicissitudines & corruptelas expositæ fuerunt, ut proinde minimè fieri posse existimem, aut fundamentum omnibus linguis commune reperiri posse, credam. Quot enim in lingua *Chaldaica, Syriaca, Arabica* & *Æthiopica* verba occurrunt, quæ nullam prorsus ad primariam linguam quam nos *Hebræam* esse determinavimus, (exceptis iis quæ ab ea demanarunt) similitudinem obtinent? totoque ut ajunt cœlo differunt? Quis rogo vel unicum verbum in lingua *Hebræa* cæterisque reperiet? quod ad linguam *Græcam*, ne dicam *Latinam* aliquam affinitatem habeat? si verò nonnullæ voces occurrerint, quæ tametsi quoad sonum quandam similitudinem polliceantur, illæ significatione tamen prorsus contrarium exhibeant. Hac itaque diligentia præmissa, & combinatoriæ artis amussi applicata, dico temerarium, ne dicam stolidum eorum esse tentamentum, qui in hoc negotio adeo arduo & viribus humanis superiori aliquid se præstare posse præsumptuosius credunt. Desinant itaque hujusmodi imperiti rerum indagatores piscari in aëre ranas, quæ sine alis volare censent. *Sisyphi* saxum volvant, atque inutili labore revolvant, omnemque humanam in hisce explorandis industriam vanam irritamque se comperturos certo sibi persuadeant. Horum numero jungi possunt omnes ii qui linguam *Germanicam*, aut quamvis aliam ex *Hebraïcis* verbis vocibusque constitutam demonstrare se posse existimant. Quos inter meritò primum locum obtinet *Goropius Becanus*, qui *Belgicam* linguam libro integro primævam illam veramque *Hebræorum* linguam

C. VII. guam aut saltem mediatè ab ea derivatam conatur demonstrare; miratus sum equidem virum cæteroquin eruditissimum, in re adeò ludicra, tot bonos dies horasque consumpsisse. Quis enim nescit, in omnibus pene linguis nonnullas voces *Hebræis* quoad sonum similes reperiri, quarum tamen genuinam significationem ut exprimat dici vix potest, quam violenter quam coactè, ut quoad sensum Hebrææ respondeant, detorquere conetur. Et certe mihi persuadeo virum judicio pollentem difficultates occurrentes non potuisse non prævidisse. Ut proinde ne ejus existimationi nonnullo præjudicio esse videar, eum non tam veritate convictum, id sensisse, quam ingenii luxuriantis æstu abreptum ad sagacitatem subtilitatemque ingenii ostentandam similia effutiisse arbitrer.

Sed hisce jam satis expositis, restat ut hoc modo alium universalis linguæ modum describam, qui ad Cæsaris postulationem noviter detectus fuit: & dicitur *Polygraphia universalis*, qua quisque tametsi non nisi vernacula lingua instructus, cum omnibus tamen populis & nationibus, per literas reciproco commercio, mentem suam aperire posse demonstratur, quod & jam dudum ad multorum sollicitationem non nisi paucis tantum exemplaribus impressis publici juris fecimus. Est verè universalis methodus qua quis suam alteri intentionem quacumque lingua communicare possit; fateor sane illud ab omnibus antequam in lucem ederetur velut incredibile & quasi παράδοξον habitum fuisse. Sed edito jam opere, postquam in praxin id redegerunt multi ex magnatibus, tum enimvero illud non dicam ἀδύνατον, sed vel maximè facile compererunt. Quo cum primis relexandi animi causa *Ferdinandus* III. Cæsar & *Leopoldus Guilielmus* Archidux usi fuerunt; uti in fronte *Polygraphiæ*, ex litera ad lectorem datâ contestata rei veritas demonstratur. Quin & *Alexander* VII. glor. mem. summus Pontifex comperta veritate adeo ipsi arrisit artificium; ut inventori annuæ pensionis minerval assignare non sit dedignatus.

CONCLUSIO.

Horrendos tandem cataclysmi fluctus eluctati invisam stupendamque mundi catastrophen, ob enormia filiorum hominum vindice DEO illatam cum tremore conspeximus, qua finita ex monte *Ararat* in submontanos campos, itinere directo, tandem in terram *Sennaar* appulimus. Turrim, ejusque portentosam fabricam dimensi uti intercurrente linguarum confusione imperfectam incompletamque reliquimus; ita quoque ex confuso sermonum commercio, novorum semper novorumque idiomatum argumentum exortum; mirè ad id prosequendum, animum meum sollicitavit. Verum cum id primi hujus tomi limites longè excedere videretur, operæ pretium me facturum existimavi, si in auxiliarem adminiculationem, *Atlantem* adsciscerem, ut is Geocosmo universi orbis terrarum linguis conspicuo humeris suppositis virium mearum imbecillitatem, ea qua fieri posset industria sublevaret. Quod tandem aspirante divini Numinis gratia accidit, eo modo, quo lector in secuturis, suo tempore, duobus Tomis in 72 linguarum, juxta 72 tribus trium filiorum *Noë* disparatissima genera divisis peractum videbit. Vale lector & si in hisce quidpiam admiratione dignum occurrerit, id unicè D.O.M. qui solus infantium linguas facit dissertas, adscribas velim.

Laus DEO *Virginique* MATRI.

INDEX RERUM,

in hoc opere contentarum : in quo

Numerus paginam denotat, *a* columnam priorem, *b* posteriorem.

A.

Abimelech *Rex apud* Palæstinos *tempore* Abrahami. 44. a, b.
Aborigines. 216. *expelluntur ex* Italia. ibid.
Abrahamus *natus anno regni* Nini. 43. 104. b. 105. a. *anno vitæ patris sui.* 60. 105. a. 106. 113. a. *ex ejus semine qui populi prodierunt.* 120. b.
Abubacer *de prava opinione, quæ fuit* Zabæorum. 134. b.
Abydenus *de lapsu* Turris. 110. b.
Abyssina *lingua.* 132. a.
Accius *Poëta.* 217.
Achab. 216.
Achad Hieronymo Edessa. 117. a.
Adamus *primus* ἀνομοθέτης. 146. b. *five primus animantibus nomina imposuit.* 147. a. 165. a. *omnium purorum hominum perfectissimus, & scientissimus.* 162. a. *infusam concreatamque scientiam habuit.* ibid. b. *linguam habuit pariter sibi infusam.* ibid. *ejus theologia.* ibid. *physiologia.* 163. a. *omnisciens.* 162. a. 163. b, *ejus instructor Angelus.* 164. a. *eum ex luna prodiisse fuit* Sabæorum *traditio.* 35. b. 134. a.
Adonis *vide* Osiris.
Adris *arabicè & græcè* Hermes Trismegistus *dicitur* Ægyptiorum Thoyth. 82. b.
Ægyptiaca *lingua. Vide* Coptica. *Ejus primatus.* 152. a.
Ægyptiaci *regni initium.* 112. b.
Ægyptiorum *literarum primæva fabrica & institutio.* 177. & seqq.
Ægyptii *Simiæ* Babyloniorum *in obeliscis erigendis.* 65. a. *credebant primos homines in* Ægypto *natos.* 135. b. *& ex quâ causâ.* ibid. *monachi sequebantur hieroglyphicam doctrinam veterum* Ægyptiorum. 172. b.
Ægyptus *non fuit habitata ante divisionem & confusionem linguarum.* 113. b. *Primorum hominum genetrix secundum* Ægyptios. 135. b. *A primo Rege* Misraim *dicta.* 203. a.
Ælamitica *lingua. Vide* Persica.
Æmilius Scaurus *in suâ ædilitate extruxit apud* Romanos *theatrum* 360 *columnis conspicuum.* 90. b.
Æneas. 216.
Æolica *dialectus linguæ* Græcæ. 131. a.
Ære Colossi Solis quot cameli onerati fuerint. 88. b. 89. a, b. 90. a.
Aëris benignitas requisita ad bonitatem regionis. 17. a.
Æschylus. 217.
Æthiopes *primos homines in* Æthiopia *veluti in medio terrarum natos asserebant, & ex quâ causâ.* 135. b.
Æthiopia *primorum hominum genetrix, secundum* Æthiopes. ibid. *ejus descriptio.* 199. a. *antiquitas.* ibid. b. *coloni primi quinam.* 200. a.
Æthiopica *lingua ex* Hebræâ. 131. a. 200. b. *à qua differt characteribus & modo scribendi.* ibid.
Æthiopicum *alphabetum diversissimum ab* Hebraico. ibid.
Africanæ *linguæ.* 132. a.
Agareni. *Vide* Ismael.
Agriculturæ necessitas. 5. a.
Aiwan Kesra. 97. b. 99. a, b. 100. a.
Albæ excidium. 217.
Alcoranus *lingua* Arabica *pura conscriptus à* Mahumede. 198. b. 202. b.
Alexander Magnus *nascitur.* 217. *moritur.* ibid.
Allegoriarum Ægyptiarum *expositio.* 173. a. & seqq.
Alphabetum Æthiopicum *diversissimum ab* Hebraico. 200. b. Copticum *commune & mysticum.* 177. & seqq. Dalmatarum *varia.* 216. b. Illyricum *duplex ; alterum* Cyrilli, *alterum* Hieronymi. 216. a, b. Samaritanum *non est idem quod* Phœnicium. 185. b.
Altitudo lunæ à terra. 37. b. *triplex : major in apogæo, minor in perigæo, media in quadraturis.* 39. a. Turris quanta debuerit esse usque ad cælum lunæ. 37. b.
Amalech *filius* Eliphaz, *filii* Esau, *à quo* Amalecitæ. 121. a.
Amara *mons.* 199. b.
Amasis *Rex* Ægypti *advexit templum monolithum.* 72. a.
Ambrosius *floret.* 217.
Amenophis *Rex* Ægyptiorum. 216.
Americanæ *lingua.* 132. a.
Ammon *filius* Loth, *à quo* Ammonitæ. 121. a.
Amraphel *Rex* Sennaar. 19. a. *Rabbini fabulantur eum esse* Nembrodum. ibid. *fuit prorex* Niniæ *Regis Assyriorum, sive gubernator* Babylonis, *aut terræ* Sennaar. 19. b.
Amstelodamum *urbs incredibili magnitudine prædita.* 45. a.
Analogia rerum à primis mundi patriarchis gesta-

INDEX RERUM.

starum, gestis Osiridis, Isidis, Typhonis, Hori *parallela.* 136.
Anaxagoras. 217.
Angelus qua lingua & charactere scripserit in pariete Balthasaris *sententiam ei à Deo latam.* 154. a.
Anglica *lingua filia* Teutonicæ. 131. b.
Angolana *lingua.* 132. a.
Anna. 217.
Appianus *floret.* ibid.
Apulejus *floret.* ibid.
Aquila cur hebraïce dicatur Nesra. 166. a.
Arabes *putabant* Arabiam. felicem *primorum hominum genetricem.* 135. b. *scriptores celeberrimi.* 199. a. *eorum relatio de pyramidibus* Ægypti. 70. b.
Arabia *triplex;* Deserta, Petræa & Felix. 198. a. Desertæ *situs.* ibid. Petræa *situs.* ibid. Felix *primorum hominum genetrix secundum* Arabes. 135. b. *ejus situs.* 198. a. Amalecitica & Ismaëlitica *dicta.* ibid.
Arabica *lingua, in* Andaluzia *commixta* Latinis Arabicisque *vocibus, in* Melitensi *insula commixta vocabulis* Italicis Arabicisque. 130 b. *ex* Hebraica. 131. a. 198. a. *per totum Orientem & Occidentem diffusa.* 198. a. *pura dominatur in* Ægypto. 203. a.
Arach Hieronymo Nisibis. 113. a.
Ararat *non est unus mons particularis, sed ingens concatenatorum montium series.* 12. a.
Arcadia *primorum hominum genetrix, secundùm* Theodoretum *ex relatione antiquorum.* 135. b.
Archimedes. 217.
Architectura Turris Nembrod. 40. 41.
Arcus Soliman Pac. 100. a, b. 101. a, b.
Aristides *Atheniense solum primam terram hominum genetricem asserit.* 135. b.
Aristoteles *nascitur.* 216. *multa ex* Chaldaicis *monumentis accepit.* 195. a.
Armenia *duplex:* minor & major. Minoris *situs.* Majoris *situs.* 11. b. *Descriptio.* 204. a. *etymon ab* Aram *filio* Sem. *ibid.* Armenica *lingua.* 204. 205.
Armenorum *Patriarchæ sedes in* Naschevan. 204. a.
Arphaxad *tertius filius* Semi. 120. a. *natus duobus annis post diluvium.* ibid. *à quo prodierunt* Chaldæi & Susii. 120. b.
Arrhianus *floret.* 217.
Artapanus *scribit à* Mose *literarum inventore literas accepisse* Judæos & Ægyptios, *à* Judæis Phœnices, *à* Phœnicibus Græcos. 123. b.
Artemisia *Regina Cariæ* Mausolo *marito defuncto sepulcrum erexit, à quo omnia Regum Imperatorumque monumenta preciosa Mausolea vocantur.* 88. a, b.

Artes quas suos docuit Noë. 27. a. *earum propagatio.* ibid. b.
Asinus cur hebraïce dicatur Chamor. 166. a.
Assur *secundus filius* Semi, *à quo* Assyrii. 119. a. *diversus ab* Assur *egresso de* Babylonia, *qui ædificavit* Niniven. 119. b.
Assyria *est terra* Sennaar. 18. b. *quæ nunc corruptè* Azimia *dicitur, situs.* 119. a.
Assyriacus *character. Vide* character.
Assyriorum *Reges dicti* Assur. 120. a. *catalogus à* Nino *usque ad ultimum* Sardanapalum. 50. *eorum imperium duravit sub* 32 *Regibus annos* 1239. ibid.
Athanasius *floret.* 217.
Athenæus *floret.* ibid.
Atheniense *solum primos homines produxit secundùm* Aristidem. 135. b.
Attica *dialectus linguæ* Græcæ. 131. a.
Atribiticus nomus. 70. a.
Aulæ labyrinthæa terrorem incutientes. 83. a.
Augustinus *de numero linguarum.* 199. a. *floret.* 217.
Auri abundantia primis seculis. 27. b.
Ausonius *floret.* 217.

B.

Babylon *urbs magnificentiæ pene incredibilis à* Semiramide *condita.* 93. a. *ejus magnitudinis & operarum examen.* 53. a. b. *rudera an hodie superstnt.* 92. a.
Babylonia *est terra* Sennaar. 18. b.
Babylonica *lingua. Vide* Chaldaica. *Ejus character. Vide* Character.
Babylonico regno nullum nec antiquius nec majus. 112. b.
Baculus Tauticus S. Antonii. 172. b.
Bagdadum *extructum ex lateribus bonis & vetustis* Babyloniæ *veteris,* &c. 104. a.
Batavica *lingua.* 213. a.
Becanus (Goropius) *probat linguam* Belgicam *omnium primam fuisse.* 194. a.
Belgica *lingua omnium prima secundùm* Goropium Becanum. 194. a. *filia* Germanicæ. 131. b. 194. a.
Bella civilia. 217.
Bellonius (Petrus) *de pyramidibus* Ægypti. 68. b.
Bellum Triumvirorum. 217.
Belus *idem qui* Nembrod. 82. b. 194. a. 105. a, b. 112. a. *ejus sepultura.* 47. b. *templum.* 52. a. *Vide* Osiris.
Ben Salamas *de pyramidibus* Ægypti. 70. b.
Benjamini Tudelensis *observatio de civitate & Turri* Babel. 95. b.
Berosus Annianus *vult* Zoroastrem *fuisse* Cham *filium* Noë. 44. a.
Bibliotheca sacra Ismendii. 76. b.
Boëmica *lingua ex* Illyrico *traducta, & linguæ* Germanicæ *ac* Polonicæ *ita commixta,*

Ee 3

INDEX RERUM.

mixta, *ut nec* Dalmata, *nec* Polonus *eam prorsus intelligat.* 130. b. *filia Sclavonicæ.* 213. a.
Bosnica *lingua ex* Illyrica. 131. b.
Bubasticus *nomus.* 79. a.
Bulgarica *lingua ex* Illyrica. 131. b.
Buratinus (Titus Livius) *pyramidem* Memphiticam *delineavit.* 71. b.
Brachmanica *lingua.* 131. b.
Brasilica *lingua.* 132. a.
Briax *Mausoleum* Artemisiæ Cariæ *Reginæ à borea cælavit.* 88. a.

C.

CAdmus *literas primum ad Græcos ab* Ægyptiis, *ipse Ægyptius existens, attulit.* 174. b. 175. a. 184. a, b. 185. a. 209. a. 216.
Cadmææ *literæ quo tempore Græcis traditæ.* 175 a. *dictæ etiam* Phœniciæ, *item* Pelasgicæ. 185. a. *diversæ fuerunt à* Samaritanis. 188. b.
Cafrariensis *lingua.* 132. a.
Caïnan *generatio secundum quosdam minimè computanda.* 105. a. *genuit* Sale. 106.
Caïrus *urbs incredibili magnitudine prædita.* 45. a.
Calcis *præparandæ artem suos docuit* Noë. 27. a.
Calculus *propagationis generis humani ad* Turris *fabricam.* 9. 37. a.
Calippus. 217.
Cambyses *regni Ægyptiorum eversor.* 203. b.
Cannensis *pugna.* 217.
Canopicus *nomus.* 79. a.
Captivitas Hebræorum *in* Babylone. 216. *ejus finis.* 217.
Cares *architectus* Colossi Rhodii *seu* Solis. 88. b.
Carthaginenses Phœnicum *colonia.* 187. b.
Carthago *urbs incredibili magnitudine prædita.* 45. a. *conditur.* 216.
Cassiodorus *floret.* 217.
Catalogus Regum Assyriorum *à* Nino *usque ad ultimum* Sardanapalum. 50.
Catullus *floret.* 217.
Causæ *universales quinque corruptionis linguarum:* 1. *diversarum gentium populorumque commixtio.* 2. *imperiorum monarchiarumque mutatio.* 130. a. 3. *calamitates publicæ regnorum.* 4. *varia in differentia regna coloniarum introductio.* 130. b. 5. *cœli solique in certis nationibus constitutio.* 131. a.
Cecrops *Rex* Atheniensis. 216. τείγλωσσ@ *& altitudo ejus.* 175. a.
Censorinus *floret.* 217.
Cha Abas Sophi *secundus Rex* Persiæ *imperium ampliavit.* 202. a.
Chabreus *Rex Ægypti erexit secundam pyramidem.* 6. 8.

Chabor *seu* Chobar *fluvius.* 103. a.
Chalanne Hieronymo Seleucia. 117. a.
Chaldæa *est terra* Sennaar. 18. b.
Chaldæi *ab* Arphaxad. 120. a.
Chaldaïca *lingua ex* Hebræâ, *ejusque dialectus.* 131. a. *prima linguarum à nonnullis perperam traditur.* 149. b. *secundum in primatu linguarum locum habet.* 151. a. 195. b.
Chamæa *familia cur tam grandia monumenta post se reliquerit, non verò familia* Semi, *&* Japheth. 65. a.
Chamus Noë *filius* Zoroastres *dictus.* 9. a. 44. a. *ejus progenies authores idololatriæ.* 135. b.
Chananæa *lingua. Vide* Samaritana.
Character *linguæ* Samaritanæ, *utrum verè* Assyrius *aut* Hebræus *sit.* 152. & seqq. Assyriacæ *seu* Hebraïcæ. 153. a. & seq. Babylonicæ. 154. a. Samaritanus *accidentaliter tantùm ab* Assyriaco *differt.* 154. b. Assyriacus *sive* Esdræus *in sacris scribendis fuit adhibitus; in profanis verò* Samariticus. 155. a. Assyriacus Hebræus *verus est, quo tabulæ legis scriptæ fuerunt.* ibid. Samaritanus *in* Siclis Hebræorum. 158. b.
Chemmis Diodoro; *at* Herodoto *dictus*
Cheobus *octavus Rex Ægypti ædificavit trium pyramidum maximam, inter septem præclarissima opera numeratam.* 66. a, b.
Chilensis *lingua.* 132. a.
Chinica *lingua.* 131. b.
Chobar *seu* Chabor *fluvius.* 103. a.
Chodorlahomor *subegit* Sodomitas. 106.
Christus *per titulum Crucis, reduxit per varias linguas, populos in unitatem, die Pentecostes misso Spiritu sancto super Apostolos.* 128. a.
Chrysostomus *floret.* 217. *ejus sensus mysticus historiæ* Turris. 22. a, b. 23. a.
Chusi *progenies, & utrum fuerit verè colore nigro imbuta, vel saltem, an omnes, qui postea nigri nati sunt, ab ipso prodierint,* 113, & seq. *nigredo naturalis.* 114. a. *unde.* 114. b. *altera causa.* 115. a. *genealogia.* 115. a, b.
Cicero. 217.
Circulus aureus qui circumdabat Simendis *monumentum.* 77. a.
Civitas quænam fuerit, quam sacer textus Nembrod *extruxisse refert.* 41. b.
Claudius Marius Victor *de confusione linguarum.* 107. b. 108. a.
Claudianus *floret.* 217.
Climatis *bonitas requisita ad bonitatem regionis.* 17. a.
Cn. Pompejus *nascitur.* 217.
Coloniæ *filiorum* Sem, Elam *&* Assur, 119. & seq.

Colossi

INDEX RERUM.

Coloſſi Ægyptiaci *omnes alios mirabilium operum magnitudine ſuperantes.* 90. a. Capitolinus. *ibid.* Palatinus. *ibid.* Rhodius *ſeu* Solis, Apollini *dicatus.* 88. b. *ejus altitudo, deque eâ diverſæ ſententiæ* Plinii *&* Volaterrani. *ibid.* Tarentinus. 90. a. Thebanus *peregrinum ſonum edens.* 83. b.
Columnæ roſtratæ inſcriptio. 211.
Columnæ 127 *in templo* Dianæ *Epheſiæ.* 88. a. 36 *Mauſolei* Artemiſiæ Cariæ *Reginæ.* ibid.
Computus totius Symmetriæ templi monolithi. 73.
Commorina *lingua.* 131. b.
Conciliatio duarum ſententiarum de primatu linguarum. 150. a.
Conditiones tres requiſitæ ad bonitatem alicujus regionis. 17. a.
Confuſio linguarum. 104. & ſeqq. 216. id eſt, A. M. 1931. 15. b. *accidit a.* 275 *poſt diluvium.* 105. b. 106. *quomodo facta.* 107. b. *cauſæ.* 125. a. *auctor ſolus Deus, non homines.* 125. b. *cacodæmones eſſe non poterant.* ibid. *radix maledictio* Noë *in* Canaan *filium* Cham. 126. a. *gravis ſed juſta & maximè digna pœna.* 107. a. 126. b. *inque ea maxima* DEI *clementia.* 126. 127. a. *ſapientia , potentia, bonitas, juſtitia.* 127. a. *& providentia.* 127. b. *in ea jurgia & rixæ.* 125. a.
Congana *lingua.* 132. a.
Conſectaria quatuor abſurda ex poſſibilitate Turris *uſque ad cœlum lunæ erigendæ.* 39. b. 40. a.
Conſectarium ex deſcriptione fabricæ Iſmendis. 77. a.
Conſtantinus Magnus. 217.
Conſules Romani. ibid.
Coptica *lingua una ex primigeniis, ejuſque literæ myſticæ.* 172. & ſeqq. 175. b. *origo.* 174. b. *quomodo corrupta.* 175. b. 176. a, b. *alphabetum commune & myſticum.* 177. & ſeqq. *ad nullas alias affinitatem habet.* 203. a, b. *characteres ab* Hebraïcis *toto cœlo differunt.* 203. b. *duratio.* ibid.
Corruptionis linguarum cauſæ quinque. 130. a, b. 131. a.
Cres *Rex* Cretæ. 216.
Crocodilopolitanus nomus. 79. a.
Crocodilorum ſacrorum ſepulcra ſeu monimenta in medio ſeu ſubterraneo labyrintho. 80. b. 81. b.
Cteſias Cnidius *refert Pyramidem* Nini *fuiſſe molem altitudinis novem ſtadiorum.* 47. b.
Cteſiphon *olim, poſtea* Seleucia *dicta.* 96. b. 97. b. 98. a, b.
Cteſiphon *architectus templi* Dianæ Epheſiæ. 88. a.
Cuamenſis *lingua.* 132. a.

Cubitus unus trium palmorum. 66. b.
Cynopolitanus nomus. 79. a.
Cyrus. 217.

D.

DAdan *alter filius* Regmæ, *à quo* Dedanæi. 116. a.
Dædalus *admiratione labyrinthi* Ægyptiaci *captus, alium in* Lemno *condidit.* 73. b. *architectus labyrinthi* Cretenſis. 85. a, b.
Dalmatia *vel* Slavonia *olim* Thracia *dicta.* 215. a.
Dalmatica *lingua.* ibid. *ejus alphabetum. Vide* Alphabetum.
Danica *lingua filia* Teutonicæ. 131. b.
Daniel. 217.
Darius. ibid.
Debora *prophetiſſa* Judææ. 216.
Dedanæorum *ſitus.* 116. a, b.
Delubrum ex unico lapide conſtructum. 72. a, b. *ejus menſura.* 72. b.
Demetrius Phalereus. 217.
Demonſtratio de Turris *ad lunæ cœlum exaltandæ impoſſibilitate.* 36. a. 37. 39. 40.
Demoſthenes. 217.
Deorum Ægyptiorum 48 *manſiones, imagines & ſtatuæ.* 76. b. 81. b.
Deſcriptio cœnaculorum porticuumque labyrinthi Ægyptiaci. 74. a. *hortorum penſilium* Semiramidis. 61. a, b. *labyrinthi* Ægyptiaci. 78. & ſeqq. *lacus* Mœridis. 77. b. *pontis Babylonici à* Semiramide *ſupra* Euphratem *extructi.* 55, 56. *terræ* Sennaar. 17. & ſeqq.
DEUM *omnes homines ſemper agnoverunt.* 136. a. b.
Dialecti linguæ græcæ, Æolica, Attica, Ionica, Phrygia. 131. a.
Dialecti variæ an fuerint in lingua primordiali ſeu primæva. 11. a.
Differentia exterioris & interioris dimenſionis templi monolithi. 73.
Diluvium. 216.
Diodorus Siculus *deſcribit res geſtas* Nini. 42. a, b. 43. *quando ait eum ſubegiſſe* Ægyptum, *ac finitimas regiones, intelligendum id eſt vel non plenè, vel dicendum eum non diu eas poſſediſſe.* 44. a, b. *ait turres* 1500 *in mœnibus fuiſſe, quas non omnes mœnibus inſertas fuiſſe putandum eſt.* 47. a. *nihil habet de* Turri Nini *&* Semiramidis *octoconiâ, niſi forte id intelligat per* Beli *templum.* 52. a. *de urbe* Semiramidis. 53. a. *refellitur cùm ait* 2000000 *hominum occupata fuiſſe in extruendâ urbe* Semiramidea. 53. a, b. 55. b. *item cùm ait muros urbis* Babylonicæ *continuiſſe tantum* 250 *turres.* 54. b. *de ponte ſupra* Euphratem, *deque duobus regiis* Palatiis *in oppoſitis urbis*
bis

bis locis extructis à Semiramide. 55. 56. 57. *de* Horto penfili. 58. a, b. *refellitur cùm ait* Hortum penfilem *non à* Semiramide, *fed à quodam Rege* Syro *poftmodum in gratiam ejus factum.* ibid. *refellitur cùm ait lapidem obelifci* Semiramæi *currum multitudine ad flumen, indeque navi impofitum* Babylonem *delatum fuiffe.* 62. b. 63. a. *refellitur fcribens de exceffu* Semiramidis. 64. a. *de pyramide* Memphitica *omnium maxima.* 66. a, b. *de labyrintho* Ægyptaico. 73. a. *ex* Hecatæo. 75. b. 76. a, b. *de miraculis* Thebanæ *civitatis.* 77. b.
Diogenes Cynicus. 217.
Dionyfius Halicarnaffæus *floret.* ibid.
Divifio prima gentium contigit A. M. 1788. 15. a, b. *fecunda* A. M. 1931. 15. a. 104. & feqq. 206. 111. b. *quando cœperit.* 111.
Divifionem linguarum non femper fuiffe oftenditur. 34. b. *Vide* Confufio.
Dogmata philofophorum. Vide Opiniones.
Dofithei *fectatores.* 196. a.

E.

Ecbatenæ *nunc* Tauris *dictæ, regni Mediæ caput.* 201. a. 202. a.
Edictum Regis Sinarum Tartarico - Sinico *charactere confcriptum.* 204. b.
Edom. *Vide* Efau.
Elam *primus filius* Sem, *à quo* Elamitæ. 119. a.
Elamitarum *fitus, qui à prophanis fcriptoribus vocantur* Elimæi, *ex quibus exierunt* Perfæ. ibid.
Elias. 216.
Elimæi. *Vide* Elamitæ.
Empedocles. 217.
Ennius *Poëta nafcitur.* ibid.
Epilogifmus Genealogiæ, ex quo feries generationum filiorum Noë *colligi poteft.* 14. b. 15. a.
Epiphanius *de numero linguarum.* 109. a, b. *de* Turris dejectione. 110. b. *floret.* 217.
Equus cur hebraicè dicatur Sus. 166. a, b.
Efau *filius* Ifaac, *à quo* Idumæi. 121. a.
Efdræus *character. Vide* character.
Efdras *non invenit novum characterem ad legem defcribendam; fed veterem nonnihil degenerem in pulchriorem formam adaptavit.* 155. a.
Effeni. 196. a.
Etymon literarum Samaritanarum. 196. b.
Eupolemon *de lapfu* Turris. 111. a.
Eupolemus *fcripfit à* Mofe *literarum inventore* Judæos *&* Ægyptios *accepiffe literas, à* Judæis Phœnices, *à* Phœnicibus Græcos. 123. b.
Eufebius *de numero linguarum.* 109. a. *floret.* 217.

Examen trium mirabilium in fabrica Ifmendis. 76. b. 77. a.
Exemplum infcriptionis Ionicarum *literarum à prifcis Græcis lapidi incifæ.* 191.
Exercitus Nini *contra* Zoroaftrem 1700000 *peditum,* 200000 *equitum, paulò minus* 10600 *curruum falcatorum.* 43. b.
Exhortatio Nembrod *ad* Turrim *civitatemque inchoandam ad progeniei fuæ proceres.* 29. a, b. 30. a.
Expofitio Allegoriarum Ægyptiarum. 173. a. & feqq.
Expofitio fingularum partium hortorum penfilium. 60.
Ezechielis *prophetæ fepulcrum.* 103. a, b.

F.

Fabula *de* Ariadna Minoïs *filia &* Minotauro. 85. b.
Fabulæ de animalibus irrationalibus, quæ ajunt olim communi voce inter fe de rebus fuis, ut folent homines, agere confueviffe, origo ex Turri *prodiit.* 33. b.
Fabulæ de aquila jecur Promethei *depafcente origo.* 140. a.
Fabulæ de gigantibus montes montibus fuperimponentibus, ut bellum diis inferrent, fed ab ipfis fulmine dejectis, origo ex Turri *prodiit.* 33. b. 36. a.
Fabularum Ægyptiorum *de* Ofiride *&* Ifide *origo.* 137. b.
Fabrilis artis neceffitas. 5. a.
Faunus *Rex.* 216.
Favorinus *floret.* 217.
Ferrariæ artis neceffitas. 5. a.
Figulina ars à Noë *tradita.* ibid.
Filiorum trium Noë *in tribus diftributio.* 6. a.
Finlandiæ *fitus.* 214. a.
Finlandica *lingua ex* Suecica *&* Mofcovitica *compofita.* ibid.
Finmarchiæ *fitus.* 214. b.
Flammæ igneæ in quibufdam Regum Ægypti *fepulcris.* 85. a.
Fluviorum rivorumque irrigatio requifita ad bonitatem regionis. 17. a.
Forma Turris Nembrod *rotunda, fecundum alios quadrata.* 41. a.
Furius Camillus. 217.

G.

Galenus. 217.
Gallica *lingua ex* Latina, *peperit plurimas dialectos.* 131. b.
Gallus *floret.* 217.
Gedeon. 216.
Genealogia filiorum, nepotumque Noë. 14. b. 15. a. 104. & feq.
Georgiæ *defcriptio.* 204. b. *etymon.* ibid.
Geor-

INDEX RERUM.

Georgiana *lingua.* 204. a, b. *composita ex* Tartarica & Armenica. *ibid. ejus characteres ab* Armenicis *differunt.* ibid. *eâ utuntur Christiani incolæ* Mecreliæ *seu* Iberiæ, *alias* Georgiæ, *olim* Colchidis. 204. b.

Germanica *lingua. Vide* Teutonica.

Germanorum *denominatio ab* Ascanez *filio* Japheth. 212. a.

Globus Ariadnæus labyrinthi Cretensis *quantus esse debuerit.* 86. a.

Gortheni. 196. a.

Græca *lingua, corruptissima in nonnullis* Calabriæ *oppidis.* 130. b. *peperit dialectos* Atticam, Ionicam, Æolicam, Phrygiam, &c. 131. a. *an ab* Ægyptiis *processerit,* 174. b. *ejus origo & antiquitas.* 206, 207. *una ex primigeniis.* 206. a. *ejus dignitas & excellentia.* 207, 208. *instauratores.* 208 b. *initium.* 216.

Græci *à* Phœnicibus *literas suas acceperunt.* 174. b. 175. a. 184. a, b. 185. a. 186. b. *scriptores ante excidium* Trojanum. 207. b. *post excidium* Trojanum. 208. a.

Græcorum *superbæ fabricæ monumentaque ad imitationem* Ægyptiorum *extructa.* 88, 89, 90.

Gregorius Nazianzenus *floret.* 217.

Gregorii *sensus mysticus historiæ* Turris. 21. a, b. 22. a.

Grimanus (Marcus) *de pyramidibus* Ægypti. 69. a, b.

H.

Hannibal. 217.

Heber *propheta magnus.* 16. a. *genuit* Phaleg. 106. *ab eo descendunt* Hebræi. 20. b.

Hebræa *lingua utrum & quomodo post confusionem linguarum, in domo* Heber *permanserit.* 122. 123. 150. a. 194. a. 200. b. *ab* Heber *ad* Abraham *continua serie propagata fuit.* 122. b. *primò deflexit in dialectum* Chaldaïcam, *secundò in* Arabicam *seu* Madianiticam, *tertiò in* Samaritanam, *quartò in* Æthiopicam, *quintò in* Syriacam, *veluti ex* Græca & Hebræa *mixtam.* 131. a. 194. a. *in domo* Thare *conservata fuit.* 148. b. *prima suit omnium linguarum.* 148. a. 150. b. 193, 194. a. *protoplastis à* Deo *infusa.* 150. b. 193. a. *ejus propagatio ad posteros.* ibid. *character. Vide* character. *Ejus mira vis in rerum significationibus elucescens, quam infusam habuit* Adamus. 164. & seqq.

Hebræorum *secta triplex.* 196. a.

Hecatæus *de fabrica* Ismendis, *seu monumento* Osimandri. 75. a. 76. a, b.

Heli *nascitur.* 216.

Heliopolitanus nomus. 79. a.

Heliopolis *immensæ vastitatis civitas in* Ægypto. 45. a.

Helisæus. 216.

Hella *proculdubio à* Semiramide *ad* Euphratis *littora exstructa.* 101. b. 102. a, b. 103. a.

Henoch *astrologus.* 54. a.

Heracleopolitanus nomus. 79. a.

Hermes Trismegistus *hebraïcè dicitur* Henoch, & *est* Adris Arabum, Ægyptiorum Thoyth. 71. a. 82. b. *auctor hieroglyphicorum.* ibid. Misraimi *consiliarius.* 209. b.

Hermonticus nomus. 79. a.

Herodoti *ex sententia* Turris *altitudo fuit* 1000 *passuum.* 33. a. *ipse narrat* Turrim *intra templum* Beli *erectam octozoniam.* 52. b. *de pyramide* Memphitica *omnium maxima.* 66. a. *de templo monolitho.* 72. a, b. *de labyrintho* Ægyptiaco. 73. a 74. a, b. 80. b. 81. a. *de lacu* Mœridis. 77. b. *de miraculis* Thebanæ *civitatis* ibid. *nascitur.* 217.

Heshiæus *de* Sennaar *in* Babylonia. 32. b.

Hesiodus *nascitur.* 216.

Hevila *secundus* Chusi *filius, à quo* Hevilæi. 115. b.

Hevilæorum *situs.* ibid.

Hieroglyphica varia in statuis Ismendii. 76. a.

Hieronymus *ait, à quibusdam dici, altitudinem* Turris *fuisse* 4000 *passuum.* 33. a. *floret.* 217.

Hieronymus *mathematicus jugerum* 200 *pedibus contineri scribit.* 60. a.

Hispanica *lingua ex* Latina *peperit plurimas dialectos.* 131. b.

Historia Mosaïca *de* Turri *mystico sensu exponitur.* 20, 24.

Historia de muliere, quæ ex sola imaginatione peperit infantem Æthiopi *simillimum.* 114. b.

Homerus *nascitur.* 216.

Horatius *floret.* 217.

Horti pensiles à Semiramide *in* Babylonico *campo extructi, & inter septem miracula mundi numerati.* 58, 60, 61, 62. *eorum deliciæ, arborumque insertio in supremo domus tecto.* 62. a.

Hungarica *lingua est* Getica *seu* Scythica. 213. b.

I.

Janus & Saturnus *sunt iidem si per eos* Noë *intelligatur, sin æquivocè, diversi.* 140. b.

Japonica *lingua.* 131. b.

Ichnographia labyrinthi Ægyptiaci. 78. & seq.

Idololatriæ origo & introductio in mundum. 132. a, b. 134. a. *auctores* Chami *progenies.* 134. b.

Idumæi. *Vide* Esau.

Jephte *filia mactatur.* 216.

Jesus Christus *filius* Dei. 217

Ignis Chaldæorum. *Vide* Uræus.

Ilium *conditur.* 216.

Illyrica *lingua produxit ramos suos in* Poloniam, Lithvaniam, Moscoviam, Tartariam; *ex hac porrò natæ* Turcica, Bulgarica, Bosnica, Tartarica. 131. b. 215. a. *ejus dialecti.* 215. b. *alphabetum. Vide* alphabetum. 216. a.

Illyris. *Vide* Thracia.

F f
Ima-

INDEX RERUM.

Imagines omnium Ægypti *deorum.* 76. b.
Inachus *Argivorum Rex.* 216.
Incendium Sodomiticum. 216. Trojanum. ibid.
Inconstantia rerum humanarum. 90. b.
Indicæ *linguæ.* 131. b.
Instrumenta ad humanæ vitæ usum parata jam ante transmigrationem. 17. a.
Inventio diametri globi terreni, unà cum circulo, superficie & cubo. 37. b.
Joachim. 217.
Job *in* Arabia *natus.* 198. a.
Jonas *prædicavit* Ninivitis. 216.
Ionica *dialectus linguæ* Græcæ. 131. a.
Jonithun *filius* Noë *astrologus juxta Rabbinos & Syros.* 54. b.
Joseph. 217.
Joseph Ben Altiphasi *de pyramidibus* Ægypti. 70. b.
Josephus *Gorionides de fabula de* Jano *primo* Italiæ *numine.* 138. b. 139. a.
Josue. 216.
Isis *&* Osiris *prima Ægyptiorum numina.* 138. a. 139. a.
Ismaël Abrahæ *filius ex* Agar, *à quo* Ismaëlitæ *&* Agareni. 121. b.
Ismaël Sophi *instaurator imperii* Persici. 201. b.
Ismendis *fabrica.* 75. a, b. 76. a, b.
Israelitæ *tria non mutarunt in* Ægypto, *nomina, vestimenta, linguam.* 151. b. *eorum* 600000 *bellatorum, præter parvulos, mulieres & senes, cum* Mose *duce eorum, ex* Ægypto *egressa sunt.* 9. b. *omnium &* Samaritanorum *ante primum templi excidium fuit character, qui nunc dicitur* Samaritanus. 186. a.
Italica *lingua ex* Latina, *peperit plurimas dialectos.* 131. b.
Ivan *primus propagator linguæ* Græcæ. 206. a.
Judæi. *Vide* Israelitæ.
Judas Machabæus *bella gerit.* 217.
Juditha *Regina* Æthiopiæ, *quam* Candacis *dicunt.* 200. a.
Jugerum quid sit in descriptione hortorum pensilium. 60. a.
Julius Cæsar. 217.
Jupiter *à nonnullis creditur natus* A. M. 2092. 106.
Justinus Martyr *floret.* 217.
Juvenalis *floret.* ibid.
Juvencus *presbyter floret.* ibid.

L.

*L*Abium *quid notet.* 10. b.
Labyrinthi *in* Ægypto *prodigiosa fabrica.* 73. *& seqq. magnificentia inexplicabilis.* 73. a. *situs.* 73. b. *descriptio exacta sciuchnographia.* 78. *& seq. superioris fabrica.* 81. a. *materia.* 80. b. *extruendi finis.* 80. a. 81. b. 82. a, b.
Labyrinthi *in* Creta, Lemno, *aliisque* Græ-
ciæ *locis ad similitudinem* Ægyptiaci *constructi.* 85, 86.
Lacedæmonii *cognati* Judæorum. 121. b.
Lacus *leonum* Danielis. 96. b. 101. a.
Lacus Mœridis. 77. b.
Lampridius *floret.* 217.
Latina *lingua* ἀνθρωπίνως *peperit* Italicam, Gallicam, Hispanicam, Lusitanicam; *& porrò ex* Italicæ *&* Latinæ *commistione prodierunt insulares,* Sarda *&* Sicula. 131. b. *ejus origo, antiquitas, corruptio & restauratio.* 209. *cum characteribus à* Nicostrata *sive* Carmenta Euandri *matre ex* Arcadia *in* Italiam *primò translata.* 209. a. *secundùm alios ab* Hercule *ex* Phaliscorum *regione.* ib. *ejus varia qualitas, vicissitudo, & augmentum.* 210. *triplex status: priscus,* Romanorum *& posterus mixtus.* 210. a. *prima corruptio.* 212. a.
Latinæ *literæ à Græcis ortæ sunt.* 185. b. 186. a.
Latini *primi scriptores:* Poëtæ, Oratores, Historici. 211. b.
Legis tabulas perforatas fuisse Rabbini tradunt. 156. b.
Leo *cur Hebraicè dicatur* Arieh. 165. b. 166. b.
Leocares *Mansoléum Artemisiæ Cariæ Reginæ ab occasu cælavit.* 88. a.
Libanius *floret.* 217.
Lingua Abyssina, Ægyptiaca, Ælamitica, Æthiopica, Anglica, Angolana, Arabica, Armenica, Babylonica, Batavica, Belgica, Bœmica, Bosnica, Brachmanica, Bulgarica, Brasilica, Cafrariensis, Chaldaïca, Chananæa, Chilensis, Chinica, Commorina, Congana, Coptica, Cuamensis, Danica, Gallica, Georgiana, Germanica, Græca, Hebræa. *Vide* Abyssina, Ægyptiaca, &c.
Lingua *prima fuit* Hebræa. 148. a. 150. b. *ejus ratio prima.* ibid. *secunda.* 149. a. *tertia.* 149. a, b. *duplex à principio usurpata. Originalis seu doctrinalis, & illa fuit* Hebræa. *Altera idiomatica sive usualis, illaque fuit* Chaldaïca *vel* Assyriaca, *Hebreæ vicina.* 150. a, b.
Lingua *primordialis seu primæva an varias habuerit dialectos.* 11. a.
Lingua *qua immediatè post diluvium utebantur erat sancta lingua.* 10. a, b. & seqq.
Lingua *universalis impossibilis.* 218. a, b.
Linguæ *idiomaticæ omnes ab originali seu doctrinali aliqua descendentes, ea quoque posteriores sunt.* 150. b. Europæ *primigeniæ, earumque proprietates.* 206. *& seqq.* Septentrionalium regionum. 214.
Linguæ *idiomatumque communionis utilitas.* 172. a.
Linguarum *numerus.* 108. b. 109. a. *ignorantia homines ab invicem alienantur.* 127. *varietatis emolumentum.* 128. b. *corruptionis causæ quinque.* 130. a, b. 131. a. *universalium*

INDEX RERUM.

salium quintuplex genus: Hebræa, Græca, Latina, Teutonica, Illyrica. 131.a.
Literæ ab Ægyptiis per Cadmum *ad* Græcos *translatæ*. 174. b. *quo tempore.* 175.a.
Literæ Coptitarum *mysticæ*. 172. & seqq. 177. & seqq.
Literarum & scriptionis origo. 162.
Lithvanica *lingua ex* Illyrica. 131.b.
Literæ Latinæ *à* Græcis *ortæ sunt*. 185.b. 186.a.
Londinum *urbs incredibili magnitudine prædita*. 45.a.
Lucanus *floret*. 217.
Lucianus *floret*. ibid.
Lucretius. ibid.
Lucullus *erexit in Capitolio* Colossum. 90.a.
Lucumones *in* Hetruria. 216.
Lunæ *altitudo à terra.* 37. b. *triplex: minor in perigæo, major in apogæo, media in quadraturis.* 39.a.
Lusitanica *lingua ex* Latina. 131.b.
Lysippus *erexit* Colossum Tarenti. 90.a.

M.

M. Tullius Cicero. 217.
Machabæi *pro fide trucidati*. ibid.
Machinæ artificiosæ in labyrintho. 83, 85.
Macrobius *contendit deos omnes ad solem referri*. 141.a.
Madian *filius* Abrahæ *ex* Cethura, *unde* Madianitæ. 121.a.
Madianitica *lingua. Vide* Arabica.
Makeda. *Vide* Nicaula.
Malaica *lingua*. 131.b.
Maria *Deipara nascitur*. 217.
Marius. ibid.
Martialis *floret*. ibid.
Mausolea Regum Ægypti *unà cum thesauris eorum condita erant ad centrum labyrinthi*. 86.b.
Mausoleum Artemisiæ Cariæ *Reginæ*. 88.a. *ejus altitudo, ambitus, columnæ*. ibid.
Mausoleum Simandis *potentissimi Regis*. 75, a, b. 76. a, b. 78.a.
Maximus Tyrius *floret*. 217.
Mechanicas artes suos edocuit Noë. 27.a.
Medain *Arabum*. 98.a. 99.a.
Melissus. 217.
Memnonis *statua*. 83.b.
Memphis *immensæ vastitatis civitas in* Ægypto. 45.a.
Memphiticæ pyramides in Ægypto *præ cæteris admirationis argumentum ac veluti mundi miraculum fuerunt*. 66.a.
Memphiticus *nomus*. 79.a.
Metallorum eruendorum fundendorumque artem suos edocuit Noë. 27.a.
Mexicana *lingua*. 132.a.
Miracula Thebanæ *civitatis*. 77.b.
Misraim *primus Rex* Ægypti. 203.a.

Moab *filius* Loth, *à quo* Moabitæ. 121.a.
Monachi Ægyptii. *Vide* Ægyptii.
Monarchia Romanorum Cæsarum. 217.
Monarchiæ quatuor per statuam Nabuchodonosoris *indicatæ*. 49. a. *prima* Assyriorum, *secunda* Persarum *&* Medorum, *tertia* Græcorum, *quarta* Romanorum. ibid.
Monomotapensis *lingua*. 132.a.
Moscovitica *lingua ex* Illyrica. 131. b. *filia* Sclavonicæ. 213.a.
Moses *nascitur, moritur*. 216.
Moses Ægyptius *de* Sabæorum *opinionibus*. 134.b.
Multiplicatio humani generis, à diluvio usque ad Turris *ædificationem*. 8 & seqq.
Multitudo quanta hominum intra 275 annos post diluvium nasci potuerit. 8.b. *nimirum ad* 23328000000 *hominum*. 9. *vel* 9094468. 37.a.
Murus urbis Babylonicæ *continebat* 365 *stadia*. 53.b. *&* 365 *turres*. 55. a. *secundùm* Diodorum. 54.b. 250.
Mysteriosa muri urbis Semiramideæ *constructio ex sideribus observatione*. 53.b. 54.a,b.
Mysticæ literæ Coptitarum. 172. & seqq.
Mysticæ pyramidum obeliscorumque figuræ. 82.b.
Mysticus sensus, qui sub Mosaïca Turris *historia continetur*. 20. & seqq.
Mythras. *Vide* Osiris.
Myzerinus *Rex* Ægypti *tertiam pyramidem erexit*. 68.a.

N.

Nabuchodonosoris *statua quatuor monarchias indicat*. 49. a. *palatium*. 96.b.
Nachor Tharæ *pater moritur*. 106.
Nembrodus Turris *fabricator*, *exceptis fœminis & parvulis, è sua solùm progenie, in campum duxit* 200000 *hominum armatorum*. 8. b. *sextus filius* Chus. 116.a. *quo tempore natus sit, & quot annis vixerit*. 19, 20. *ad* Abrahæ *tempora pervenit*. 19. a. *in* Armenia *à* Chus *natus, unus ex transmigratoribus in terram* Sennaar. 20. a. *dotes naturales*. 28. a. *sollicitatio ad* Turris *fabricam*. 28.b. *Exhortatio ad progeniei suæ proceres ad* Turrim *civitatemque inchoandam*. 29. a, b. 30. a. *versutia in populo retinendo*. 31. a. *divinitatem affectat*. 32. a. *primus in orbe architectus*. 44. a. *ædificavit* Babel, Arach, Achad, Calna. 96.a. *successit ei* Ninus. 104.b. *à divisione linguarum regnavit* 65 *annos*. 105. a. *mortuus*. 106. 216. *in* Babylone *cur restitit*. 111.a. *regnum ejus quando cœperit*. 111. *idem qui* Belus. 82.b. 104.a. 105.a,b. 112.a.117.b. *& cur* Bel *dictus*. 118.a. *primus rex primusque tyrannicam vitam professus est*. 116.b. *ejus regni anni enumerari debent ab ædificatione* Babylonis. 116.a.

Ff 2 *mores*

mores. 117. a. *fuit idololatra, primusque idololatriam induxit in orbem.* ibid. *impuro coitu sine discrimine utebatur.* 118. a.
Nero *erexit aureum colossum in monte Palatino.* 90. a.
Nicaula *seu* Makeda *Regina* Æthiopiæ *eadem cum* Saba. 200. a.
Nili *ortus, & fluminum quæ efficit.* 199. a.
Ninive à Nino *condita.* 42. b. 48. b. *ejus descriptio, ædificatio, vastitas.* 45. & seq. *magnitudine omnes urbes tam veteres quàm modernas superat.* 45. a. *de ejus vastitate variæ opiniones.* 45. b. *ejus magnitudinis & formæ demonstratio.* 46. b. 48. b. *magnitudo comparata cum Romanæ urbis magnitudine.* 46. a. *cum amplitudine* Latii. 46. b. *condita non supra* Euphratem*, sed supra* Tigrim. 48. b. *quo tempore.* ibid. *ejus vestigia.* 96. b. *situs genuinus.* ibid.
Ninus Nembrodi *filius ad civitatem* Niniven *condendam adhibuit* 140000 *operarum.* 8. b. 9. a. *Rex* Assyriorum *qualis fuerit.* 42. a. *de ejus rebus gestis.* 42. & seq. *scriptura eum vocat* Assur. 42. a. 119. b. & *cur.* 120. a. Niniven *ædificavit, & eò sedem regni sui de* Babylone *transtulit, ac deinde* Assyriorum *Rex nuncupari cœpit.* 42. a. *ejus bella adversus varios Reges.* 42. b. *Farnum Regem* Mediæ *victum, cumque uxore & septem filiis captum, cruci affixit.* ibid. *quænam regiones sibi subjecerit.* ibid. *in exercitu suo habuit* 1700000 *peditum, equitum* 200000, *currus falcatos paulò minùs* 10600. 43. b. *superavit* Zoroastrem *Regem* Bactrianorum. ibid. *idque post conditam* Niniven. ibid. *cum* Semiramide *extruxit* Turrim *in civitate* Babylonicâ. 51. *moritur.* 106.
Ninus minor. *Vide* Ninyas.
Ninyas, *qui & Zameis, & Ninus minor,* Nini *majoris ac* Semiramidis *filius, tertius Rex* Babel *seu* Assyriorum. 64. b. 106.
Nitocris *secundùm quosdam extruxit Pontem* Babylonicum. 56.
Noë *filiorumque ejus exitus ex Arca.* 4. a, b. *non statim in plana descenderunt.* ibid. *sed in montibus hæserunt.* ibid. 14. a. *eorundem cum uxoribus in montibus occupationes.* 4. a, b. 5. a, b. Noë *instruebat genus humanum in omnibus necessariis procurandis.* 4. a, b. *nimirum docebat artem ferrariam, fabrilem, figulinam & agriculturam.* 5. a. 13. a. *descensus in submontanam regionis planitiem, hodie* Persidem *dictam.* 6. a. *vel* Mediam & Bactriam. 13. a. *vel* Armeniam. 14. a. & Parthiam. 36. b. *non statim post descensum, iter in terram* Sennaar *occœperunt.* 12. a. 14. a. *populus non continuato itinere ex Oriente in Occidentem, sed cum mora multorum annorum in intermediis locis constitit.* 17. a. Noë *politicam vivendi rationem suos edocuit.* 26. b. *& œconomiam, artes mechanicas, calcis præparandæ, metallorum eruendorum fundendorumque artem.* 27. a. *utrum* Turris *ædificationi præsens fuerit.* 28. a. b. *vinum bibens inebriatus est.* 106. *genuisse dicitur* Jonithun. ibid. *fertur misisse* Jonithun *in* Ethan. ibid. *moritur.* ibid.
Nomi *duodecim* Ægyptiorum. 79. a. 81. a, b. *eorum usus.* ibid. *singuli uni ex præcipuis diis consecrati.* ibid.
Nominum *primæva impositio.* 145. *naturalis quomodo intelligenda.* 146. a.
Norvegiæ *situs.* 214. b. 215. a.
Numerus 72 *linguarum præcisè positu difficilis.* 109. a. *defenditur.* 110. a.
Numinum *varietas & multitudo ex confusione linguarum & divisione gentium nata.* 133. *& seqq.*
Numismata Hebræorum *antiquissima docent differentiam characteris* Samaritani *&* Assyriaci. 158. b.

O.

Obelisci *in* Ægypto *erecti.* 66.
Obeliscorum *mysticæ figuræ.* 82. b.
Obeliscus Babylone *à* Semiramide *erectus, omnium qui unquam fuerunt primus & maximus.* 62. b. 82. Thebanus *omnium qui in* Ægypto *inventi sunt maximus.* 62. b. 63. a. Semiramæi *sive* Babylonici *cum* Lateranensi *comparatio.* 63. a. Semiramæus *quomodo* Babylonem *devectus sit, ibique quibus machinis erectus.* ibid.
Oeconomiam *suos edocuit* Noë. 27. a.
Olympiadum *initium.* 216.
Opinionum *de æternitate mundi, de mundorum pluralitate, de astrorum vita & divinitate, de metempsychosi & animarum revolutione origo.* 135. a. *causa hujusmodi fabulosarum narrationum.* ibid.
Origo *variorum regnorum.* 112. a. *fabularum.* 33. b. 36. a. 135. a. 137. b. 140. a. *literarum & scriptionis.* 162. *linguæ* Coptæ. 174. b.
Orosius *floret.* 217.
Orpheus. 216.
Osiris *& Isis prima* Ægyptiorum *numina.* 138. a. 139. a. *eundem* Osiridem *cum* Baccho *seu* Dionysio *eundem facit* Tibullus. 140. b. *eundem constituere* Mercurium*, aliosque deos.* 140. b. *idem qui* Chaldæorum Uræus *sive* Ignis, Persarum Mythras, Babyloniorum Belus, Hebræorum Thamuz, Phœnicum Adonis. 141. b.
Osiris *nomus.* 79. a.
Osymandiæ Regis *epitaphium.* 76. a.
Ovidius *floret.* 217.

P. Pacu-

INDEX RERUM.

P.

Pacuvius. 217.
Palatia duo regia à Semiramide extructa in oppositis urbis Babylonicæ locis. 56, 57.
Pannoniæ descriptio. 213. b.
παραλλαγης Noë ad tres filios Sem, Cham, Japheth, jam constitutos principes populorum. 6. b. 7. a, b. 8. a, b.
Parisiorum urbs incredibili magnitudine prædita. 45. b.
Patriarchæ Armenorum sedes in Naschevan. 204. a.
Pausanias floret. 217.
Pedianus floret. ibid.
Peguana lingua. 131. b.
Pelasgicæ literæ Cadmææ. 185. a.
Pelasgorum in Italiam expeditio. 216.
Pelasgus ex domo Heber. 206. b.
Pererius dubia movet contra numerum 72 linguarum. 109. b.
Peristylia superiorem labyrinthum Ægyptium sustentantia. 81. b.
Persæ dicti à Paras, i. e. equus. 119. a.
Persia unde dicta. 201. a. ejus descriptio. ibid.
Persica lingua qualis olim fuerit. 202. a, b. ejus corruptio. 202. b.
Peruana lingua. 132. a.
Phaleg ortus quando & quo anno. 16. a. 104. a. genuit Rheu. 106. moritur. ibid. à quo Pelasgi. 121. a.
Pharao Rex Ægypti tempore Abrahami. 44. b. idem quod moderator rerum. 203. a.
Pharaonica lingua. Vide Coptica.
Pherecydes Pythagoræ præceptor. 217.
Philippinarum insularum lingua. 131. b.
Philippus de S. Trinitate de Babyloniæ antiquitatibus. 91. b. de Babylonis, Turrisque Babel ruderibus. 92. a, b.
Philonis sensus mysticus historiæ Turris. 22. a. 23. b. 24. a, b. ipse refutat calumniam ethnicorum. 35. b. inventionem literarum Hebraïcarum Abrahamo tribuit. 123. a. floret. 217.
Philosophorum absurdorum dogmatum origo. 135. a.
Philostratus floret. 217.
Phœnices iidem Chananæi. 186. b.
Phœnicia lingua una ex primigeniis. 184. & seqq. in Africa viget. 216. Vide Samaritana.
Phœniciæ regionis descriptio. 184. a.
Phœniciæ literæ Cadmææ. 185. a.
Phœnix. 216.
Phoroneus Argivorum Rex. ibid.
Phrygia primorum hominum genetrix secundum Psammetichum. 136. a.
Phrygia dialectus linguæ Græcæ. 131. a.
Picus Saturni filius. 216.
Pindarus. 217.
Plato magni fecit Chaldæorum monumenta. 195. b. floret. 217.
Plinius de pyramidibus Ægypti. 68. a, b. de labyrintho Ægyptiaco. 73. a. ambigere videtur, num præter Solem Deus sit. 141. a. floret. 217.
Plotinus floret. ibid.
Plotius Gallus, primus legit Rhetoricam in lingua Latina. ibid.
Plutarchus floret. ibid.
Politicam vivendi rationem suos edocuit Noë. 26. b.
Polonica lingua ex Illyrica. 131. b. filia Sclavonicæ. 213. a.
Polygraphia universalis. 219. a.
Pontis Babylonici supra Euphratem à Semiramide extructi descriptio. 55, 56.
Porphyrius floret. 217.
Præparatio rerum ad Turrim ædificandam necessariarum. 40. a.
Primæva seu primordialis lingua. 10. b. 11. a.
Primævorum hominum utriusque sexus occupationes. 13. a, b. post ingressum in terram Sennaar occupationes & studia. 26. & seq.
Primi homines nati in Æthiopia secundùm Æthiopes, secundùm alios in Arcadiâ, vel in solo Atheniensi, vel in Arabia felice, vel in Ægypto. 135. b. vel in Phrygia. 136. a.
Primum rerum principium semper animis hominum fuit insculptum. 136. a.
Propertius floret. 217.
Prosper Aquitanicus de numero linguarum. 109. b.
Psammetichus Rex Ægypti ex quodam experimento conclusit primos homines in Phrygia natos fuisse. 136. a.
Ptolemæus floret. 217.
Pyramis Memphitica omnium maxima describitur ab Herodoto & Diodoro. 66. a. erecta fuit aggeribus constipatis. 66. b. in ejus erectione quantum temporis fuerit insumptum. 68. a. magnitudo descripta à Bellonio. 69. a. secunda. 68. 70. a. tertia. 68. a. 70. b.
Pyramides in Ægypto erectæ. 66. & seq. earum magnificentia & splendor. 66. a. Memphiticæ præ cæteris admirationis argumentum ac veluti mundi miraculum fuerunt. ibid.
Pyramis immensa altitudinis 9 stadiorum sepulchrum Nini. 47. b. examinatur. 48. a.
Pyramidum mysticæ figuræ. 82. b.

Q.

Quineana lingua. 132. a.
Quintilianus 200 pedibus in longitudinem, dimidio in latitudinem jugerum describit. 60. a.

R.

Rabbini fabulantur Nembrodum esse Amraphel. 19. a. in mari rubro Jonam evomitum esse nugantur. 46. a. eorum sententiæ de charactere Assyriaco &

INDEX RERUM.

Samaritano *quatuo: prima.* 153.a. *secunda.* 153.b. 154.a. *tertia & quarta.* 154.b. *tradunt legis tabulas fuisse perforatas.* 156.b.
Radzivilius *de pyramidibus* Ægypti. 69.b.
Rangiferi *jumenta cervorum forma in Lappia.* 215.a,b.
Regma *quartus filius* Chus, *à quo* Regmæi. 115.b.
Regmæorum *fitus.* ibid.
Regni Aſſyriorum *finis ſub* Sardanapalo. 216.
Regnum Ægyptiorum, Argivorum, Aſſyriorum, Perſarum, Sicyonium *in* Græcia. 216.
Regnum Ægyptium Ptolemæorum. 217.
Regum Ægypti *ſepulcra in medio ſeu ſubterraneo labyrintho.* 80.a,b. 81.b. *in nomorum centris.* 86.b.
Reinaudus (Theophilus) *ait* 14000000 *hominum* Turri *præſentes fuiſſe.* 37.a.
Religio *primæva perſtitit ſub unius linguæ dominio uſque ad confuſionem.* 132.a.
Reliquiæ. *Vide* Veſtigia.
Reſponſio *ad* 2 *objecſt. impiorum*, *qui* Turris *ædificationem fabuloſam eſſe exiſtimant.* 34.a,b.
Rhodopes *ſtatua, oraculum.* 70.b.
Roma *condita.* 216. *capta à* Gallis. 217. *urbs incredibili magnitudine prædita.* 45.a. *ejus magnitudo comparata cum* Ninive. 46.a.
Romanarum *fabricarum vanitas.* 23.a.
Romulus *naſcitur.* 216.
Rudera. *Vide* Veſtigia.
Runica *lingua Septentrionalis.* 213.a.

S.

Saba *primus filius* Chus, *à quo & altero* Saba *filio* Regmæ Sabæi. 115.a,b.
Sabæorum *fitus.* ibid.
Sabæorum *ridicula & fabuloſa traditio*, Adamum *ex Lunâ prodiiſſe.* 35.b. 134.b. *falſa dogmata: creatorem eſſe cœli ſpiritum ſeu animam: ſtellas corpora ipſa* DEI *ſubſtantiâ informata: cœlum & ſtellas eſſe deos: mundum æternum:* Adamum *natum ex maſculo & fœmina, prophetam & apoſtolum* Lunæ, *prædicaſſe gentibus, ut ſervirent* Lunæ; *& compoſuiſſe libros de cultu terræ: ex* Lunâ *ſecum attuliſſe arborem auri, quæ creſcebat cum ramis & foliis, arborem lapidum, & folia cujuſdam arboris viridis, quæ non comburebantur igni: ſub cujus arboris umbra* 10000 *hominum continebantur: arboriſque altitudinem æquaſſe ſtaturam humanam: attuliſſe quoque ſecum duo folia, quorum utrumque duos homines cooperiebat:* Sethum *contraxiſſe opinionem patris ſui in ſervitio* Lunæ. 134.b. 135.a.
Sabatha *tertius filius* Chus, *à quo* Sabathæi. 115.b.

Sabathæorum *fitus.* ibid.
Sabathaca *quintus filius* Chus, *à quo* Sabathachæi. 116.b.
Saiticus *nomus.* 79.a.
Salathiel. 217.
Sale *genuit* Heber. 106.
Samaræus Samariæ *fundator.* 196.b. 197.b.
Samariæ *deſcriptio.* 196.a.
Samaritana *lingua ex* Hebræa. 131.a. *ejus character. Vide* character. *Eadem cum* Hebræa *&* Aſſyria, *ſolummodò dialecſto differens.* 188.a.
Samaritanorum *dogmata.* 196.a.
Samaritanum *alphabetum non idem quod* Phœnicium. 185.b. *commune omnium* Judæorum *ante primum templi excidium.* 186.a.
Samaritanus *character &* Aſſyrius *non differt ſpecie à lingua* Hebræa. 188.a. *ejus nulla communio cum charactere* Græco. ibid. *conſtans* 22 *literis.* 196.b.
Sampſon *apud* Philiſtæos. 216.
Samuel *obiit.* ibid.
Sarai *naſcitur in* Chaldæa. 106.
Sarda *lingua ex commiſtione* Latinæ *&* Italicæ. 131.b.
Saturnus. 139.a. *&* Janus *ſunt iidem ſi per eos* Noe *intelligatur, ſin æquivocè, diverſi.* 140.b.
Satyrus *auctor labyrinthi* Cretenſis. 85.a,b.
Saul. 216.
Saxorum *ſtupenda magnitudo.* 70.a.
Scaliger (Joſephus) *refellitur, dicens alphabetum* Samaritanum *idem eſſe quod* Phœnicium. 185.b. & ſeqq.
Scenographia *hortorum penſilium.* 60.a.
Schaba *filius* Regmæ. 115.a.
Schabæorum *fitus.* ibid.
Schematiſmus *Siclorum omnis generis, qui olim apud* Hebræos *in uſu erant, unà cum interpretatione* Samaritana *qua inſignitos reperies, & myſterii ſymbolorum ſub iis reconditorum expoſitione.* 161.
Scipio Africanus. 217.
Scopas *Mauſoleum* Artemiſiæ Cariæ *Reginæ ab ortu celavit.* 88.a.
Scotica *lingua filia* Teutonicæ. 131.b.
Scricfinniæ *fitus.* 214.a.
Scricfinnica *lingua eſt* Germanica *corruptiſſima.* 214.b.
Sebuæi. 196.a.
Seleucia *olim dicſta* Creſiphon, *nunc* Suleiman. 96.b. 98.a,b.
Sem *moritur.* 216.
Semiramidem *condidiſſe* Babylonem *quoſdam aſſerere ait* Auguſtinus. 44.a. *cum* Nino *extruxit* Turrim *in civitate* Babylonica. 51. *in ea fortitudo fœminâ major.* 53.a. *condidit urbem magnificentiæ pene incredibilis in* Babyloniâ. 53.a. *pontem*
Baby-

Babylonicum *supra* Euphratem *& duo regia palatia in oppositis urbis locis.* 55, 56, 57. *in ea incredibili animi magnitudo.* 58. a. *extruxit hortos pensiles.* ibid. *auctor fuit deditionis Bactriæ urbis, & consequenter totius* Bactrianorum *regni.* ibid. *erexit in* Assyria *juxta* Niniven *viro suo* Nino, *ejusque patri* Nembrod, *pyramidem, una cum obelisco* Babylone, *qui & primus & maximus omnium qui unquam fuerunt.* 62. b. 82. b. *ejus gesta in bello.* 63. b. *defuncta* A. M. 2090. ibid. 106. *mors infamis.* 64. a. *nimirum à* Nino *minore, proprio filio trucidata, sexaginta duos annos nata, postquam ejus concubitum expetivisset.* ibid. *de antiquitatibus* Babyloniæ. 91. a, b.
Sennaar *terræ descriptio.* 17. a. *prædita omnibus conditionibus requisitis ad bonitatem alicujus regionis.* 17. b. *ubertas & felicitas.* 18. a. *Babel dicitur.* ibid. *diversæ denominationes.* ibid. *situs.* ibid. *dicta primò terra* Babel, Babylon, Babylonia, *deinde* Chaldæa, *tandem* Assyria. 18. b. 121. b.
Septentrionalium regionum *linguæ ex* Danica, Suecica, Anglica *adeò commixtæ, ut vix à* Germanis *intelligi possint.* 214, 215. *situs & descriptio.* ibid.
Sibylla *de confusione linguarum, &* Turris *destructione.* 32. b. 110. b.
Sicani. 216. *expelluntur ex* Italia. ibid.
Sicli Hebræorum Samaritano *charactere insigniti.* 158. b. *veterum qualitas.* 159. a. *duplex, sacer sive ecclesiasticus & vulgaris.* 159. b. *sacer propriè dicitur Siclus Sanctuarii.* ibid. *Vulgaris sive profanus in promiscuum usum deputabatur.* ibid. *argentei valor.* ibid. *figuræ symbolicæ.* 160. a, b.
Sicula *lingua ex commistione* Latinæ *&* Italicæ. 131. b.
Simendis *mausoleum seu monimentum.* 75. a, b. 76. a, b.
Simonides. 217.
Slavonia *vel* Dalmatia *olim* Thracia *dicta.* 215. a.
Slavonica *lingua.* ibid. *ejus filiæ* Boëmica, Polonica, Moscovitica. 213. a.
Socrates *nascitur.* 217.
Sol *idololatrarum omnium deus.* 140. b. 141. a.
Soliditas Turris *usque ad cœlum lunæ erigendæ quanta esse debuerit.* 39. a.
Solis *propinquitas seu adustio, terræque ariditas non sufficit ad producendos homines naturaliter nigros.* 114. a.
Spartani *sive* Spartiatæ. *Vide* Lacedæmonii.
Speculum geneatheologicum. 144.
Statuæ numinum Ægyptiorum. 81. b. *labyrinthææ terrorem incutientes.* 83. a.
Statuarum Simendii *magnitudo.* 75. b.
Stesichorus. 217.
Strabo *de sepulcro* Beli *in* Babylonia. 47. b.

48. a. *ejus mira descriptio hortorum pensilium.* 62. a. *de pyramidibus* Ægypti. 68. a. *de labyrintho* Ægyptiaco. 73. a, b. 74. a, 75. a. *de miraculis Thebanæ civitatis.* 77. b. *de Colosso Thebano.* 83. b. *de* Seleucia *&* Ctesiphonte. 98. a.
Structura hortorum pensilium arcubus *&* areis *stupenda.* 60. b.
Sueciæ *descriptio.* 215. a.
Suecica *lingua filia* Teutonicæ. 131. b.
Suleiman. *Vide* Seleucia.
Superstitio *in observando die sabbathi.* 196. a.
Susan *dicta à* Sus *equus.* 119. a.
Susianæ *provinciæ situs.* ibid.
Susii *ab* Arphaxad. 120. a.
Sylla. 217.
Synesius *floret.* ibid.
Synonymologia parallela deorum dearumque. 143.
Synopsis rerum in labyrintho contentarum. 81. a, b.
Syracusæ *urbs incredibili magnitudine prædita.* 45. a.
Syriaca *lingua ex* Hebræa, *veluti ex* Græca *&* Hebræa *mixta.* 131. a. *non fuit prima.* 149. b. 150. a. *characteribus differt à lingua* Hebræa. 197. b. *fuit vernacula* Jesu Christi. ibid.

T.

Tabula characterum Samaritanorum, Ionicorum *&* Copticorum *sive* Ægyptiorum. 190.
Tabula Chronographica *à diluvio usque ad tempora* Abrahæ. 106.
Tabula Chronologica *annorum post diluvium.* 216.
Tacitus (Cornelius) *floret.* 217.
Tarquinius Superbus. ibid.
Tattarica *lingua ex* Illyrica. 131. b. 204. a, b. 205. a, b.
Tauris *olim* Ecbatena *dicta.* 201. a. 202. a.
Templum Dianæ Ephesiæ. 88. a. *ejus longitudo, latitudo, columnæ.* ibid.
Templum monolithum. *Vide* Delubrum.
Templum Salomonis *absolutum.* 216.
Tempus transmigrationis *ex oriente in terram* Sennaar *à diluvio peractæ, ad* 132 *annum, qui est ortus* Phaleg. 14. & seqq.
Tempus insumptum *in pyramidis* Memphiticæ maximæ erectione. 68. a. *quo opera sua miranda construxerunt* Ægyptii. 82, 83.
Terentius. 217.
Tertullianus *de elisione* Turris. 111. a. *floret.* 217.
Teutonicæ *linguæ filiæ* Belgica, Danica, Suecica, Anglica, Scotica. 131. b. *origo, propagatio, corruptio.* 212, 213, 214. *est* Imperialis. 212. a. *ejus cultus.* ibid. *misturia cum aliis.* 112. b.
Thales Milesius. 217.
Tha-

INDEX RERUM.

Thamuz. *Vide* Osiris.
Theatrum Romanum Æmilii Scauri 360 columnis conspicuum. 90.b.
Thebæ immensæ vastitatis civitas in Ægypto. 45.a.
Thebaïcus nomus. 79.a.
Thebanæ civitatis miracula. 77.b.
Themistius *floret*. 217.
Theodoretus *ex relatione antiquorum primos homines in* Arcadia *natos asserit.* 135.b.
Thoyth Ægyptiorum, Arabibus Adris, Græcis Hermes Trismegistus *dicitur.* 82.b.
Thraciæ etymon, quæ nunc Slavonia *vel* Dalmatia *dicitur.* 215.a.
Thracica lingua ex Græca, Latino-Italica, Germanica *commixta.* 215.a. *ejus complures dialecti.* ibid.
Thucydides. 217.
Tibetana *lingua.* 131.b.
Tibullus *floret.* 217.
Timotheus *Mausoleum* Artemisiæ Cariæ *Reginæ à meridie cælavit.* 88.a.
Transmigratio prima filiorum Noë *ex monte* Ararat *in planiores submontanæ regionis campos.* 10. & seq.
Transmigratio Babylonica. 217.
Tropologia epilogistica labyrinthi. 86.b.
Tunchinensis *lingua.* 131.b.
Turcarum *imperium successit imperio* Romano. 49.b.
Turcica *lingua ex* Illyrica. 131.b. 204.a. *ex* Tartarica. 205.b. *ex* Tartarica, Bosnica *&* Arabica *commixta.* ibid.
Turnus. 216.
Turris Babel *seu* Nembrodæ *ædificatio* A. M. 1818. 15 a. *de ejus altitudine diversæ opiniones.* 32 & seq. *ædificationem impii fabulosam esse blaterant.* 34.a. *altitudo quanta debuerit esse usque ad cœlum lunæ.* 37.b. *& soliditas.* 39.a. *forma & architectura.* 40. & seq. *ejus vestigia utrum in hunc usque diem reperiantur.* 90, 95. *eorum situs.* 94.a. *ambitus.* ibid. *altitudo.* 94.b. *materia.* 95.a. *delineatio.* 95.b. *non solum ab architectis relicta, sed etiam divinitus dissecta.* 110.b.
Turris *in civitate* Babylonica *à* Nino *&* Semiramide *centum fere annis post eversionem* Turris Nembrodæ *extructa.* 51, 52. *ejus fabricæ forma.* 51.a. *refertur inter septem mundi miracula.* 52.a.
Turris *in templo* Beli. 52.a. *in ejus summitate varia supellex aurea & statuæ.* ibid. & b.

Tusca *lingua in* Italia *omnium purissima.* 11.a.
Tyrus *conditur.* 216.

V.

V Alachi Romanorum *reliquiæ.* 214.b.
Valerius Flaccus *floret.* 217.
Valle (Petrus à) *de Pyramidibus* Ægypti. 70.b. *de ruderibus seu reliquiis* Babylonis. 94. & seq. *de* Suleiman *antè dicto* Seleucia *& olim* Cresiphonte. 97.a. *de* Hella. 101. b. 102.b. *de sepulcro* Ezechielis. 103.a,b. *de* Chobar *seu* Chabor *fluvio.* 103.a.
Varronis *descriptio jugeri.* 60.a.
Vejorum *obsidio.* 217.
Vestigia Turris Nembrodæ *num hodieq; extent.* 90, 95. *varia in fabricis* Semiramidis *conspiciebantur tempore* Strabonis. 91.b.
Veterum *incomparabilis peritiæ ingenium.* 77.b.
Vicissitudo *& inconstantia rerum humanarum.* 90.b.
Virgilius *floret.* 217.
Vita mortalium primævorum in submontana montis Ararat regione multis annis peracta. 11.b. & seq.
Ulysipona *urbs incredibili magnitudine prædita.* 45.a.
Unusquisque hominum aut Hierusalem, aut Babylonis *civis est.* 21.a.
Ur *civitatis* Assyriæ *vestigia.* 96.b.
Uræus. *Vide* Osiris.
Utilitas linguæ idiomatumque communionis. 127.a.
Uxorum Noë *& filiorum ejus cura & diligentia circa vinum, lanam, gallinas, pullos, ova, &c.* 5.b. 13.a, b. 27.a.

X.

X Enophon *de æquivocatione nominum deorum.* 137.a, b.
Xerxes. 217.

Z.

Z Abæi. *Vide* Sabæi.
Zameis. *Vide* Ninyas.
Zervia, *olim* Thracia *dicta.* 215.b.
Zona torrida non ubique homines omnes nigros producit. 113.b.
Zoroastres *Rex* Bactrianorum, *avus* Nembrodi *contra* Ninum *filium* Nembrodi *exercitum* 2000000 *hominum duxit.* 9.a. *vel* 400000 43.b. *est idem cum* Chamo *filio* Noë. 9.a. 44.a. *ejus magia commendatur à* Platone. 195.b.
Zorobabel. 217.

Errata ita emendanda.

PAg. 8.b. lin 8. *post expendatis adde* punctum. P.11.b. l.39. *pro* Major *leg.* Minor. P. 12 a. l. 13. *lege* super hos. P. 37 b. l. 39. *leg.* 340060704300. P.47. a l 24. *leg.* μείζων. ibid. l. 38. Turres &c. *dele* usque ad b. l. 1. fuisse. b. l. 26. *leg.* αὐξει. l. 28. *leg.* ἅλς. P. 53. a à l. antepen *dele* usque ad b. l 42. P.54 a. l. 9. veluti &c. *dele usque ad* l. 14. ostenderent. b. à l. 45. *dele* usque ad finem capitis. P.131.a. l.1. 2. *leg.* in certis. P. 133.a. marg. *leg.* יְבַד P. 147. b. l. 41, 43. *leg.* χρυσάνθων. P. 172. a. l. 6. *pro* hujus, *peris leg.* Oedipi Ægyptiaci. P. 174. b. l. 21. *leg.* nos. P. 187. *leg.* autographis. P. 191. b. l 2 & 3. *leg.* qua & quave. P. 194. a. in marg. l. 9. *leg.* Hebræa. P. 206. b. l. 13. *leg.* ita ut.

www.ingramcontent.com/pod-product-compliance
Lightning Source LLC
Chambersburg PA
CBHW070647170426
43200CB00010B/2150